西周青銅器銘文分代史徵

唐蘭 著

上海古籍出版社

圖書在版編目（CIP）數據

西周青銅器銘文分代史徵 / 唐蘭著；嚴志斌整理
.—上海：上海古籍出版社，2024.5
（唐蘭著作精選）
ISBN 978－7－5732－1073－9

Ⅰ.①西… Ⅱ.①唐… ②嚴… Ⅲ.①青銅器（考古）
－金文－研究－中國－西周時代 Ⅳ.①K877.34

中國國家版本館CIP數據核字（2024）第070135號

唐蘭著作精選

西周青銅器銘文分代史徵

唐　蘭　著

上海古籍出版社出版發行

（上海市閔行區號景路159弄1-5號A座5F　郵政編碼201101）

（1）網址：www.guji.com.cn

（2）E-mail：guji1@guji.com.cn

（3）易文網網址：www.ewen.co

上海展强印刷有限公司印刷

開本787×1092　1/16　印張38.75　插頁5　字數696,000

2024年5月第1版　2024年5月第1次印刷

ISBN 978-7-5732-1073-9

K·3562　定價：168.00元

如有質量問題，請與承印公司聯繫

電話：021-66366565

目録

卷三上　康王

卷三下

卷四上　昭王

卷四下

卷五　穆王

卷一上

武王

西周銅器，應斷自武王伐紂開始。據我所考殷曆，武王伐紂在公元前一〇七五年，所謂「甲子咸劉商王紂」是爲殷曆二月五日。《世俘解》説：「惟四月乙未日，武王成辟，四方通殷命有國。」這在殷曆是三月七日，由於要表示殷王朝已經顛覆，周王朝改了正朔，由建丑改爲建子，所以説是四月了。

武王伐紂年代，舊説紛紜。《書序》：「惟十有一年，武王伐殷，一月戊午，師渡孟津，作《泰誓》三篇。」《史記·周本紀》：「九年，武王上祭于畢，東觀兵，至于盟津。」而説「十一年十二月戊午，師畢渡盟津」，則至「二月甲子昧爽，武王朝至于商郊牧野」已是十二年了。又説「武王已克殷，後二年，問箕子殷所以亡」。按《洪範》説「惟十有三祀王訪于箕子」，則克殷還是在十一年，是自相矛盾的。《尚書大傳》説：「釋箕子囚，箕子不忍周之釋，走之朝鮮，武王聞之，因以朝鮮封之。箕子既受周之封，不得無臣禮，故於十三祀來朝，武王因其朝而問洪範。」那末，克殷也應在十一年。

劉歆《世經》説「文王受命九年而崩，再期，在大祥而伐紂，故《書序》曰：『惟十有一年，武王伐紂，太誓。』八百諸侯會。還歸二年，乃遂伐紂克殷，以箕子歸，十三年也。故《書序》曰：『武王克殷，以箕子歸，作《洪範》。』《洪範》篇曰：『惟十有三祀，王訪于箕子。』自文王受命而至此十三年。」《多方》説「天惟五年須暇（夏）之子孫」。鄭玄注「五年者文王受命八年至十三年是須暇五年之事也」。都説克殷在十三年。

此兩説本同，祇是文王受命後的年數有異，今文家以爲文王受命後七年而崩（《史記·周本紀》作十年，七與十易亂），而古文家則認爲文王受命九年而崩，所以差兩年。

按《逸周書·文傳》説「文王受命之九年時惟暮春，在鄗，召太子發」，是文王受命後不止七年。《唐書·曆志》引《紀年》「十一年庚寅，周始伐商」，即是觀兵一役，所以説始伐商，可見克殷應在十三年，因爲伐商本不是一次就能辦到的，先有觀兵，後有牧野之役，是没有異詞的。《吕氏春秋·具備》説：「夫立功名亦有具，不得其具，賢雖過湯武則勞而無功矣。湯嘗約於郼薄矣，武王嘗窮於畢裎（郢）矣。」就是指武王第一次伐商没有成功。《尚書大傳·大誓》説：「唯四月，太子發上祭於畢，下至於孟津之上。」可見，與一月戊午渡孟津不是同時的事，《吕氏春秋》所以説「窮於畢郢」。緯書《易·乾鑿度》據殷曆，説「今入天元二百七十五萬年九千二百八十歲，昌以西伯受命」，這是公元前一〇八八年。而受命後的十三年是武王克殷，則是公元前一〇七五年。而《尚書·運期授》所説「《河圖》云『倉帝之治八百二十歲，立戊午蔀』」，是指周代的總年數，則由武王克殷的前一〇七五年至周赧王五十九年周亡之公元前二五六年，整整爲八百二十年。可見從殷曆説，武王克殷是文王受命十三年。再從《洪範》説，《書序》明明説「武王勝殷，殺紂，立武庚，以箕子歸」，可見就在克殷之後，《大傳》所説逃走後又來朝是没有根據的。武王克殷有《武成》和《逸周書·世俘》等詳細的月日記載，以現代推算的較精確的周代月朔干支表來核對，公元前一〇七五年的干支，與記載完全吻合，可見殷曆的年代是可信的，過去很多錯誤的推斷都可以抛棄了。（附武王克殷月日表）（編者按：原文闕。）

關于武王時史事，記載還是相當多的，但有很多已亡佚了。《泰誓》三篇已佚，從佚文來看，似乎包括十一年始伐商和十三年一月戊午師渡孟津時事，一月爲殷正，若依夏曆則是上一年的十二月，《周本紀》的錯誤蓋由此。《牧誓》之後有《武成》，《書序》説：「武王伐殷，往伐歸獸，識其政事，作武成。」鄭玄注説：「《武成》逸書，建武之際亡。」《漢書·律曆志》引八十二字，大體上與《逸周書·世俘解》符合，《世俘解》雖有錯字和錯簡，但比較詳盡，是一篇重要的歷史記載。《武成》以後，就是《洪範》，從次序上就可以看出它是克殷後回周時的文獻。在這後面，據《書序》還有一、「武王既勝殷邦，諸侯班宗彝，作《分器》」，二、「西旅獻獒，太保作《旅獒》」，三、「巢伯來朝，芮伯作《旅巢命》」。但都已亡佚。《逸周書》還保存很多資料，《克殷解》與《史記·周本紀》略同。《克殷解》後有《大匡》、《文政》、《大聚》三篇。《大匡》説：「唯十有三祀，王在管。管叔自作殷之監，東隅之侯咸受賜于王，王乃旅之以上。」《文政》説：「惟十有三祀，王在管，管蔡開宗循王。」都在克殷稍後時事，舊以爲克殷後二年是錯誤的。管在今鄭州市附近。《大聚》説：「維武王勝殷，撫國綏民，乃觀於殷政，告周公旦。」也應在克殷後不久。《世俘》後還有《箕子》、《考德》兩篇已亡，序説：「武王既釋箕子囚，俾民辟寧之，以王，作《箕子》。武王秉天下論德施□而□位以官，作《考德》。」再下面是《商誓》，序説：「武王命商王之諸侯，綏定厥邦，申義告之，作《商誓》。」這篇文辭很像周初諸誥，是當時原作。這下面的《度邑》，前後與《史記·周本紀》略同。中間講到要周公採取「兄弟相後」的殷制，可見已在安排後事了。《金縢》説「既克商二年，王有疾弗豫」，周公爲武王禱祀，「王翼日乃瘳」。《史記·周本紀》説：「武王有瘳，後而崩。」究竟是後多少時死是不很清楚的。《逸周書·度邑解》後有《武儆》、《五權》兩篇，序説：「武王有疾，□□□□□□□□命周公輔小子，告以正要，作《五權》。」《武儆》説：「惟十有二祀四月，王告夢。丙辰出金枝郊寶開和細書，命詔周公旦立後嗣，屬小子誦文及寶典。」《五權》説「維王不豫，于五日召周公旦」，都是病危時事，似與《金縢》同時。

關於武王卒年，傳説最紛紜。《逸周書·作雒》説：「武王克殷，乃立王子禄父，俾守商祀，建管叔於東，建蔡叔霍叔於殷，俾監殷臣。王既歸，乃歲十二月，崩鎬，肂於岐周。」孔晁注「乃歲」爲「乃後之歲也」是很勉强的。其實乃應讀爲仍，《小爾雅·廣言》「仍，再也」，那末，「乃歲」等於是「再歲」。《史記·封禪書》説「武王克殷二年，天下未寧而崩」，説得很明確，可見《金縢》所説武王之病，儘管周公所謂禱祀的鬼名堂，第二天似乎是好了，之後不久還是死了。《金縢》的「既克商二年」有兩種解釋，鄭玄注説是克殷後二年，王肅注則説是「克殷明年也」。從當時人記時的習慣來説，不説後二年而祇説二年應該包括本年在内，王肅説是對的，是與《作雒》所説「乃歲」符合的。那末，克殷是公元前一〇七五年，武王就在下一年（即公元前一〇七四年）的十二月死了。《封禪書》説「天下未寧而崩」是很有道理的。西周初期，武王、周公和成王初期，遺留下來的文獻最多，但在克殷這一年即十三祀以後，文獻就不怎麽多了。「度邑」可能是在克殷次年。《武儆》的「十有二祀四月」，在《大匡》、《文政》的十有三祀之後肯定有錯字。朱右曾説「二當作六」，二字篆文與六字很遠，如何能錯。現在看來，應作四，篆文四本作亖，筆劃有脱誤，就成二字。從月朔表來看，公元前一〇七四年的二月即周曆四月，是甲申朔，但此年有閏月，閏月如排在前，則周四月爲癸丑朔，丙辰爲四月四日。那末，此年四月武王已病，無怪從克殷二年以後，周公攝政以前，就無文獻可徵了。《逸周書·明堂解》説「既克紂六年而武王崩」，前人多從此説。鄭玄説「伐紂後二年有疾，疾瘳後三年崩」，皇甫謐説「武王定位元年，歲在乙酉，六年庚寅崩」（見《史記·周本紀》集解），都説從伐殷起六年武王纔死。《管子·小問》説「武王伐殷克之，七年而崩」，王肅注《金縢》説「既克殷二年」即克殷次年是對的，但又說「時年八十八矣，九十三而崩」則又隔五年，從克殷起七年武王纔死了。劉歆《世經》說：「文王十五而生武王，受命九年而崩。後四年而武王克殷，克殷之歲八十六矣，後七歲而崩。故《禮記·文王世子》曰：『文王九十七而終，武王九十三而終。』凡武王在位十一年。」則連克殷這年，共有八年武王纔死。不管六年、七年、八年，甚至像僞本《竹書紀年》，武王在文王死後，一共在位十七年。總之，從克殷二年以後，絶無武王的史料，難道在克殷二年以後，周王朝就無所事事嗎？這顯然是極其荒謬的。殷周之際的文獻，如此之多，而硬説克殷二年以後，還有四年或五、六年之久，武王纔死，可是又没有一點史料，却被許多人盲目地信從，祇有王國維的《周開國年表》認爲武王是克殷後兩年死的，克殷後在位三年。說明研究古代歷史是必須費一番氣力去調查的。《多方》說：「猷告爾有方多士，暨殷多士，今爾奔走臣我，監五祀。」《多方》是成王從奄回到宗周時，周公用王的口氣發布的誥詞，那時是周公攝政三年，而說周王朝臣服各國才五祀，說明武王克殷以後在位祇有兩年就死了，加上周公攝政三年，是五年。這是又一個最确實的證據，前人都忽略了（王肅說：「其無成，雖五年亦不得反也。」以此爲虛設之言。江聲說：「武王命三叔監殷，殷民皆臣服，于兹十年矣。言五祀者，本其未叛時言也。」也因不知道武王伐紂後祇有兩年，所以牽强附會）。

至于劉歆引用《文王世子》來證年代，鄭玄、王肅等均用其說，是極其荒誕無稽的。如果說文王十五生武王，而武王還有兄伯邑考，文王十三歲就生伯邑考。武王八十一歲生成王，而成王還有弟唐叔。文王生子如此之早，武王生子如此之晚，真是怪事了。儒家如此不科學，也說明儒家思想的極端反動。其實《度邑解》說：「維天不享於殷，發之未生，至於今六十年。」可見武王臨死時，還不到六十歲。《路史·發揮》引《紀年》說「武王年五十四」是比較可信的。《度邑解》應在十四祀，那時武王正五十四歲，所以追溯到他未生之前六年，共計六十年。朱右曾誤信六年說，並誤以爲與克殷同時說此，所以認爲當時是四十八歲，則追溯未免太遠了。即此也可以證明武王克殷後不久就死。

正由於武王享年最短，建立周王朝後祇有兩年，所以留下來武王時代的銅器也最少。迄今爲止，能確定爲武王時代的銅器，祇有兩件，即利簋與朕簋，現在分述於下。

一　利簋

二　朕簋

一　利簋　四行三十二字

利簋拓本

珷①征商，隹（唯）甲𠇷（子）朝②，戉（越）③鼎④，克𢉅（昏）⑤，𣅀⑥（揚）又（有）商⑦。辛未⑧，王才（在）𠂤（闌）𠂤⑨（師），易（錫）又（有）事⑩利金。用乍（作）𨛜（檀）公⑪寶䵼（尊）彝。

利簋圖像

意譯爲：

武王征伐商國，甲子這天早上，遷移了鼎，戰勝了昏（紂），繼承了商王朝。辛未這天，武王在闌師，把銅賞給名叫利的一個有司（官名）。利用來做檀公的寶器。

注釋：

① 珷是武的繁文，從王武聲，用作武王之武的專名。我國的形聲文字商代已經十分發達，這是周初利用這種形式新造的字。在西周金文中常見的有玟、珷、瑻三字。玟、珷兩字指文王、武王，瑻字見於門鋪。由這件銅器的發現，知道珷字

在武王時就已存在了。豐字銅鋪應是文王建豐邑時所用的門鋪。《詩・文王有聲》説：「文王受命，有此武功，既伐于崇，作邑于豐。」所謂受命，本是受商紂所封西伯之命，《墨子・非攻》所謂「赤烏銜珪，降周之岐社」之類，有些是故神其説，有些是後人附會增加。在受命六年時，把最大的敵人崇國滅了，因而作豐邑，就自稱爲文王，那末，玟字和珷字應當就是文王時創造的，武王時又用這種形式創造了珷字。

② 珷即指武王，《禮記・坊記》引《太誓》説：「予克紂，非予武，惟朕文考無辜。」《孟子・滕文公》引《太誓》説：「我武惟揚，侵于之疆。」均爲武王自稱武之證。研究西周銅器的人所説「生稱王號」過去祇有成王、穆王、共王和懿王四代是可信的，現在又增加了武王時代的一個例子。

③ 《書・牧誓》：「時甲子昧爽，王朝至于商郊牧野，乃誓。」《武成》：「粤若來三月既死霸，粤五日甲子，咸劉商王紂。」《世俘》：「二月既死魄越五日甲子朝至，接于商，則咸劉商王紂。」均指此事。時爲公元前一〇七五年殷曆二月五日，在夏曆爲正月。昧爽是天剛亮，朝則是太陽剛出來。武王伐紂，祇用一個早上就解決戰鬥，在歷史上是很少見的，所以古書上記載很多。在銅器銘文上，這是初次看到，是這個戰役，當時人傳下來的實物證據。

④ 戉(戜)字從■■戉聲，和鉞字同。■■就是呂字，本像兩塊銅餅，古代金字就從■■，所以古文字常用■■來代表金字的意義，如■■冶字就是冶金的專字，冰字就像銅水的凝結等。戉字本像斧鉞形，後來有了銅鉞，所以又作戜。金文常用戉來代表越國的越字，甲骨文常用戉或戜來代表歲字，此處則當讀爲奪或敓，戉與奪音近可通用。《孟子》「殺越人于貨」是説殺人奪貨，可證。此説「戉鼎」即奪鼎。

⑤ 在奴隸社會後期，青銅彝器作爲奴隸主們的重器，傳家之寶。尤其是夏鼎，商周兩代都作爲王權的象徵。《左傳》宣公三年説：「桀有昏德，鼎遷于商。」「商紂暴虐，鼎遷于周」。所以武王入商都後，據《克殷解》説：「乃命南宫忽振鹿臺之錢，散巨橋之粟。乃命南宫百(伯)達、史佚遷九鼎三巫。」(《史記》作「展九鼎寶玉」。)而在下月的庚戌(周曆四月二十二日，夏曆爲二月)回到周都後，第二天辛亥，就「薦俘殷王鼎」(見《世俘》)，是作爲第一件大事的。後來成王遷都成周，就首先定鼎于郟鄏(説詳成王時的𣪕尊)。在《周易》裏，鼎和革兩卦是一對矛盾，是去故取新。所謂「湯武革命」，接着就要定鼎，因此，後來就把改朝换代叫做「鼎革」。當時要奪取九鼎，跟秦、漢以後的封建皇帝改朝换代要奪取傳國璽是同一心理。

⑤《説文》以𦣞爲籀文婚字，毛公厝鼎用以代表「無唯正昏」、「余非庸又昏」的昏字。這裏説「克昏」，昏指商王紂。《書·立政》「其在受德暋」，受德是紂，暋就是昏字。《牧誓》：「今商王受（紂）惟婦言是用，昏棄厥肆祀弗答，昏棄厥遺王父母弟不迪。」昏都指紂的品德，也可轉而作爲具有這種品德的人的代名詞，如後世常説的「昏君」。所以，「克昏」即指戰勝商紂。

⑥盽字銅器銘文常用爲對揚的揚字。《爾雅·釋詁》：「揚，續也。」

⑦有商和有虞、有夏、有周一樣，指商王朝。《詩·文王》「假哉天命，有商孫子」，即其例。「揚有商」是繼續商王朝，儘管改朝换代，從奴隸主王朝的制度來説，後者是繼續前者的。《召誥》説「有夏服天命」，「有殷受天命」，而後説「今王嗣受厥命」，嗣也就是繼續。説「天命」是用以騙人的。

⑧辛未是甲子後七天。據《克殷解》，甲子這天戰勝後，武王第二天纔進入殷都。據《世俘解》，武王要搜捕紂的黨羽，並派軍隊鎮壓和紂接近的許多邦國，所以一直到第五天戊辰纔立政，宣告已由他掌握政權。辛未是立政的第四天。

⑨𩁹𠂤，地名，「𩁹」即「闌」字，在殷代銅器銘文中常見，《古亞簋》作「𡩜」，《宰椃角》作「𩁹」，一九五八年安陽後岡發現的《宰鼎》作「𡩜」，均一字的異形。這些都是殷代晚期的銅器，據《宰鼎》，闌地有太室，可見應是殷都附近的宫殿所在地。

⑩「有事」即「有司」。《詩·十月之交》：「擇三有事。」毛萇傳：「擇三有事，有司，國之三卿。」按：三卿指司徒、司馬、司空，但其它掌管具體職務的官吏，也都可稱有司。

⑪「𠫑」字左旁不清晰，右旁上從亩，下從虫，即「蟺」字。《番生簋》的「旜」字，從㫃亶聲，就是「旜」字，在《説文》裏，「旜」字是「旃」字的或體。此銘左旁雖不詳，但説「𠫑公」，應是國名而並爲氏族名。當即檀伯達之檀。

説明：

這件銅器所記是武王克殷時事，利爲檀公之後，因受賜銅而作簋，在西周銅器中是最早的。賜銅之日爲甲子後七日，即武王立政，也僅第四天，可見利在當時是有功的官吏，在論功行賞的前列。《左傳》成公十一年説：「昔周克商，使諸侯撫封，蘇忿生以温爲司寇，與檀伯達封於河。」這個利可能就是檀伯達，利是名，伯達是字，爲檀公之長子。檀伯達與蘇忿生同時被封。蘇忿生是司寇，比司徒、司馬、司空的地位略低，檀伯達可能是三卿之類的有司，與利的身份正合。銘中把

「越鼎」列在「克昏」之前，這是很突出的。這固然可以説奪取王權象徵之鼎，比打勝殷紂甚至更重要。但如果設想檀伯達即是南宫伯達，就是在他和史佚帶領人去遷九鼎的，那他在器銘中首先談到「越鼎」，就更容易理解了。檀是封國之名，而南宫爲氏族名，很可能是一人而異名。當甲子之事後，據《世俘解》，首先是「太公望命禦方來，丁卯望至，告以馘俘」。丁卯是克殷的第四天，顯然，方來是較重要的敵人，離殷都也最近，所以一直到戰勝以後，第二天，武王纔立政。立政以後，「吕佗命伐越戲方」，一直到壬申，纔説「荒新至，告以馘俘」，而這是檀利被賜的第二天了，在這以後還有伐陳、伐衛、伐磨、伐宣侯、伐蜀、伐厲等等，最後一次告捷是乙巳，則已在檀利被賞之後三十四天了。武王則在乙巳之後的第六天庚戌纔回到周都的。由此可見檀利被賜，還在兵馬倥偬之際，他顯然是武王身邊的重要人物之一，因此，他可能就是檀伯達，也很可能就是遷九鼎的南宫伯達。

二　朕簋　八行七十八字

朕簋拓本

朕簋圖像

乙亥，王又（有）大豐（禮）①，王凡（同）三方②。王
祀于天室③，降天④，亡尤。王
衣（殷）祀⑤于王不（丕）顯⑥考文王，
事喜（饎）帝（禘）⑦。文王徝（德）十二⑧，不（丕）
顯王乍（作）⑨眚（省）⑩，不（丕）䊮（肆）⑪王乍（作）賡（庸）⑫。不（丕）克
三（訖）⑬衣（殷）王祀。丁丑，王鄉（饗）大圂（俎）⑭王降，
亡助（勛）⑮。稹（須）⑯復（退）⑰橐（櫜）⑱。隹（唯）朕⑲
又（有）蔑⑳，每（敏）取（揚）王休于隫（尊）白（簋）㉑。

意譯爲：

乙亥這天，王有了大典禮，王會見東、南、北三方的諸侯。王到天室祭祀，從天室下來，没有出什麽差錯。王大祭他的顯赫的父親文王，用酒食來舉行大祭。文王有□□的德行，顯赫的王是察看了，開展的王是有了功勞，能够終止了殷王朝的命運。丁丑這天，王舉行饗禮，設置了大俎。王從那兒下來，没有勞累。等待退櫜，朕是有功勞贊揚了，很敏捷，稱揚王的休美寫在這尊簋上。

注釋：

① 大豐即大禮，指大的典禮。古豊字常與豐字相亂，劉心源釋豊，甚是（《奇觚》四、十一），也見麥尊。長囟盉「穆王饗豐」，即《儀禮・覲禮》所説「饗禮乃歸」和《論語・鄉黨》「享禮有容色」之饗禮與享禮；𤼈尊「復亯珷王豐」即「復稟武王禮」，並可證。

② 凡與同本一字，古興字像四手舉凡（盤），後變爲從同；西周金文中常見之同公，即凡、蔣、邢、茅諸國中的凡國的公，並可證。同是召集各方諸侯來會，《周禮・大宗伯》説：「時見曰會，殷見曰同。」此時周都在西土，衹召集東、南、北三方，所以説王同三方。

③ 天室即大室，也就是太室。天與大通用，如：天邑商即大邑商，天乙即大乙之類。奴隸主王朝把他們祭祖先的宗廟中央最大的一間，叫做太室。由於他們胡説他們的祖先都在天上，所以也叫做天室。《吕氏春秋・古樂》記武王克殷後，「歸，乃薦俘馘于京太室」，指京宫的太室，應該就是這裏所説的天室。《逸周書・度邑解》記武王要「依天室」，而説「我南望過于三塗，我北望過于有嶽鄙，顧瞻過於河，宛瞻延于伊雒，無遠天室」。《史記》略同，這個天室是太室山，也是天室即太室的旁證。

④ 降天就是從天室下來，降天亡尤和後文王降亡助，句例正同。天就是天室的省文。《詩・下武》：「三后（太王、王季、文王）在天，王（武王）配於京」。天就是天室，京就是京宫。《書・雒誥》：「王入太室祼。」而《𣪘尊》説：「福自天。」福就是灌（祼）祭，天就是太室，並可爲證。劉心源以「天亡又王」爲句，以天亡爲人名，都是錯的。

⑤ 衣讀爲殷，《書・康誥》「殪戎殷」，《禮記・中庸》作「壹戎衣」；鄭玄注「齊久言殷聲如衣」。殷祀，豐盛的祭祀。《公羊傳》文公二年説「五年而再殷祭」，《易・豫象》：「殷薦之上帝」，《儀禮・士喪禮》「月半不殷奠」，各家注都説「殷，盛也」。

⑥ 不與丕同。《小爾雅・廣訓》：「丕顯，顯也。」丕是發語詞。古代語言在加强語氣時，常在某一詞前，加上丕的語音，寫成文字即爲不或丕字，其例甚多。下文不𢑱、不克均同。

⑦ 喜假借爲饎，《説文》：「酒食也。」又作糦，《詩・玄鳥》：「大糦是承」，《韓詩》：「糦，大祭也。」帝，假爲禘，《爾雅・釋天》：「禘，大祭也。」禘祭有多種，此稱饎禘是用酒食爲祭，是屬於殷祭的禘。劉心源把帝説成是上帝，讀爲「使饎上帝」。但銘文帝上祇有一條裂紋，並無筆劃。况此既殷祭文王，如何又祭上帝。如要附會「宗祀文王於明堂以配上帝」，不知上帝是不應以酒食爲祭的，更不應在殷祀文王後再祭上帝。顯然是錯誤的。

⑧ 德十＝，德下一字筆劃不晰，其下爲重文號。德下應是稱美之詞，如亹亹、穆穆之類。舊釋「德在上」是錯的。郭沫若把德釋成監，也是錯的。

⑨ 作讀爲則，作則聲近。《吕氏春秋・孟冬紀》：「孟冬行春令則凍閟不密，……行夏令則國多暴風，……行秋令作霜雪不時。」前作則，後作作，《禮記・月令》三句都用則字，可見作與則通用。

⑩ 眚即省字，《爾雅・釋詁》「省，察也」，是察視、觀察的意思。

⑪ 𦇧與肆通。《書·堯典》「肆類于上帝」，《説文》引作𦇧。《小爾雅·廣言》：「肆極也。」《左傳》襄公二十六年注「肆，放也」。

⑫ 庬即庸字，所從月（凡）與從□（用）同。庸是功績。

⑬ 三字甲骨文常見，于省吾釋气（乞），是對的。此銘讀爲訖，《爾雅·釋詁》：「訖，止也。」

⑭ 圂即俎字，像且（俎）内盛肉之形。小篆把肉形（由□變□）移在左側，就成爲俎字。《詩·閟宫》：「籩豆大房。」毛傳：「半體之俎也。」《周語》：「王公立飫則有房烝。」注：「大俎也。」《禮記·明堂位》：「周以房俎。」注：「房謂足下跗也。上下兩間，有似于堂房。」根據這些資料，可見古文的□字，即是大俎的象形，中間有横隔，上下各置牛（或羊、豬）肉半片，可見這個俎又高又大，好像兩層的房子。

王饗大俎，是説武王在祭祀後兩天舉行饗禮，設有大俎。《詩·楚茨》「執爨踖踖，爲俎孔碩」，就是説設置大俎的事。

又説「爲賓爲客，獻酬交錯，禮儀卒度，笑語卒獲」，是説宴賓客的事。《絲衣》序説：「《絲衣》，繹賓尸也。」《公羊傳》宣公八年説：「繹者何？祭之明日也。」所謂「賓尸」，是因當時的祭祀，要在族人中我出一個人做尸，代替亡靈來受祭，在祭祀完畢後，爲了答謝這個尸而舉行賓尸的宴會。武王舉行的饗禮，就是這樣的宴會。

⑮ 勛當讀爲勩，《詩·雨無正》「正大夫離居，莫知我勩」，傳：「勩，勞也。」《廣雅·釋詁四》：「勩，苦也。」當由勛音如世，而加世聲作勩字。亡勩，指武王由宴會中下來，没有勞累。

⑯ 頪字亦見鄭井弔盨，作□，此左上從木，右旁須字上不甚清晰，下作髮形，則很清晰。舊釋爵，古爵字作□，實無此寫法。頪讀爲須，也即盨字，《爾雅·釋詁》：「盨，待也。」

⑰ 復即退字，宋代出土寅簋説「有進退」作□。

⑱ □當是橐字，《説文》作□，毛公鼎與散盤並從□内缶，但石鼓「何以橐之」作□，與此近似。橐與包音義並同。頪退橐是等待退橐。《禮記·樂記》記「牧野之語」説武王克殷回周，「濟河而西，馬散之華山之陽而弗復乘，牛散之桃林之野而弗復服，車甲釁而藏之府庫而弗復用，倒載干戈，包之以虎皮，將帥之士使爲諸侯，名之曰建櫜，然後天下知武王之不復用兵也」。鄭玄注：「建讀爲鍵，字之誤也。兵甲之衣曰櫜，鍵櫜言閉藏兵甲也。」此銘作退橐，與鍵櫜同意，即把武器退藏於庫包起來了。橐櫜音相近，實同義。

⑲ 朕是作器者之名。陳介祺釋聃，以爲聃季，是錯的，但作爲人名是對的。

⑳ 蔑舊釋德、釋慶，並誤。上半從□，明是蔑字。蔑即金文常見的蔑曆。蔑即功伐的伐，有蔑是有功，也兼有贊揚鼓勵的意思，朕因待退櫜有功，所以要敏揚王休。

㉑ □應是𣪕（簋）之壞字，此簋範鑄不精所致。

説明：

這件銅器據吴大澂《愙齋集古録賸稿》，與毛公鼎同出岐山。是武王克殷後回周都大會東、南、北三方諸侯時所作。據《世俘解》：「惟四月乙未日，武王成辟四方通殷命有國。」則是周十三祀，殷正二月甲子克殷之後，過了三十天，下月七日（殷正爲三月，此時已改用周正），所以説四月即已通知四方諸侯，武王已成爲天子，接替殷王朝了。又過了十五天，庚戌那一天，纔回到周都，舉行了告天告廟等等典禮，忙了五天，一直到乙卯（四月二十七日）纔算安定下來。這個銘説是乙亥，就又過了二十天，是周正五月十七日了。由四月七日通命以後，已過了四十天，纔大會東、南、北三方的諸侯，這是牧野之戰的繼續，是當時的大事，所以，銘文記載得頗爲詳細。

卷一下

周公

武王伐紂後，第二年就死了。周王朝還没有鞏固下來，時成王年幼，由周公輔政，所以，周王朝的建成，周公旦的功績是很大的。《作雒解》説武王回周都後，第二年「十二月，崩鎬，肂于岐周。周公立，相天子，三叔及殷、東、徐、奄及熊盈以叛。周公、召公内弭父兄，外撫諸侯。元年夏六月，葬武王于畢。二年又作師旅，臨衛政殷，殷大震潰降。辟三叔，王子禄父北奔，管叔經而卒，乃囚蔡叔於郭淩，凡所征熊盈族十有七國，俘維九邑，俘殷獻民，遷于九畢。俾康叔宇于殷，俾中旄父宇于東」。這段記載比較詳盡，大致是可信的。《書·金縢》説：「武王既喪，管叔及其羣弟乃流言於國曰：『公將不利於孺子。』周公乃告二公曰：『我之弗辟，我無以告我先王。』周公居東二年則罪人斯得。」所説管叔流言，就是爲了要叛周。武王死在十四祀的十二月。當時周有兩個鎬，一個在宗周之西北，大概是周的舊都，文王作了豐邑以後，武王又在附近營建了新的鎬京。武王是死在舊鎬京的，因此，臨時殯葬在岐周。看來這時周王室内部很混亂，所以一直隔了六個月，纔能歸葬于畢。《尚書大傳》説「周公攝政，一年救亂」，看來是符合實際情況的。周公説「我之弗辟」，《説文》引作「我之不辥」，而説「辥，法也」，這和《作雒篇》的「辟三叔」是同樣的意思，是要依法處理。有些人誤把辟字讀爲避，就造出了周公逃避的故事。《墨子·耕柱》説：「周公非關叔，辭三公，東處于商蓋。」關叔即管叔，商蓋即奄，這時尚未踐奄，周公如何能去商蓋呢？《史記·周本紀》解爲弗避嫌疑而攝行政，也是很牽强的。馬融注説是「避居東都」，不知這時尚未建立東都。鄭玄注説「居東者出處東國，待罪以須君之察己」，是被這種故事所誤。但説「出處東國」是對的，《康誥》説：「周公初基作新大邑于東國雒」，是洛可稱東國，在《雒誥》裏稱爲雒師。在周公居東時，管蔡反周的形跡已經暴露，所以說「罪人斯得」，鄭玄注竟說成是成王捕獲周公同黨，作爲罪人，真是想入非非了。王肅注說「東，洛邑也。管蔡與商奄共叛，故東征鎮撫之。案驗其事，二年之間，罪人皆得」，是比較近理的。當管蔡流言時，成王不免動摇，所以《金縢》說：「于後，公乃爲詩以貽王，名之曰《鴟鴞》，王亦未敢誚公。」《詩·鴟鴞》序說：「鴟鴞，周公救亂也。成王未知周公之志，公乃爲詩以遺王，名曰鴟鴞焉。」這和《尚書大傳》「一年救亂」是符合的。既在一年救亂之後，就是攝政二年了。《金縢》又說：「秋大熟，未穫，天大雷電以風，禾盡偃，大木斯拔，邦人大恐。」接着說，成王因開金縢而説「惟朕小子其新（親）逆，我國家禮亦宜之」，等等。儘管其中夾雜一些迷信的話，但在秋季以後，周公從東國回來，成王要去迎接則是可信的。《書序》在《微子之命》下有《歸禾》、《嘉禾》兩篇，說：「唐叔得禾異畝同穎，獻諸天子，王命唐叔歸周公于東，作《歸禾》。周公既得命禾，旅天子之命，作《嘉禾》。」（《荀子·儒效》說：「武王崩，成王幼，周公屏成王而及武王以屬天下。」又說：「成王冠，成人，周公歸周，反籍焉。」那末，武王死時，古文《尚書》說成王是十三歲，應可信。舊說唐叔是成王弟，可能是錯的。既能歸禾，怎麽比武王還小。晉邦盦說：「皇祖唐公，左右武王。」不應還是小孩子。）這兩篇現在都已亡佚，但既說「歸周公于東」，可見是在周公居東時。那末，周公歸來，要去迎接，是理所當然了。周公這次回來，是策劃攻殷，《作雒解》說：「二年，又作師旅臨衛政殷。」《尚書大傳》說「二年克殷」，均可證。這次東征用成王名義行動。《書序》說：「武王崩，三監及淮夷叛，周公相成王，將黜殷，作《大誥》。」誥中說「惟我幼沖人嗣無疆大厤服」，就是成王的口氣。篇末說「肆朕誕以爾東征」，則是成王也隨周公東征了。今存司徒迭簋說「王來伐商邑」，小臣單觶說「王後反，克商」，都可以爲證。

《作雒解》說：「殷大震，潰降。辟三叔。王子禄父北奔，管叔經而卒，乃囚蔡叔于郭淩。」這都應是攝政二年事。管、蔡是和「徐奄及熊盈」一起造反的，殷雖然潰降了，它的同伙還在，所以有必要深入。《書序》說：「成王東伐淮夷，遂踐奄，作《成王征》。成王既踐奄，將遷其君于蒲姑，周公告召公，作《將蒲姑》。」《成王征》和《將蒲姑》兩篇也都亡佚了。《尚書大傳》：「三年踐奄。」這是攝政三年的事。《作雒解》說「凡所征熊盈族十有七國」，其中主要的是奄，此外當有徐和淮夷，在文獻記載上是不詳細的。現存銅器中有禽簋和禽鼎說「王伐婪侯」，剛劫尊說「王征棥」，婪、棥並即盖字，就是奄國。尤其重要的是塱鼎，說：「唯周公于正（征）伐東尸（夷），豐白（伯）、敷古咸戈。」可見，踐奄時還滅了豐和薄（蒲）姑兩國，是可以補文獻的缺佚的。

武王伐商，在《世俘解》裏儘管説「憝國九十有九」，但提出國名的有：方來、越戲方、陳、衛、磨、宣方、蜀、厲等，還有「禽霍侯、艾侯、俘佚侯」等。其中著名的陳、衛都在今河南境内，似乎東未至今山東境内，北未至今河北境内，到周公黜殷，踐奄，降蒲姑，纔擴展到今山東境内，後來就封了齊、魯兩國。但是《作雒解》所説「王子禄父北奔」的後果又怎樣呢？文獻上没有記載。《書序》説「成王既黜殷命，殺武庚」，與《作雒》似乎不同。但武庚的名稱，跟紂的稱帝辛一樣，顯然不是王子禄父生存時的名，如果在攻克殷都時王子禄父就被殺了，周人決不會把祭日的庚作爲他的稱號而且還冠以武字的。那末，北奔的話是真的。正由于王子禄父率領了殷國的殘衆突圍北奔，因此，殷城就崩潰而投降，三叔就落在周軍手裏了。王子禄父北奔以後，大概又過了一個時期纔死，他的臣下還用庚日祭祀他，所以號爲武庚。《作雒解》説「俾康叔宇於殷，俾中旄父宇于東」，這是很重要的記載。《作雒解》前面説「建管叔于東，建蔡叔、霍叔于殷」，現在已經「辟三叔」就得處理這個問題，用中旄父來代替管叔，用康叔來代替王子禄父和蔡叔、霍叔，這是黜殷戰役的善後措施。《書序》説：「成王既黜殷命，殺武庚，命微子啓代殷後，作《微子之命》。」又説：「成王既伐管叔、蔡叔，以殷餘民封康叔，作《康誥》、《酒誥》、《梓材》。」《微子之命》已經亡佚，但可以看得出來這兩篇是應該啣接的。《書序》在這兩篇中間加上《歸禾》、《嘉禾》兩篇是錯的，那兩篇應在《金縢》後、《大誥》前，因爲事在黜商之前。這兩篇聯在一起看，正與《作雒解》符合。武王伐殷後，還保留殷國，衹是把商王朝變爲周王朝罷了。黜殷則把殷國滅了，而把微子封到别處，對殷遺民主要由康叔來處理，《尚書大傳》所説「四年建侯衛」，就是指此兩事，而並不是普遍地封建諸侯，當時伐奄剛剛結束，怎麽來得及就普遍封建諸侯呢？宋在商邱，即相土之東都，所以也可以稱東，從宗周來看，這是最東的地區了。但是仲旄父這個人，過去都没有考出來，王應麟《困學紀聞》一疑是南宫髦，固然没有根據，孫詒讓《周書斠補》説是康叔的兒子康伯髦，更是大錯。父子並封，爲何後來衹有衛國，何況伯又如何變成仲呢？實際仲旄父衹是微仲，是微子之弟，當時在名義上雖是封微子啓，實際上到東國去的衹是微仲。據《檀弓》説微仲名衍，仲旄父應是其字。《小爾雅・廣言》：「衍，散也。」旄是旌旄，是用牛尾做的，也有分散的意思；旄通耗，與耗散的意義相近，故名和字意義是相符合的。《禮記・樂記》説武王克殷後就「投殷之後于宋」是錯的。《史記・宋世家》：「周公既承成王命，誅武庚，殺管叔，放蔡叔，乃命微子開代殷後，奉其先祀，作《微子之命》以申之，國于宋。」這是對的，但當時並未正式封爲宋公，衹是讓仲旄父去鎮守罷了，封建是以後的事了。殷和東，一個是國都，一個是過去的東都，所以要立三監，三監的反叛平定以後，把這兩個地點的重點改變了，把微子放到東，實際上是次要的地點，而把康叔放到殷國掌握了全局，所以連續有了《康誥》、《酒誥》、《梓材》三篇誥辭。但是現存於《尚書》中的《康誥》是有錯簡的。一開始説：

惟三月哉生魄，周公初基作新大邑于東國洛，四方民大和會，侯甸男邦采衛，百工播民和見士于周，周公乃勤，乃洪大誥治。

這四十六個字是不知哪一篇的錯簡放在此處的，因爲這些話與當時的情況不符。首先，周公處理這些事情時是應急措施，並没有回到洛邑，地點不對。再則，作新邑是將致政前的事，這遠在前，時間也不對。正由於當時並未十分安定，這篇誥詞雖也用王的名義，卻是周公自己的口氣，一開頭説：「王若曰：孟侯，朕其弟小子封。」明明不是成王的口氣。後人對這些講不通，有人説孟侯是講成王，有的人則説這是武王封康叔。不知明明是誥康叔，如何能指成王，而武王時，此地衹有管、蔡、霍，如何能建康叔。實則康叔字殷，仲旄父字東，還衹是讓他們管理這些地方，並没有封他們，所以康叔還是康侯，微子還是微子，而不是衛侯與宋公。沬司徒迭簋説：「王來伐商邑，祉（誕）命康侯啚（鄙）于衛，沬𤔲（司）土（徒）迭眔啚（鄙）。」從這件器銘中可以證明命康侯是東征時事。《左傳》莊公二十六年説：「羣公子皆鄙。」注：「邊邑也。」可以證明這次所命是守邊而不是封國，正由于是守邊，所以沬司徒可以跟康侯一起來守。

《書序》説：「成王歸自奄，在宗周，誥庶邦，作《多方》。」應是攝政四年建侯衛以後的事。開頭説：「惟五月丁亥，王來自奄，至于宗周。」伐奄是攝政三年的事但伐奄時還包括豐伯、薄姑等許多國家，決非一下就能敉平，伐奄之後，纔命康叔與仲旄父，已是攝政四年了，然後回到宗周，路上又得一兩個月，所以到了五月纔作這篇誥。誥詞説：「周公曰：王若曰。」説明這時的誥都是周公用王的身份發布的。説：「猷告爾有方多士，暨殷多士，今爾奔走臣我監五祀。」則從武王克殷之十三祀周正四月立政至此，整整是五年了。

《尚書大傳》説：「五年營成周。」在《雒誥》上有這樣一段記載：

周公拜手稽首曰：「朕復子明辟。王如弗敢及天基命定命，予乃胤保，大相東土，其基作民明辟。予惟乙卯朝至于洛師，我卜河朔黎水。我乃卜澗水東，瀍水西，惟洛食。我又卜瀍水東，亦惟洛食。」伻來以圖及獻卜。王拜手稽首曰：「公不敢不敬天之休，來相宅，其作周匹休。公既定宅，伻來，來視予卜，休恒吉，我二人共貞。公其以予萬億年敬天之休，拜手稽首誨言。」

這裏所説的是周公到洛師卜宅的情形，是營成周的開始。遠在武王末年，就要在伊雒之間建都。《作雒解》説：「周公敬念于後，曰：『予畏周室不延，俾中天下。』及將致政，乃作大邑成周於土中。」作爲一個大邑，成周的規模很大，據《作雒解》是「城方千七百二十丈」，即所謂城方九里，而郛（即外郭）則方十七里（一本作七十里，太大了，可能是錯的）。「南繫于洛水，北因于郟山，以爲天下之大湊」，但作《書序》的人在這個問題上没有搞清楚，把《召誥》的太保卜宅與《洛誥》的周公卜宅混淆了。因而在《洛誥》序中説：「召公既相宅，周公往營成周，使來告卜，作《洛誥》。」實則《洛誥》中的周公卜宅，是經營成周的開始，又在攝政七年作《洛誥》時追溯的。這裏周公説「予惟乙卯朝至于洛師」，祇是爲卜宅，首先卜的是黄河北岸的黎水，大概没有得到吉兆。于是卜澗水、瀍水之間而又靠近洛水的地方，卜兆把畫在龜上的墨痕喫了（由坼裂而墨痕不見），又卜瀍水東邊的近洛處，卜兆也把墨喫了。于是周公把地圖和卜兆送給成王，由他最後決定。這時成周還根本没有經營，是很清楚的。但在《召誥》裏則由召公先去相宅，戊申那天到了就卜宅，得了卜就經營，接着就派庶殷來攻位，五天就造成了，第二天乙卯，周公來了就「達觀于新邑營」，隨着就祭郊祭社，最後還朝庶殷等。從文中可以看到新邑業已建成了。如果説召公卜宅是在新邑未建之前，那末，由戊申到乙卯，祇過了七天，其間祇攻了朝廷之位，周公來了怎麼能看「新邑營」呢？怎麼又有郊和社呢？召公卜宅後，已經經營了，周公到了，並没有再卜，怎麼能有周公「使來告卜」的事。從宗周到洛，大概要走十多天（太保是乙未得成王命的，而戊申纔到洛），在《召誥》裏，周公是乙卯到洛的，如果真是使人告卜，而成王又使人答覆的話，往返就二十多天了。但是據《召誥》周公在到洛的第十天甲子就朝了，而那時成王也在場，這怎麼可能呢？可以看到《洛誥》的乙卯是在將營成周之前，而《召誥》的乙卯則在新邑建成之後。《史記》也由於不知道這兩個乙卯的區别，而誤把周公卜宅放在召公卜宅之後了。

周公卜宅之後，繼之以佈置工役，前文所説錯簡在《康誥》前的一段文字，應在此時。説：「惟三月哉生魄，周公初基作新大邑于東國洛。」既説是基作，可見是初營成周時事。前面説《多方》是作於攝政四年五月丁亥的，那時還没有提到作新邑的事，那末，這個三月一定是攝政五年。《尚書大傳》説「五年營成周」是可信的。但周公卜宅應在其前，可能在攝政四年的冬季。

《書序》:「成王既黜殷命,滅(《史記》作襲)淮夷,還歸,在豐,作《周官》。」《周官》已亡佚,今本《尚書》中是晉人僞託。《鄭志》:「趙商問:案成王周官,『立太師、太傅、太保,兹惟三公』,即三公之號自有師保之名。成王周官是周公攝政三年時事。」但攝政三年,成王伐奄還未回來,這個三字可能是五字之誤。《尚書大傳》「六年制禮作樂」,《周官》應是制禮之一,鄭玄之徒所謂古文經學家由于迷信《周禮》是周公做的,所以《鄭志》趙商問説「此《周禮》是周公攝政六年時」。其實《周禮》是春秋末年萇弘之類的奴隸主階級復辟派的擬作,當韓宣子聘魯時説「周禮盡在魯矣」,顯然並不知道有這樣一部《周禮》的。

攝政七年,新邑建成。《書序》説:「成王在豐,欲宅洛邑,使召公先相宅,作《召誥》。」鄭玄把這篇書放在攝政五年是錯了,《史記》是放在攝政七年的。當周公卜宅時,在洛水旁卜了兩處,一處在澗、瀍之間,是新大邑,即後來所謂王城,是代表周王朝的;一處在瀍水之東,是後來的成周,即成王所居的。由于成王要宅洛邑,召公去卜宅,是在這裏營建居住區域。《召誥》所記是由二月乙未到三月甲子共三十天中的事。甲子這一天,「周公乃朝用書命庶殷侯甸男邦伯。厥既命殷庶,庶殷丕作。太保乃以庶邦冢君出,取幣,乃復入錫周公」,下面記的是召公奭的話,所以稱爲《召誥》。這裏並没有記周公對庶殷的命,但在另外一篇《多士》裏則説「惟三月,周公初于新邑洛,用告商王士」,應該就是甲子這一天的命。鄭玄注説:「成王元年三月,周公自王城初往成周之邑,用成王命告殷之衆士以撫安之。」如果照他的説法,則在《召誥》命過以後,這是第二次了,怎麼説「初」呢?《書序》説:「成周既成,遷殷頑民,周公以王命誥,作《多士》。」這和《作雒》所説「俘殷獻民,遷于九畢」合。但畢是里字之誤,應從《玉海》所引校正。《戰國策·韓策》三説「魏王爲九里之盟」可證。鄭玄説:「此皆士也,周謂之頑民。」王鳴盛《尚書後案》説「由周而言爲頑民,由商而言爲義士」,並引《左傳》桓公二年所説「武王克商,遷九鼎於洛邑,義士猶或非之」爲證。其實,武王克商,並未遷鼎洛邑。遷鼎當與遷民同時,《左傳》宣公三年説「成王定鼎於郟鄏,卜世三十,卜年七百」,可證。

近年所出王奠新邑鼎,説:「癸卯,王來奠新邑,□二旬又四日丁卯,□自新邑。」與遷鼎遷民,當是一時事。奠是奠基宅,大約是新邑完全建成時了。可能是在攝政七年的下半年了。

這年冬季,《洛誥》説:「周公曰:『王肇稱殷禮,祀于新邑,咸秩無文。』」這是成王第一次在新邑行殷祭(舊説是殷代的禮是錯的）。又説：「予齊百工伻從王于周。」這個周就指新邑。成王説：「公明保予沖子，公稱丕顯德，以予小子揚文武烈，奉答天命，和恒四方民。」顯然是成王即政時的話。《尚書大傳》説「七年致政」，是可信的。成王又説：「予小子其退即辟于周，命公後。」這個辟就是下文「爲四方新辟」的辟，是説成王將在新邑的周即王位，同時還要爲周公立後。所謂立後，大概是指第二代的周公，過去説是封伯禽，是錯的。所以《洛誥》最後一段説：

戊辰，王在新邑烝、祭、歲，文王騂牛一，武王騂牛一。王命作册逸祝册，惟告周公其後。王賓殺禋咸格。王入太室祼。王命周公後，作册逸誥。在十有二月，惟周公誕保文武受命，惟七年。

這是所説周公誕保文武的七年，就是攝政七年。十有二月應作十有三月，不然就必須在年中置一閏月，這是公元前一〇六七年。

周公攝政七年中的銅器銘文，據現在所知的，計有十一篇：

一　周公方鼎
二　沬司徒迭簋
三　康侯丰方鼎
四　乍册宙鼎
五　小臣單觶
六　禽簋
七　太祝禽方鼎
八　剛劫尊
九　塱鼎
一〇　王奠新邑鼎
一一　嗷士卿尊

一　周公方鼎　二行七字

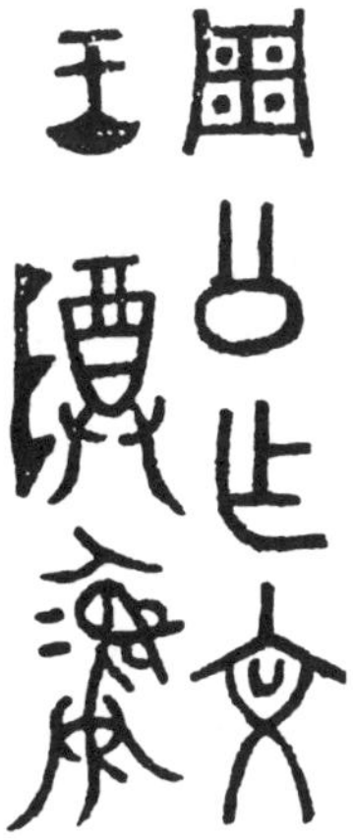

周公方鼎拓本

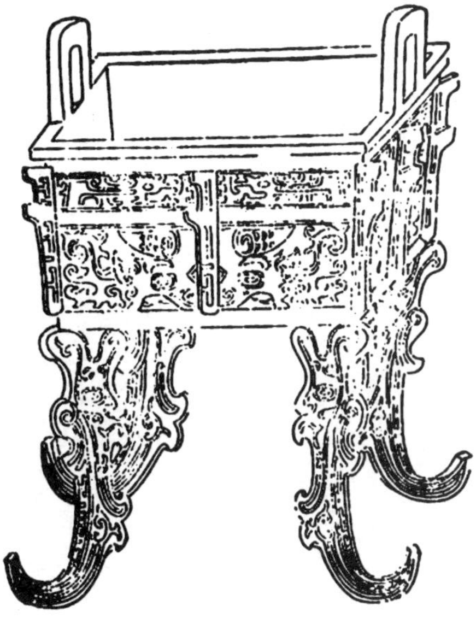

周公方鼎圖像

困（周）公①乍（作）文
王隩（尊）彝

注釋：

① 困即周字，宋人誤釋爲魯。

説明：

此當爲周公所作祭文王用的鼎。《復齋鐘鼎款識》尚有師旦鼎，銘文爲：「隹元年八月丁亥，師旦受命作周王太姒寶隩彝。敢捧韻首，用旛釁壽無疆。子孫其萬億年永寶用亯。」銘文不類周初，當是後人贗作。自宋以來，贗作極多，均不録，舉此一例，後不再舉。

二　沬司徒迭簋　四行二十四字

沬司徒迭簋拓本

王來伐商邑①，延（誕）②

令（命）康侯③啚（鄙）④于衛⑤。

渣⑥（沬）𤔲（司）土（徒）迭（疑）⑦眔啚（鄙），

乍（作）氒（厥）考⑧隮（尊）彝。朋⑨。

沬司徒迭簋圖像

意譯爲：

王來征伐商邑，命康侯在衛地防守邊境，沬司徒協助防守，做了他父親的祭器。朋氏。

注釋：

①王是成王，商邑即大邑商，指商都。

②誕，發語辭，在動詞前，如《詩·生民》：「誕寘之隘巷。」《書·大誥》：「肆朕誕以爾東征。」

③康侯即康叔封。

④鄙，邊境，《左傳》昭公十六年，「公予皆鄙」，注：「邊邑也。」

⑤衛在商末時應是接近商都的國名。據《世俘解》甲子克殷以後，一直到「甲申，百弇以虎賁誓命伐衛，告以馘俘」，已經過二十天。可能衛在開始時表示降服，而在周師遠征時，卻乘虛叛變，所以百弇不得不用虎賁來鎮壓了。虎賁在當時是警衛，是不得已纔動用的，所以特別提出誓命。《作雒》說：「臨衛政殷。」即以衛爲據點來攻殷。

⑥渚字從水從沓聲，即沫字。甲骨文「今未」之未字，常作沓，《殷契粹編》一一〇八片「今沓」之沓作□，可證。沫是殷紂所都，一作妹，《書·酒誥》「明大命于妹邦」，鄭玄注：「紂之都所處也。」《詩·桑中》「沫之鄉矣」，毛萇傳「衛邑」。《水經·淇水注》引《晉書地道記》說：朝歌城「本沫邑也」。據趙一清《水經注釋》說，當在今河南省浚縣與淇縣交界處。

⑦「迭」是從辵矢聲。《説文》無「矢」字，當爲「疑」之本字。《説文》：「𠤕，未定也。從匕吴聲。吴古文矢字。」又說：「疑惑也，從子止吴聲。」其實「矢」像人側首而立之形。《儀禮》中常見的疑立，是正立不動，有定義。相反又有疑惑不定的意義。説是「古文矢字」是錯的。從辵可省作從止，「疑」字是從子辵聲。

⑧商代稱祖、父或兄，周人對這些人的死後，都可稱爲考，但一般指父爲多。

⑨朋應是氏族名。

附録：同一人所做諸器

二—一　朋沫白逘尊　兩行十一字

朋沫白逘尊拓本

朋湝（沫）　白（伯）　逘（疑）乍（作）氒（厥）彝
考寶肇（旅）隩（尊）

朋沫白逘尊圖像

二—二　朋沫白逘卣一　二行十一字蓋缺彝字

朋沫白逘卣一盖拓本

同尊銘

朋沫白逘卣一器拓本

朋沫白迖卣一圖像

二一三　朋沫白迖卣二

二行十一字蓋缺彝字（尊古二·一四）

朋沫白迖卣二圖像

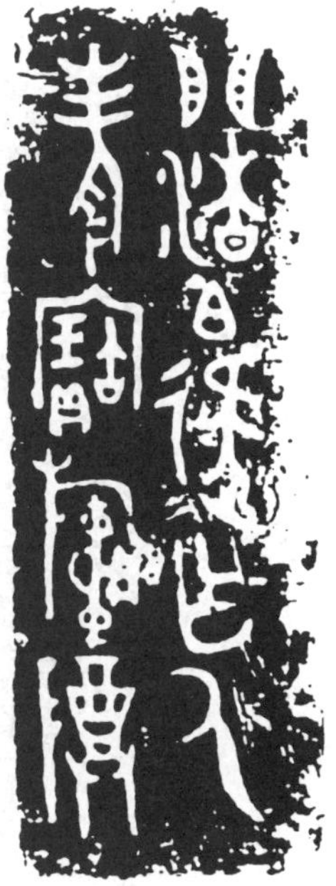
朋沫白迖卣二蓋拓本

朋沫白迖卣二器拓本

同卣一

二一四　朋沫白逘鼎　二行八字　（三代三·一六）

朋沫白逘鼎拓本

朋沫白逘乍（作）
寶隩（尊）彝。

二一五　朋□白司徒甗　二行九字　（尊古二·二五）

朋□白司徒甗拓本

朋□（似從宀）　白嗣（司）　土（徒）
乍（作）肇（旅）　□（彝）。

朋□白司徒甗圖像

二一六　二一七　朋迖鼎二器　均二行六字（三代三・五　録遺六七）

朋迖鼎一拓本

朋迖鼎二拓本

朋迖鼎二圖像

朋迖乍（作）寶隮（尊）彝。

二一八　朋迗盉　二行八字蓋器同（美帝R三一四　A三二九）

朋迗盉蓋拓本

朋迗盉器拓本

朋迗盉圖像

朋迗乍（作）氏（厥）考寶隮（尊）彝。

二一九　朋迗盤　二行八字　（録遺四九〇）

朋迗盤拓本

朋迗盤圖像

銘同盉

二一〇　𣏌觶　二行六字蓋器同　（三代一四・五四）

𣏌觶蓋拓本

𣏌觶器拓本

𣏌乍（作）寶
障（尊）彝　朋

𬴊觶圖像

二一一一　二一一二　二一一三　朋沫爵三器　二字均在鋬下　（三代一五·三七）

朋沫爵一拓本

朋沫爵二拓本

朋沫爵三拓本

朋沓（沫）

説明：

沬司徒迭各器約在一九三一年出土於河南浚縣，此地當是殷紂舊都的朝歌，後來爲衛都的沬邑，或傳出汲縣，或傳出輝縣，未必是。作器者曾爲沬邑司徒，以此證之。同時浚縣尚出大批衛國器，亦可證。

沬司徒迭簋所述與西周初期關係較大。第一，由此與小臣單觶可證成王確曾隨周公伐殷商；第二，可以證明《作雒》所説「俾康叔宇于殷」，是在伐商踐奄後，還没有回到周都；其三，當時衹是讓康叔在衛地防守邊境，還没有封爲衛侯，所以沬邑的司徒迭是同時接受到防守之命的。過去因爲没有把啚字讀懂，有人竟認爲銘係僞刻，陳夢家竟以爲康侯名啚，甚至説與沬司徒迭是兄弟，同是眲族，極可笑。

此器所叙事當在公元前一〇七〇年，爲周公攝政四年。

三　康侯丰方鼎　二行六字

康侯丰方鼎拓本

康厌（侯）丰（封）①
乍（作）寶隫（尊）

康侯丰方鼎圖像

注釋：

①康侯丰即康叔封。康叔封封於康，所以稱康侯，《史記·管蔡世家》説「武王已克殷紂，平天下，封功臣昆弟，……康叔封、冉季載皆少未得封」是錯的。《周易·晉卦》説：「康侯用錫馬蕃庶，晝日三接。」前人均不得其解，其實就指康叔封，由此也可以證明《周易》本文確是周初的作品。銅器中除此器外，尚有沬司徒迭簋和乍册盉鼎，此鼎康侯名丰，即封字；簋銘「康侯啚于衛」，均是確證。正由於康叔在攝政四年時並未封衛，所以《康誥》祇稱康而不稱衛。《克殷解》載武王克殷後，「毛叔鄭奉明水，衛叔封傅禮，召公奭贊采，師尚父牽牲」，《史記·周本紀》作「衛康叔封布兹」，兩書的衛字都是後人所加，然由此可見康叔當時並非年少。《史記·衛世家》説：「康叔卒，子康伯代立。」《索隱》引《世本》：「康伯名髦。」宋忠注：「即王孫牟也，事周康王爲大夫。」顯然由於是康侯的長子，所以稱爲康伯髦。馬融《尚書注》説：「康國名，在畿内。」王肅注略同。（鄭玄注説：「康爲號謚」是錯的。）康地前人都説不知所在。但武王之弟，除周公外，管叔封在管，在今河南鄭州附近；蔡叔之蔡在河南上蔡；曹叔之曹在今山東定陶；霍叔之霍在今山西霍縣；郕叔之郕在今山東鄄城；疑康叔之康也未必在畿内。朱駿聲《説文通訓定聲》説：「在今河南開封府禹州（今禹縣）」，不知何據？待考。

附録：同一人所作諸器

三一一　康侯刀　二字（弗利爾尊古）

康侯刀拓本

侯康

三一二　康侯斤一　二字

康侯斤一拓本

康侯斤一圖像

康侯

三一三　康侯斤二　二字

康侯斤二拓本

康侯斤二圖像

康侯

三—四　康侯矛　二字

康侯矛拓本

康侯矛圖像

侯康

三—五　康侯觶　二字（在英國 *Herbert Ingram* 處）

康侯觶拓本

康侯觶圖像

侯康

説明：

康侯封鼎爲過去出土，而所有衹有康侯二字之器則大約在一九三一年于浚縣出土。因係盗掘，情況不明。據説與沫白迭諸器是同時同地出土，但未必即是同墓。歸美國弗利爾博物館者有十四件兵器，有銘的兩件，除康侯刀外，尚有太保系的辮戟，更證明其來源較複雜。

四　乍册宙鼎①　三行十四字

乍册宙鼎拓本

康厌（侯）才（在）朽（柯）𠂤（師），易（錫）乍（作）册②宙③貝，用乍（作）寶彜。

意譯爲：

康侯在朽師把貝賞給作册（官名）𡨦，𡨦用來做寶器。

注釋：

①朽𠂤應讀爲柯師。可從丂聲，朽應與柯通。𠂤古書多作師，爲屯兵的都邑，是師旅之師，與師傅之師混。克鐘、晉姜鼎和晉公𨷓盞的京𠂤，均即京師，可爲證。小臣謎簋有「殷八𠂤」，禹鼎有西六𠂤，西六𠂤與殷八𠂤，即指六師與八師。《洛誥》稱洛邑爲洛師，此云柯𠂤，當是殷八𠂤之一，爲柯邑之師。按《左傳》襄公十九年：「叔孫豹會晉士匄於柯。」杜預注：「魏郡内黄縣東北有柯城。」《續漢書·郡國志》在内黄縣下，劉昭注：「東北有柯城。」在今河南省内黄縣境，西距安陽殷墟甚近。康侯防守衛地是可以巡行此地的。

②作册，官名，是管理册命等事的。《雒誥》説：「王命作册逸祝册。」又説：「作册逸誥。」作册逸即是伊逸和史佚，鄭玄注把作册解爲「作册祝之書」是錯的。銅器銘文中常見作册這個官，最早是商代末年的作册般甗，那末，周初的官制有很多是沿襲商代的。

③ 𠧪即疐字所從，疐《說文》作疐，說：「礙不行也。從叀引而止之也。叀者如叀馬之鼻，從此與牽同意。」按小篆疐字實應從足從𠧪，不從叀。按甲骨文、金文並有𠧪字，而疐字作疐，從止𠧪聲。從止與從足同。𠧪似當讀如疐，象甾有中，其義未詳。《甲骨文編》説𠧪爲疐字或省止，是錯的。

説明：

從此器可以説明，康侯在衛，此時期内並未稱衛侯。

五　小臣單觶　四行二十二字

小臣單觶拓本

王後坂（反）①，克商。
才（在）成𠂤（師）②，周公易（錫）
小臣單③具十朋④，用
乍（作）寶𢑴（尊）彝。

小臣單觶圖像

意譯爲：

王後到了，打勝了商邑。在成師，周公賞給小臣單十掛貝，用來做寶器。

注釋：

① 坂讀若反。反一般當反回（歸來）講，但也可以當來到講。《禮記・樂記》：「武王克殷，反商」，等于説至商；《周

易·繫辭》「原始反終」，等于說至終。

② 成自即成師，疑即郕叔武所封之郕，與殷都相近，在漢時爲濟陰郡成陽縣，是現在的山東省鄄城縣地。競卣說：「隹白犀父目成自即東，命伐南尸。」那麽，成自可能是殷八自之一。

③ 小臣，官名，商代就有了。伊尹就做過小臣，單是小臣之名。

④ 貝具有貨幣的性質，周初是銅和貝並用時期。朋是貝的計量單位，在銅器銘文裏，最少的賞一朋，最多的賞百朋。在圖畫文字裏，把貝掛在人頸，兩邊下垂，很長的一掛，就是一朋。

說明：

從這件器銘裏，可以看到，在商邑將攻克的時期，已經派兵去伐奄，小臣單大概是在這支軍隊裏的。成王、周公是在商邑攻克後纔去的。在成師和這支軍隊會合。

六 禽簋 四行二十三字

禽簋拓本

王伐楙（蓋）侯①，周公某（謀）②，禽③祝（禓）④。禽又（有）敐（角）祝（禓）⑤，王易（錫）金百鋝⑥。禽用乍（作）寶彝。

禽簋圖像

意譯爲：

王伐奄侯，周公決策並且卜了，禽舉行祭强鬼的典禮。禽辦好了打鬼的儀式，王賞他銅一百鍰（漢代衡六百六十多兩），禽用來作寶器。

注釋：

①⿱林去即蓋字。甲骨文從艸之字多變爲從林，如：莫可作𦳝之類，其例甚多。去字下從D，或從凵，乃器形，與皿同義，所以去與盇通，隸書盇字即從去作盍。蓋，國名，古書多作奄。蓋、奄聲近通用。《墨子·耕柱篇》、《韓非子·說林》均作商蓋，《左傳》昭公九年和定公四年則作商奄。那麼，「王伐蓋侯」即是《書序》所説成王踐奄之事。奄在今山東曲阜。

②某讀如謀，當是卜謀。奴隸主統治者最迷信，在決策時要卜問吉兇。《周禮·太卜》關於國家大事需要決定的有八項，其第四項是「謀」。

③作此器者名禽，當是太祝之名，詳後太祝禽鼎。

④祝從示旁丮，當讀如禓。丮像人跪而舉雙手，爲揚之本字。禓是祭名。《説文》「禓道上祭」，其祭處即名塲，《説文》：「祭神道也。」《禮記·郊特牲》注：「禓强鬼也。」亦作殤，《小爾雅·廣名》「無主之鬼謂之殤」，《楚辭·九歌》有《國殤》。《急就篇》：「謁、禓、塞、禱鬼神寵。」《周禮·太祝》九祭之二是衍祭，鄭司農注：「衍，祭羡之道中，如今祭殤，無所主。」

⑤斛字屢見於甲骨文，作般，當即《説文》觳字，斛或般本從角聲，角殸聲同，則變爲從角殸聲。斛即角抵、角力之角，《史記·李斯傳》：「方將觳抵優俳之觀。」集解説即角抵，角抵略如近代的摔交，角祝應是驅除强鬼，等於喇嘛教徒的打鬼。

⑥爰是鍰的本字，像上下兩手授受一個銅餅。銅餅畫成●，也可以畫成○，所以門環也叫作鍰，大孔的璧叫作瑗。古代把○字變成市（如衛字從○或從市，所以虢季子白盤爰字從市）因而變爲從于，即小篆的爰字。鍰是重量名，鍰蓋一二五〇克，即今市斤二斤半，合古五斤，一鈞六鍰。又《書·吕刑》「其罰百鍰」，重漢秤六兩，鄭玄《周禮·冶氏》注説漢末東萊的環重六兩大半兩（一百六十銖）。爰字戰國時寫成𠬪，與寽字形近，所以漢代人常把鍰鋝混亂，實際上鋝只十一銖二十五分之十三，比半兩（十二銖）略小。前人常把銅器銘文中的鍰釋成鋝是錯的。

説明：

這件銅器銘文證明伐奄雖是周公攝政時事，但成王確是去了，名義上還是歸於成王。這裏的禽，前人都以爲是伯禽，實際應是太祝名禽，下一器可證。當與伯禽同名。伯禽是奴隸主統治階層，不可能擔任巫祝之類的角色的。

七　太祝禽方鼎　二行四字

大祝禽方鼎拓本

大（太）祝①

禽鼎

大祝禽方鼎圖像

注釋：

① 太祝是祝官中的頭頭，但在奴隸主統治集團中等級並不高。《周禮・宗伯》裏的太祝只是中大夫，從卿以下，這是第四級。《周禮》雖是春秋末擬作，但這種等級區分是有根據的。由此可以看出，這個太祝禽決非後來封爲魯公的伯禽。管叔是武王弟，周公是管叔弟，武王死時纔五十四歲，伐奄時的周公不過五十多歲，伯禽至多不過三十多歲，而太祝這類官是專業性的，也不是伯禽所能勝任的。

八　𠜱刧尊　三行十六字

𠜱刧尊拓本

𠜱刧尊圖像

王征棥（蓋），易（錫）𠜱（犅）

刧①貝朋，用乍（作）

朕𦤎（高）且（祖）缶（寶）隩（尊）彝。

意譯爲：

王征伐蓋（奄）國，賞給剛刧一掛貝，用來做我的高祖的祭祀用的寶器。

注釋：

① 甲骨文常見𠜱字，從牛剛聲，即犅字。《説文》：「特牛也，從牛岡聲。」此從羊，甲骨文的牛字偏旁常從羊，如牢往往作宰可證。《説文》脱刧字，《荀子・修身篇》「刧之以師友」，《王制篇》「齊桓刧于魯莊」，作刧。《集韵》：「訖業切，强取也。」

九 塱鼎 五行三十五字

塱鼎拓本

塱鼎圖像

隹（唯）囲（周）公玕（于）征伐東

尸（夷）①，豐白②（伯）尃古③戍（咸）④𢦏⑤（斬）。公

歸，禦⑥（獲）玕（于）图（周）窮（廟）⑦。戊

辰，畬（飲）秦畬⑧（飲）。公賓（賞）塱⑨

貝百朋，用乍（作）障（尊）鼎。

意譯爲：

周公在征伐東夷時，豐伯和尃古都被斬殺了。周公回來，在周都宗廟裏獻俘獲。戊辰這天，舉行飲酒禮，飲的是秦地

的清酒。周公賞給塱一百掛貝，用來做祭器的鼎。

注釋：

①《書序》說：「成王既伐東夷，肅慎來賀。」僞孔傳說「海東諸夷：駒麗、扶餘、馯貊之屬」是錯的，江聲《尚書集注音疏》說「東夷葢謂淮夷、郇也」是對的。此云「征伐東夷」而說「豐伯、尃古」可爲證。《作雒》說：「三叔及殷、東、徐、奄及熊盈以叛。」又說：「凡所征熊盈族十有七國。」殷、東是殷的本土，徐、奄是熊盈族之强大者，是除徐、奄外尚有十五國。據《書序》尚有淮夷，此銘尃古即薄姑，豐伯是豐國，即十七國中可知的徐、淮夷、奄、豐和薄姑五國。

②豐，國名；伯，爵名。《左傳》僖公二十四年說：「管、蔡、郕、霍、魯、衛、毛、聃、郜、雍、曹、滕、畢、原、酆、郇，文之昭也」，是文王之子有被封於酆國的，舊謂即文王所作豐邑，按豐爲舊都，如何能別封。據此銘知當是原屬東夷之國，爲周公所滅後，纔用來封同姓的。《竹書紀年》：「成王十九年，黜豐侯。」（見《困學紀聞》）聶崇義《三禮圖》引舊圖制度說：「射罰爵之豐作人形。豐國名，坐酒亡國，戴杅以爲戒。」崔駰《酒箴》：「豐侯沈酒，荷罌負缶。自戮于世，圖形戒後。」李尤豐侯銘：「豐侯荒謬，醉亂迷逸，乃象其形，爲禮戒式。」《抱朴子·酒戒》：「豐侯得罪以載尊啣杯。」可知豐侯被封不久即廢黜。其國當在漢代沛郡之豐縣，今江蘇省北部的豐縣，在曲阜之南。由此可知周公東征，伐淮夷，實已到達今江蘇北部。

③尃古即蒲姑，《書序》：「成王既踐奄，將遷其君于蒲姑，周公告召公，作《將蒲姑》。」又說：「周公在豐，將没，欲葬成周。公薨，成王葬於畢，告周公，作《亳姑》。」蒲又作亳。此兩篇均已亡佚。《左傳》昭公二十年說：「昔爽鳩氏始居此地（指齊都臨淄），季萴因之，有逢伯陵因之，蒲姑氏因之，而後太公因之。」《漢書·地理志》說：「周成王時，薄姑氏與四國共作亂，成王滅之，以封師尚父，是爲太公。」與此銘合。前人誤信《史記·周本紀》，說武王克殷後，「封功臣謀士而師尚父爲首封，封尚父於營丘曰齊」，因而解釋《書序》「遷其君於薄姑」。爲把奄君遷至齊地，並說《漢書·地理志》是錯了。不知《史記》這一段所封齊、魯、燕三國都是錯的。成王還没有踐奄，如何能封周公於魯，武王根本没有討伐到殷以北，如何能封召公於燕。這三國實際上都是周公東征以後纔封的。《左傳》昭公九年說「及武王克商，蒲姑、商、奄吾東土也」，與「肅慎、燕、亳，我北土也」，都是武王以後之事，只是從武王克商而開始罷了，是不應從文字上來拘執的。

《尚書大傳》説：「奄君、薄姑謂禄父曰：武王既死矣，今王尚幼矣，周公見疑矣，此世之將亂也，請舉事。」鄭玄注説：「玄疑薄姑齊地名，非奄君名。」按奄君薄姑氏是兩國共謂禄父，與此銘「豐伯薄姑」同例，即班固所説「薄姑氏與四國共作亂」之事，鄭玄誤讀薄姑爲人名，非伏生原意。至於僞本《竹書紀年》説武王十六年秋滅蒲姑；成王三年伐奄，滅薄姑；成王五年，王在奄，遷其君於薄姑等等，顯然是誤讀古書，而又雜凑起來的，作僞之迹顯然。

④戍即咸字，甲骨文烕即減字，㦰即碱字，頗即顒字，並可證。《廣雅·釋詁》二「㦰，健也」，即威字。咸，皆也。

⑤𢦏與斬聲近。《説文》：「𢦏，傷也。」通裁，《廣雅·釋詁》二：「裁，裂也。」《漢書·賈誼傳》：「跪而自裁。」注：「謂自刑殺也。」《説文》：「斬，戳也。」《爾雅·釋詁》：「斬，殺也。」《廣雅·釋詁》一：「斬，斷也。」又《釋詁》二「斬，裂也」，「斬，裁也」。可見，兩字音義俱近，此當是斬伐之意。

⑥㝔字常見於甲骨文，是祭禮之一，本意當是捕獲鳥用以祭祀之義。《周禮·大司馬》説：中秋「羅弊致禽以祀祊」，應讀爲獲。戰爭中的俘獲稱獲，《禮記·檀弓》説「不獲二毛」是生俘；《左傳》僖公元年説「獲莒拏」，注「大夫生死皆曰獲」。這裏説獲于周廟，應是向祖先報告俘獲的祭祀。

⑦周廟是指周都的宗廟。《逸周書·世俘解》「武王在祀，太師負商王紂懸首白旂，妻二首赤旂，乃以先馘入，燎於周廟」；「武王乃以庶國祀，馘于周廟」；「庶國乃竟，告于周廟」，都稱周廟。

⑧「飲」是飲酒禮。第二個「飲」字是清酒，《禮·公食大夫禮》：「飲酒漿飲俟於東房。」注：「飲酒，清酒也。」秦飲當是秦地的清酒。

⑨「𡐦」字亦見宋代出土的《𡐦盨》，均人名，又見甲骨文。從兩手舉「再」（當與「甾」同字）覆「土」，疑是「增」之本字。再、增一聲之轉。此處似讀「再」音，與「載」通。《詩·小戎》「載寢載興」，《文選注》十引作再。

説明：

此鼎一九二九年出土於寶雞。銘文極重要，由此可見薄姑之國實爲周公征東夷所滅。至豐伯之國亦同時被滅，更是古書所未載，可以考知文王子豐侯，實封於東國。

銘云：「公歸，㝔于周廟，戊辰，酓秦酓。」案《多方》説：「惟五月丁亥，王來自奄，至于宗周。」前已考當在周公攝政四年。此戊辰比丁亥早十九天，則周公可能比成王先歸。周公歸當更在戊辰前一兩日。周公踐奄後歸周都，薦俘獲當是第一件事，延二十來天到成王歸來後始誥庶邦作《多方》。由此可證明這個所記的事是在攝政四年，即公元前一〇七〇年。根據月朔干支表，前一年有十三月，如把閏月推遲，則此年五月爲庚申朔，戊辰爲九日，丁亥誥庶殷是二十八日。

塱這個人似頗重要，疑即聃季載。

一〇　王奠新邑鼎　四行三十字

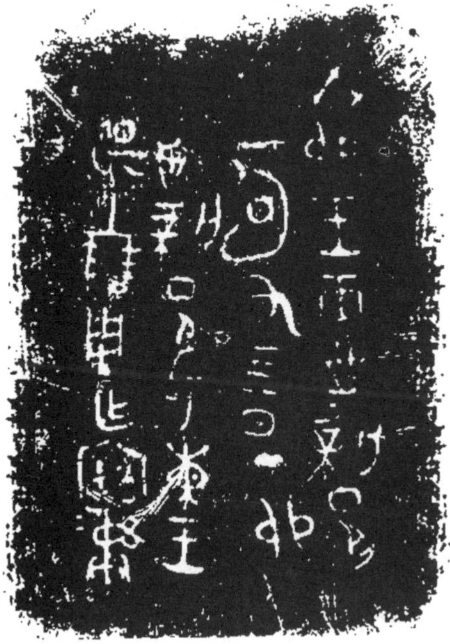

王奠新邑鼎拓本

癸卯，王來奠新邑①。
□二旬又三（四）日丁卯，
□自新邑，于柬，王□
□貝十朋，用乍（作）寶彝。

王奠新邑鼎圖像

意譯爲：

癸卯這天，王到新邑來奠居。在新邑過了二十四天，丁卯這天，從新邑回來，在柬的地方，王賞了十掛貝，用來做寶器。

注釋：

① 奠是奠居，是把住處安定下來。《書·盤庚》下：「盤庚既遷，奠厥攸居，乃正厥位。」盤庚遷殷和成王遷洛，情況差不多。《盤庚》一則説「天其永我命于兹新邑」，再則説「用永地于新邑」，所以要居處安定下來。洛也是新邑，成王周公遷殷國的民來充實新邑，這是成王來舉行奠居的儀節。

説明：

此器爲解放前陝西扶風任家村出土，原在一窖藏中，器無作器者之名。花紋已漫漶，當是日常使用之物。凡器銘中稱新邑的，都是成周之名未定時。及定名成周以後，則新邑爲周，其東爲成周，其西故都爲宗周。其後稱周爲王城或但稱王。有時只舉成周也包括王城在内。

此在攝政七年，即公元前一〇六七年。

一一　嗾士卿尊　四行二十四字

嗾士卿尊拓本

嗾士卿尊圖像

丁子（巳），王才（在）新邑，初

餕（逨）工①（功）。王易（錫）敫（鳴）士②

卿貝朋，用乍（作）

父戊隮（尊）彝。子[illegible]③

意譯爲：

丁巳這天，王在新邑，第一次□工，王賞給……

（整理説明：作者此處之「意譯」爲未完稿。）

注釋：

① 餕當是從止餕聲。此銘食旁△下作[illegible]乃[illegible]（㠯）形微異，甲骨文常見餕字可證。餕即是餗字。《説文》爲鬻字的或體，解爲「鼎實，惟葦及蒲。陳留謂鍵爲鬻」。按鍵是粥。《韓非子·外儲説右上》説：「魯以五月起衆爲長溝。當此之時，子路以其私秩粟爲漿飯，要作溝者於五父之衢而飡之。」大概由於暑天，做一些涼粥來慰勞施工的夫役，稱爲餗工。

② 敫當是從攴鳴聲，與鳴同。鳴與名同音通用，《廣雅·釋詁》三：「鳴，名也。」《易·謙卦》：「鳴謙。」注：「鳴者聲名揚聞之謂也。」《禮記·月令》：「季春之月，勉諸侯，聘名士，禮賢者。」

③ 子[illegible]（黑）當是氏族名。子在商時，爲貴族之稱號，此鳴士卿，爲子族，稱父爲父，不稱考，疑是殷王士之一。

説明：

此器所記事爲丁巳之日，當是成王奠新邑時。據上鼎知成王於癸卯來奠新邑，此爲來新邑後十四日。

卷二上

成王

周初記載最多，但周公死後，記載就少了，雖有成王將死時的一篇《顧命》，但成王時的史事，還是很不清楚。

周公攝政至七年而止，《洛誥》的十二月戊辰，前人都認爲是攝政七年的最後一日，那末，《周書・皇門》所說：「維正月庚午，周公格于左閎門，會群臣。」就應是成王即政元年的正月二日了。《立政》說：「周公若曰：『拜手稽首告嗣天子王矣。』」又說：「嗚呼！孺子王矣。」顯然是致政時的話。《世俘》說：武王在戊辰這天祭了文王以後立政，可見成王立政就是成王即政。

賓尊和賓卣說：「乙卯，王命保及殷東國五侯，征兄六品。」又說：「遘于四方，迨王大祀，祓于周，在二月既望。」當是成王即政以後的一件大事。成王元年正月己巳朔，二月朔是丁亥，二月既望乙卯是二月十七日。此保即《書序》所說「召公爲保」之保，殷東國五侯當是：衛侯、宋侯、齊侯、魯侯與豐侯，都是殷與東國之地。《三統曆》說：「成王元年正月己巳朔，此命伯禽俾侯于魯之歲也。」是命魯侯在此年。《左傳・僖公四年》管仲說「昔召康公命我先君大公」，可見齊侯的命辭是召公宣讀的。賓尊和賓卣所記是包括命保在內的，所以說：「征（誕）兄（貺）六品。」就是說有六份賞賜。《左傳・定公四年》說：

> 昔武王克商，成王定之，選建明德，以蕃屏周。

故周公相王室以尹天下，於周爲睦。分魯公以大路、大旂，夏后氏之璜，封父之繁弱，殷民六族：條氏、徐氏、蕭氏、索氏、長勺氏、尾勺氏；使帥其宗氏，輯其分族，將其類醜，以法則周公，用即命于周。是使之職事于魯，以昭周公之明德。分之土田陪敦，祝宗卜史，備物典策，官司彝器，因商奄之民，命以《伯禽》而封於少皞之墟。

分康叔以大路、少帛、綪茷、旃旌、大吕，殷民七族：陶氏、施氏、繁氏、錡氏、樊氏、饑氏、終葵氏；封畛土略，自武父以南及圃田之北境。取於有閻之土以共王職，取於相土之東都，以會王之東蒐。聃季授土，陶叔授民，命以《康誥》而封於殷墟。

皆啓以商政，疆以周索。

分唐叔以大路、密須之鼓、闕鞏、沽洗，懷姓九宗，職官五正，命以《唐誥》而封於夏墟。啓以夏政，疆以戎索。

從祝佗這些話來看，這次封建諸侯，應有很大一批。魯、衛兩國是東國五侯之二，齊國、宋國不是同姓，豐侯不久被黜，所以没有提到。但魯、衛兩國「皆啓以商政」，顯然都屬於殷東國。

其實，《康誥》是踐奄以後周公作的誥，並非封衛侯的命辭，祝佗是引以湊合《伯禽》、《唐誥》和《蔡仲之命》等命辭的。《伯禽》和《唐誥》俱失傳。《詩·魯頌·閟宫》説「王曰：叔父，建爾元子，俾侯于魯，大啓爾宇，爲周室輔。乃命魯公，俾侯于東，錫之山川，土田附庸」等話，應是從《伯禽》中轉述的。晉公錐𥂴説：「我皇祖𨝁公，膺受大命，左右武王，□□百蠻，廣嗣四方，至于大廷，莫不事王。王命𨝁公，肇宅京自，□□晉邦。」也是叙述《唐誥》的册命。《書序》説：「蔡叔既没，王命蔡仲踐諸侯位，作《蔡仲之命》。」祝佗因爲要貶低蔡，所以引用這個命書，「王曰：『胡！無若爾考之違王命也。』」這篇命辭雖也已亡佚，其内容卻因此而被保存下來。

成王時的封建諸侯，應在成王即政之後。賓尊和賓卣所記則是二月十七日經過成王大祀而諸侯們助祭以後賞賜保與東國諸侯之事，大封諸侯則可能在前一個月，所封諸侯當必很多。《荀子·儒效》説：周公「兼制天下，立七十一國，姬姓獨居五十三人」，其中很可能包括文王、武王，以及後來康王所封的，但總的以成王時所封爲多。此銘只説東國五侯，則是這一天的典禮中被賜的諸侯罷了。

按祝佗所説，這時：「周公爲太宰，康叔爲司寇，聃季爲司空。」司徒、司馬等官，不知是誰，至於「召公爲保，周公爲師」則可能是兼職。祝佗又説：「管蔡啟商，惎間王室，王於是乎殺管叔而蔡蔡叔，以車七乘，徒七十人。其子蔡仲，改行帥德，周公舉之以爲己卿士，見諸王而命之蔡。」則是以蔡仲爲周公國的卿士，地位比較低，所以要由周公帶引着去見成王，如果是王朝卿士，就位列司寇、司空之上了。周公、召公，本都有采地，即：周與召，（周即豐邑，見後。杜預《春秋釋例》及《詩・召南》釋文均説「扶風雍縣南有召亭」。《史記正義》引《括地志》説「召亭在岐山縣西南」），伯禽封魯，周公仍在周，所以周公旦之後，周公還是世襲，一直到春秋時還作執政。

《費誓》説：「徂茲淮夷徐戎並興。」《書序》説：「魯公伯禽，宅曲阜，徐夷並興，東郊不開，作《費誓》。」徐夷即包括徐戎與淮夷。從《費誓》看，這是伯禽自將去征伐。銅器有卿鼎與卿簋説：「公違省自東，在新邑。」公違當是百韋，是武王克殷時的宿將，可能就是爲徐夷並興而去省察東國的。洛邑在此時還只稱新邑。成周之名，大概是由成王要遷宅而起的，在王城之東。王城後來又稱周，其東爲成周，其西爲宗周。但由於王城距周極近，所以也可統稱爲成周，而新邑之名就逐漸消失了。

《書序》在《立政》後説：「成王既伐東夷，肅慎來賀，王俾榮伯，作《賄肅慎之命》。」伐東夷是伐淮夷與踐奄等事。肅慎來賀，似在成王即政之初，以道遠，所以隔了四、五年才來通使。

《無逸》是周公對成王的教導，篇末説「嗣王其監於茲」，顯然是成王即位以後了。《書序》説：「召公爲保，周公爲師，相成王爲左右。召公不説，周公作《君奭》。」周公雖作了解釋，但問題似乎並未解決。周公很快就告老居豐，恐怕是與此有關的。周公死後，周王朝的大臣，主要是召公。召公的壽又很長（《論衡・氣壽篇》引傳稱「邵公百八十」。趙岐注《孟子》大壽不貳云「壽若召公」），一直到康王時還健在，他應該有很多事蹟。但奇怪的是關於他的文獻記載特別少。周公之後的魯國，太公之後的齊國，都有很多記載，而召公之後的燕國，一直到春秋時，還很少記載，可能由於周召失和，史家有所偏袒，也可能孔丘編書時爲了稱揚周公而有意刪節了若干資料的。

《尚書大傳》説：「三年以後，周公老于豐。」（《荀子・儒效》説：「成王冠，成人，周公歸周，返籍焉。」楊倞注：「周公所封畿内之國亦名周。」那末，豐即是周國），心不敢遠成王，而欲事文武之廟。然後周公疾，曰：『吾死必葬於成周，示天下臣於成王。』」所説三年，當指致政以後，即成王即政三年。《書序》説：「周公在豐，將没，欲葬成周。公薨，成王葬于畢，告周公，作《亳姑》。」《史記・魯世家》也説：「周公在豐，病，將没，曰：『必葬我成周，以明我不敢離成王。』」由此可見成周是由成王所宅而得名的。但《尚書大傳》和《史記》都把《金縢》所説「天大雷雨以風」等等説成是周公死後事，這是弄錯了。

《書序》説：「周公既没，命君陳分正東郊成周，作《君陳》。」則是讓周公的第二個兒子繼續做周公。從王城來説，成周是東郊。周公的死，可能在成王三年。《周書·嘗麥》説：「維四年孟夏，王初祈禱于宗廟，乃嘗麥于大祖。是月，王命大正正刑書。」《周書序》説：「成王既即政，因嘗麥以語群臣而求助，作《嘗麥》。」這裏就不再提到周公了。《論衡·氣壽篇》：「周公，武王之弟也，兄弟相差不過十年，武王崩，周公居攝七年，復政退老，出入百歲矣。」《困學紀聞》卷二引應劭云：「周公年九十九。」按此俱妄説，武王五十四而卒，周公又閲十年或十一年，不過六十多歲。

新近出土的珂尊説：「唯王初遷宅于成周。」是成王確實遷都到成周了，銘中所記的事，是五年四月丙戌，可見遷都在成王五年的春季。這個新發現是十分重要的。《公羊傳·隱公五年》説：「自陝而東者，周公主之；自陝而西者，召公主之。」陝字是郟鄏之郟字之誤。王城郟鄏是當時天下的中心，王城以東，由周公即君陳來管理；王城以西，由召公即君奭來管理。成王的宅成周，實際是在王城，是統攝全局的。《詩》三百篇開頭是《周南》和《召南》，就是用此來分界的。

《左傳·昭公九年》詹桓伯説：「我自夏以后稷，魏、駘、芮、岐、畢，吾西土也；及武王克商，蒲姑、商奄，吾東土也；巴、濮、楚、鄧，吾南土也；肅慎、燕亳，吾北土也。」所謂武王克商，當指克商以後，蒲姑、商奄，明明是成王周公踐奄以後纔真正歸屬於周。《禮記·樂記》講周舞的武，説：「始而北出，再成而滅商，三成而南，四成而南國是疆，五成而分周公左、召公右，六成復綴以崇天子。」就是説作武舞的時候，已經定下南國的疆土，而且周召已經分郟而治了。(《左傳·昭公元年》：「及成王滅唐而封大叔焉。」滅唐不知何時，可能是在周公攝政期間。霍叔所封，在山西霍縣，離唐叔所封晉陽較近。《國語·晉語八》叔向説：「昔吾先君唐叔射兕于徒林殪，以爲大甲，以封于晉。」)但是周公平管蔡時，固然克了殷，王子禄父北奔，却没有消息。《詩·破斧》説：「周公東征，四國是皇。」毛萇傳説：「四國：管、蔡、商、奄也。」但管蔡本是周所封國，與商奄不同，蒲姑又到哪裏去了？現在看來，應是：商、奄、豐、蒲姑四國。就如《作雒》所説「凡所征熊盈族十有七國」，也都屬東夷與淮夷的範圍。及至周公成王自奄回來，就忙於營洛邑，隨後周公致政，成王即政，大建諸侯，許多内政忙不過來，坐致王子禄父死後，還稱爲武庚。另一方面，召公地位雖高，却無武功，不如周公之子伯禽得封於魯，太公之子吕伋得封於齊，康叔之子康伯髦得封於衛，唐叔之子燮得封於晉，周召不和，這可能是原因之一。周公死後，成王大概曾經北征。銅器太保簋説「王伐录子聑」，此录子當是商的王族。陳介祺所藏一觚，銘爲：「天子聑作父丁彝。」天子即是大子，商代爵名有大子、中子與小子，大子也就是太子，是可以繼承王位的。因此，武庚雖已死，還有征伐的必要。商王朝原是戎族，商王朝最早的老祖母是有娀氏，娀即是戎。周民族自稱爲夏而稱商民族爲戎，《康誥》説「殪戎殷」；《周書・商誓》説「肆伐殷戎」；《世俘解》説「謁戎殷于牧野」；《國語・晉語》説「戎商必克」，均可證。殷商的先王王亥曾託于有易，易也作狄，是戎的一個别支。那末，殷民族的祖先應是曾住今河套一帶的北方民族，王子禄父所以北奔，與後世蒙古族的元王朝覆滅時的北逃是十分相似的。因此，成王伐录子聑，顯然是隨着王子禄父北奔的路綫的。其終點顯然到達了燕亳。燕亳就是後來燕國的疆土，燕字金文作匽，戰國時的陳騂壺就把燕國叫做匽亳邦。燕國北境遠在長城以北，近年在凌源、喀左等地屢次出土燕國銅器可證。周初燕國的國都在今北京市附近，尤其是琉璃河，最近也出土很多燕國的銅器。河北省的固安縣緊挨着北京市的南界，據文獻記載，縣的西南方城鎮有古代的韓侯城，就是《詩・韓奕》所説的韓國，其地距琉璃河不過二三十公里。《韓奕》説：「奄受北國，因以其伯。」可見這一帶曾是北國，與商奄薄姑等之爲東國是相似的。琉璃河的西南約四十來公里，河北省淶水縣張家窪則在清光緒間出土過北伯鼎、簋和尊，更證明此一帶原屬北國。王國維曾據此而推測《詩》三百篇中的邶鄘衛之邶爲燕國，鄘是魯國，固然是錯誤的，但金文的北伯，就是《詩》的邶國，則已無疑義。凡此都足以證明周初北疆，確到達在今長城内外之燕亳，與在今東北一帶的肅慎相聯接，但這一疆土，一直到成王即政以後才定下來的。

太保簋説：「王伐录子聑，𠭯厥反，王降征命于太保。太保克敬亡譴。」這是十分重要的，王已伐录子而返，然後給太保下征命，這個命令顯然不是戰鬥的命令，而只是叫他北去而已！所以太保只要能够恭敬，不受譴責就行了。於是，「王永太保錫，休余土，作兹彝對命」。所賜土地的人，可能是他的兒子。小臣⿸厂豊鼎説：「召公⿰䖵凡匽（燕）。」説明他是到過燕國的。召公的子孫就成爲周王朝的北方守衛者，就被封爲燕侯。至於北（邶）國，應是異姓諸侯，很可能是北戎的一支而接受華夏文化，並接受周王朝的封號的，則在西周中期以後已經滅亡，而在這個地區建立韓城。因此，它和鄘國雖然在采詩的人還列有篇目，而詩已不存，後人誤把衛詩分隸於邶、鄘，漢人就虛構出武王滅殷，分殷虛爲邶、鄘、衛三國的説法了。

《左傳・僖公二十四年》説：「昔周公吊二叔之不咸，故封建親戚以蕃屏周。管、蔡、郕、霍、魯、衛、毛、聃、郜、雍、曹、滕、畢、原、酆、郇，文之昭也。邘、晉、應、韓，武之穆也；凡、蔣、邢、茅、胙、祭，周公之胤也。」這裏封建親戚好像都是周公的施爲，但實際上周初文、武、成、康四代都曾有較大批的封建，一直到西周末期也還有封建（如：鄭國）。就在這二十三國裏，管、蔡是武王所封，是很明顯的，凡、蔣、邢、茅等國也未必是周公自己封的。但大多數總是成王時代封的，不過未必都是一時所封。《書序》説：「康王命作册畢分居里成周郊，作《畢命》。」鄭玄注説：「今其逸篇有册命霍侯之事，不同與此序相應。」按《漢書・律曆志》引《三統曆》説：「康王十二年六月戊辰朔，三日庚午，故《畢命豐刑》曰：『惟十有二年六月庚午朏，王命作册豐刑。』」當即鄭玄所説「册命霍侯之事」，「刑」字應是「册」字之誤。西周銅器銘中所記「命書」很多，都是派史或内史册命，師艅簋由作册内史册命，師晨鼎、免簋、走簋，休盤，則都由作册尹册命，可證。此作册豐所册命者即霍侯。按武王克殷時「禽霍侯」，見《世俘》，此爲殷末霍侯。克殷後，「建管叔于東，建蔡叔、霍叔于殷，俾監殷臣」。這時武王已把霍叔封在霍了。《史記・管蔡世家》説：「封叔處於霍。」索隱説是「河東霍縣」，在今山西省霍縣。管蔡反周，霍叔顯然也有罪，但當較輕。成王時封建諸侯，蔡叔子蔡仲已復封爲蔡侯，霍叔自然也應當復封。那末，此逸篇封霍侯是成王時事，錯簡在康王時的《畢命》下了。這也可以證明成王封建諸侯並不是一時的事。據干支朔閏表，成王十一年，即公元前一〇五六年周曆六月戊辰朔，三日庚午，則《三統曆》所引十有二年之「二」字，也許是「一」字之誤。

《左傳・昭公四年》説：「成有岐陽之蒐。」杜預注：「成王歸自奄，大蒐于岐山之陽。」僞本《竹書紀年》就在成王六年説「大蒐于岐陽。」其實成王歸自奄後就將營洛邑，周公剛作《多方》之誥，天下未定，是沒有餘暇來搞大蒐的。《國語・晉語八》説：「昔成王盟諸侯于岐陽，楚爲荆蠻，置茆蕝，設望表，與鮮卑守燎，故不與盟。」按楚的始封是熊繹，《史記・楚世家》説：「熊繹當周成王之時，舉文武勤勞之後嗣而封熊繹於楚蠻，封以子男之田。」《左傳・昭公十二年》楚靈王説：「昔我先君熊繹與吕伋、王孫牟、燮父、禽父，並事康王。」祈父則説：「昔我先王熊繹，辟在荆山，篳路籃縷，以處草莽，跋涉山林，以事天子。惟是桃弧棘矢，以共禦王事。」可見楚國初封是極其微弱的，楚靈王正因爲在岐陽之蒐時與鮮卑守燎之恥辱，所以只説與吕伋等並事康王。那末，楚國的始封，總是相當晚的，而岐陽之蒐，更不可能在成王即政之前了。這種大蒐，顯然在功業既成之後，最早也應在成王中年。

《周書》有《王會篇》，這大概是從流傳下來圖上迻録的，一開始説「成周之會」，顯然是在王城舉行的。在王的兩旁，唐叔、荀叔、周公在左，太公望在右，這個周公大概已是君陳了。後面提到周公旦，恐怕是錯的。這次大會，不知道是否實有其事，如果有的話，恐怕也在成王中年，因爲在成王臨死時太公望已經不在了。（作者附注：成王封禪見《管子》及《封禪書》。成王時户口見《帝王世紀》和《晉書》)。

前面已經講到《竹書紀年》的成王十九年黜豐侯,這是成王中期的史事,有年代可考的。

成王在位年數有兩説:劉歆《三統曆》以爲三十年,他以《顧命》所説:「惟四月哉生魄王不懌。甲子,王乃洮頮水。」解釋爲:「四月庚戌朔,十五日甲子哉生魄。」按《顧命》,哉生魄這一天並非甲子,可見他的安排是十分牽强的。哉生魄解爲十五日也是錯的。哉生魄極少見,哉是始,始生魄是月之三日,(《鄉飲酒義》「月三日成魄」)當與朏同,後來多用朏,哉生魄的名稱就廢了。十五日是既生霸。鄭玄説成王在位二十八年,王肅注也説:「成王二十八年崩。」可見舊有此説,但是鄭玄把居攝六年作爲成王元年,實際上又減去兩年是錯的。今謂成王二十八年是公元前一〇三九年。據月朔干支表是年周曆三月辛酉朔,如前年失一閏,則此爲周曆四月,三日癸亥是哉生魄,甲子是四月四日。乙丑成王死了,康王以癸酉即位是四月十四日。顧命時,執政大臣是太保奭、芮伯、彤伯、畢公、衛侯、毛公等六人。太保率西方諸侯,畢公率東方諸侯,這時周公子君陳可能已不在了。

成王時期的銅器應該是很多的,但銘文大都簡短,時代不很明顯,今選擇較明顯的計四十一篇次於下:

一　賓尊　賓卣
二　卿鼎　卿簋
三　德方鼎
四　德鼎　德簋
五　弔德簋
六　⿰歹可尊
七　□卿方鼎
八　余簋
九　獻侯顯鼎
一〇　勑𣄰鼎
一一　雁公鼎

一二　北伯炈尊　北伯炈卣
一三　寐農鼎
一四　延盤
一五　小臣䢅鼎
一六　莫鼎
一七　圉甗
一八　圉方鼎
一九　伯矩鬲
二〇　伯矩鼎
二一　復尊
二二　復鼎
二三　攸簋
二四　中鼎
二五　亞盉
二六　匽侯饎盂
二七　匽侯旅盂
二八　斐方鼎
二九　孝卣
三〇　征角
三一　小子夫尊
三二　隹簋
三三　龟婦觚

三四　𨚕婦爵
三五　[illegible]簋
三六　[illegible]鼎
三七　賢簋
三八　弙簋
三九　亳鼎
四〇　岦盂　岦罍蓋
四一　[illegible]尊

一 賓尊[1] 八行四十六字
賓卣 七行四十六字 器蓋同銘

賓尊拓本

乙卯，王令（命）保[2]及
殷東或（國）五侯[3]，征（誕）
兄[4]（貺）六品[5]。蔑曆[6]（歷）
于保，易（錫）賓[7]。用乍（作）
文父癸[8]宗寶隫（尊）
彝。備（遘）[9]于亖（四）方，
迨[10]王大祀，祓[11]（祐）于
周。才（在）二月既朢（望）。[12]

賓尊圖像

賓卣（蓋）拓本

賓卣（器）拓本

賓卣圖像

意譯爲：

乙卯這天，王命了保和東國的五個諸侯，送了六份禮品。被保贊揚了功績，賞賜了儐相，用來做父癸宗廟裏的寶器。會見四方，來會合王的大的祭禮，在周都助祭。這是在二月望日以後。

注釋：

①此尊與卣的器和蓋三篇銘文相同，行款不完全同，以蓋銘最清晰，所以釋文依蓋銘。

②保是召公。《書序・君奭》説「召公爲保」，所以周公稱他爲「保奭」。

③殷東國五侯指原來是屬殷的東國，現在周王朝新封的五個侯。商王朝因爲遷都在殷的地虚，所以又稱爲殷，周人稱它時，兩者是隨意用的。由於方言的影響，殷有時作衣，前面朕簋即如此。此説殷東國以别於周之東國。在未建成

周時，洛邑也曾稱爲東國，見於《康誥》，是周之東國，這雖是舊稱，但相去不過幾年，稱呼習慣未變，所以必須冠一個殷字。

殷東國五侯當指衛、宋、齊、魯、豐五國的諸侯。據《作雒》，周公東征平定管蔡叛亂後，「俾康叔宇于殷，俾中旄父宇于東」，中旄父即是微仲，東是相土之東都，當時還没有建衛、宋兩國，只是派兩人留守罷了。東征時，太公望大概還是當主要將領的，所以打下奄國時就由周公的兒子伯禽駐守，打下薄姑時就由太公的兒子吕伋駐守，而打下豐國時就由文王的庶子豐侯來駐守，豐侯當時大概也是隨軍征伐的。當武王伐紂時，周軍只到了今山東省的西部邊境和河南省的東部，所以郕叔封在今山東省鄄城縣；曹叔封在今山東省定陶縣；管叔本來封在鄭州，卻駐在商的東都，今河南省的商丘，由北到南一條直綫是接近於東經一一六度的。由商的東都以南，嬀滿封在陳，爲今河南省淮陽；蔡叔本封在今上蔡，則在東經一一五度以西了。這是武王時的東部邊疆。其中殷都和商的東都，還屬於殷，管、蔡、霍三監只處於鎮撫地位。到了成王周公東征，首先把殷打下了，「東」大概也隨着攻下，接着就更向東去踐奄伐淮夷，並把豐和薄姑也滅了。這些地方也都留下重要親屬帶着軍隊駐紮。等到成王封建諸侯的時候，就從這些既成事實出發，封康叔于殷，改稱衛國，實際上由康伯髦爲第一代衛侯；封仲旄父于東，改稱宋國，就是微仲；封周公於奄，改稱魯國，實際上伯禽才是第一代魯侯；封太公望於薄姑，改稱齊國，實際上吕伋才是第一代齊侯；只有豐侯的封於豐，還用原來的國名。這都是在新得的土地上建立的諸侯，所以稱爲殷東國五侯。

④ 兄與貺通，《説文》無貺字。《爾雅·釋詁》：「貺賜也。」《詩·彤弓》：「中心貺之。」

⑤ 六品是六份，但是品還有等級差别的意義，六品的賞賜，不會是同樣輕重的。

⑥ 蔑通伐，《小爾雅·廣詁》：「伐，美也。」伐有别人贊美的，也可以自伐，即自己誇耀，《左傳·襄公十三年》「小人伐其技以馮君子」，注「自稱其能爲伐」，這是動詞。《左傳·莊公二十八年》「且旌君伐」，注「功也」，則是名詞。歷是經歷，通績，又有功績的意義。蔑歷是商代銘文中就有的慣語，主要是誇耀功績或家世經歷，有的是主子贊許他的下屬，也有的是自己誇耀。

⑦ 賓是典禮中的儐相，《説文》作「儐，導也」，也作擯。王在接見諸侯時要有賓來贊禮。《聘禮》：「卿爲上擯，大夫爲承擯，士爲紹擯。」

⑧ 商代於已死的父稱父，周人稱考，文父等於文考。

⑨ 備即遘字，通覯，是遇見的意思，也轉爲會見。

⑩ 造等於合，《説文》作祫「大合祭先祖親疏遠近也」，是説把許多先祖合起來祭。在這裏似乎是説四方諸侯合在一起來參加祭禮。

⑪ 衩即祐字，此處當助祭講。通右，《詩・時邁》：「實右序有周。」

⑫ 周代常用初吉與既望來記時，初吉當指上旬，既望當指十五或十六以後約十天的時間。此當爲二月十七日，詳前。

説明：

此當是召公與殷東國五侯助祭被命後，召公的僚屬曾在這次典禮中爲儐相的人所做的銅器。商代人做祭器時往往只記爲某人做的祭器，並不記作者之氏族或名字，此銘中只説錫賓而不説賓爲誰，與春秋末年晉國的趙孟介壺，只説爲趙孟的介而不自稱其名同例，賓和介都是贊禮的人。有人認爲這是保所作器，不知銘中的保與東國五侯同受命受貺，明明是太保召公奭，如果是他自己做銅器，就得稱奭而不能稱保，當他爲武王成王作祭器時可以稱太保的官名，現在爲自己的文父癸作祭器，怎麽能稱保呢？再者銘中説「蔑歷于保」，明明是被保所蔑歷的人説的話，可見作器者不是保。並且這個卣現藏上海博物館，形制很普通，與太保當時的身份，也是不相稱的。

但是這個銘是很重要的，它記載了周初的大事，説「遘于四方」，當時在王城無疑。保與五國諸侯由於助祭而受命受貺，這個作太保儐相者也因被稱道勞績而受賞賜，因而作器，當時的繁文縟節，可以想見。周朝是奴隸制時代的最後一個朝代，奴隸主統治者更加驕奢淫逸，禮制更加繁瑣，孔丘所謂「周因於二代，郁郁乎文哉，吾從周」，就是夢想恢復他所認爲的成康盛世，而實際上這是奴隸制社會將近崩潰的前夕。

二　卿鼎[1]　三行十八字
卿簋　兩行十八字

卿鼎拓本

卿簋拓本

公違[2]青（省）自東[3]，才（在）新邑，臣卿易（錫）金，用乍（作）父乙寶彝。

卿鼎圖像

卿簋圖像

意譯爲：

公違從東方視察回來，在新邑，把銅賞給臣下名卿的，用來做父乙的寶器。

注釋：

①鼎、簋同銘，行款不同，釋文據鼎銘。

②公違疑即《世俘》的百韋。《世俘》説：「庚子……百韋命伐宣方。……乙巳……百韋至，告以禽宣方，禽禦三十兩，告以馘俘。百韋命伐厲，告以馘俘。」是克殷時將帥之一。

③東當在新邑之東，即東國。

附録：同一人所作器

二一一　卿觚　兩行七字

卿觚拓本

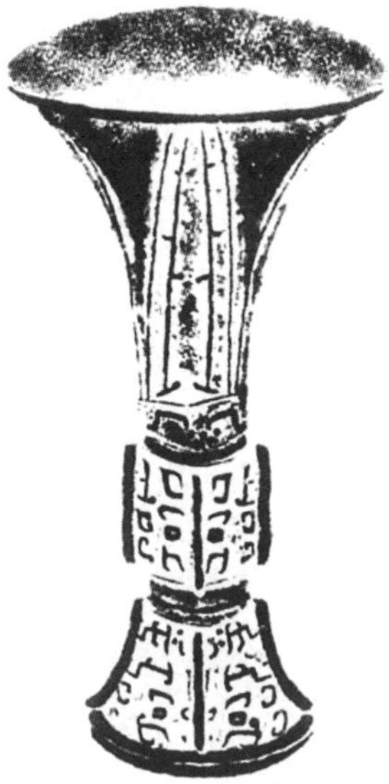

卿觚圖像

卿乍（作）父乙寶障（尊）彝。

二一二　卿尊　兩行七字

卿尊拓本

卿乍（作）氏（厥）考寶隩（尊）彝。

卿尊圖像

二一三　卿卣一　兩行七字蓋六字

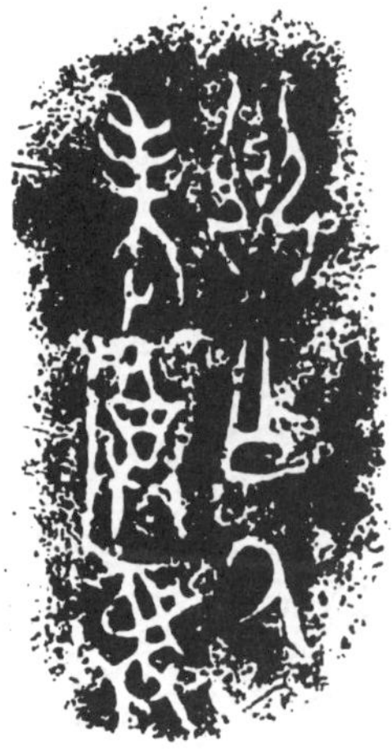

卿卣一蓋拓本

同上（蓋少寶字）

卿卣一器拓本

卿卣一圖像

二—四　卿卣二　同上。

卿卣二蓋拓本

卿卣二器拓本

卿卣二圖像

說明：

此銘還稱新邑，應是成王初年。此時伯禽正伐徐戎，公違之去省視，可能與戰事有關。淮水區域產銅，公違可能帶了銅回來，所以用來賞賜。卿所作器，現在所知有上面六件，所賜的銅應不少。

三　德方鼎　五行二十四字

德方鼎拓本

隹（唯）三月，王才（在）成𠀠（周）①，征（延）②珷禣（福）③，自蒿（郊）④，咸。王易（錫）𢓊（德）貝廿朋，用乍（作）寶䵼（尊）彝。

德方鼎圖像

意譯爲：

三月，王在成周，延長武王的福祭，從郊都祭完了。王賞給德貝二十掛，用來做寶器。

注釋：

① 成周在銅器銘文中初見，詳見㪤尊注。

② 延，引導，延長。

③ 福字作禣，甲骨文中常見，祭的一種。畐本像有流的酒尊，用兩手舉畐，灌酒於所祭的示（祭壇）上，稱爲福；用手取肉放在示稱爲祭，那末，福應該就是灌祭。祭後把餘酒送給人稱爲致福，把祭肉送給人，稱爲致胙。後世因往往同時

送酒與肉，這兩個名稱就混淆了。《穀梁傳・僖公十年》説「世子已祠，故（復年按：原稿缺，今補。）致福于君」，《國語・晉語》略同，都兼酒與肉，後來注家常把致福單單解釋爲歸胙肉，就失去了福字的本義了。

④ 萆即蒿字，此處當假借爲郊字。曾姬壺説「安茲漾陲蒿間之無匹」，蒿間即郊間。《周禮・載師》注説「故書郊或作蒿」；《左傳・文公三年》「秦伯伐晉，取王官及郊。（復年按：秦伯伐晉，濟河焚舟，取王官及郊）」，《史記・秦本紀》作鄗；《禮記・月令》高禖，《詩・生民》毛傳作郊。均其證。這裏説的是郊祭。

説明：

此器似與𣧑尊同時，此所叙事爲三月，較𣧑尊略早，所以列此，詳後𣧑尊注。

四 德鼎　二行十一字
德簋　二行十一字

德鼎拓本

德鼎圖像

德簋拓本

王易①（錫）徝（德）貝廿朋，
用乍（作）寶䵼（尊）彝。

德簋圖像

注釋：

① 易字作□，是繁體，甲骨文作□，更繁，其本意，當是把這個容器的水，換到另一器，這是變易。《説文》不知道它的本意，解釋成蜥易，是錯了。我國文字有繁有簡，其來已久，最近發現的五千多年前的大汶口陶器文字中，有一個炅字，就有繁簡兩體。商代以後，把繁重的圖畫象形簡化的工作更多了。

説明：

此兩器與德方鼎是同時鑄造的，德方鼎器小而銘較詳，德鼎很大，近一百七十斤，而銘反簡。又如：周公作文王鼎、康侯豐鼎，召公鑄成王鼎等都是方鼎，似當時以方鼎爲重器。據《墨子・耕柱》説夏鼎，「鼎成，四足而方」，大概當時的奴隸主統治者目覩克殷時所俘夏鼎，有的是方鼎，所以競相模仿，成爲一時風尚。

五　弔德簋　三行十八字

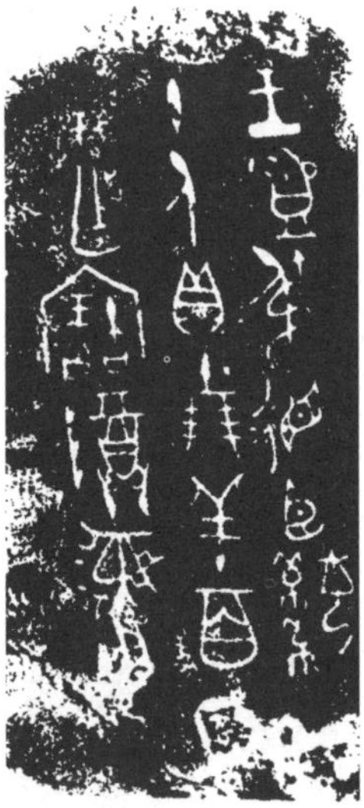

弔德簋拓本

王易（錫）弔（叔）徝（德）臣嬯①（養）十人、貝十朋、羊百，用乍（作）寶䵼（尊）彝。

弔德簋圖像

意譯爲：

王賞給叔德：臣養十人，貝十掛，羊一百隻，用來做寶器。

注釋：

① 嬯字從女𦍒聲，𦍒從二羊，甲骨文常見，與羊通。此羊字作⿰，是形體變譌，甲骨文羊字或作⿰。甲骨文有㛢字，也有𡢃字。㛢即養。家内奴隸的一種，有女的，也有男的，主要是管做飯等事。《易·説卦》「兑爲羊」，釋文虞翻本作羔（按此當從火羊聲，不是羔羊的羔）。《周易集解》引他的注：「女使也。」鄭玄本作陽，注説：「此陽謂養無家女行使者也」。這是女的養。《戰國策·韓策》：「卒不過三十萬，而厮徒負養在其中矣。」《司馬法》説：「兵車一乘，炊家子十人，厮養五人，樵汲五人。」《孫子·作戰篇》注：「養二人，主炊。」《公羊傳·宣公十四年》（復年按：十二年）：「厮、役、扈、養，死者數百人。」注：「炊烹者爲養。」《史記·秦始皇本紀》：「監門之養。」索隱：「養即卒也。」《漢書·陳餘傳》有厮養卒。《漢書·兒寬傳》：「爲弟子都養。」注：「養主給烹炊者也。」又《劉元傳》有：「竈下養」。《廣雅·釋詁》：「厮、扈、養、役，使也。」大概都是男的。此嬯字雖從女，但臣養連文，似只是臣而爲養者。參看昭王時𡡗𢿉方鼎。

說明：

這件簋的易字寫法和德鼎、德簋的易字全同，可見叔德與德是一人，只是所賜的内容不同，是指另一次周王賞賜。

六　𠤳尊　十二行一百二十二字

𠤳尊拓本

𠤳尊圖像

隹(唯)王初䙴(遷)①宅于成周,復亯(稟)②珷(武)王豐(禮)③,褔(福)④自天⑤。才(在)三(四)月丙戌,王弇(誥)⑥宗小子⑦于京室⑧,曰:「昔才(在)爾考公氏,克逨⑨玟(文)王,肄(肆)玟(文)王受玆[大令(命)]。⑩隹(唯)珷(武)王既克大邑商⑪,則廷告⑫于天,曰:『余其宅玆中或(國)⑬,自之⑭辥⑮(乂)民⑯。』烏虖!爾有⑰唯小子亡(無)戠(識)覭(視)⑱于公氏,有𧧬(爵)⑲于天,䚄(徹)⑳令(命)。苟(敬)亯(享)戈(哉)!」叀(唯)㉑王龏(恭)德谷(裕)天,順(訓)我不敏(敏)。王咸弇(誥)。𤔲㉒易(錫)貝卅朋,用乍(作)□公寶障(尊)彝。隹(唯)王五祀。

意譯爲:

王開始遷都成周,還用武王的典禮,舉行福祭,從天室開始。四月丙戌,王在京室誥訓宗小子們,説:「過去你們的父親能服事文王。文王接受那個大命,武王戰勝了大邑商,就向天卜告説:『我要住在中央地區,由這裏來治理民衆。』嗚呼!你們或者還是小子,没有知識,看公氏吧!有爵位在天上,完成了使命,敬受祭享啊!」王有恭德,順天,教訓我們不聰敏的。王講完誥訓,𤔲被賞賜貝三十掛,用來做祭□公的寶器。這是王的第五次祭祀。

注釋:

① 䙴字通遷,䙴作䙴,從邑䙴聲。邑字從兩個o形,古代從o與從oo,可以任意,䙴字或從o,或從oo,可證。䙴字見宋代所出銅器䢅簋,舊釋郝是錯的,今本《竹書紀年》共王九年有錫毛伯遷命一條,即誤讀《考古圖》,把毛伯和祝䢅爲一人而僞造的,但釋䢅爲遷則不誤。《説文》作䙴,或作䙴(䙴),則又不從邑而只從[illegible]。

②此處爲首行之末，字迹不晰，細審爲[illegible]字，即亯字，讀爲享。《淮南子・俶真訓》「雖欲勿享」，注「猶動用也」。

③豐與豊字古多混淆，此應讀禮，見前朕簋注。

④福當即灌祭，見前德方鼎注。

⑤天是天室，見前朕簋注。

⑥肁應讀爲誥。《説文》誥的古文作𧧮，《汗簡》引作𧧮，[illegible]旁與舟旁，並是[illegible]形之誤。《玉篇》収部有𢍏字，「公到切，古文告」。《萬象名義》「𢍏，公到反，語也，謹也」，是從原本《玉篇》節録的。「謹也」一義是《爾雅・釋言》誥字的訓詁。𢍏字也應是肁字之誤。史𩛥簋説「王肁畢公」，就是王誥畢公。《書・酒誥》説「文王誥教小子」與此銘「王誥宗小子」文義正相類。

⑦宗小子當是同宗的小子。

⑧《詩・思齊》「思媚周姜，京室之婦」，是京室的名稱，在文王時已經有了。武王伐紂後，「薦俘馘于京太室」，見《吕氏春秋・古樂》。成王時作了京宫，所以《詩・下武》説：「三后在天，王配于京。」成周有京宫，見後作册矢彝。也稱爲京宗，見《西清續鑑甲篇》的甲戌鼎。此銘説「王誥宗小子于京室」，也就是京宗，可見這個𤔲是成王的同宗。

⑨逨通來，《爾雅・釋詁》：「來，勤也。」舍人注：「强事也。」

⑩「大令」兩字殘缺，大字略見頭，令字略見脚，以意補。

⑪《書・多士》説：「肆予敢求爾于天邑商。」舊注多誤。其實天邑就是大邑。甲骨卜辭中，大邑商與天邑商並見。

⑫廷當讀爲筳。《離騷》「索瓊茅以筳篿兮」，筳篿是折竹卜。

⑬中國指周王朝疆域的中心，即指洛邑，後來就建立成周。

⑭之與兹音同，和此字差不多。如「之子」是這個女子；「之日」是這一天。

⑮辥就是薛字，《説文》誤作嬖，「治也」。王國維説。

⑯民字的本意是盲，從目，此銘中初見。

⑰有字通或，見《經傳釋詞》。

⑱䀡與視同。《説文》作䀡，「病人視也」。《説文》又説「視，瞻也」，古文作眎，又作眡。《説文》還有一個眡字，「眡皃」。《廣雅・釋詁一》：「眡，視也。」其實都是同一字的分化。

⑲ [illegible]字從冂從[illegible]，[illegible]即爵字的象形，冂像覆蓋之物。有爵指有爵禄。彔伯𢦏簋「有[illegible]于周王」，像兩手捧爵；師克盨「有冂[illegible]于周邦」，則從収從[illegible]。詞例均與此相近。毛公鼎「[illegible]勤大命」，則當讀如勞，勞與爵音近。

⑳ 𣪠字見甲骨文。《説文》徹字古文作徹，當從彳𣪠聲。《左傳・昭公二年》説：「徹命于執事。」注：「徹，達也。」

㉑ 叀與惠同，讀爲唯，見唐蘭：《天壤閣甲骨文存考釋》。

㉒ 𣧑當是欯字的異體，《廣雅・釋詁二》：「欯，息也。」音呵。

説明：

這件銅器的發現，給我們提出一個重要史料，即西周初的成王確實曾遷都成周，解决了兩千年來一個疑問。《史記・周本紀贊》：太史公曰：「學者皆稱：『周伐紂，居洛邑。』綜其實不然。武王營之，成王使召公卜居，居九鼎焉。而周復都豐鎬。至犬戎敗幽王，周乃東徙于洛邑。」這個司馬遷的考證，綜其實是錯的。周都洛邑，是武王開始規劃的。武王臨終前，《周書・度邑》説：「自雒汭延于伊汭，居易無固，其有夏之居。我南望過于三塗，我北望過于嶽鄙，顧瞻過于有河，宛瞻延于伊雒，無遠天室。」就已經有在這個地區建都的願望了。此銘記武王告天的話説：「余其宅茲中國，自之乂民。」正説明武王的决策。

武王克殷後，才兩年就死了，管蔡與武庚叛周，周公攝政，忙於討伐，一直到從踐奄回來，攝政五年，才實現這個決策，經營成周。《史記・周本紀》説：「成王在豐，使召公復營洛邑，如武王之意。周公復卜申視，卒營築，居九鼎焉。曰：『此天下之中，四方入貢，道里均。』」這裏司馬遷把《召誥》、《洛誥》這兩篇讀錯了，營成周實際是周公的主意，《周書・作雒》説：「周公敬念于後，曰：『予畏周室不延，俾中天下。』及將致政，乃作大邑成周于土中。」在《洛誥》的第一段是攝政五年周公開始營洛邑時的卜宅，是周公先去卜宅後，把地圖和卜兆送給成王最後同意的。至於《召誥》中所説的召公相宅，則是在攝政七年初，新的大邑已經建成後，去選擇居宅罷了。司馬遷想把建洛邑説成只不過是居九鼎，其實他的話是自相矛盾的，如果單單居九鼎，周公爲什麼要説：「四方入貢，道里均。」僅僅這兩句話，就可以證明周公是要建爲周王朝的都城的。九鼎是當時王權的象徵，「成王定鼎於郟鄏」，就是爲了把新邑作爲周王朝的王城。「成周既成，遷殷頑民」，也正爲這同一目的。《公羊傳・隱公五年》説：「自陝而東者周公主之，自陝而西者召公主之。」《史記・燕召公世家》説是成王時事。陝字是錯的，應據《經典釋文》改作郟。正因爲王城郟鄏是天下之中，因此，就從郟鄏來分東西。周公死後，「成王命君陳分正東郊成周」，君陳是第二代的周公，這就是由他主東方的事。成王死時，《顧命》「太保率西方諸侯」，「畢公率東方諸侯」，王肅注：「畢公代周公爲東伯，故率東方諸侯。」所以「康王命作册畢分居里成周郊」。所有這些，都可以證明當時洛邑實是周王朝的都城，司馬遷的綜實是綜錯了。

《書序》說：「成王在豐，欲宅洛邑。」豐是周王國的舊都，武王遷宅鎬京後，豐邑就封給周公旦，作爲周國。《召誥》說「王朝步自周，則至于豐」，下面就說「惟太保先周公相宅」，實際上還是周公派遣的，所以過了七天，周公就去「達觀于新邑營」，就用牲于郊，社于新邑，並且朝庶殷侯甸男邦伯。這是周公攝政七年，就在年底，周公致政，成王即政了。隨後，周公退回周國，《書序》說：「周公在豐，將没，欲葬成周。」《史記·魯世家》說：「周公在豐，病，將没，曰：『必葬我成周，以明吾不敢離成周。』」説明成周是成王所定的周都。當時大概還没有正式遷都，但是已經決定這一計劃了。

這件銅器的發現，證明遷宅是在成王五祀，也就是即政後五年。有些人想附會《召誥》，說是攝政五年，不知《召誥》所記是攝政七年時事，而攝政五年，周公剛去營洛邑時，則只是剛剛卜宅，新邑還没有建立起來，如何能遷宅呢？《史記·劉敬傳》：「成王即位，周公之屬傅相焉。迺營成周洛邑，以此爲天下之中也，諸侯四方納貢職，道里均矣。有德則易以王，無德則易以亡。」這就是司馬遷所說「學者皆稱周伐紂居洛邑」的一例，這班學者所說，其實是可信的。《吕氏春秋·長利》：「南宫括曰：成王之定成周，其辭曰：『惟余一人，營居于成周。惟余一人，有善易得而見也，有不善易得而誅也。』」《說苑·至公》說：「南宫邊子曰：昔周成王之卜居成周也，其命龜曰：『予一人兼有天下，辟就百姓，敢無中土乎。使予有罪，則四方伐之，無難得也。』」傳說雖有不同，但成王之居成周，是無疑問的。從《顧命》來看，成王死時就在王城，所以召公率西諸侯，畢公率東諸侯，還用這個制度。在康王二十三祀的盂鼎裏說「王在宗周」，但二十五祀盂鼎則只說「王格周廟」，這個周廟，大概還是在王城，這個鼎銘叙述盂伐了鬼方歸來獻俘的大典是應該在都城舉行的。幽王之末，宗周覆滅，王都還在，平王東遷，並不是憑空重建的。

這裏所說的成王五祀，不知應如何算，據《洛誥》所說：「周公曰：『王肇稱殷禮，祀于新邑，咸秩無文。予齊百工，伻從王于周。』予惟曰：庶有事。今王即命曰：記功宗，以功作元祀。」似攝政七年已是元祀，則五祀實際是成王即政四年，那是公元前一〇六三年，周四月庚辰朔，丙戌是四月七日。但如說《洛誥》所說元祀是指下一年事，那末，五祀即等於即政五年，也就是公元前一〇六二年，周正三月甲戌朔，丙戌是三月二十一日，如上年無閏則爲四月二十一日。當更詳考。

𡲱爲宗小子，是周之同族，從尊銘來看，地位是不低的，可惜他的父親公氏，是什麽公，只看出從□，筆劃不清晰，未能確定。

七　□卿方鼎①　五行二十五字

□卿方鼎拓本

隹（唯）三（四）月，才（在）成①周，
丙戌，王才（在）京
宗，商（賞）貝，才（在）安
典㳄卿貝，用
乍（作）寶隣（尊）彝。

□卿方鼎圖像

意譯爲：

這是四月，在成周。丙戌這一天，王在京宗，賞賜貝，在安，主管□卿貝，用以做寶器。

注釋：

① 此器見《西清續鑑甲編》一，原題甲戌方鼎，是因誤釋「在成」兩字爲「甲戌」之故。

說明：

此與前殉尊同爲四月丙戌在成周京宗，王賞貝，是同時同事。

八　余簋　四行三十四字

余簋拓本

王伐录子聑[1]，䖒[2]氏（厥）反，王降征（徵）令[3]于大（太）保，大（太）保克芍（敬）[4]亡𠳋（遣）[5]。王永大（太）保易（錫）[6]，休[7]余土[8]，用丝（兹）彝對令（命）[9]。

余簋圖像

意譯爲：

王去討伐录子聑，在他回來時，王對太保發出徵召的命令，太保能恭敬，没有受責備。王延長對太保的賞賜，賞給我土地，用這件彝器來對答這個命令。

注釋：

① 咠字從耳旁口，像近耳咠咠私語之形，《説文》：「聶語也。」录與鹿古字常通用，录子之國當在今河北省平鄉縣一帶，漢代爲鉅鹿縣，《續漢書·郡國志》説：「故大鹿。」《水經·濁漳水注》：「衡漳故瀆自廣平曲周來，北逕巨橋邸閣西，又北逕鉅鹿縣故城東南。（復年按：衡漳故瀆東北逕南曲［周］縣故城西，又逕曲周縣故城東，衡漳又北逕巨橋邸閣西，衡水又北逕鉅鹿縣故城東。」注引應劭曰：「鹿者林之大者也。」）《尚書》：「堯將禪舜，納之大鹿之野，烈風雷雨不迷。」《堯典》：「納于大麓。」王肅注：「麓，録也。」《説文》「麓，從林鹿聲，古文作禁，從林录聲。銅器有禁伯簋即作禁。今平鄉在殷虚之北，約一百餘公里，王子禄父北奔，當即至此。录子咠應是商王宗族。銅器有天子咠觚，天子即大子（太子），在商王族中地位極高。此時禄父當已死，祭以庚日，所以稱爲武庚，成王伐咠，當是鞏固其北疆。

② 𠭰與且通，發語詞。《費誓》「徂茲淮夷、徐戎並興」，作徂。

③ 征當讀爲徵。《周禮·宰夫》：「掌百官府之徵令。」《韓非子·難一》説：「當世之行事，都丞之下，徵令者，不辟尊貴，不就卑賤。」征可當徵召講，也可當徵賦講。此銘王從伐录返回，當是召太保使來。

④ 此即羌字異體，通作苟與敬。《説文》：「苟，自急敕也，從羊省，從包省，從口。口猶慎言也。從羊，與義善美同意。」「𦍌，古文從羊不省。」按羌省爲芍，是從羊省，説「從包省」則是錯的，䒷實即𦍌字。敬字從攴從苟，此銘當用作敬。

⑤ 𠱾即𧬄字，此處用作譴，《廣雅·釋詁一》：「譴，責也。」《詩·小明》：「畏此譴怒。」

⑥ 永作延長講，「王永太保錫」，是把對太保的賞賜，推廣到他的親屬。《詩·既醉》：「永錫爾類」，「永錫祚胤」；《詩·楚茨》：「永錫爾極」。「永錫」是當時成語，等於後代説「推恩」。

⑦ 銅器銘文通常把休作爲名詞，如對揚王休是王之休。但也作爲動詞，如：後小臣𨑫鼎説「休于小臣𨑫貝五朋」；麥尊説「唯天子休于麥辟侯之年」；縣妃簋説「伯屖父休于縣妃」之類。休本當嘉美講，這樣使用，也包括賞賜在内。

⑧ 余當是第一身代名詞，作器者自稱，金文一般都作[glyph]，此從木，古代禾與木常通用。

此作器者當是太保親族，很可能是他的兒子，但没有署名，與賓尊、賓卣同例。

⑨ 對命是對王的休土之命，中方鼎説「中對王休命」可證。

説明：

此器與賓尊、賓卣，保字都未從玉作㑑，從書法看也都比較早，應在成王初年。成王在位二十八年，初期與晚期相隔二十餘年，初期與武王周公時近似，晚期與康王時近似，固當有别。

此器據傳是清咸豐間山東省壽張縣梁山下所出八器之一。八器，據《涵青閣金石記》所説爲：濟寧鍾養田所得的，是鼎三、彝一、盉一、甗一，此（指害鼎）其一也。魯公鼎、犧尊二器已歸曲阜孔廟。《綴遺齋彝器款識卷四》説：「咸豐間，山左壽張所出古器，凡三鼎，一敦、一甗、一盉，其銘皆有太保及召伯等文，許印林明經定爲燕召公之器而以出山左爲疑。」鍾養田所得，後歸南海李山農，似當爲：

一、太保鼎　康王初　今在天津博物館。

二、冊鼎　康王時　七字，《攈古》以爲彝，不知所在。見《三代吉金文存》三、一〇。

三、害鼎　康王時　今在清華大學。

四、余簋　成王初　《攈古》等以爲敦。《尊古齋所見吉金圖卷二》。

五、白害盉　康王時　《頌齋吉金續録》。

六、太史𦥑甗　康王時　今在日本住友氏。見《泉屋清賞》一·一一。

至於歸孔廟兩器中所謂魯公鼎，如按當時人讀囷來解釋，當即周公鼎。然《攈古録金文》卷二之一在太保彝引許印林説：「曲阜孔氏有太保鼎，三字作『太保□』，此□（按：實是冊字）與□同。濟寧鍾氏有太保鼎銘亦三字，作『大保□』，合觀三器，似一家物。」則歸孔氏的鼎，仍是太保鼎而非魯公鼎，或當時傳聞之誤。至於犧尊，柯昌泗説是小臣艅尊（見《攈古録金文》卷二之三柯説見《金文分域篇》卷九），似無根據。陳夢家定爲太保鴞卣，按此見日本《白鶴吉金集》，傳是濬縣所出，則與壽張無關。

按梁山所出，本非科學發掘，未能全據。但鍾李所藏此六器，則當以余簋爲最早，而害鼎與白害盉爲最晚。當是召公後人寶藏前世彝器的一部分。至於他們何以留在梁山，入於窖藏呢？我認爲，當是召公的後裔，有一支曾在衛國的關係。太保後裔有一個叫㳄的，現存一件勾戟，銘三字，一面是太保兩字，一面是㳄字，約在一九三一年與康侯諸器同出於河南濬縣一帶，隨即被盜賣去美國的十四件兵器之一。現存弗里爾博物館。濬縣原來是衛都。同一個人還有三個方鼎，在清代中葉已發現，著録於《積古齋鐘鼎彝器款識》，銘六字爲「㳄作寶彝，太保」。《山東金文集存》説是出梁山。按梁山北面是莘縣，東北是東阿縣，西面是范縣，西南是舊濮縣和鄄城縣。春秋時衛國的莘在莘縣北，清邑在東阿北，桃邱在東阿西，羊角在范縣東南，鄄在濮縣東，濮在濮縣西，犂在濮縣西南。《水經·河水注》：「河水自濟陰鄄城來，（復年按：河水又東逕鄄城縣北，河之南岸有新城），北岸有新臺，衛宣公所築，《詩》齊姜所賦也。」從梁山附近這些地區來看，梁山本是衛地無疑。梁山八器中有太史眘甗，眘即友字，太史友與太保都是官名。《酒誥》記成王説「汝劼毖殷獻臣，侯甸男衛，矧太史友，内史友」，是太史友甗的作者在衛國之確證。甗銘説「太史友作召公寶㒸彝」，則在衛的太史友當是召公之子，而㳄也許就是太史友之名，所以㳄的勾戟能與康侯諸器在一起。至於册和害等，則可能是其弟兄與後裔。

余簋的重要在於記載了「王伐录子聑」一事，使我們知道周公歸老後，成王還曾北征，而當時的重臣，主要就是召公了。成王永太保錫而休這個器的作者以土地，這個作器者，大概就是太史友。成王誥康叔封時已説到太史友，所以錫以土地。從周公之子，除了伯禽以外，還封有凡、蔣、邢、茅、胙、祭等封國來看，召公之子，除了封燕侯外，還有別的封錫是必然的。這個簋與太史友甗同出梁山，也可以證明這一點。這個簋有四耳，製作華麗，證明作器者有很高的地位。因此，分析此器何以出於梁山是很重要的。由於梁山是齊國和衛國的交界處，很可能這裏就是成王錫他的土地。《春秋·隱公八年》：「鄭伯使宛來歸祊。」祊是鄭國在魯國的飛地，據説是爲了祭泰山的湯沐邑，那末，梁山這個地方，大概是召公在衛國的飛地。祊在今費縣，在泰山的東南約一百多公里，梁山則在泰山的西南約八、九十公里，那末，銘中所説「休余土」，大概就是梁山這個地方，被休者是太史眘。

九 獻侯顯鼎 四行二十一字兩器

獻侯顯鼎一拓本

獻侯顯鼎二拓本

唯成王①大桒②（祓）
才（在）宗周，商（賞）獻
侯③顯（佇）④貝，用乍（作）
丁侯⑤㔻（尊）。大黽⑥。

獻侯顯鼎圖像

意譯爲：

那是成王在宗周舉行大祓除的典禮的時候，賞給獻侯⿰⿴㗊宁頁貝，用來做丁侯的祭器。大黽（氏族名）。

注釋：

① 成王爲姬誦自稱之號，《酒誥》首説：「成王若曰。」馬融注説：「言成王者未聞也。俗儒以爲成王骨節始成，故曰成王。或曰：以成王爲少成二聖之功，生號曰成王，没因爲謚。衛賈以爲戒康叔以慎酒，成就人之道也，故曰成。此三者吾無取焉。吾以爲後録書者加之，未敢專從，故曰未聞也。」又《顧命》「王崩」，釋文引馬融本作「成王崩」。案漢人不知成王、康王爲生號，所以《昊天有成命》説「成王不敢康」，《執競》説「不顯成康」，「自彼成康」；《噫嘻》説「噫嘻成王」；《下武》説「成王之孚」等，没有一處是講得通的。此銘所説是成王爲自稱之確證，王國維即據此銘與遹簋而定成王、穆王爲生時自稱（見《觀堂集林》卷十八《遹敦跋》），對於銅器斷代有很大幫助。按成王之所以稱成，是由於建立周王朝的成功，這個稱號大約始於周公致政後，與成周的號爲成同時。

② 𠦪，祭名，或作⿰礻𠦪，見作册夨尊和作册夨方彝。與祓字通，《詩·甘棠》「勿翦勿拜」，鄭玄箋：「拜之言祓也。」拜本作⿰扌𠦪，⿰扌𠦪通拔，則⿰礻𠦪通祓。《説文》：「祓，除惡祭也。」《玉篇》：「祓，除災求福也。」祓祭的種類很多：（一）《詩·生民》「以弗無子」，鄭玄注：「弗之言祓也。……乃禋祀上帝于郊禖以祓除其無子之疾而得其福也。」（二）《周禮·女巫》「掌歲時祓除釁浴」，鄭注：「如今三月上巳如水上之類也。」（三）《左傳·定公四年》：「君以軍行，祓社釁鼓。」又《襄公二十五年》：「祝祓社。」此當即軷字，《説文》：「出將有事於道，必先告其神立壇四通，樹茅以依神爲軷；既祭軷轢於牲而行爲範軷也。」（四）《左傳·昭公十八年》：「鄭子産爲火故，大爲社，祓禳于四方，振除火災。」（五）《管子·小匡》：「鮑叔祓而浴之。」《韓非·説林》：「故諺曰：巫咸雖善祝，不能自祓也。」總起來看，是由巫祝來進行祓除各種不祥的祭禮。

③ 獻爲國名。待考。

④ ⿰⿴㗊宁頁從頁從⿴㗊宁，當爲佇字之異體。或釋囂，誤。⿴㗊宁即《説文》⿱宁皿字，「器也」，從㗊與器字同，從頁與從人同。《説文》脱佇

字，見新附，「久立也」。《詩·燕燕》：「佇立以泣。」《爾雅·釋詁》：「佇，久也。」

⑤ 周初，很多人還用商代人的習慣，祖或父死後，排定祭的日子，就以祭日的甲乙作爲死者的稱號，如：祖甲、父乙等。在齊國，太公之後，是丁公吕伋、乙公得、癸公慈母；在宋國，宋公稽之後是丁公申，也都是以祭日爲稱號。這裏的丁侯，應當是這種例子。

⑥ 大黽是氏族名，商周青銅器中常見。有些商代器只作黽，最早的見於鄭州出土的商代早期的銅罍上。此當是以地爲氏。按漢代弘農郡有黽池縣，黽池的地名在戰國時已存在。又江夏郡有鄳縣，是戰國時的鄳塞，或作澠阨、冥阨。此黽氏不知原在何處。

一〇 勅𢼸鼎 二行九字

勅𢼸鼎拓本

勅𢼸鼎圖像

勅①𢼸②乍（作）丁侯
㕯（尊）彝。大黽③。

注釋：

① 勅當是敕之異體。《説文》有勑字而無勅字。古書勑、勅兩字常混亂，《爾雅・釋詁》「勅勞也」，是勑之誤；《易・噬嗑》「明罰勑法」，《書・益稷》「勑天之命」，是勅之誤。

② 隞字從阜敳聲，當與陣爲一字，縣妃簋説「肆敢陣于彝」，當與書同義。

③ 此與獻侯顥鼎同是大黽族，同做丁侯的祭器，當是一家物。

卷二下

二一　應公鼎①

三行十六字二器
又四行十六字

應公鼎一拓本

應公鼎二拓本

雁②（應）公乍（作）寶
隩（尊）彝。曰：「奄③（奄）㠯④（以）乃
弟，用夙（夙）夕鬻亯（享）。」

意譯爲：

應公做這寶器。說：「臾和你的弟弟，用以早晚煮食物來祭祀。」

注釋：

① 兩鼎同銘，行款不同，今用三行者。

② 雁字本作[古文字]，像人胸前有鷹，按胸前則爲膺，按鳥則爲鷹，按應答之義則爲應、爲膺。《説文》誤作痽、作痽，則因卜形誤變爲[古文字]，又誤釋爲從瘖省聲。

此是國名，古書均作應。《漢書·地理志》在潁川郡父城縣下説：「應鄉，故國。周武（當作成）王弟所封。」在今河南省寶豐縣西南，壽山縣東。

③ 臾《説文》作奄，申在大下。

④ 㠯即以字。《禮·鄉射記》：「各以其耦進。」注：「與也。」

附録：同人所作：

一一一 應公方鼎 二行六字

應公方鼎拓本

雁（應）公乍（作）寶隩（尊）彝。

應公方鼎圖像

一一一二　應公簋　二行五字

應公簋拓本

雁（應）公乍（作）
肇（旅）彝。

一一一三　應公尊（觶）　二行六字

應公尊（觶）拓本

雁（應）公乍（作）
寶隮（尊）彝。

應公簋圖像

應公尊（觶）圖像

一一四　應公壺　蓋器各二行六字

應公壺（蓋）拓本

應公壺（器）拓本

雁（應）公乍（作）寶隟（尊）彝。

應公壺圖像

説明：

《左傳·僖公二十四年》：「邘、晉、應、韓，武之穆也。」此當是應國的第一代。《詩·下武》説：「王配于京，世德作求。永言配命，成王之孚。」京宫本祀三后，即：太王、王季、文王，王配于京，指武王，而依次説到成王的繼承。下面又説

「媚兹一人，應侯順德，永言孝思，昭哉嗣服」，則即指第一代應侯。大概他在王朝任三公，所以《下武》提到他，而這個銘則自稱爲應公。奄和他的弟弟，則似是他的兒子們。

這件器應當在成王中後期了。

一二　北伯炈尊　北伯炈卣

二行七字

北（邶）①白（伯）炈②乍（作）寶隩（尊）彝。

北伯炈卣拓本

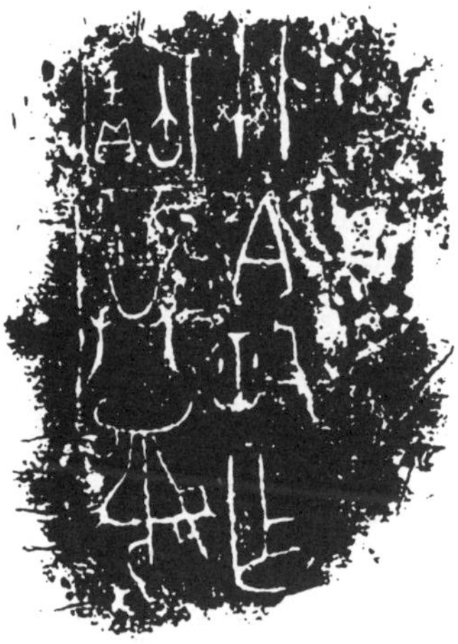

北伯炈尊拓本

北伯炈卣圖像

注釋：

① 北就是《説文》邶字，「故商邑，在（復年按：自）河内朝歌以北是也」。漢代人所説邶國的位置是錯的。邶國應在今北京市南與河北省交界處，已詳上文。

② 炈從灭旁，灭也是火字，甲骨文[illegible]字或從灭作[illegible]，可證。炈字《説文》所無，《廣雅・釋詁四》：「炈，禁也。」《玉篇》「陶竈窗也」，《廣韻》「喪家塊竈」，則與《説文》坄字同。音役。

附録：

一二一一　北伯鼎　二行四字

北伯鼎拓本

北（邶）白（伯）乍（作）隮（尊）。

一二一二　北伯鬲　一行四字

北伯鬲拓本

北（邶）白（伯）乍（作）彝。

説明：

《集古遺文》卷二説：「光緒十六年（一八九〇年），直隸淶水縣張家窪出土古器十餘，皆有北白字，此鼎其一也。」王國維《觀堂集林》卷十八《北伯鼎跋》説：「彝器中多北伯北子器，不知出於何所，光緒庚寅直隸淶水縣張家窪又出北伯器數種，余所見拓本有鼎一、卣一。鼎文云『北伯炈作鼎』，卣文云『北伯殁作寶尊彝』。北蓋古之邶國也。」案王據此認爲邶國就在淶水縣一帶是對的，但以爲燕國是錯的，已詳上。這批出土物中，現在所知只有三件，北伯鬲在《筠清館金文》中已著録，則遠在清道光前已出土。

一三　⿱宀帝農鼎

四行二十八字二器①（愙齋六・三・二）

⿱宀帝農鼎拓本

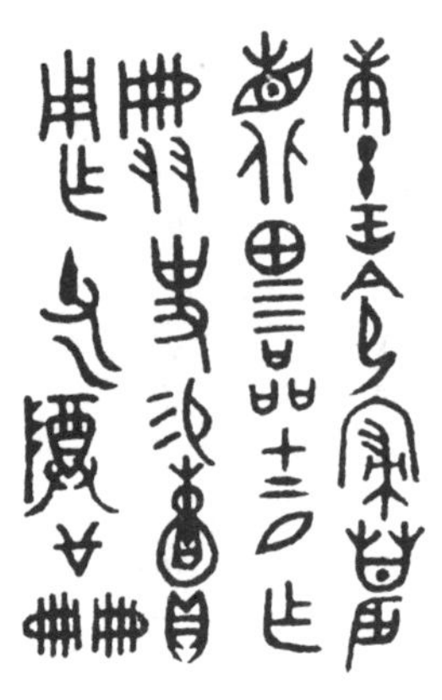

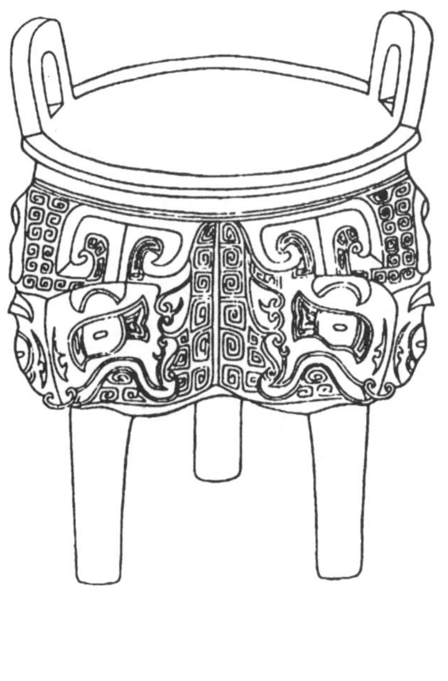

⿱宀帝農鼎圖像

庚午，王令（命）寑（寢）蕽（農）②
眚（省）北（邶）田三（四）品③。才（在）二月。乍（作）
冊友（右）史④易（錫）賷（囊）貝⑤，
用乍（作）父乙隩（尊）。羊𠕋（冊）⑥。

意譯爲：

庚午，王命令寢農去考察邶國的四類農田。在二月。作册右史賞給他一囊貝，用來做父乙的寶器。羊册氏。

注釋：

① 此器宋代即著録，今見拓本者爲吴大澂藏器，是另一器。王國維《金文著録表》以爲僞是錯的。
② 寑蕽人名。寑是氏，五年召伯虎簋有寑氏。蕽是農的異體，Ⅱ應作田，誤少中直筆。此人似是寢氏而管農業的。
③ 四品，四類，當是區分高下四類。
④ 免盤有作册内史，此銘作册右史，是史官有左右之分。《周書·史記》有左史良（復年按：戎）夫。
⑤ 賷貝即貝一囊。又見肄簋，賷當是盛貝之囊的專字。
⑥ 羊册是寑農家的氏族徽號，作册大都是世襲官職，羊册是作册羊氏。

説明：

此當是成王伐滅邶國後，派寑農去視察邶國農田的情况時的器。與邶國的初封時代很接近。

一四　延盤　二行六字　（《三代》誤作彝，見猷氏）

延盤拓本

征（延）乍（作）周
公障（尊）彝。

延盤圖像

説明：

此當是周公死後所作。

一五　小臣䨻鼎　三行十七字

小臣䨻鼎拓本

小臣䨻鼎摹本

䜌（召）公䵼①（饋）匽（燕）②，休

于小臣䨻③貝五朋，

用乍（作）寶隮（尊）彝。

意譯爲：

召公給燕國送禮，賞給小臣䨻五掛貝，用來做寶器。

注釋：

① 䵼當從丮㬱聲。㬱當即《説文》蕢字古文之臾，「艸器也。」其實古文字本作[illegible]，像兩手舉杵舂潰谷粒之形。或作[illegible]，而遌（遺）字偏旁作㬱、作㬱、作㬱；饋字偏旁作㬱。此銘㬱左有直畫，下有横畫，當是陶範上作方格遺留下來的

痕迹。
䫉當讀爲饋，《説文》：「饋，餉也。」引申爲一切饋贈。字亦作餽。饋燕，等於《漢書・禮樂志》説：「齊人餽魯。」
② 古書北燕國之燕，西周作匽，春秋以後作郾。《説文》：「郾，潁川縣。」已經不知道其原來用途了。
③ 㞨即攕字，《廣韻》：「許羈切，擊也。」

説明：

召公封匽，不知在何時，當在成王伐录之後。當成王踐奄後，肅慎來貢，因爲是遠方，在當時是比較重視的，所以有《賄息慎之命》。《國語・魯語》説：「昔武王克商，通道于九夷百蠻，……於是肅慎氏貢楛矢石砮。」這是説武王克商以後，並不是武王時已來貢，成王時又來貢。但《左傳・昭公九年》説「肅慎、燕亳，吾北土也」，顯然是後來發生的事了。燕亳在今河北省北部與遼寧省西部，北至内蒙古自治區，肅慎則包括遼西、吉林，以及其北。兩地是銜接的。如果肅慎、燕亳在成王踐奄以後，即已爲周王朝的北土，與奄、薄姑之爲齊魯相同，那末，肅慎來貢，怎麽能成爲遠方呢？

從燕亳這個名稱來説，顯然與殷商有關，可能是伐录之後，接着就北進，一直殲滅燕亳。當時召公之子應在軍中，所以隨之被封在燕國了。西周前期燕國的歷史已亡佚，《史記・燕召公世家》説：「自召公已下九世至惠侯，燕惠侯當周厲王奔彘，共和之時。」因此，燕國的第一代燕侯，究竟是誰，已經不容易弄清了。銅器中有匽侯旨鼎，有人認爲即是燕國的第一代。但燕侯旨的父親是父辛，與害和龢所作器説的召伯父辛是一個人，決不是召公，所以與太史晉甗的召公不同。從當時的習慣來看，如周公的兒子叫伯禽，康叔封的兒子叫康伯髦。那末，召伯父辛應該是召公的長子，封燕的第一代諸侯實際應是召伯，而燕侯旨已是第二代了。

此銘説召公饋燕，則是已封燕國之後，召公對燕國有所餽贈，因而有休于小臣㞨，此器可能已在成王後期。

一六　萬鼎　四行二十七字

萬鼎拓本

萬鼎圖像

匽（燕）侯令（命）萬①饔（飴）②

大（太）傈（保）③于宗周，庚申，

大（太）傈（保）賁（賞）萬貝，用乍（作）

大子癸④寶𡚬（尊）𩰫（餗）⑤。中（毌）⑥門（丩）。

意譯爲：

燕侯命令萬把東西送給在宗周的太保，在庚申這天，太保賞給萬貝，用來做大子癸的煮菜用的寶鼎。毌（音貫）丩。

注釋：

①莫字當音漢，《説文》失收。暵字從日堇聲，鸛（難）字從鳥堇聲，而歎是從欠鸛省聲，漢和戁字都從難省聲，嘆字又從歎省聲，熯字又從漢省聲，實際都應從莫聲。《説文》堇字從土從黄，實際也應從莫。

②籑字即《説文》飴字的籀文籑字，《説文》説：「從異省聲。」此像人戴皿，皿中有食，饋送食物之形，籀文省去皿形。《説文》飴字解爲「米糵煎也」是錯的。飴應是饋貽之專字。《詩·思文》：「貽我來牟。」《漢書·劉向傳》引作「飴我釐麰」，注：「飴，遺也，與遺同。」《説文》：「詒，一曰：遺也。」《説文新附》：「貽，贈遺也。」

③𤗹字從玉保聲，即寶字。《易·繫辭》「聖人之大寶曰位」，孟喜本作保；《史記·周本紀》「展九鼎保玉」；又作葆，《史記·魯周公世家》「無墜天之降葆命」；又《史記·留侯世家》「取而葆祠之」；又《樂書》（復年按：《史記·樂書》）「天子之葆龜也」。通寶，所以從玉。太保官名之保，在成王前期，本只作保，是師保之意。此用𤗹字，當在成王後期，至康王時則全用𤗹字了。

④大子商代爵名，此莫當是商代奴隸主貴族之後。

⑤䵼即《説文》鬻字，「鼎實，惟葦及蒲。陳留謂鍵爲鬻。」或作餗，古書多用餗字，是用菜做的羹。

⑥中丩爲氏族名，商代器常見。中字有些像中字，實際是毌字，是一種盾的形狀，商代器都作中。丩字從兩丩作對稱形，商代氏族名常是這樣寫的。

説明：

上器小臣䵼鼎是召公饋燕，此莫鼎是燕侯飴太保，可見召公之子封爲燕侯後，常有往來之使。從保字寫作𤗹來看，當在成王後期。古書對燕代初期，全無記載，現在出土銅器很多，可補史闕。燕器中很多都是商代貴族的後世，可見這時周王朝的政治已經穩定了。

一七 圉甗 三行十四字

圉甗拓本

王桒于成周①
王易（錫）圉②貝，用
乍（作）寶障（尊）彝。

圉甗圖像

意譯爲：

王在成周舉行祓除禮。王把貝賞給圉，用來做寶器。

注釋：

① 獻侯顯鼎説成王大桒在宗周，此器説桒于成周，可見成王遷都成周，但宗周、成周還是並重的。

② 圉字從囗從睾，睾是睪的原始象形字，睪和幸本一字，這種刑具把頭和兩手同時枷和銬起來的。後來把囗變爲目形。圉本像圉牆中有這種刑具，與圉同意，《説文》「圉，回行也」，是後起的意義。

説明：

從後圉方鼎銘來看，圉是燕國的大臣，隨燕侯到成周而受到成王的賞賜的。

一八　圉方鼎　三行十四字

圉方鼎蓋拓本

圉方鼎器拓本

休朕公君匽（燕）侯①易（錫）圉貝，用乍（作）寶隮（尊）彝。

圉方鼎圖像

意譯爲：

稱頌我的公君燕侯把貝賞給圛，用來做寶器。

注釋：

① 公君匽侯應指最初封在燕國的第一代燕侯。這個燕侯不是召公，在銅器裏提到召公的，或稱召公，或稱保和太保，從莫方鼎更可以清楚地看到燕侯不是太保。但是這個燕侯像魯公伯禽一樣，也是有公的身份的。另一方面，這個匽侯也不是匽侯旨，匽侯旨鼎説「匽侯旨作父辛彝」，顯然他是銅器中常常見到的召伯父辛的兒子，是召公奭的孫子。因此，我認爲這第一代的燕侯就是召伯。召公與召伯，決不是一個人。例如：康叔封在銅器中自稱康侯封，他的兒子是康伯髦。周人最重長子，父親還生存的時候，他們的大兒子就只稱伯，如：文王的大兒子是伯邑考，周公的大兒子是伯禽之類。伯禽雖封爲魯侯，但習慣上還叫他伯禽，那末，召公的兒子，只稱召伯是無可疑的。召公壽很長，康王前期還健在，還是太保，那末，召伯儘管在王朝的官職很高，事實上已經做了公，但不能也稱爲召公。當然在召公死後，可以有第二代的召公，但按周公的例子來講，長子伯禽已封魯，襲周公的已是次子了，那末，召公的長子封燕，次子襲召公。所以，第一代燕侯應是召伯。《詩·甘棠》有召伯，前人多誤以爲就是召公奭，是不懂得這種區别的。召伯大概在王朝早已任事，所以曾到過南國而爲詩人所歌頌。在這個銅器稱爲公君，可見他還做過公，後來才封到燕國的。至於銅器中如穌爵、伯害盉等仍稱召伯父辛而不稱燕侯，則由於他們没有襲燕侯，不能列入燕國的宗子中去，等於周公的别的兒子不能列入魯國的宗子中去一樣，所以還只稱召伯。以衛國的康伯髦而論，儘管他是衛侯，也還稱康伯，那末，召伯儘管做了燕侯，而一般還是叫他召伯。

説明：

這個鼎與上面的甗，應該是同時做的，圛到了成周，即受王的賜貝，又受燕侯的賜貝，分列在兩件銅器上。由這件銅器可以證明第一代燕侯，當是召伯，是很重要的。

一九　伯矩鬲　四行十五字

伯矩鬲蓋拓本

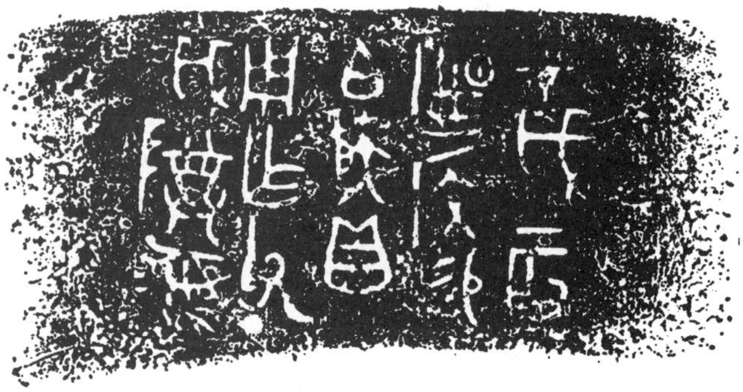
伯矩鬲器拓本

伯矩鬲圖像

才（在）戊辰，匽（燕）
侯易（錫）白（伯）矩
貝，用乍（作）父
戊隮（尊）彝。

意譯爲：

在戊辰這一天，燕侯把貝賞給伯矩，用來做父戊的祭器。

説明：

此與∝伯矩盤均于一九七五年出土於北京房山琉璃河，與許多傳世伯矩器有關。

二〇 伯矩鼎

三行十二字

伯矩鼎拓本

白（伯）矩乍（作）寶
彝，用言（歆）①王
出内（入）吏（使）人。

意譯爲：

伯矩做這寶器，用來宴享王的出來進去的使者。

注釋：

① 言就是音字，古代常通用。此處讀爲歆，《詩·生民》毛傳：「歆，饗也。」《國語·周語上》：「王歆太牢。」《説文》説是「神食氣也」，是錯的。

附録：

二〇一一　伯矩鼎　二行六字　（小校二、四二、潘祖蔭舊藏）

伯矩鼎拓本

白（伯）矩乍（作）寶隮（尊）彝。

二〇一二　伯矩甗一、伯矩甗二（西清三〇・五）

伯矩甗一拓本

伯矩甗二拓本

同上

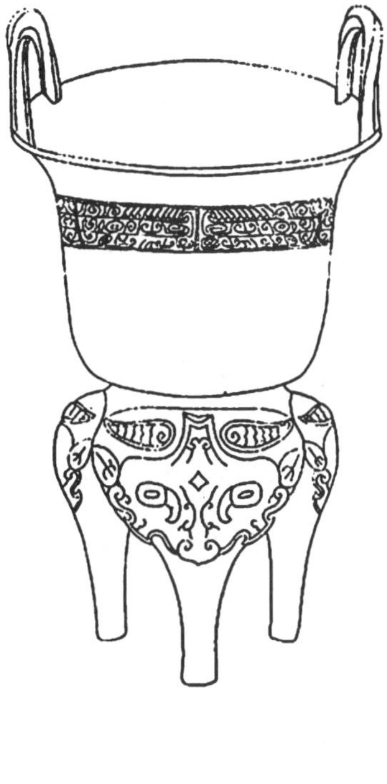

伯矩甗一圖像

伯矩甗二圖像

二〇一三　伯矩簋一　二行六字　（美帝二〇七）

伯矩簋一拓本

同上

二〇一四　伯矩簋二　二行六字　（三代七・一二・四）

伯矩簋二拓本

同上

伯矩簋二圖像

二〇一五　伯矩卣一　二行六字　（美帝六〇七蓋器，西清一六・四物即此）

伯矩卣一蓋拓本

伯矩卣一器拓本

同上

伯矩卣一圖像

二〇一六　伯矩卣二　二行六字（周金五・一〇四・二　潘祖蔭）

伯矩卣二拓本

同上

二〇一七　伯矩卣三　二行六字（三代一三・一七・四）

伯矩卣三拓本

同上

二〇一八　伯矩壺一

二行六字　（美帝A六九二、R三〇二西清八・三二即此，周金五・一四作尊，三代一三・一七・五作卣。）

伯矩壺一　蓋拓本

伯矩壺一　拓本

同上

伯矩壺一　圖像

二〇一九　伯矩壺二　二行六字（周金五・一五・一與程顧氏有全形）

伯矩壺二拓本

同上

伯矩壺二圖像

二〇一〇　伯矩盉一、二　上二字平列、下四字一行（三代一四・九　丁彦臣藏西清三一・三七）

伯矩盉一拓本

同上

伯矩盉二拓本

伯矩盉一圖像

二〇一一　癸伯矩盤　二行七字（琉璃河出土）

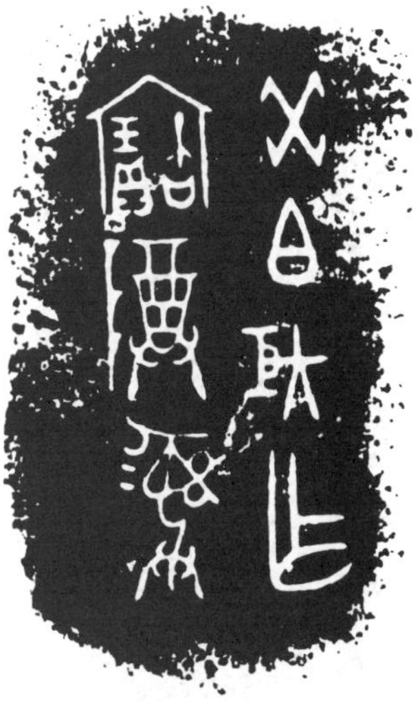

癸伯矩盤拓本

𝔵（癸）白（伯）矩乍（作）
寶隮（尊）彝。

癸伯矩盤圖像

二〇一二　矩尊　二行五字（三代一一·二〇）

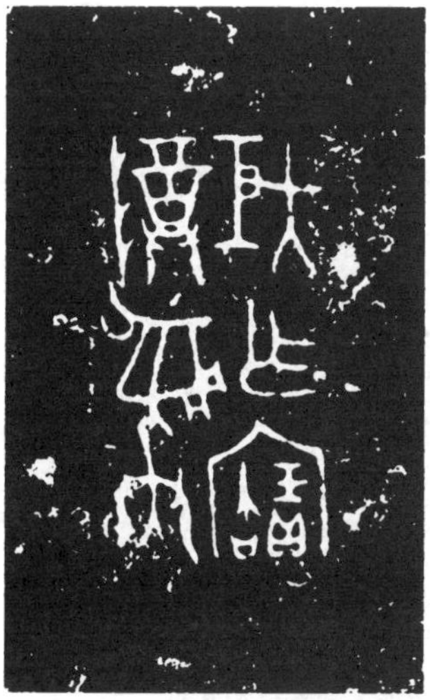

矩尊拓本

矩乍（作）寶
隮（尊）彝。

同上

說明：

伯矩器很多，最近琉璃河發現，始知爲周初燕器，鼎銘説「用歆王出内使人」，則當是燕國的行人之官，掌管迎接周王的使者的。癸伯矩盤之㐅，可能是其氏族。

二一　復尊　三行十七字

復尊拓本

匽（燕）侯賁（賞）復冂①、衣、臣、妾②、貝，用乍（作）父乙寶隩（尊）彝。𥂴③

復尊圖像

意譯爲：

燕侯賞給復蓋巾、上衣、男女奴隸和貝，用來做父乙的寶器。𥂴。

注釋：

① 冂音覓，是幎字的原始象形字。《説文》：「冂，覆也，從一下垂。」《玉篇》説：「以巾覆物。」盂鼎賞冂、衣、市、舄，此銘但賜冂和衣。冂是罩在衣上的大巾，即絅，當然，也可以蒙在頭上，所以在衣之前。舊讀爲冕是錯的。《小爾雅·廣服》：「大巾謂之幎。」

② 臣妾是家内奴隸，所謂「男爲人臣，女爲人妾」。由於是奴隸，所以可以賞賜。《書·費誓》「臣妾逋逃」，鄭玄注：「臣妾，厮役之屬也。」

③ 𩓚是氏族名，爲商代大族，甲骨文就有𡗕字，像兩手荷子，或從廾𡗕聲，或從𠦬。

說明：

復的兩器都是一九七三至一九七四年琉璃河出土的。賞賜「臣妾」，在青銅器銘中還是第一次發現。

二三一　復鼎

三行十五字

復鼎拓本

侯①賁（賞）復貝
三朋②，復用乍（作）父乙
寶隮（尊）彝。𩓚。

復鼎圖像

注釋：

① 此與尊同時出土，可見侯是燕侯。

② 此與下攸簋同時出土，並且都是由侯賞貝三朋，可見是一時事。傳世還有中鼎，也應是同時物。

一三三　攸簋　三行十七字

攸簋蓋拓本

攸簋器拓本

侯賫①（賞）攸貝三朋，
攸用乍（作）父戊
寶障（尊）彝。啟（肇）乍（作）綨②。

攸簋圖像

注釋：

① 商字從田商聲，田像星形，此爲參商的商星的專字。

② 錤即綦字，《説文》作綥「帛茗白色（復年按：帛蒼艾色）」，而新附有綦字。銅器銘中常説肇作什麼器，此在銘末説「肇作錤」，疑錤是氏族名，意思是開始做錤氏的祭器。

二四　中鼎　三行十二字　（三代三・二三）

中鼎拓本

侯易（錫）中貝

三朋，用乍（作）

且（祖）癸寶鼎。

説明：

此與新出土的復鼎和攸簋均是侯賞貝三朋，當是同時器。

二五　亞盉　二行十五字　蓋器同

亞盉蓋拓本

亞盉器拓本

亞盉圖像

曩侯①亞②矢（𠬝）③。匽（燕）侯易（錫）亞貝，乍（作）父乙寶陾（尊）彝。

意譯爲：

曩侯亞𠬝氏的器。燕侯把貝賞給亞，做父乙的寶器。

注釋：

① 曩侯兩字在亞內，應讀爲曩侯亞。《説文》：「曩，長踞也。從己其聲。讀若杞。」《集韵》：「曩，古國名，衛宏説。與杞

同。」按金文國名與其同，不與杞同。卜辭有㠱侯（見《殷虚書契前編》二卷二葉六片），當即箕子的箕。《漢書・地理志》琅琊郡有箕縣，據《齊乘》箕縣在箕屋山下，那末，箕子所封，可能就在那裏。

② 亞是商周時期奴隸主貴族階層某些集團的一種稱號。《書・牧誓》説「亞、旅、師氏、千夫長、百夫長」，可見在用兵時，亞旅都是一種集團。《左傳・成公二年》：「賜三帥先路三命之服，……亞旅皆受一命之服。」是亞比帥低。⿰黹虎簋説「諸侯大亞」，是亞比諸侯低。

③ 夨即《説文》𠤱字，許訓「未定也，從匕吳聲，吳古文矢字」，把吳當作矢是錯的。夨像人形，已詳前迭字下，夨字或作[illegible]，像手中持短杖，小篆變成從匕，也是弄錯了。亞夨是商代的一個比較大的亞，銅器中常見。這個亞中有人封爲㠱侯，因而在這個亞中分出一支，稱爲㠱侯亞夨。

附録：

亞觚　二行七字，末二字並列。三代有兩器。

亞觚一拓本

亞觚二拓本

亞乍（作）父乙寶
隮（尊）彝。

說明：

《攀古樓彝器款識》在匽侯鼎下説：「同治丁卯（一八六七年）京師城外出土數器，蔭得一鼎外，利津李氏得盉一、爵一、觚一、卣一，俱一人所作器，内盉銘中即有匽侯字。」今能查到的只有匽侯旨鼎、此盉與觚。爵與卣不可考。匽侯旨鼎時代似稍後，詳下。

二六　匽侯餴盂　一行五字

匽侯餴盂拓本

匽（燕）侯乍（作）餴（饙）①盂。

匽侯餴盂圖像

注釋：

①《説文》：「餴，滫飯也。」或作饙。《詩·泂酌》：「可以饙饎。」正義引《説文》：「一蒸米也。」按此即蒸飯，餴盂就是飯盂。

説明：

此器於一九五五年出土於今遼寧省凌原縣海島營子。

二七　匽侯旅盂

一行五字。兩器，器蓋同銘。（美帝R五一三·五一四）

匽侯旅盂一蓋拓本

匽侯旅盂一器拓本

匽侯旅盂二蓋拓本

匽侯旅盂二器拓本

匽侯旅盂一圖像

匽（燕）侯乍（作）旅①盂。

注釋：

① 旅盂當是一列盂。

附録：

匽侯盾飾 二字與復尊等同出M五二。

匽侯盾飾拓本

匽（燕）侯。（陽文）

説明：

此與上𩜍盂，均當爲第一代匽侯所作。

匽侯盾飾圖像

二八　斐方鼎

腹壁銘四行二十四字又腹底銘四字

斐方鼎拓本一

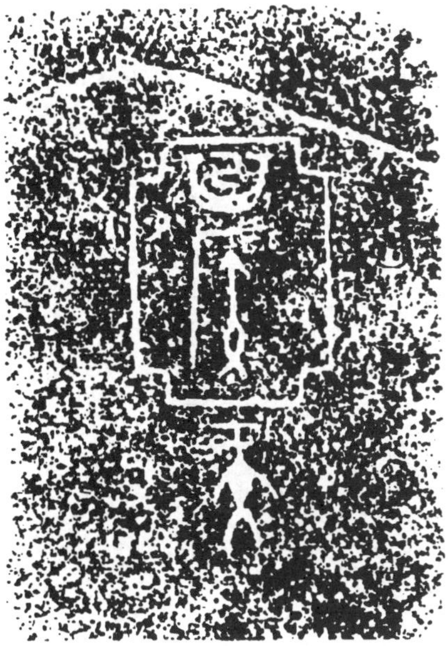

斐方鼎拓本二

丁亥，𫹉①賁（賞）又（有）正②斐③要④貝，才（在）穆⑤朋，二百⑥。斐展（張）⑦𫹉賁（賞），用乍（作）母己隩（尊）𩰫⑧。

㠱侯亞矣。

斐方鼎圖像

意譯爲：

丁亥，𢀛把穆地的一朋貝（二百枚）賞給職官斐，斐誇張𢀛的賞，用來做祭母己的煮菜羹用的鼎。

注釋：

① 𢀛像人兩手奉戈之形，疑應讀如揚。二祀卭其卣「既𢀛于上帝」，𢀛當讀如禓，可證。兩手奉戈的𢀛和兩手奉玉的玬，都是對揚的一種儀式，《說文》把𢀛字解爲「擊踝也」，讀若踝，似非是。

② 有正應該和有司差不多，是管理事物的職官。《論語·爲政》說「友於兄弟，施於有政」，「有政」與「兄弟」對文，舊注解爲「有政道」，是錯的。

③ 應即斐字，像人戴筐篚形。盂鼎說：「有斐烝祀」的斐作，從此從奜。奜從大和從文同。

④ 即要字。《說文》要字古文作，所從的⊗就是目形之變。此女字寫出兩足。

⑤ 穆是地名，此指貝所在地。

⑥ 朋二百，應該就是一個朋，其中包括二百個貝。朋是掛在人頸兩邊向下垂的一掛。在圖畫文字裏有的畫正面人形，作；也有的畫側面人形，作，實際都是倗字的原始文字。在這些圖畫文字裏，一朋有的是四個貝，也有的是六個貝。後來簡化爲或。當然，貝是有大小之分的，但如果作爲裝飾用，就決不可能只掛四個或六個貝，如果是大貝，就無法掛在頭頸上。顯然，由於圖畫的限制，只畫出四個或六個以示意，每一朋決不止這些。最近曾見陝西省寶鷄市茹家莊西周墓所出四組貝串，每串都有一百來個貝，其中一組每隔四個貝或七個貝即間一個小玉圭，顯係裝飾用的貝串，說明掛在人頸的貝串決不是四個或六個。

古代曾以貝作交換用的貨幣，一直到西周前還是貝和金（銅）並用。金是以鋝來作爲計算單位的，見前禽鼎；而貝以朋來作計算單位的，那末，一朋總應有一定的數量。這裏說「朋，二百」，就是二百貝爲一朋。宋代出土的中鼎和中甗都有字，晉姜鼎有字，都是貫的原始象形字，也就是後世的串字，像一串貝的形狀。那末，一串貝應該是一百個。（後代把一千文錢稱爲一貫，則是擴大了，而清末北京人把一百文作爲一吊，則又恢復了原來的數量了）。兩串貝爲一朋是兩百個。朋字之所以引用爲朋友的意義，大概就是兩串貝相聯的緣故吧！這裏所說「朋二百」當然不是二百朋，但也不能解釋爲朋之外，再加二百個貝，因爲如果二百是不足一朋的小數，那末，一朋貝總該是五百個貝或一千個貝了。從我們目驗當時通用的子安貝，是不可能有這樣長的貝串的。作爲裝飾用的貝，每掛至多是一百幾十個，小的也許可以到二百。作爲交换的貝串，也不能相距太遠。再者，按遽伯睘簋所説「十朋又三朋」的例，如果是朋之外再加二百個貝，就應該説朋又二百。而且賞貝以朋計，也不能再加一個零數。因此，在朋下説二百，就指這一朋是二百個貝。

關於每朋的數量，舊無定説，《詩·菁菁者莪》「錫我百朋」，鄭玄箋説是「五貝爲朋」。他不懂得朋必須是雙串，如果五貝，是奇數，怎麽能成兩面垂下來呢？《漢書·食貨志》：「大貝四寸八分以上，二枚爲一朋，直二百一十六。壯貝三寸六分以上，二枚爲一朋，直五十。幺貝二寸四分以上，二枚爲一朋，直三十。小貝寸二分以上，二枚爲一朋，直十。不盈寸二分，漏度，不得爲朋。率枚直錢三，是爲貝貨五品。……貝不盈六分，不得爲貨（復年按：原稿引文節略，今補全）。」這是王莽時制。《周易·損卦》：「或錫（復年按：益）之十朋之龜。」崔憬注：「雙貝曰朋也。」就是根據王莽制度説的。王國維説，五枚爲系，二系爲朋，是附會這兩説而成的。其實王莽並不懂得貨幣。作爲貨幣，一定要有標準的大小。從戰國時楚國通用的銅製的仿貝（即所謂蟻鼻錢），就可以知道當時通用的貝貨，並非寸二分以上的貝，當然更不能二貝爲朋了。根據這一新發現，對於商周時代用貝爲貨幣的制度，可以得到明確的認識，這是比較重要的。

⑦ 㞓字即張字，《廣韻》除更切，「塞也」。又作爲磨鋥之鋥的或體。此處應讀爲張。《廣雅·釋詁一》：「張，大也。」《左傳·桓公六年》「我張吾三軍」，注「自侈大也」，是誇張的意思。

⑧ 䕬即餗，見前莫鼎。此寫於中央，實應聯隮字讀。

説明：

此器一九七三年五月出土於遼寧省喀左縣北洞一窖藏内。出土地在喀左與凌源之間，凌源曾出土匽侯盂，此顯係燕國器。斐爲㠱侯亞吴族，與作亞盉的亞是同族。銘中用㞓字，也見於昭王時的夨令簋。此器之㚸疑是燕之公族。

一二九　孝卣　三行存十二字

孝卣圖像

□[1]𡚸易(錫)孝

□，用乍(作)且(祖)丁

彝。曩侯亞矣。

注釋：

① 此上有闕字，如闕一字，則第三行只缺彝字上半。

説明：

此亦曩侯亞矣器而記𡚸的賞錫，與上斐鼎當是同時器。

三〇 征角 三行十三字

征角拓本

丁未，珷商（賞）征貝，用乍（作）父辛彝。亞兂。

征角圖像

三一 小子夫尊 三行十五字

小子夫尊拓本

珷商（賞）小子夫①貝一朋，用乍（作）父己隮（尊）彝。

小子夫尊圖像

注釋：

① 小子是商代的爵稱，但周代也還沿用。令鼎説「有司眔師氏小子卿射」，静簋説：「小子眔服眔小臣眔尸僕學射」，都有小子。太師小子師望鼎，大概是太師氏的小子；散氏盤有散人小子，是散氏的小子，一直到西周後期還用。此爲周初器而沿用商代的稱號的。

② 𢍰是一字，爲氏族名，它器均作𢍰，此分寫，似三字。

三二　隹簋　二行十字

隹簋拓本

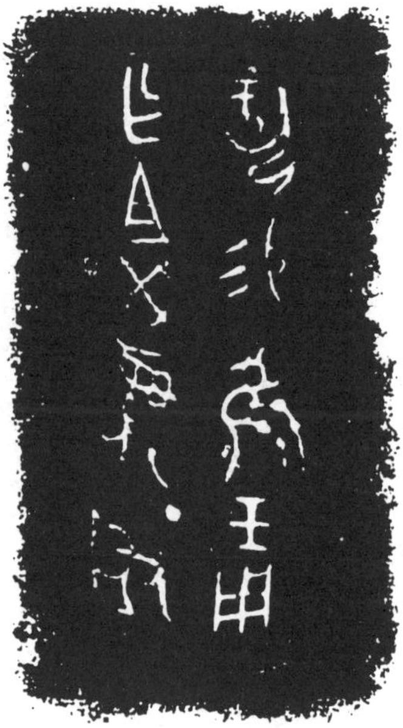

𤔲易（錫）隹①玉，用乍（作）且（祖）癸彝。臤②

注釋：

① 此隹字頭上微露兩筆，但似非萑字。毛羽上有圓點，待考。

② 臤是氏族名。

三三 亳婦觚　四行存十四字

亳婦觚拓本

甲午，亳婦①
□貝于珚②，用
□邘③日乙隮（尊）
𣪕④彝。

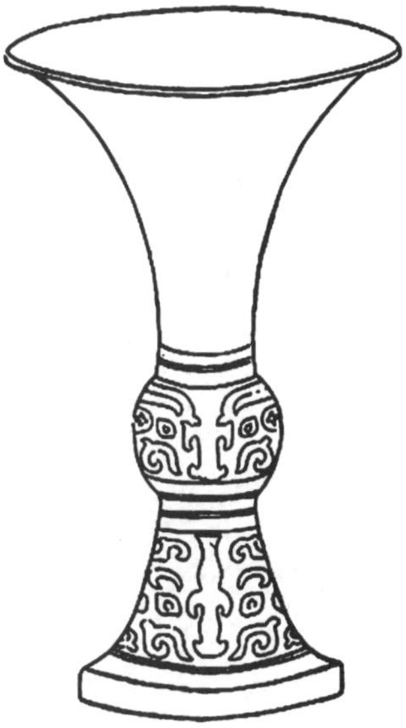
亳婦觚圖像

注釋：

① 亳字應從㐅乇聲，疑與亳字通。
② 此當爲錫貝於珚，即被珚錫貝。
③ 當與邘字同。
④ 此𣪕爲氏族名，而攙入尊彝兩字之間的。

三四　𣪘婦爵　二行五字兩器

𣪘婦爵一拓本

𣪘婦爵二拓本

𣪘婦邗

彝。㚇①。

注釋：

① 㚇即𢍰字，氏族名。

説明：

同是𣪘婦而上器爲臤氏，此又爲𢍰氏，不知何故，或一爲𣪘婦之氏族，一爲邗之氏族，待考。

三五 㚸簋

四行存十五字 （三代六·四六　寶蘊）

㚸簋拓本

辛未，吏□□

易（錫）㚸貝十朋，

㚸用乍（作）父丁

䵼（尊）彝□□。

㚸簋圖像

三六　玑鼎　四行二十字二器①一器十九字。

玑鼎一拓本

玑鼎二拓本

己亥，玑②見事③
于彭④，車弔（叔）賁（賞）
玑馬，用乍（作）父庚
隮（尊）彝。大黽。

玑鼎二圖像

意譯爲：

己亥，玑被派到彭地去，車叔把馬賞給玑，用來做父庚的祭器。大黽。

注釋：

① 此據二十字器，另一器少一隉字，每行末有殘損，行款亦不全同。

② 此器玐作玐，但另器作玐。小子省卣説「省玐君賞」，封簋説「對玐王休」，均與揚字通。

③ 見事當是因事來見。匽侯旨鼎説：「初見事于宗周。」

④ 彭，地名。《詩·清人》「清人在彭」，傳「彭，衛之河上」。

説明：

此器疑是衛器，玐與前燕國的玐恐非一人。

三七　賢簋　四行二十七字

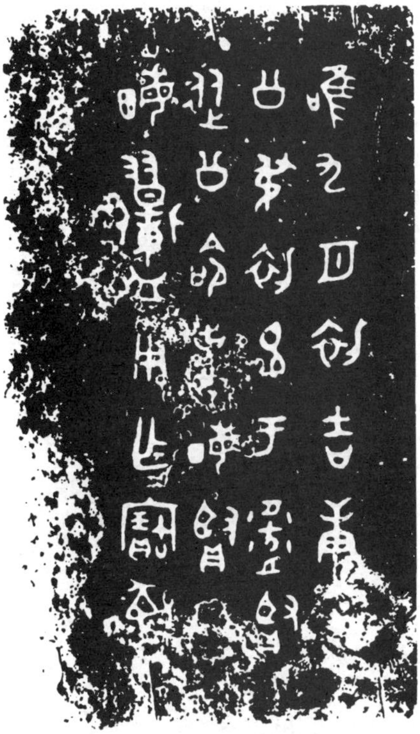

賢簋一拓本

賢簋一器圖像

賢簋二蓋拓本

賢簋二器拓本

賢簋二圖像

賢簋三拓本

賢簋三圖像

賢簋四蓋拓本

唯九月初吉庚午，
公弔（叔）①初見于衛，賢
從。公命吏晦（畝）②賢百
晦（畝）䊢（餗）③，用乍（作）寶彝。

賢簋四蓋圖像

意譯爲：

那是九月初庚午這一天，公叔第一次來衛，賢跟隨着來，公命令官吏給賢一百畝的土地用來做菜羹的菜地，因此做了寶器。

注釋：

① 公叔當是第一代衛侯之弟。《左傳·襄公二十九年》有公叔發，據《世本》公叔氏是晉獻公之後，那已是春秋後期了，與此無涉。

② 《説文》：「晦，六尺爲步，步百爲晦。」秦田二百四十步爲晦，畝是晦的或體，古書多用畝字。

③ 䊢是鬻（餗）的異體，鬻字變爲盄，弔夜鼎「用䰞盄用鬻（烹）」的䰞字可證。枽即朿字，上從羽，當是其飾。

說明：

衛國的第一代衛侯實際是康伯髦，也就是王孫牟。《左傳》說他事康王，可見康王時康叔封已經死了。康叔封在成王時做司寇，當能稱公，他的兒子可以稱公伯、公仲、公叔。這件銅器說「公叔初見于衛」，當是康伯髦作衛侯時，他的弟弟公叔初次去衛。而賢可能是公叔之子，所以衛侯（在國内稱公）叫給他一百畝菜地，這是很大的賞賜。

三八　䢅簋　四行二十二字

䢅簋拓本

隹（唯）八月甲申，
公中（仲）才（在）宗囶（周），易（錫）
䢅①貝五朋，用乍（作）
父辛隩（尊）彝。㝬②。

意譯爲：

那是八月甲申這一天，公仲在宗周，把五朋貝賞賜給䢅，用來做父辛祭器。㝬氏族。

注釋：

①《説文》：「䢅，帝嚳射官，夏少康滅之，從弓幵省聲。《論語》曰：『䢅善射』。」古書多作羿。

②㝬字從宀從丮，丮就是執字，讀若爇。此處應是氏族名。

説明：

公仲疑是康叔封之子，見上賢簋。但由下器看，又似公仲即仲旄父，待考。

三九　亳鼎　五行二十三字

亳鼎拓本

公侯①易（錫）亳杞
土、□土、□
禾、□禾，亳
敢堂（對）公中（仲）休，
用乍（作）隮（尊）鼎。

意譯爲：

公侯賞給亳杞地、□地、□的禾、稷禾，亳敢於對公仲的休美，用以做陳列用的鼎。

注釋：

① 公侯，後面説公仲，當是一人而異稱。那末，此公仲或者就是宋國的微仲，即仲旄父。爲諸侯之一，所以稱公侯。當然，在周初，稱仲而爲公者，還有虞仲、虢仲，待再考。

四〇　𡴞盂　二行七字（美帝）
𡴞斝蓋　二行七字（斷代）

𡴞盂拓本

𡴞斝蓋拓本

𡴞①乍（作）康公寶𣄨（尊）彝。

𡴞盂圖像

𡴞斝蓋圖像

注釋：

① 光就是敚（微）字的本字，像人披髮形。敚字應從攴光聲。《説文》「從耑，從攸省」是錯的。

説明：

康公應即康侯丰（康叔封），由於他做過三公，可以稱康公，這和伯禽的稱魯公同例。《美帝劫掠的我國殷周銅器集録》中引懷履光記「光罤蓋濬縣出土」，是康公即康侯之一證。㫚簋有康公，應是康叔封的後人。

四一　[illegible]尊

三行十六字　（曹載奎此圖藏曹氏拓本《金文曆朔疏證》）

[illegible]尊拓本

王才（在）魯，[illegible]（蔡）易（錫）貝十朋，對揚王休，用乍（作）宗彝。

卷三上

康王

比起成王來，康王時代的史料少得多了，見於《書序》的只是：「成王將崩，命召公、畢公率諸侯相康王，作《顧命》。康王既尸天子，遂誥諸侯，作《康王之誥》。康王命作册畢分居里成周郊，作《畢命》。」共三篇，但《畢命》已亡佚。漢人所謂册命霍侯，當是成王時事，已詳「成王」篇。

康王也是自稱。《詩·昊天有成命》説：「成王不敢康。」而康王居然稱康了。《執競》説：「不顯成康，上帝是皇。自彼成康，奄有四方。」可見周朝是把康王與成王相匹配的。毛萇傳解爲「成大功而安之」，是完全錯了（此説自宋歐陽修《詩本義》始發生，朱熹《詩集傳》採其説）。《史記·周本紀》説：「成康之際，天下安寧，刑措四十餘年不用。」《竹書紀年》也有這個説法。《左傳·昭公九年》説：「文、武、成、康之建母弟以蕃屏周。」又《昭公二十六年》説：「昔武王克殷，成王靖四方，康王息民，並建母弟，以蕃屏周。」又《定公四年》講到分物給魯公、康叔、唐叔時説：「不然，文、武、成、康之伯猶多而不獲是分也。」説明在周王朝建立以後，武王、成王、康王三朝，都曾經進行過大封建。《左傳·昭公四年》説：「康有酆宮之朝。」不知在何時，僞本《竹書紀年》列於康王元年，顯然是錯的。太公呂望墓表引《紀年》：「康王六年，齊太公望卒。」《北堂書鈔》卷十八引《紀年》説：「晉侯作宮而美，康王使讓之。」在成王顧命時，執政中已經没有太公，大概已因年老告退了。但提到齊侯呂伋，可證明太公並未封齊侯。《左傳·昭公十二年》楚王説：「昔我先王熊繹，與呂伋、王孫牟、燮父、禽父，並事康王。」燮父就是晉侯。

揚雄《法言·孝至》說：「周康之時，頌聲作乎下，關雎作乎上。」劉向《列女傳·魏曲沃婦》說：「周之康王夫人晏出朝，關雎起興。」王充《論衡·謝短》說：「周衰而詩作，蓋康王時也。康王德缺于房，大臣刺晏，故詩作。」《漢書·杜欽傳》說：「佩玉晏鳴，關雎嘆之，知好色之伐性短年。」李奇注：「后夫人雞鳴佩玉去君所，周康王后不然，故詩人嘆而傷之。」《後漢紀》楊賜說：「昔周王承文王之盛，一朝晏起，夫人不鳴璜，宮門不擊柝，關雎之人，見幾而作。」漢末張超（復年按：晉張子並）《誚青衣賦》說：「周漸將衰，康王晏起。畢公喟然，深思古道。感彼關雎，德不雙侶，但顧周公，好以窈窕。（復年按：性不雙侶。願得周公，妃以窈窕）。防微消漸，諷諭君父。」這些漢代經學家都說康王好色晏起，使周道逐漸衰微，但没有説清楚康王的后是誰。《論衡》所説「康王德缺于房」是指房中，所以《關雎》等詩都是房中樂。《國語·周語》説「昭王娶于房曰房后」是生穆王的。但今本《竹書紀年》則在成王三十三年説：「命王世子釗如房逆女，房伯祈歸于宗周。」當是想依託《國語》而搞錯了朝代。

總之，康王時的文獻資料不多，但也可以看到康王的後期，周王朝已經在衰落下去。從銅器銘文方面，我們可以看到，在康王前期曾封建過一些諸侯，晚年則曾發生較大的戰役。康王的在位年數，許多記載都説是二十六年。

現將可靠的銅器銘文列於下：

一　盂爵
二　高卣
三　大保方鼎　大保鴞卣
四　成王方鼎
五　作册大鼎
六　王壺蓋
七　史獸鼎
八　𡴂獸鼎
九　庴鼎

一〇　榗簋
一一　太史昝甗
一二　□（馘）乍宗室簋（鼎）
一三　□册鼎（馘鼎一）
一四　馘鼎
一五　觫爵
一六　白害盉
一七　害鼎
一八　匽侯旨作父辛鼎
一九　匽侯旨乍又始鼎
二〇　魯侯獄鬲
二一　魯侯爵
二二　魯侯尊
二三　俎侯夨簋
二四　井侯簋
二五　燮簋
二六　史話簋
二七　湝伯啚鼎
二八　盝尊
二九　二十三祀盂鼎
三〇　二十五祀盂鼎
三一　弔像方尊　弔像方彝

三二　乙未鼎

三三　奢簋

三四　曆鼎

一　盂爵　四行二十一字

盂爵拓本

隹（唯）王初𡴒（祓）于

成周，王令（命）盂

寧①异（登②）白（伯），賓③

貝，用乍（作）父④寶䵼（尊）

彝⑤。

盂爵圖像

意譯爲：

那是王初次在成周舉行祓除禮的時候，王命令盂去問候登伯，贈送給盂貝，用來做父某的寶器。

注釋：

① 寧從寍聲，《説文》：「寍，安也。」古書多作寧。此用爲動詞，是問安之意，也就是問候。《詩·葛覃》「歸寧父母」，是女子出嫁後，回去問候父母。後世因以歸寧爲婦人回母家，其實寧字通用於一般問候。

② 异字像兩手捧豆，登進之形。《説文》有𢍚、䒭兩字而無异字，是錯的。此銘异伯是人名。异有時用作鄧國之鄧，在今河南省鄧縣，曼姓。此問候的不知是否這個鄧國之君。

③《説文》：「賓，所敬也，從貝㝵聲。」徐鍇《説文繫傳》説：「貝者贈賄好貨。」這個解釋是對的。賓客的賓，本來只作□，像人在屋内形，此從貝完聲的字，應是贈賄的本字。吴大澂《説文古籀補》説「古人以爲賂字」，這是不懂得賓字本義的緣故。此處説「賓貝」，即是贈貝。

④ 父下似有脱字。

⑤ 彝字應在隮（尊）字下，此移至三行末，銅器銘常有此例。

説明：

此説王初䘵，應是周王即位不久。盂當與作廿三祀和廿五祀兩個盂鼎之盂爲一人，但不可能是昭王初年，因盂在廿三祀及廿五祀已任要職，不可能反而被派去作問候的工作的。因此，可定此爲康王初期，再隔二十餘年，始任要職。

二 高卣

亞字中七行六十五字

高卣拓本

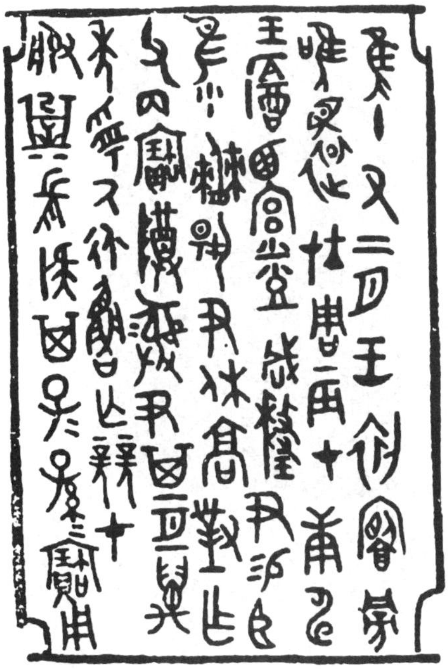

高卣圖像

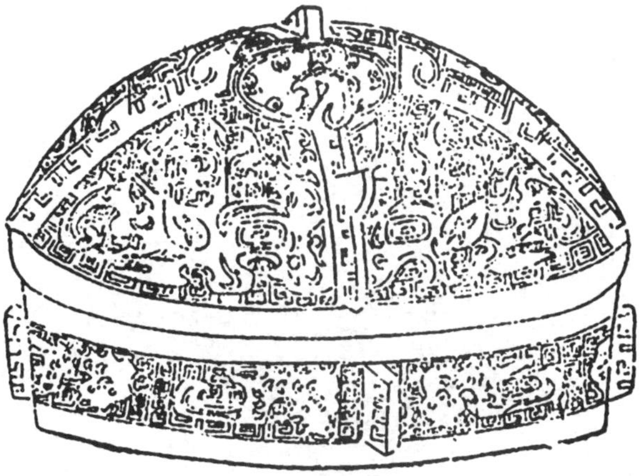

亞[1]

隹（唯）十又（有）二月，王初餈[2]（祼）旁[3]，

唯還，在周[4]。辰才（在）庚申

王𤎼[5]（飲）西宮，豋[6]（烝），咸釐[7]。尹[8]易（錫）臣

隻步[9]、㚘[10]（僰），𢐗（揚）尹休，高對[11]，乍（作）

父丙寶㔽（尊）彝。尹其亙[12]萬

年，受氏（厥）永魯[13]，亡競，才（在）

服[14]。㠱長𤔲[15]，其子=孫=寶用[16]。

意譯爲：

這是在十二月，王第一次去旁舉行祼祭，回來，在周都。庚申這一天，王在西宮舉行飲酒禮，烝祭，都受賞賜。尹賞賜了臣（高級奴隸），叫作隻和㚘。贊揚尹的好意，高對着，做父丙的寶器。尹將延續萬年受這永遠的福祐，在事業上没有人能比得上。亞㠱侯𤔲，子子孫孫寶用。

注釋：

① 此銘均包括在亞字内，銅器銘文常有此例。

② 餈字音鬱，《説文》作𩚳，「豆飴也」。《方言十三》：「餫謂之餚。」《廣雅·釋器》：「餚謂之餫。」《倉頡解詁》：「餫，飴中著豆屑也。」在周初器銘中用作祭名，如：麥尊「迨王餈莽京」；士上尊「唯王大龠于宗周，徙餈莽京年」；吕鼎「王餈于太室」等均是。當讀爲祼，《説文》：「祼，灌祭也。」《詩·文王》「祼將于京」即「餈莽京」之事。《書·洛誥》「王入太室祼」即「餈于太室」。按：從宛聲之字，如惋、腕、畹、琬等，並烏貫切，而祼和灌並與貫字同音，音極相近，可以通假。

③ 旁，其他銅器銘均作莽或莽京，可見此器時代較早。旁即「侵鎬及方」之方，鎬稱鎬京，或作蒿，方亦可稱莽京。周朝有兩個鎬，原來的鎬，應在北方，所以虘司徒鎛説「北征蒿」。到了文王營豐邑，武王新建的鎬京，則就是後來的宗

周，莽京應即宗周的一部分。

④這個周，既非宗周，也非成周，應即王城。上面説「賓旁」，下面説「唯還，在周」，可見旁和周不在一起。因王城與成周緊鄰，而旁在宗周，這是由宗周回來到周的。

⑤㕯字從厂畣聲，當即《説文》㕯字，「石地也」。此處讀爲歙（飲），指舉行飲酒禮。

⑥登見盂鼎與段簋，也作龏，讀如烝，此處爲祭名。姬鼎「用龏用嘗」，作龏，即烝嘗之祭。

⑦此字應作，從玉嫠聲，通釐。《詩·江漢》「釐爾圭瓚」，傳「賜也」。這是祭祀後的賞賜。

⑧此尹當即太保召公奭，作册大鼎説「大揚皇天尹太保室」可證。

⑨雋即𨿳字，《説文》：「𨿳𨿳也。」即𨿳𨿳，一名工雀，是一種比麻雀還小的小鳥。實當與雀同字，《字林》：「鷩，澤雀。」

⑩楚即㮚字，古文字中人字往往把足形也寫出來。

⑪此説：「揚尹休，高對。」等於説高對揚王休。銅器銘文有時只説對，如邢侯簋説：「對，不敢家。」《廣雅·釋詁四》：「對，揚也。」

⑫《説文》：「亙，竟也。」從舟，但恆字古文作𠥓，則從月字的古文。古文字亙從月，《詩·天保》：「如月之恆。」可見亙本應從月。

⑬魯《説文》解爲「鈍詞」，金文作爲嘉美福祐之詞，如屯魯、魯休等。

⑭《詩·烈文》和《抑》都説「無競維人」；《執競》説「無競維烈」；《桑柔》説「秉以無競」。無競與有競相對，毛萇在《抑》的傳裏説：「無競，競也。」把無字作發語詞，是錯的。《詩·蕩》説：「曾是在服。」傳：「服，服政事也。」

⑮長字當爲侯字的摹誤。這也是㠱侯亞吴族，但因把亞字包在全部銘文之外了，所以這裏只説「㠱侯吴」。

⑯「子子孫孫寶用」一類套語在青銅器銘中，這時開始出現了。

説明：

此説「王初賓旁」，可見也是康王初年。錫高以臣者是尹，就是太保奭，從前面燕國許多器中，可以常看到㠱侯亞吴這個氏族，那末，高可能也由燕國的關係而受到尹的賞賜的。

三 大保方鼎 一行三字
大保鴞卣 一行三字

大保方鼎拓本

大保鴞卣蓋拓本

大（太）傣（保）盄（鑄）。

大保方鼎圖像

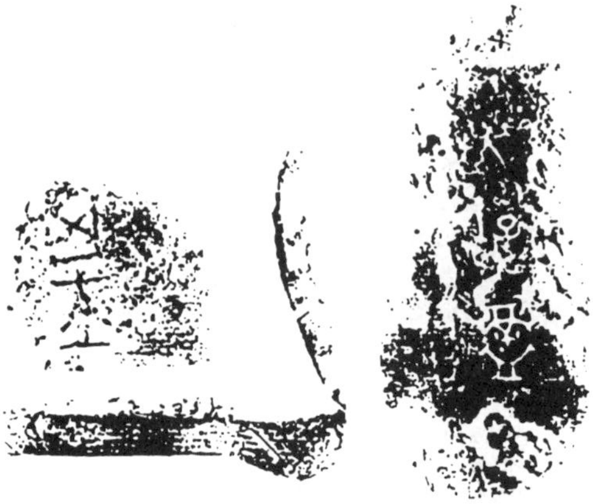
大保鴞卣器拓本

大保鴞卣圖像

說明：

太保在康王初期曾鑄很多銅器，詳見後作冊大鼎。

四　成王方鼎　一行三字

成王鼎拓本

成王隩（尊）。

成王鼎圖像

說明：

此當是太保所做祭成王器，見下作冊大鼎。

五　作册大鼎

四器①　八行四十一字其中一器四十字（三見三代，一見録遺）

作册大鼎一拓本

作册大鼎一圖像

公來𨥬②（鑄）武王

成王異鼎③。隹（唯）三

月既生霸己

丑④，公賁（賞）乍（作）册

大白馬，大珥（揚）

皇天尹⑤大傢（保）

室⑥（胙），用乍且（祖）丁

寶隩（尊）彝。雋册⑦。

作册大鼎二拓本

作册大鼎三拓本

作册大鼎二圖像

作册大鼎三圖像

作册大鼎四拓本

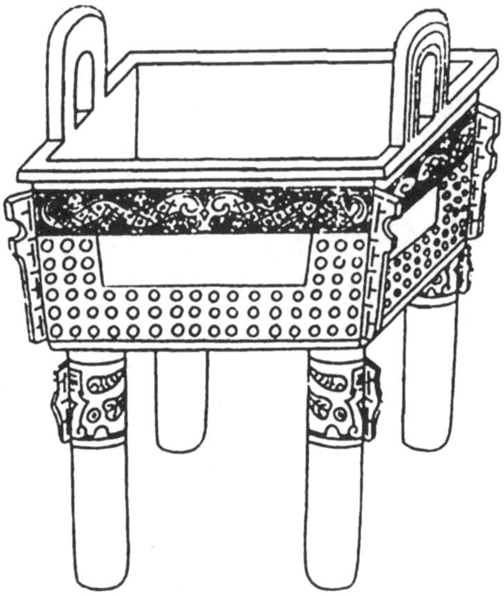

作册大鼎四圖像

意譯爲：

公來鑄武王和成王的附耳鼎。那是三月既生霸己丑日，公把白馬賞給作册大。大稱揚最大的尹，太保的賞賜，用來做祖丁的寶器。雋册氏族。

注釋：

① 共四器。三代第一器在第四行脱公字。除二、三兩器行款俱同外，一、四行款都不同。今據二、三兩器。

② 公來是指召公的來，下文公賞同。認爲是公的名字是錯的。

③ 異通翼，指附耳的方鼎。《史記・楚世家》：「居三代之傳器，吞三翮六翼，以高世主。」索隱：「翮，亦作鬲，同音歷。」這裏指的是相傳爲夏代鑄的九鼎，三個是鬲形的空足鼎，六個是附耳的方鼎。《爾雅・釋器》：「附耳外謂之釴，款足

者謂之鬲。」鈛即是翼，鬲即是翮。

④ 西周時常用既死霸、既生霸等名作爲記日的名稱。《漢書·律曆志》引《三統曆·世經》說：「死霸朔也，生霸望也。」當有所本。但所説不甚的確，應説「既死霸朔也，既生霸望也」才對。霸（魄）既是朏，每月二日或三日月魄始生，到望爲止，是既生霸（魄）。由望以後，魄開始死，到朔爲止，是既死霸。前人多誤解，詳後作册夨令簋注。此三月既生霸己丑當是三月望。按：康王三年周正三月爲甲戌朔，己丑爲十六日，此鼎所記召公賞白馬之事，疑當在康王三年。

⑤ 皇天尹是指太保在此時正作尹，天字通大，大尹是尹中最高的，尹通君，召公早就是尹，所以周公稱他爲君奭。大尹等於大君，《周易·師上六》説：「大君有命，開國承家。」大君在奴隸制王朝中，除王以外，地位是最崇高的。皇是稱美之詞。

⑥ 宔爲位宁之宁和階除之除的本字。《説文》宁作，金文作，是干櫓之櫓（盾形）的本字。位宁之宁的原始象形字作，像堂屋四面有階，省作亞，與形相近易混。也稱爲除，除與宁只是聲調不同罷了。《説文》：「除，殿陛也。」《漢書·蘇武傳》：「扶輦下除。」注：「謂門屏之間。」又《漢書·王莽傳》：「自前殿南下椒除。」注：「殿陛之道也。」《爾雅·釋宫》則説：「門屏之間謂之宁。」孫炎注：「門外屏内，人君視朝所宁（佇）立處也。」可見除與宁是一字。《禮記·曲禮》説：「天子當宁而立。」應在殿陛之上，而臣下則佇立在堂下，有固定的位置，所以稱爲位宁。位宁也作位著，著是宁的假借字。

宁與除又音轉爲阼，《大戴禮》有《武王踐阼》篇，《禮記·文王世子》：「成王幼，不能涖阼，周公踐阼而治。」踐阼和當宁而立是同樣的事。《説文》：「阼，主階也。」漢以後注家都説阼階是東階，是錯的。天子南面而立，應在正中，是不應在東階之上的。

金文宔字，是從宀亞聲，宁爲宫室的一部分，所以從宀。宔字假借爲作，如：鼎銘「宰禮宔父丁」（《三代》二·四七），即作父丁之類。此銘則假借爲胙，《國語·齊語》：「反胙于絳。」注：「賜也。」《左傳·隱公八年》：「胙之土而命之氏。」

⑦ 雋就是巂字，甲骨文雞字所從的隹，有時畫出雞冠形可證。巂即雞字，像雞在上，後來下加口作冏。《説文》解巂爲周燕，是錯的。燕自有象形字，與此無涉。雋册爲氏族名，可見作册大是作册世家。

説明：

此器記載了召公到周都來鑄武王與成王異鼎的事，當在康王初期，從曆法推考，可能是康王三年。所做成王鼎，現尚存在，見上器。可惜已流落國外了。據《墨子·耕柱篇》説夏鼎是「四足而方」，《史記·楚世家》稱「三翮六翼」，所謂六翼，就是附耳的方鼎，那末，召公所鑄的異鼎，就是模仿夏鼎的。西周初年，把夏鼎捧爲至寶，成王至定鼎郟鄏，所以奴隸主貴族的頭頭們，往往把鑄方鼎爲重器。今見太保鼎與成王鼎，形式裝飾，如出一型，可見一時風尚。

六　王壺蓋

二行五字　（王表著録云「集」，然《集古遺文》未録，待考，余有全形。）

王壺蓋拓本

王六（復年按：七）祀。
王盥（鑄）。

附録：

一　王簋　一行五字

王簋拓本

王乍（作）又𩰫彝。

王簋圖像

二　王乍母癸簋　一行五字器蓋同

王乍母癸簋拓本

王乍（作）母癸彝。

說明：

以太保鼎云「太保鑄」例之，此當爲康王六年（復年按：七年）時器，附此。

七　史獸鼎

八行五十字　（善齋吉金録，周金文存卷三有全形）

史獸鼎拓本

尹令史獸（獸）立工①（功）
于成周。十又（有）一月
癸未，史獸（獸）獻工②（功）
于尹。咸獻工（功），尹
賁（賞）史獸（獸）㝵③，易（錫）方
鼎一、[illegible]④（爵）一。對䚄（揚）皇尹
不（丕）顯休，用乍（作）父
庚永寶隮彝。

史獸鼎圖像

意譯爲：

尹命令史獸到成周來施功。十一月癸未，史獸向尹獻了功。獻完功之後，尹賞給史獸福，賞給他一個方鼎、一個爵。對答並稱揚皇尹的休美，用來做父庚的永久的寶器。

注釋：

① 立工等於立政，是建立工作。工通功，如土功，就是土木工程之類。

②《詩・泮水》：「不告于訩，在泮獻功。」《周禮・小行人》：「令諸侯春入貢，秋獻功。」

③ 畐字像手持畐形，畐爲酒尊之有流可以灌酒的，用以祭祀，把酒灌在神示上就是福。甲骨文此字常見。毓且丁卣説：「歸福于我多高咎（舅）。」福字作，右邊偏旁就是畐字。我方鼎説「遣福二率貝五朋」的福字作，右邊偏旁，則像兩手捧畐。

福本像祭神，後來引申爲把祭祀的東西送給別人，使別人共同受福祐之意。因此，福字既有福祐的意思，也有送給人和送人的禮物等意。上引器銘中「歸福」和「遣福」，就是送人禮品的意思。《易・晉六二》「受茲介福」，説受，就是有人賞賜的。此銘的畀，就指下面的方鼎和爵而言。

④ 𠤳字從止從爯，爯即是爵的象形字，上像柱，中像流，下像爵腹與爵足。從止，止是足形，代表人在行走。古代舉行飲酒的典禮時，用爵來酌酒，依次序來使人飲，稱爲「行爵」。𠤳本義當是行爵，此處仍當酒器的爵講。

説明：

這裏的尹，也應該是召公，史獸稱他爲皇尹，與作册大鼎稱他爲皇天尹正相同。

八　屮獸鼎　四行二十二字

屮獸鼎拓本

屮①（㞢）戰（獸）乍（作）朕考
寶隮（尊）鼎。戰（獸）其
邁（萬）年永寶，用朝
夕鄉（饗）氏（厥）多倗（朋）友。

意譯爲：

㞢獸做我的父親的寶鼎。獸一萬年永遠寶藏，用來早晚和許多朋友宴會。

注釋：

① 屮當即㞢字。

説明：

此與史獸疑爲一人。

九　䏍鼎　三行十五字

䏍鼎拓本

□卯尹商（賞）䏍①貝三朋，用乍（作）□父丁障（尊）彝。

注釋：

① 䏍應從弓。

説明：

此亦尹。

一〇 梱簋 二行十三字 殘底 在故宮 （三代六）

梱簋拓本

大（太）傢（保）易（錫）氏（厥）臣[1]梱[2]（剖）金，用乍（作）父丁隫（尊）彝。

意譯爲：

太保把銅賞給了他的臣杯，用來做父丁的祭器。

注釋：

①臣的最初意義是家内奴隸，由於奴隸主統治者常派他們的親信的奴隸辦事，因此，他們地位很高，成爲職官之名，在銅器銘文裏，這兩種用法是同時存在的。

②梱字應從刀梱聲，當讀爲剖。梱即杯字，但中從∶，在商周文字中常以∶代表金屬，杯既可用木製，亦可用銅製，所以既從木，又從∶。

説明：

此爲太保錫金而作，也可能在成王末期，姑置於此。

一一　太史𦉢甗　三行九字

太史𦉢甗拓本

大（太）史𦉢（友）①

乍（作）䙹（召）公

寶隩（尊）彝。

太史𦉢甗圖像

注釋：

① 太史友，官名，見《書·酒誥》。此當是召公之子在衛國作太史友。詳見成王時余簋。

説明：

此器像召公死後所做，知在康王時。

一二　□（�）乍宗室簋（鼎）

壁二字内底二行七字（整理説明：據《綜覽》此器爲方鼎，現藏日本京都黑川古文化研究所，作器者爲「徲」）。

□乍宗室簋圖像

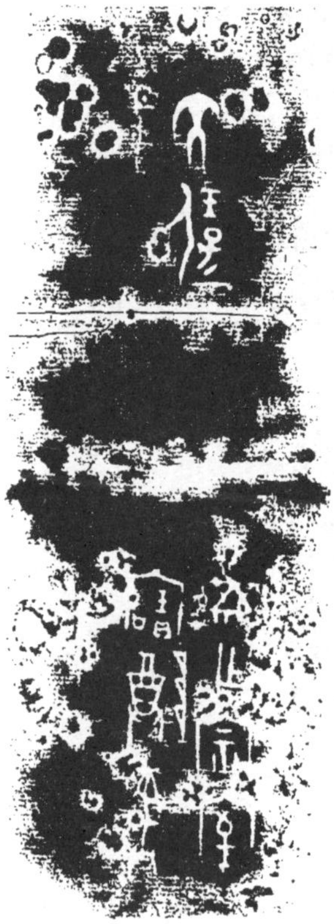
□乍宗室簋拓本

大（太）傒（保）①□乍（作）宗室②寶隮（尊）彝。

注釋：

① 此太保係氏族徽號。

②《詩·采蘋》：「宗室牖下。」毛萇傳：「宗室，大宗之廟也。」

一三　□册鼎（㣈鼎一）　上二行六字下二字（整理説明：此㣈鼎之一）。

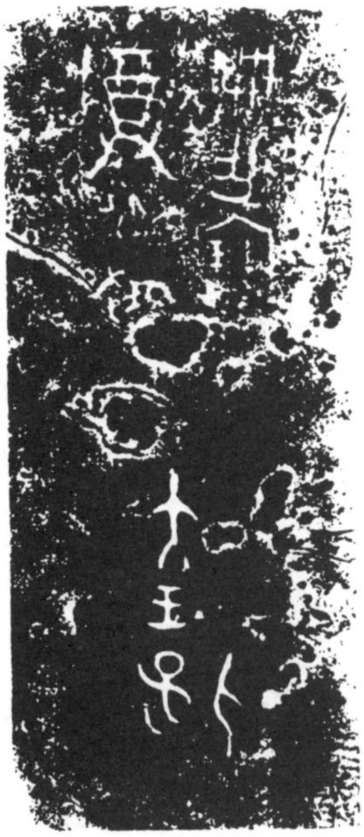

□册鼎（㣈鼎一）拓本

□册①乍（作）寶
𨻰（尊）彝。
大（太）僳（保）

注釋：

① 册字左旁一字未晰。

一四　㣈鼎　三器　上二行四字下二字

㣈鼎二拓本

㣈鼎二圖像

備鼎三拓本

備鼎四拓本

備鼎三圖像

備[1]乍（作）

奠（尊）彝。

大（太）倸（保）

注釋：

① 備字當從彳菁聲。

附録：

一四一一　㒼勾戟　一面二字一面一字

㒼勾戟拓本一

㒼勾戟拓本二

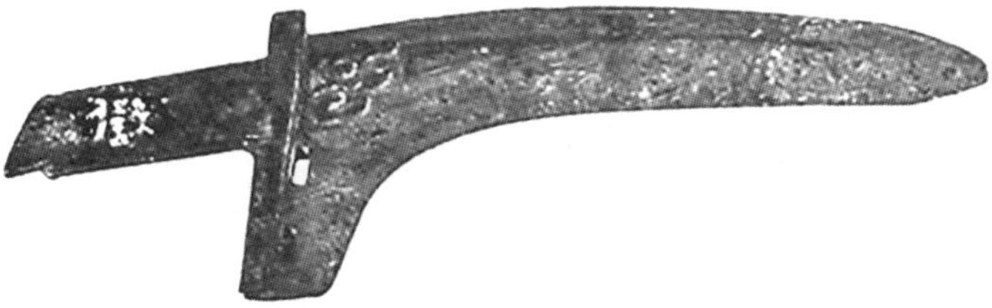

㒼勾戟圖像

大（太）僳（保）

㒼

一五　龢爵　三行九字

龢爵拓本

龢（和）乍（作）䍜（召）
白（伯）父辛①
寶䔾（尊）彝。

龢爵圖像

注釋：

① 此召伯父辛，不是召公奭，應是召公之長子，爲第一代燕侯，所以匽侯旨鼎只稱父辛。

一六　白害盉　二行十字器蓋①

白害盉蓋拓本

白害盉器拓本

白害②（憲）乍（作）䍜（召）白（伯）
父辛寶䔾（尊）彝。

白害盉圖像

注釋：

① 器銘白字在第二行。

② 𡨦字本像頭上戴盔一類的東西。憲字應從心𡨦聲。《説文》脱𡨦字，而説憲字是從心從目害省聲，是錯的。

一七　𡨦鼎　六行三十九字①

𡨦鼎拓本

𡨦鼎圖像

隹（唯）九月既生霸辛

酉，才（在）匽（燕）。侯②易（錫）𡨦（憲）③貝、金，

䚄（揚）侯休，用乍（作）𠬝（召）

白（伯）父辛寶𠊻（尊）彝。

𡨦（憲）萬年子=孫=

寶光用。大（太）𠈝（保）。

意譯爲：

這是九月的既生霸辛酉的一天，在燕國。燕侯把貝和銅賞給憲，稱揚侯的休美，用來做召伯父辛的寶器。憲一萬年子子孫孫作爲珍寶和光榮來用它。太保氏。

注釋：

① 器見於《周金文存》卷二補遺，還有很多字未剔出。
② 侯即是燕侯。
③ 憲即上器銘中之伯憲。
（整理説明：原稿注②、③次序掉換）

説明：

龢爵、伯害盉與此鼎都説召伯父辛，可見他們都是召伯父辛之子，與燕侯應是兄弟。此器説「在匽」，可見伯憲是繼承召國的一支的，不過暫時來燕國罷了。可與下匽侯旨鼎參看。

一八　匽侯旨乍父辛鼎

匽侯旨乍父辛鼎拓本

匽（燕）侯旨乍（作）
父辛隩（尊）。

匽侯旨乍父辛鼎圖像

説明：

匽侯旨非第一代燕侯，因尚有一鼎云：「初見事于宗周。」跟邢侯簋之爲始封之君的辭例是不一樣的。如是召公之子而封於燕，應在成王時，召公長壽，至康王初年還在朝，而匽侯旨鼎卻説「作父辛尊」，是他的父親已死。穌爵、伯憲盉和憲鼎都説召伯父辛，那末，匽侯旨應與穌、憲爲兄弟。召伯父辛應是第一代燕侯，當時的禮制有所謂「别子爲祖」，匽侯旨是承繼匽侯這一宗的，所以只説父辛而不説召伯了。穌、憲等則是繼承召國的宗，即太保氏，所以説召伯父辛。

一九　匽侯旨乍又始鼎　四行二十二字

匽侯旨乍又始鼎拓本

匽（燕）侯旨初見
事①于宗周，王
賁（賞）旨貝廿②朋，用
乍（作）又（有）始③（姒）寶隩（尊）彝。

匽侯旨乍又始鼎圖像

意譯爲：

燕侯旨第一次因事到宗周來朝見，王賞給旨貝二十掛，用來做有姒的寶器。

注釋：

① 見事詳見玨鼎。

② 廿字作卄，當係〢形之演化。數字本爲算籌形，一、二、三、亖爲横，丨、〢、〣、〤爲縱，作∪、⩀、⩀形的寫法當是後起的。《小屯乙編》九二二片卌字刻作卌，是另一種變化。

③ 始在銅器銘文中常用作女姓的姒，有時就寫作妀。從㠯，就是隸楷以字的本字，隸楷的以字，小篆原作㠯，實際是似字。又始合文，又就是有字。有姒疑是匽侯旨的母親。

二〇　魯侯獄鬲　三行十三字

魯侯獄鬲拓本

魯侯獄①乍（作）彝，用亯（享）𩱧②氏（厥）文考魯公③。

魯侯獄鬲圖像

意譯爲：

魯侯獄做這件彝器，用來煮東西祭他的文考（死了的父親）魯公。

注釋：

①獄音思，《説文》：「司（伺）也，從㹜臣聲。復説獄司空。」《史記・魯周公世家》：「魯公伯禽卒，子考公酋立，考公四年卒，立弟熙，是謂煬公。」按：熙字也從臣聲，與獄字通，可見魯侯獄就是魯公伯禽的兒子魯煬公熙。

②鬺字音商，《玉篇》：「煮也。」此説亯鬺，《詩・我將》説：「我將我享。」鬺即將字。

③文考魯公即魯公伯禽。

説明：

《史記・魯周公世家》魯公伯禽無在位年數，集解引皇甫謐説：「伯禽以成王元年封，四十六年，康王十六年卒。」這個説法是以成王在位三十年作根據的。今從成王在位二十八年説，則如果伯禽在位四十六年，就是康王十八年；如果確是康王十六年卒，則是伯禽在位僅四十四年。但不管伯禽卒在十六年或十八年，考公既只有四年，煬公就應與康王同時。因據二十五祀盂鼎，康王至少在位二十五年。

這是與盟鼎同時出土在寶雞的一群西周早期青銅器之一。

二一　魯侯爵　二行十字①

魯侯爵拓本

魯侯乍（作）䚕②（觗）

用隩（尊）臬③（臬）

鬯㝁④

盟⑤。

魯侯爵圖像

意譯爲：

魯侯做這個觶，用來放置祭父親廟裏的鬯酒和聘禮、盟禮。

注釋：

① 此銘應分兩截，讀爲：「魯侯乍觗，用隩臬鬯㝁盟。」

② 䚕字從䍐像斝形（有兩柱，有流），從氏聲。此字亦見《殷虛書契前編》卷六，三十四葉五片「……貞王㞢（有）舌䚕」，作䚕，氏聲極明顯，此銘氏作㇇，類丂字，筆畫微譌。孫海波《甲骨文編》把䚕隸定作鼒是錯的，鼎上是兩耳，此是兩柱，明明是斝的象形。䚕字即篆書觗字。《説文》：「觶，鄉飲酒角也。《禮》曰：一人洗舉觶，觶受四升，從角單聲。觗，觶或從辰。觗，禮經觶。」《禮·燕禮》鄭玄注説：「古者觶字或作角旁氏。」鄭玄《駁五經異義》説：「今禮角旁單，古書或作角旁氏。」可見觗字漢代已不通行，許慎、鄭玄並由禮和古書才認識這個字。斝的象形字是兩柱，是由於斝的鋬（即把手）在兩柱之間。爵由於鋬在一柱下，所以象形字只畫一柱，但兩者形極相近。篆文已經不認識這種象形字，所以都誤從角。觴字本像爵形而加昜聲，觗字本像斝形而加氏聲。由觴字的古從爵形，則從斝形氏聲的字，定爲後來觗字無疑。

這裏説「魯侯作觚」，應是器名。今此器是爵而無柱，前人多以爲角。細審似本是附柱，柱折後被磨平者。

③ 臬當即臬字，從朿與從木同，𩰫鬲的𩰫字從棘，也是一字。此銘説「用尊臬𠧟」，臬應讀如埶，《書・堯典》（復年按：舜典）「格于藝祖」，馬融注：「藝，禰也。」《周禮・甸祝》：「禰亦如之。」鄭司農云：「父廟也（復年按：禰，父廟）。」這是説：用來放禰廟祭祀用的𠧟酒。

④ 即甹字，《説文》從丂從由，未詳。今按：字應從甾。甾變成，等於從甾的虘字，金文常作虘。甹字在此通聘，指舉行聘禮。

⑤ 盟是會盟之禮。

二二二　魯侯尊　二行六字

魯侯尊拓本

魯侯乍（作）

姜①亯（享）彝。

説明：

此魯侯疑與魯侯獄爲同一人。

注釋：

① 姜指姜氏，不知是魯侯的母，還是妻。

一二三　俎侯夨簋　十二行存一百十六字

俎侯夨簋拓本

俎侯夨簋圖像

隹（唯）三（四）月，辰才（在）丁未，□（王）①眚（省）珷王成王伐商圖②，徃③（誕）眚（省）三（四）或④（國）圖⑤。王卜于俎⑥入土南卬⑦。王令（命）虞⑧侯夨曰：「鄦（遷）侯于俎。」易（錫）㿝⑨

鬯一卣。啇(商)鬲(甗)⑩一□⑪,彤弓⑫一、彤矢百、
旅弓⑬十、旅矢千⑭。易(錫)土:氏(厥)川(甽)⑮
三百□,氏(厥)□百又□,氏(厥)宅邑卅
又五,□(氏、厥)百又卅。易(錫)才(在)俎
王人□(十)又七生⑯(姓)。易(錫)奠⑰(鄭)七白(伯),
氏(厥)□⑱(盧)□(千)又五十夫。易(錫)俎庶人
六百又□(十)六夫。俎侯夨𩑋(揚)
王休,乍(作)虞公父丁障(尊)彝。

意譯爲:

那是四月裏丁未這一天,王查看了武王和成王伐商的圖,於是查看了四方的地圖。王占卜在俎的地方把土地歸入南面邊疆。王命令虞侯夨説:「調你到俎國去做俎侯。」賞賜豆地方的鬯酒一壺、商代的甗一具、朱紅色的弓一張、朱紅色的箭一百支、黑色的弓十張、黑色的箭一千支。賞賜土地:那山谷裏的肥田三百處、那某種土地百多處、那有住宅的城邑三十五處、那某種土地一百四十處。賞賜在俎地方屬於王家的人十七個姓。賞賜鄭邑的七個官長,那種田的奴隸一千零五十個夫。賞賜俎地的庶人六百十六個夫。俎侯夨頌揚王的休美,做了虞公父丁的寶器。

注釋:

① 王字原闕,據文意推知。

② 這大概是武王和成王初年兩次伐商的軍事地圖。近年長沙馬王堆軑侯少子墓曾發現漢文帝時防禦南粤的軍事地圖,從此銘看,周初就已經有這一類地圖。看來,奴隸制國家進行戰爭時早就有這類地圖,應遠在周代以前。

③ 徣當即誕字,《經傳釋詞》説是發語詞,實則如《詩·生民》的「誕寘之隘巷」,應解爲乃。此處是先查看伐商圖,乃查看四國地圖。

④ 或上一字不清晰，舊釋東，是以意推測。此器發現在丹徒，則俎地即在此，在長江以南，應稱南國而不是東國。且眚字與或字之間，根本容不下一個東字。細看此處有一些横畫，疑當是三字。周王㝬鐘説：「㝬其萬年，畯保三國。」可見此處應是四國，即四方的疆域。

⑤ 此當是疆域圖。

⑥ □字舊多釋宜，容庚《金文編》釋宜，而説：「象置肉于且上之形，疑與俎爲一字。」今按：所以釋宜，是由於：（1）秦漢時璽印宜字作□、作□，與此類似；（2）《説文》宜字作□，作□，當即此字形誤。不知這是秦漢時變化錯了以後的情況，至於商周時期，則還是俎字。且本是大俎的形狀，像一間房屋，其中有一横格，上下都可以放肉。而□則是在俎中放了肉的形狀。《説文》俎字卻把肉形寫在俎形左旁，已失去原來意義了。

□字在商周時，只讀俎音，其證有三：

（一）朕簋的「大□」即大俎，詳見朕簋注⑭；四祀𠨘其卣的「隮文武帝乙□」和令簋的「隮□」即尊俎，詳後作册矢令簋注。

（二）乍册般甗説「王□人方」，應讀爲王徂人方。

（三）秦公鐘、秦公簋，以及秦子戈，均於銘末有□字，就是《詩·褰裳》「狂童之狂也且」；《椒聊》的「椒聊且」；《巧言》的「曰父母且」等的且。

根據這些證據，可見作爲地名的如這裏的□侯和且子鼎的□，都只應該讀俎。但在戰國時期，不知由於方言，還是由於誤讀，變爲宜音。接着字體也把□字分而爲二，一是把肉形的□，移出來，變爲俎字，繼承其原來讀法和意義；另一方面則把□形誤分爲從宀從一，從而産生了㝖和宐字。《説文》説從多聲，則聲母還與俎相近，只是韻母由魚類轉入歌類了。但從多聲而讀如我，則是在聲母上又起很大變化了。

⑦ 南下一字只存□，舊疑是卿字，但左邊地位不够，今存疑。此句文義則當爲王卜在俎的地方的土地歸併入周王朝的南方邊疆中去。

⑧ 虎字從矢虍聲，當是虞字。

⑨ 𧯞當即《説文》𧯞字，此處疑是地名。指𧯞地的鬯酒。

⑩ 商鬲(甗)應指商代遺留下來的甗。

⑪ 此處闕文當是量詞。

⑫ 此玈弓與下弜矢，誤倒，當作弜弓和玈矢。弜與玈均是彤弓、彤矢的彤的專用字。

⑬ 旅通盧，黑色，《書·文侯之命》就作盧弓、盧矢。小篆還專造一個黸字，《説文》：「齊謂黑爲黸。」《左傳·僖公二十八年》和《文公四年》則作玈，又把旅字改從玄，玄也是黑色。

⑭ 《左傳·僖公二十八年》和《文公四年》都作玈弓十，玈矢千，與此銘合。旅弓次於彤弓，所以比彤弓多十倍。《書·文侯之命》彤弓、彤矢與盧弓、盧矢數目相等，恐怕是錯的。

⑮ 川就是甽字。《説文》：「𡿨，水小流也。」又説：「甽，古文𡿨，從田川聲。畎，篆文，從田犬聲。(復年按：甽，古文𡿨，從田從川。畎，篆文𡿨，從田犬聲。)」《書·禹貢》「岱畎絲枲」，又「羽畎夏翟」。《廣雅·釋山》：「畎，谷也。」《釋名·釋山》：「山下根之受霤處田甽；甽，吮也，吮得山之肥潤也。」那末，甽是山谷中肥沃的土地。

⑯ 王人是直接隸屬於周王朝的人，十七姓是十七族。《左傳·定公四年》説成王分給唐叔的有懷姓九宗，其例略同。

⑰ 奠應是鄭邑，後來穆王常居鄭宮，應在今陝西鳳翔一帶，是周王朝的老家之一。

⑱ □應讀若盧。飯器之盧的原始象形字。卜辭常見此字。膚字從此。膚字趞曹鼎「射盧」字作□，即盧字；師湯父鼎作□，亦即盧字。《説文》𥂩字從甾虍聲。與鑪爲一字，解釋作「𦉥(甑)也」，而甾字解釋作「缶也」，都是錯的。𥂩應是解釋爲「飯器也」的盧字的本字，又叫作筡盧，是用柳條來編的簍子，後來又增加了皿的偏旁。𥂩是甾的一類，所以小篆從甾而金文作□從□。實際應從虍□聲。

□(盧)在這裏應是農業奴隸。《詩·信南山》：「中田有廬。」《漢書·食貨志》：「在野曰廬。」廬是田野中的簡陋的棚子。《易·剥》上九説：「小人剥廬。」《左傳·襄公十七年》説：「吾儕小人皆有闔廬以辟燥濕寒暑。」説明住在廬裏的是小人。所以就用盧來稱呼住在廬裏的人。《漢書·鮑宣傳》：「蒼頭廬兒，皆用致富。」是到漢時，廬兒還是奴僕的名稱。

說明：

這件器解放初在江蘇丹徒煙墩山出土，在這一帶地區發現西周初的重要銅器是不尋常的。這器作者是虞公父丁之子，據《逸周書・世俘解》說：「王烈祖自大王、大伯、王季、虞公、文王、邑考，以列升。」虞公介於王季與文王之間。《左傳・僖公五年》說：「大伯、虞仲，大王之昭也。大伯不從，是以不嗣。」是說太伯不嗣，而虞仲是有後的。但是《世俘解》的虞公，似乎是虞仲（即仲雍）之子了。《史記・周本紀》說古公「長子太伯、虞仲知古公欲立季歷以傳昌，乃二人亡如荊蠻，文身斷髮，以讓季歷」。又《吴世家》說：「周武王克殷，求太伯、仲雍之後，得周章，周章已君吴，因而封之。乃封周章弟虞仲于周之北故夏虚，是爲虞仲，列於（復年按：爲）諸侯。」《漢書・地理志》說：「大伯初奔荊蠻，荊蠻歸之，號曰勾吴。大伯卒，仲雍立，至曾孫周章而武王克殷，因而封之。又封周章弟中於河北，是爲北吴。」看來《史記》、《漢書》的作者對周初的歷史已經茫無所知，所説的都是齊東野人的俚語了。從《世俘解》看，大伯雖不嗣，武王祭祀時還是列在王季之上，這和伯邑考儘管没有繼承，還列入祀典是一樣的。他爲什麼不嗣，已經無從查考（據《周本紀》說：「古公有長子曰太伯，次曰虞仲，太姜生少子季歷。」那末，很可能由於太伯不是太姜所生的緣故），但太伯決無「亡如荊蠻」之事，則是可以斷言的。王季之後，大概依次要由虞公繼承的，此虞公應與文王同輩可知。《國語・晉語四》說文王「詢于八虞而諮于二虢」，可見文王時虞仲的後人很多，武王何須「求太伯、仲雍之後，得周章」。武王克殷後，東國尚未征服，奄、薄姑、豐等國只是表面上服從，如何能遠封江南的吴國，這些都是說不通的。現在此器發現，我們才知道遷虞侯作俎侯，是康王時事，虞侯夨應當就是周章，夨與周聲近通轉。如按《漢書》的說法，周章是仲雍的曾孫則相當於成王一輩，而他的父親是仲雍的孫子，已是第二代的虞公了。虞侯夨（即周章）遷侯於俎，由他的弟仲繼爲虞侯，這在當時是慣例。俎在今江蘇省丹徒地，向南而發展到今無錫與蘇州等地是很容易的，那末，俎國即後來的吴國是無可疑的。長江以南在《禹貢》裏是揚州區域了。戰國初，吴爲越所滅，戰國中期，越又爲楚所滅，因而爲楚地。但在西周時，吴自吴，荊楚自荊楚，怎麼能把吴地稱爲荊蠻，那末，太伯、仲雍出奔荊蠻是戰國後期的傳說，而爲司馬遷所誤采的。

從這件器銘來看，虞侯夨遷侯於俎，帶去的人是不會太多的，王賞的「在俎王人十七姓」，應當是開闢這個新區的人，十七姓大概是十七個宗族吧！還有「鄭七伯」和「盧千有五十夫」，至多也不過兩三千人吧，至於俎地原有的庶人則只有六百多夫，顯然是地曠人稀的。周王朝的奴隸主貴族在這時還頗有進取之心，所以能遠征到這個地方。但到了穆王以後，徐國和淮夷很强盛，周王朝的勢力至多能到淮水流域，吴地就被隔絶了，吴地方言風俗本與中原有區别，隔絶太久，吴越地區就被認爲是蠻夷了。一直到春秋後期，吴國强盛，追溯歷史，就還要提到周初的太伯。過去有些人不相信文獻記録，懷疑吴國的奴隸主貴族不是周王朝的同姓，顯然是錯誤的。當時，夷夏之分很嚴，吴國貴族如果不是周的同姓，那些自詡文明的晉、魯、鄭、衛等姬姓國家能容許他們冒充嗎？這件銅器的發現，一方面，可以看到長江以南，在周初文化已經很高；一方面，可以補充西周初期歷史的闕佚，實在是太重要了。

二四　井侯簋　八行六十七字

井侯簋拓本

井侯簋圖像

隹（唯）三月，王令（命）𤇳①（榮）眔②（暨）内史，
曰：「𦍒③（匄）井（邢）侯服④。易（錫）臣三
品：州⑥人⑦、重⑧人、𦎫⑨（鄘）人。」𢷎（拜）
𩒨（稽）首，魯⑩天子。𡨦⑪（周）氏（厥）瀕⑫（頻）
福，克奔徒（走）上下帝⑬，𣝗⑭（無）令（命）
于有周。追考⑮（孝），對，不敢
㒸⑯（墜）。卲（昭）朕福盟（盟）⑰。朕臣天子，
用㣈⑱（典）王令（命），乍（作）周公彝。

意譯爲：

這是三月，王命令榮和内史，説：「給邢侯做事，賞賜臣三族，州人、重人、鄘人。」拜，叩頭，稱美天子。周遍這連續的福。能奔走於上下的帝，有命於有周。追着孝敬，對揚，不敢墜失。明我的福祭盟誓等禮，我作爲天子的臣，用來掌管王的命令，做周公的彝器。

注釋：

① 𤇳字是熒字的原始寫法，像兩枝點燃着的火炬。小篆由於錯誤地寫成𤇾，而又加上一個火字作熒，這和芇字變成瞢是同樣的例子。《説文》因小篆譌誤而解爲「屋下鐙燭之光，從焱冂」是錯的。從𤇳得聲的字很多，《説文》大都説是從熒省聲。

此處𤇳字當讀爲榮。《國語·晉語四》説：「重之以周、邵、畢、榮。」注：「榮，榮公。」是與周公、邵公、畢公等並列，從文王時就參預國政的大臣。《書序》：「肅慎來賀，王俾榮伯，作《賄息慎之命》。」此榮伯在成王時任作册之官，當是榮公之子。此銘「王命𤇳眔内史」，内史隸屬於作册，那末，榮應是榮伯，任作册尹，可能還是成王時的榮伯。

② 眔與臮，形與聲義並近，古書多作臮，《説文》：「臮，與詞也。」又常用暨字，《爾雅·釋詁》：「暨，與也。」

③ 䔧即䔧字，《方言》卷三：「蘇，沅、湘之間或謂之䔧。」此處當讀如匄，害聲讀如割，與匄相近。《廣雅・釋詁三》：「匄，予也。」

④ 井侯是邢國之侯。《説文》：「邢，鄭地邢亭，從邑井聲。」而另出郱字説「周公子所封，地近河内懷，從邑幵聲」，是錯的。凡刑、形、鈃、荆等字，《説文》都説是幵聲，都是把井字寫成幵而誤。《左傳・僖公二十四年》説：「凡、蔣、邢、茅、胙、祭，周公之胤也。」此篇後文説「作周公彝」，可證邢侯確是周公子。其國在今河南省温縣東，而漢代的河内郡懷縣在今武涉縣西南，所以許慎説：「地近河内懷。」此井侯當是第一代，應爲成王時所封。

⑤ 《爾雅・釋詁》：「服，事也。」《詩・蕩》：「曾是在服。」毛萇傳：「服，服政事也。」此銘説「䔧（匄）井侯服」，是使邢侯參政，與《左傳・隱公三年》所説：「周人將畀虢公政」近似。

⑥ 《漢書・地理志》河内郡有州縣，今河南省沁陽縣東南。

⑦ 州人即州氏。金文常見某人即某氏，如大師人顛乎鼎的大師人就是太師氏，與小臣氏[illegible]尹鼎的小臣氏同。

⑧ 東即重字。以州與𩫖推之，當在邢國附近。《水經・清水注》有重門城，在今河南省輝縣一帶，疑本重地。

⑨ 𩫖本爲墉字的象形字，像圍牆上四面有樓，簡化以後，成爲兩面有樓，即𩫖字。《説文》把𩫖字作爲城郭之郭而另外有一𩫖字，讀若庸，城墉之墉又另有從土庸聲的字，都是錯誤的。章在此處，就是《詩・國風》裏邶、鄘、衛的鄘。鄭玄《詩譜》：「自紂城而北謂之邶，南謂之鄘。」據顧棟高《春秋大事表》：「在今河南省新鄉縣西南三十二里有鄘城。」

⑩ 《書序》：「周公既得命禾，旅天子之命。」《史記・周本紀》「旅」作「魯」。此器爲周公子邢侯所作，可證本應作「魯」。《史記・魯世家》作「嘉」，可見「魯」字應解作「嘉」。

⑪ 㔶即《説文》匌字，「匌帀，偏也。從勹，舟聲」。[illegible]形與[illegible]形相近而致誤。匌帀即周匝，古書多用周字。

⑫ 𤃬即《説文》[illegible]（瀕）字，從川跟從水是一樣的，原來是水濱的意思。隸書也寫作頻，不從水旁，《廣雅・釋詁三》：「頻，比也。」有接連很多次的意思。

⑬ 上下帝包括上帝與下帝，上帝指天帝，下帝指已死的奴隸主統治者。

⑭ [illegible]（[illegible]）字舊多誤釋爲「無冬（終）」兩字，其實下面是人形的兩足。𡙕（𣞤）字，讀如撫，《廣雅・釋詁一》：「撫，

有也。」

⑮ 考通孝，遟盨説「用亯考」，即「亯孝」可證。伯梳簋説「用追考于厥皇考」，與此同。《書·文侯之命》：「追孝于前文人。」

⑯ 彖與彘實際是一字，像豕身有矢之形。《説文》：「彖，豕也，從彑，從豕，讀若弛。」這裏是把豕聲誤分爲兩部分了。此處通豕，讀如墜。

⑰ 福爲福祭，已見矦尊注。盟即盟。《説文》：「盟，《周禮》曰：國有疑則盟，諸侯再相與會，十二歲一盟。北面，詔天之司慎、司命。盟，殺牲，歃血，朱盤，玉敦，以立牛耳。」

⑱ 典字從册下有二横畫，《説文》作册下六。《廣雅·釋詁三》：「典，主也。」

説明：

井侯簋是康王時重要銅器之一。這個銅器可能在康王前期。因爲井（邢）侯是周公之子，王命之焚（榮）當即成王時已任職的榮伯，而在康王廿三祀盂鼎中的盂則是焚的職事的後繼者了。從銘中説「䇹井侯服」，他業已稱爲井侯，可知不是初封，因讓他參政而又賞賜奴隸，和盂鼎的情況正相類。

關於邢國之位置，過去有不同的説法。一般都根據《漢書·地理志》在趙國的襄國縣下所注的「故邢國」，即今河北省邢台縣，而《説文》則説「地近河内懷」，則應爲漢河内郡平皋縣地，今河南省温縣東。《漢書注》在平皋縣下引應劭曰：「邢侯自襄國徙此，當齊桓公時，衛人伐邢，邢遷於夷儀，其地屬晉，號曰邢丘。」又引臣瓚説：「《春秋傳》狄人伐邢，邢遷於夷儀，不至此也。今襄國西有夷儀城，去襄國百餘里。邢是丘名，非國也。」顔師古説：「應説非也。《左氏傳》曰：『晉侯送女於邢丘』，蓋謂此耳。」按：應劭所説是把先後顛倒了。邢國的始封，應如許慎説，在今河南省温縣東，即漢之平皋縣，後遷夷儀，才是今河北省的邢台縣，即漢之襄國縣，臣瓚所説「襄國西有夷儀城」可證。班固把襄國縣説是「故邢國」，是根據遷夷儀後的邢國説的。邢國本封在温縣東，《續漢書·郡國志》説「平皋有邢丘，故邢國，周公子所封」是對的。古代對過去曾建國的地方常稱丘，如商邱，邢丘正由於原是邢國而得名。今據此銘所錫的臣三品，州即河内州縣，今河南省沁陽縣，在温縣西；𩫏就是鄘，在今河南省新鄉縣，在温縣東；俱與温縣相近，那末，邢國始封應在今温縣無疑。

一二五 焚簋 五行

焚簋拓本

隹(唯)正月甲申,焚(榮)各(格),王休于氏(厥)□父焚(榮),賁(賞)□□貝百朋。□□□□休,用乍(作)寶隮(尊)彝。

焚簋圖像

說明:

此器的焚與井(邢)侯簋、盂鼎的焚,當是一人。王稱他爲□父,並且賞貝百朋,可見他的地位很高。

卷三下

二六　史話簋　四行二器

史話簋一　拓本

乙亥，王誥①（誥）畢公，
迺（乃）易（錫）史話②貝十朋。
話由③于彝④，其
于之⑤（茲）朝夕監（鑒）。

史話簋一　圖像

史話簋二拓本

史話簋二圖像

意譯爲：

乙亥這天，王誥教畢公，於是賞給史話十掛貝。話用在彝器上，在這裏早晚可以看到。

注釋：

① 弃字已見成王時殉尊。

② 話字《説文》作譮，「訏也，從言臣聲。讀若指」。臣字古韻在真部，從臣的字如拒、邸都音震，失去 n 韻尾，所以讀若指。

③ 《小爾雅・廣詁》：「由，用也。」成王時余簋説「用兹彝對命」，與此詞義相近。

④ 簋之只稱彝的，如余簋説「用兹彝對命」；井侯簋説「作周公彝」；此器説「由于彝」。那末，所謂彝器，可能以簋爲主？

⑤ 之字已見成王時殉尊注。

説明：

周初稱畢公的，武王時有畢公高，《周書・和寤解》説：「王乃出圖商，至于鮮原，召邵公奭、畢公高。」《左傳・僖公二十四年》說：「管、蔡、郕、霍、魯、衛、毛、聃、郜、雍、曹、滕、畢、原、酆、郇，文之昭也。」那末，畢公原與武王同輩，所以《史記·周本紀》說：「武王即位，太公望爲師，周公旦爲輔，召公、畢公之徒，左右王師。」武王克商後去商紂宮時，「周公旦把大鉞，畢公把小鉞，以夾武王」。武王還「命畢公釋百姓之囚，表商容之閭」。但是以後就不再見畢公了。一直到成王死時，離克殷已經三十七年。在《顧命》裏，召公與畢公分領西方與東方諸侯，但在六卿次序中，畢公名列第四，名在芮伯、彤伯之下。當時只有召公奭是以老壽著名的，此外，如吕伋、王孫牟、燮父、禽父等，都是下一代，那末，這個畢公肯定不是武王時的畢公高，而應是第二代的畢公了。《書序》「康王命作册畢，分居里，城周郊」，作册是史官，史話應是他的僚屬。這是在王誥教畢公時，作爲畢公之屬而受到賞賜的。

二七　滜伯啚鼎　三行十五字

滜伯啚鼎拓本

王令（命）滜①（雍）白（伯）啚②
于之③（兹）爲宫，滜（雍）
白（伯）乍（作）寶隩（尊）彝。

滜伯啚鼎圖像

意譯爲：

王命令雍伯啚在這裏建築宫室，雍伯做了寶器。

注釋：

① 滜就是《説文》從隹邕聲的雝（雍）字，邕字《説文》籀文作𨗞。此水形與川通用，⊙形似日，本只作○，讀如宫，也讀如

雝。殷虛卜辭雝己作邕，即口己合文。○也作○○，宮字從此。西周銅器銘文中早期的雝字只作澭，後始作澭。澭或澭是從○聲或○○聲，小篆變從邑是錯了。據《左傳·僖公二十四年》，雝國也是文王子所封，《續漢書·郡國志》：河内郡「山陽邑有雝城」，劉昭注：「杜預曰：古雝國。在縣西。」今河南省修武縣西北。

② 此畐當是雝伯之名。另有雝伯原鼎，原亦是名可證。因如是封國，不應僅僅作宮了。

③ 于之即于兹，見上器。可見當時的語氣習慣。

説明：

雝伯當是雝侯之後。《北堂書鈔》卷十八引《紀年》説：「晉侯作宮而美，康王使讓之。」這裏所説晉侯，是唐叔之子燮。此銘命雝伯爲宮，可見康王時多注意這些事。

二八 睘尊 四行二十四字

睘尊拓本

隹（唯）公𨚘①（原）于宗周，
⿰阝睘②從公亥𠂤③，洛④
于官⑤（館）。商（賞）睘貝，用
乍（作）父乙寶𢍜（尊）彝。

睘尊圖像

意譯爲：

這是公再次在宗周，隰（音備）從公到亥䣈，到了公館裏。賞給睘貝，用來做父乙的寶器。

注釋：

① 𨽸字當即遼字所從。《説文》：「遼，高平之野，人所登，從辵、备、录，闕。」這是他已經不明白遼字的結構了。實際遼字應從辵彖聲，彖字從夊彔聲，而彔字則從田彖聲。《説文》把彖寫爲录是錯的。彖字《説文》解爲「豕走也，從彑從豕省」，也是錯的。實際是貆的本字，《説文》引《逸周書》「貆有爪而不敢以撅」，而説「讀若桓」，《玉篇》貆與貆同。《山海經・北山經》注：「貆，豪猪也。」《西山經》注：「豪，貆猪也。」那末，彖字就是貆或貆的象形字。

此𨽸字從田從彖聲，但田下又從八，未詳。彔應讀爲原，《爾雅・釋言》：「原，再也。」

② 隰字從𨸏睘聲，下文只作睘。此當即《説文》䀠字，從兩個𥄕和從亖個𥄕是一樣的。䀠字《説文》解爲「壯大也」，但是説從三大三目是錯的，應該從亖個𥄕。

③ 䣈字從兄從匸，未詳。疑當是匸聲。亥䣈似是地名。

④ 洛讀如格，《爾雅・釋詁》：「格，至也。」

⑤ 官當是館字。《易・隨》「官有渝」，蜀才本作館。《説文》：「館，客舍也。」衛公到宗周是客，所以住在館裏。

説明：

此一九三一年河南省濬縣出土，當時盜墓的很多，康侯等器都出土在這裏，可惜大都流散了。此公應是衛公。

二九　二十三祀盂鼎

十九行二百九十三字

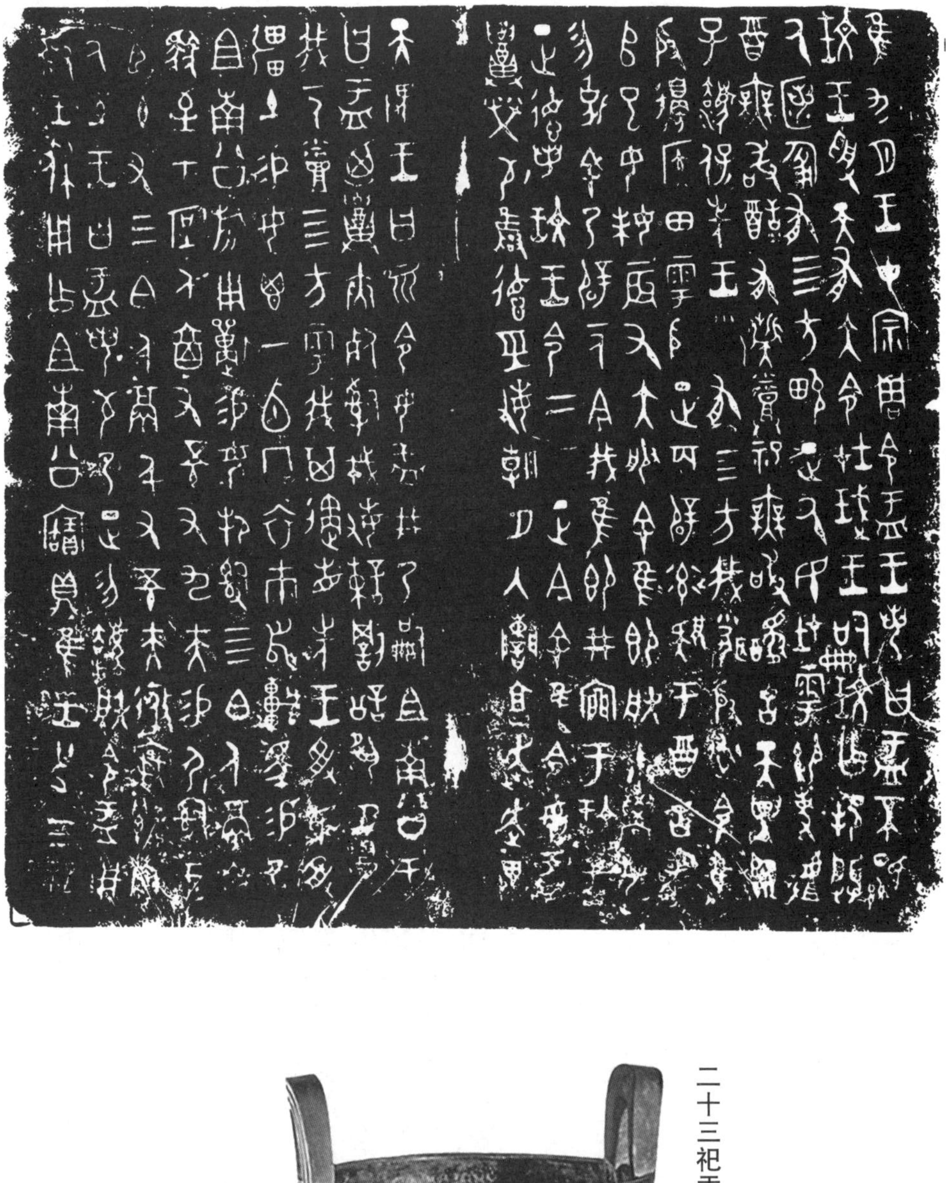

二十三祀盂鼎拓本

二十三祀盂鼎圖像

隹（唯）九月，王才（在）宗周，令（命）盂。王叒（若）曰①：「盂！不（丕）顯
玟（文）王受天有大命。在②（載）珷（武）王嗣玟（文）乍（作）邦③，闢④（闢）
氏（厥）匿⑤（慝），匍（敷）有三（四）方⑥，㽙⑦（畯）正氏（厥）民。在（載）雩⑧（越）𠰮（御）事⑨，叡⑩（且）
酉⑪（酒），無（無）敢酖⑫（酣）；有𦯼⑬（斐）𢄄⑭（烝）祀，無（無）敢醻⑮（擾）。古（故）天異⑯（翼）臨
子⑰，灋⑱（廢）保先王，□有三（四）方。我𦖞⑲（聞）殷述⑳（墜）令（命），隹（唯）
殷𨗉（邊）侯田（甸），雩（越）殷正㉑百辟，率肄㉒于酉（酒），古（故）喪
𠂤㉓（師）。巳㉔！女（汝）妹（昧）辰㉕又㉖（右）大服，余隹（唯）即朕小學，女（汝）
勿㉗（偽）余、乃辟㉘一人。今我隹（唯）即井（刑）亩㉙（禀）于玟（文）王
正德，叒（若）玟（文）王令（命）二三正，今余隹（唯）令（命）女（汝）盂
㽙㉚（紹）焚㉛（榮），苟㉜（敬）雝㉝（雍）德巠㉞（勁）敏（敏），朝夕入讕㉟（諫），亯㊱（享）奔走㊲，畏
天畏㊳（威）。」王曰：「而㊴令（命）女（汝）盂，井（刑）乃嗣且（祖）南公㊵。」王
曰：「盂！迺㊶（乃）㽙（紹）夾㊷死㊸（尸）𤔲（司）戎㊹，敏（敏）諫㊺（敕）罰訟，夙（夙）夕㽙㊻（紹）
我一人𢄄（烝）㊼三（四）方。雩（越）我其遹省㊽（省）先王，受㊾民，受
疆（疆）土。易（錫）女（汝）鬯一卣，冂、衣、市（紱）、舄㊿、車、馬。易（錫）乃
且（祖）南公旂，用遷(51)（狩）。易（錫）女（汝）邦𤔲（司）三（四）白（伯），人鬲(52)自
馭（御）至于庶人六百又五十又九夫。易（錫）尸（夷）𤔲（司）王
臣十又三白（伯），人鬲千又五十夫。逐（極）(53)𡨦、𦤎(54)自
氏（厥）土(55)。」王曰：「盂！叒（若）苟（敬）乃正，勿灋(56)（廢）朕令（命）。」盂用
對王休，用乍（作）且（祖）南公寶鼎。隹（唯）王廿又三祀。

意譯爲：

這是九月，王在宗周，下命令給盂。王於是説：「盂啊！顯赫的文王從上天得到了大命，那末武王繼續文王治理國家，除掉那個奸惡，普遍地保有四方土地，大大地匡正這班老百姓。那末，做事的，將要行酒禮，没有敢酣醉的；有文采的冬天的烝祭，没有敢喝到迷亂，所以上天幫助並照臨他的兒子，大大地保護先王，保有四方土地。我聽説殷朝丢失她的天命，那是殷朝邊界的諸侯們和殷朝的執政百官，都經常酗酒，所以喪失群衆。唉！你明早要輔助大事，我要到我的小學，你不要輕視我——你的君王一個人。現在我就仿效文王的正德，像文王那樣命令執政們。現在我就命令你盂繼續榮伯，恭敬和穆的德行，堅强而敏疾，早晚來規諫，獻出奔走之勞，畏懼天威。」王説：「啊！命令你盂效法你的祖先南公。」王説：「盂！那你繼續夾管司戎的官，敏疾地整飭罰和争訟，早晚幫助我一個人作爲四方的君王，我學習先王，給你老百姓，給你疆土。賞給你香草酒一壺，罩巾、上衣、圍腰和鞋，車子和馬。賞給你的祖父南公的旂，用來狩獵。賞給你國内的四個管事頭目，人鬲（等於奴隸），從趕馬的一直到種田的庶人六百五十九名；賞夷人管事屬於王家的臣十四個頭目，人鬲（等於奴隸）一千零五十名。誅殛窭□，從這塊土地。」王説：「盂！你敬你的政事，不要荒廢我的命令。」盂用以對王的休美，用來做祖父南公的寶鼎。這是王的二十三年。

注釋：

①「王若曰」是一篇命辭的開始，後面接着説的，就大都只用「王曰」了。

②此銘中兩個「在」字，與「王才（在）宗周」的「才」字不同，才字等於後世的在，這裏的「在珷王」和下面的「在雩御事」的「在」字，應讀爲「載」。《詩・七月》「春日載揚」，箋：「載之言則也。」《國語・周語》：「載戢干戈。」注：「則也。」則武王嗣文王作邦，是承上文王受天有大命而來的。

③《詩・皇矣》：「帝作邦作對。」

④闢像兩手向外開門形，《説文》引《虞書》「闢四門」，今本作闢，是從門辟聲的形聲字。此處用爲闢除的意思。

⑤匿讀爲慝，《廣雅・釋詁三》：「慝，惡也。」此銘用「闢厥慝」來寫伐紂一事與利簋只説「克昏」是同樣的詞句。

⑥匍有四方與《書・金縢》「敷佑四方」句同。匍與敷同音，此處當讀如《詩・北山》「溥天之下」的溥，古書多作普。此

句只是説普遍的保有了四方。與《詩·皇矣》、《執競》等的「奄有四方」同義。馬融《書注》説「布其道以佑助四方」，只根據字面來解釋是錯誤的。

⑦ 畯即畯，與駿通，《爾雅·釋詁》：「駿，大也。」

⑧ 雩字讀如粤，王國維説：「雩古文粤字。雩之譌爲粤，猶霸之訛爲𩃬矣。《説文》分雩粤爲二字，失之。」（《盂鼎銘文考釋》）粤古書多通作越。

⑨ 御事是辦事的人。《書·大誥》説「越爾御事」；《洛誥》説：「越御事」。

⑩ 劇通且，《戰國策·秦策》注：「且，將也。」

⑪ 酉就是酒字。酉字是盛酒的酒尊形，由於尊中放酒，所以也當酒字講。做酒的方法叫作酋，酋和酉是一個字。酒熟叫作酋，掌管酒的官吏叫作大酋。酒熟了以後要舉行種種典禮，饗酒、飲酒、用酒來祭祀。後來又造一個酎字（本應從又，像手裏拿酒尊形），《左傳·襄公二十二年》説「嘗酎」；《説文》引《明堂月令》説：「孟秋，天子飲酎。」《禮記·月令》在孟夏。《漢書·景帝紀》「高廟酎」注：「正月旦作酒，八月成，名曰酎。」此銘説「且酒」的酒，就是飲酒禮。

⑫ 𨡔字應從酉㔾聲，㔾就是《説文》的從炎舌聲的𦧇字。《説文》：「甛，美也。從甘從舌，舌知甘者。」其實甜就是甘，語音變了（甘讀爲鉗音，可變爲甜音），所以在甘字旁加上舌聲（舌有甜音，如括、狧、𦧇、恬、銛、餂等都從舌聲），那末，𨡔就是酣字。酒酣，古書常見，《説文》：「酣，酒樂也。」

⑬ 𦎧當是斐字，已見成王時斐方鼎，此像人頭戴筐篚形。又從此，當是此聲，此字本從匕聲，非匕音相近，所以又從此聲。斐字是有文采的意思，《詩·淇奥》「有匪君子」，匪字《禮記·大學》引作斐。《説文》又有奜字，解爲「䐜大也」，當是𦎧字所分化出來的。

⑭ 𥫔字像兩手捧豆，豆中有米形。《説文》無此字（豆部有𤼷字作𤼷，從豆𠔏聲，是大豆莢卷之卷，漢以後字，與此無關）。按：豆字後代讀爲登，或作𥫔，姬鼎「用𥫔用嘗」，從米𥫔聲，就是此字的後起字。𥫔或𥫔，就是烝嘗之禮的烝字，烝是登米之祭，《爾雅·釋天》：「冬祭曰烝。」《春秋繁露》説：「蒸者，以十月進初稻也。」

⑮ 醿字從酉嬰聲，與擾通，這是由醉酒而擾亂的專字。也作呶和怓，《詩·賓之初筵》：「賓即醉止，載號載呶。」《説文》：「呶，讙聲也。」《詩·民勞》「以謹惽怓」，毛萇傳：「惽怓，大亂也。」《説文》作怋、怓，「亂也」。

⑯ 異就是輔翼的翼字，像人舉兩手和鳥翼相似，鳥翼的翼字則從羽異聲。古代有㒷字，就是舉手捧着孩子，《詩·文王有聲》説：「以燕翼子。」

⑰ 奴隸主統治者自稱天子，所以説：「天翼臨子。」

⑱ 灋通廢，《爾雅·釋詁》：「廢，大也。」

⑲ [illegible]即聞字，本作[illegible]，像一個人向前而腦後有耳，是有耳聞的意義。這個人頭上有時戴着一個帽子。但在周代金文裏，耳形往往離開了，像諫簋的[illegible]，頭上帽子作[illegible]，與此稍異，下面還畫出了脚。《説文》作爲婚字的籀文，又變成[illegible]，手形變爲止，耳形變成巳了。在聞字下又古文作䎽，爲從耳昏聲之字，都是錯了。

⑳ 這是述字，借爲墜。王國維只知道魏三體石經裏《君奭》的隧字作[illegible]，和《説文》「[illegible]，古文遂」，就以爲這就是隊字，是錯的。

㉑ 正，執政。

㉒ [illegible]字《説文》作𦘔，是𦘒字的篆文「習也」，可以當學習講，也可以當反復經常和習慣講。

㉓ 《詩·文王》：「殷之未喪師，克配上帝。」《爾雅·釋詁》：「師，衆也。」由此可證𠂤即師字，金文𠂤與師有別，後世通用。

㉔ 巳，歎辭。《書·大誥》：「巳！予惟小子。」《漢書·翟義傳》作熙，巳熙聲近，顔師古注：「歎辭。」疑巳即噫。

㉕ 妹辰與昧晨同，《説文》：「晨，早，昧爽也。」「昧爽，旦明也。」《左傳·昭公三年》説：「讒鼎之銘曰：昧旦丕顯。」昧晨與昧爽、昧旦義相近，是説次日天剛亮時。

㉖ 又應讀爲右（佑）。此銘有無之有作有，不作又，前「匍有四方」可證。《説文》：「右，助也。」《廣雅·釋詁二》：「佑，助也。」

㉗ 𩰫當是像字，𠂇與人同。疑當讀作僞。金文常用象作爲字（爲本像以手牽象，但如立盨等常省去爪形）。僞字通譌，《説文》：「譌，譌言也。」引《詩》「民之譌言」。按：今本《沔水》與《正月》均作「民之訛言」。《書·堯典》「平秩南訛」，《史記·五帝本紀》作譌。《詩·無羊》「或寢或訛」，《韓詩》作譌。可見譌與訛是一字。訛《説文》作吪「動也」。此銘：「汝勿僞余乃辟一人。」僞當讀爲吪，意思是：「汝勿動余（乃辟）一人。」與毛公厝鼎説「母童（動）余一人在

位」同義。

㉘余即乃辟，從王自稱是余，從指盂來說是乃辟（你的辟）。

㉙[illegible]是亩字，像倉廩形，讀如稟。《左傳・昭公二十六年》「先王所（復年按：原稿此多「以」字）稟於天地」；《國語・晉語》：「將稟命焉。」注都說：「稟，受也。」

㉚䝿讀爲紹，《爾雅・釋詁》和《說文》都說：「紹，繼也。」

㉛𤇾當是榮伯，見井侯簋。

㉜苟本羌字的異形，讀如敬。

㉝[illegible]字從殳𡿺（邕）聲，讀如雍。《玉篇》：「雍，和也。」

㉞巠讀如勁，《說文》：「勁，彊也。」

㉟讕字從言闌聲，即諫字。

㊱《詩・殷武》：「莫敢不來享。」箋：「享，獻也。」

㊲《詩・清廟》：「對越在天，駿奔走在廟。」

㊳畏天畏應讀爲畏天威，《詩・我將》說：「我其夙夜，畏天之威，于時保之。」由此可見第一個畏字讀去聲，而第二個畏字讀平聲，後人因把平聲的畏字改成威。聲調的分別，是我國民族語言所固有的，語法上的詞類之分（如名詞、動詞等），往往是靠聲調來區分的。

㊴而字本像人頰毛之形，即所謂絡腮鬍子。甲骨文常見。《廣雅・釋詁四》：「而，詞也。」《禮記・檀弓》「而曰然」，注：「猶乃也。」此銘王先命盂紹榮伯，此再命「刑乃嗣祖南公」，所以說「而命」等於說乃命。

㊵南公當即文王子聃季載。《史記・管蔡世家》「武王同母兄弟十人」中，「冉季載最少」。《左傳・定公四年》說「聃季爲司空」，字作聃，是成王時曾任三公。《白虎通・姓名》說：「文王十子，《詩傳》曰：『伯邑考、武王發、周公旦、管叔鮮、蔡叔度、曹叔振鐸、成叔處、霍叔武、康叔封、南季載。』所以或上其叔季，何也？管、蔡、曹、霍、成、康、南，皆采也，故置叔季上。」按：南公有司𤔲鼎，是西周後期器，爲南公的屬官所作。《春秋・隱公九年》「天王使南季來聘」，可見南季氏到春秋還存在。那末，冉季載或聃季載都應作南，冉和聃都是借用字。聃季當以作南季爲正，南季戴即南公，盂則是

聃季之孫。

㊶ 迺通乃，此處爲連續詞。《爾雅・釋詁》：「迺，乃也。」《經傳釋詞》：「迺猶且也。」此處是又且的意思。王第一次命盂紹榮伯，第二次乃命刑嗣祖南公，這是第三命了，又且命盂紹夾。青銅器銘用「乃」字，都是汝的領格，即：你的；或用爲指示代名詞，如：其。即這個，均與此異。

㊷ 夾，人名，應是原爲司戎者。

㊸ 死通尸，《爾雅・釋詁》：「尸，主也。」又：「尸，寀也；寀，官也。」

㊹ 司戎官名，此官僅見此銘。戎爲戎兵，似即司馬，但下云「敏諫罰訟」，又像是司寇。此官可能是康王時特立的。二十五祀盂鼎，盂出征鬼方，那末，他所任的應是司馬之職，或是司馬而兼司寇的。

㊺ 《說文》：「諫，餔旋促也。」此處當讀爲敕，《說文》：「誡也。」《易・噬嗑》：「君子（復年按：先王）以明罰勑（勅）法。」

㊻ 曶在此處讀爲劭或詔，《說文》：「劭，勉也。」《爾雅・釋詁》「詔、相、導、左右、助、勴也」，注：「勴謂贊勉。」那末，劭或詔，也可以解爲相，爲左右，爲助。此銘三個曶字意義不全同。前兩個不能解爲助，因爲盂的地位很高，單是賞賜奴隸就有一千六百多人，如何能只做一些人的助手呢？因此，必須解作繼才通。而在此則是相王君四方，又只能是助，不能解作繼。此銘中同一字而有兩種解釋的，如：灋字前面解爲大，後面解爲廢；萱、龏字前面是烝祭，後面的烝是君。與此是同樣情形。我國語言，同音詞多，古代字少，常有假借，所以必須根據上下文義推究，不能拘束於一定的解釋。

㊼ 《爾雅・釋詁》：「烝，君也。」《詩・文王有聲》說「文王烝哉」，毛萇傳：「烝，君也。」

㊽ 《爾雅・釋詁》：「遹，循也。」此言「遹省」，是循照和察看。《周王㝬鐘》說：「王肇遹省文武，堇疆土。」

㊾ 受應讀爲授。受字本像一人以手把舟付與另一人，一方面是授予，另一方面是接受，語詞只有一個，但聲調不同，授予是去聲，而接受是上聲（現代北京語已同爲去聲，不能分了）。因此，文字也只有一個受字，後世才派生出一個授字，受字本已有兩隻手，現在更加一隻手，變成三隻手了。

此說「授民授疆土」，與俎侯夨簋事同。《左傳・定公四年》說封康叔於衛時，「聃季授土，陶叔授民」，就是「授民授疆土」的事。

⑩ 前復尊説燕侯賞復冖、衣，此銘所賞有冖、衣、市、舄，自首至足，較完整。

⑪ 此從辵䍙（䍘）聲，應讀爲狩，指田獵。

⑫「人鬲」作册夨令簋作「鬲」。鬲《説文》引《漢令》作䰛。䰛與曆通，《周書・世俘解》説：「武王遂征四方，凡憝國九十有九國，馘曆億有十（當乍七）萬七千七百七十有九，俘人三億萬有二百三十。凡服國六百五十有二。」馘説曆而俘説人，可見人就是曆，這些被殺的與被俘的，都是此銘所説的「人鬲」。人鬲是戰俘奴隸，前人把他們當作《大誥》中所説「民獻有十夫」是錯的。人鬲自馭至于庶人，可見地位很低，而獻民則都是貴族身份。

⑬ 徑當從彳亟聲，與極通。《爾雅・釋詁》：「極，至也。」《廣雅・釋詁一》：「極，遠也。」《爾雅・釋地》：「東至于泰遠，西至于邠國，南至于濮鉛，北至于祝栗，謂之四極。」《淮南子・墬形訓》還有九州八極，都是説最遠的地方。徑字從彳，大概是極遠的專字。

⑭ 𠬝字從兩戈相反，下一字左旁似從𢍏，此兩字當是地名。上面所錫邦司、夷司以及人鬲是所謂授民，這裏所説則是授疆土。

⑮ 此説「自厥土」，當是從南公舊封的土地。盂應是繼爲南公。

⑯ 這個灋字讀如廢。

説明：

此器於清道光時出於陝西省岐山縣禮村，器形大而文字多，且全録康王命辭，可與《尚書》比較，均爲前所未有。

作器者盂爲聃季之孫，當是繼爲南公者，既曾執政，賞賜又極厚，尤其是所賞人鬲，將近一千七百名，説明西周是奴隸制國家。人鬲中還有等級，「自馭至于庶人」，可見作爲農業奴隸的庶人，地位是最低的。對於研究西周史料，這是很重要的。

三〇　二十五祀盂鼎[1]

二十一行，約三百九十餘字[2]

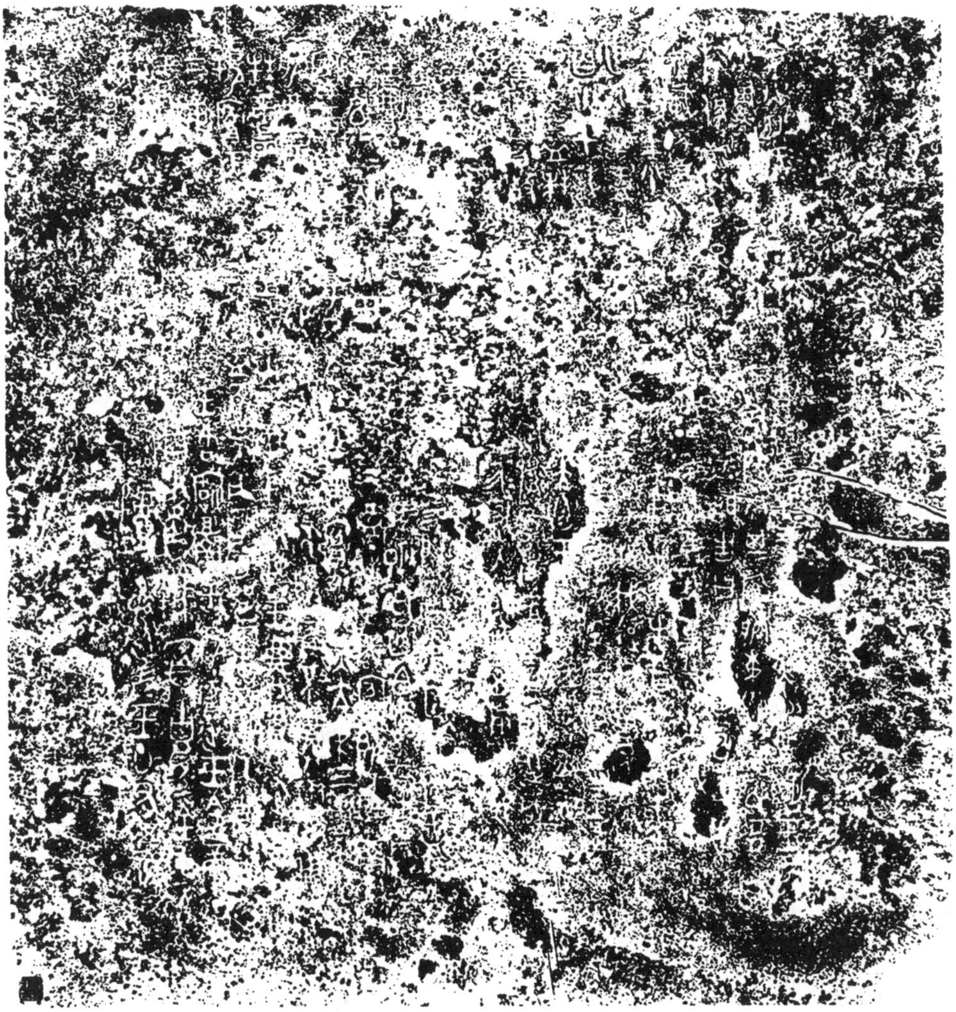

二十五祀盂鼎拓本

隹（唯）八月既朢（望），辰才（在）甲申[3]，昧喪[4]（爽），三ナ（左）三右[5]、多尹[6]、入服酉[7]（酒）。明，王各（格）周廟[8]（廟），□□□□賓征[9]（延），邦賓䙴[10]（尊）其旅服[11]，東鄉[12]（向）。盂以（以）多旂佩[13]，𢦏戉[14]□□□□□于門[15]，告曰：「王□（令）盂以（以）□□伐䰡（鬼）方[16]，□□□□□□（執）□（嘼=首）[17]二人，隻（獲）馘[18]（馘）四千八百□二馘（馘），孚（俘）人萬三千八十一人，孚（俘）□（馬）□□匹，孚車卅兩（輛），孚（俘）牛三百五十五牛，羊廿八羊。盂或[19]□□□□□乎□[20]我征，執嘼（首）一人，孚（俘）馘（馘）百（二百）卅七馘（馘），□（俘）□（人）□□□□（人），孚（俘）□（馬）百亖（四）匹，孚（俘）車百□兩。」王□曰：「□」。盂捧（拜）䭬首（稽）□（首），□嘼（首）□□[21]大廷[22]。王令（命）焚（榮）□□[23]□□□（即）[24]嘼（首）䌛[25]（訊）氏（厥）故[26]（辜），□趋[27]白（伯）□□䰡（鬼）獮[28]（聞）□獮（聞）虘[29]（且）以（以）新□[30]從商[31]折[32]（斬）嘼[33]（首）于□[34]□□□□□□□人或[35]（馘）入門，□西旅[36]□□入㶯[37]（燎）□□□□□□□□□三門[38]，□中廷，北鄉（向），盂告。䝨[39]（費）□（伯）即□（位），䝨（費）□（伯）□□□□于明白[40]（伯）□[41]白（伯）□白（伯）告，咸。盂以（以）□大□侯田（甸）□□□□盂征□咸。賓即□（位），鬲（獻）賓[42]。王乎（呼）鬲（獻）盂[43]于以（以）□□□進賓□□。大□[44]（采）三周[45]入服酉（酒），王各（格）廟（廟），祝征[46]（延）。□□□□□邦賓不𢍜[47]（祼）□□□（用）牲[48]，啻[49]（禘）周王、□（武）王、成王、[50]□□□[51]夕（祭）有戕[52]（臧），王𢍜（祼），㑺企[53]，鬲（獻）邦賓。王乎（呼）□□令盂以（以）區入[54]，凡區以（以）品。雩（粵）若[55]翌[56]（翌）乙酉，□三事□□[57]□（入）□（服）酉（酒），王各（格）廟[58]，鬲（獻）王[59]，邦賓征（延）。王令（命）賁（賞）盂□□□□□（弓）一、矢百、畫虢[60]一，貝冑[61]（冑）一，金毌[62]（干）一、戓[63]（戚）戈□□□□用□（作）□白[64]（伯）寶䙴（尊）彝。隹（唯）王廿又五祀。

注釋：

①此器舊稱小盂鼎，是由於器形較二十三祀盂鼎爲小，若以銘文字數論，則比前鼎爲多。此鼎與二十三祀盂鼎同出於岐山禮村，同出者據説還有一方鼎（見《綴遺齋彝器款識》卷三），二十三祀盂鼎以歸潘祖蔭而顯，此則已亡佚，所謂方鼎則併其名也不得而知了。

②此銘極重要，惜多爲銹掩，未經剔治，以致不能通讀，也無從譯意。器既亡佚，拓本也很少，現在所能看到的只有羅振玉的一個影印本，又有陳簠齋所藏拓本，孫壯曾影印，陳夢家《西周銅器斷代》附有照片；此外，惟《攈古録金文》有雙鈎廓填摹本。印本難辨認處，摹本較清晰，鈎摹之精很可貴。凡模糊處諸家所釋，今多不敢從，姑闕疑以待再考。

③申字約略可辨，依下文翌乙酉，此自當是甲申。按：康王於成王二十八年就即位，二十五年當是公元前一〇一五年，周曆七月己巳朔，十六日爲甲申，如前年失一閏，則爲八月。

④此説昧爽在明之前，可見是在將明未明之際。

⑤三左三右，當指六卿。《書·甘誓》「大戰于甘，乃召六卿」，周官制當承夏、商而來。《顧命》有太保奭、芮伯、彤伯、畢公、衛侯、毛公等六人，即是六卿；「太保率西方諸侯入應門左，畢公率東方諸侯入應門右」，即此三左三右。《顧命》所記是康王即位時事，至此已二十五年。從銘中可見當時執政有：榮、趞伯、賓伯、明伯、𨚕伯、□伯等人。疑即六卿。

⑥多尹等於《顧命》的百尹，即百官。

⑦服西當是服事於酒祭。

⑧周廟當在洛邑王城，周公作雒以後，新邑是周。成王遷都後，鎬京爲宗周，在西，成周則在周東。

⑨此賓字上疑有邦字，邦賓是國賓，《易·觀六四》：「觀國之光，利用賓于王。」《爾雅·釋詁》：「延，進也。」

⑩障即尊字，與奠通。《左傳·昭公十五年》「樽以魯壺」，是説陳設了魯壺。

⑪旅服指衆多的貢物。宣王時的駒父盨，記駒父到南淮夷去取服，南淮夷獻了服，都指貢賦。

⑫東鄉是位置在西。

⑬《周書·世俘》説：「王佩赤白旂」，與此言「盂以多旂佩」同。

⑭ 佩下一字右半爲戈形，左半不晰，似是伐字。《世俘》說：「武王乃廢于紂矢惡臣人百人，伐右厥甲小子鼎；太師伐厥四十夫家君鼎，帥司徒、司馬初厥于郊號。」兩個伐字後面都說到鼎，顯然不是殺伐而是伐擊，《詩·采芑》「鉦人伐鼓」，毛萇傳：「擊也。」武王克紂庚戌回到周都，在郊，擊所俘右厥甲小子鼎，而太師則擊家君鼎，到辛亥就薦俘殷王鼎。此銘所伐未詳。陳夢家推測爲魃字，定佩下爲魃方二字，但「多旂佩」已斷句，不應突然出現魃方字眼，似非。

⑮ 于字下泐文似一横畫，舊釋王門，非是，此周廟之門，不能稱爲王門，陳夢家改爲南門，筆畫不類。此當叙盂帶着戰俘等至于門。

⑯ 戜後文作魃（九行），從戈從鬼，或省從由，即鬼頭。商代稱國爲方，鬼方即鬼國，《易·既濟九三》：「高宗伐鬼方，三年克之。」《未濟九四》：「震用伐鬼方，三年，有賞于大國。」《竹書紀年》：「武乙三十五年，周王季伐西落鬼戎，俘二十翟王。」這些都是殷代與鬼方交戰的事跡，小屯所出殷代卜辭中也幾次見到鬼方。在周代青銅器銘裏則有此器和梁伯戈均涉及鬼方。《竹書紀年》說「西落」，落當即洛，是鬼方原在今陝西省的洛河流域，又說「鬼戎」，說「獲其翟王」，則鬼方是戎翟的一種。春秋時的赤狄（翟）是隗姓，當即鬼方的遺族。鬼方在商代是大國，所以高宗武丁伐它要三年才克，王季伐它時，所俘翟王就有二十個之多。周初也還很强大，此鼎記盂的伐鬼方，一次就俘人一萬三千多，還有許多車馬牛羊，說明它不是小國。梁伯戈說「抑鬼方蠻」，《左傳·桓公九年》說「虢仲、芮伯、梁伯、荀侯、賈伯伐曲沃」，可見梁國和曲沃鄰近。《漢書·地理志》在左馮翊的夏陽縣下注「故少梁」，就是原來的梁國，後爲秦國所滅，現在是陝西省韓城縣的少梁城，正與洛水鄰近。《地理志》在左馮翊還有翟道縣，《百官表》說：「縣有蠻夷曰道。」翟道在今陝西省黄陵縣，在洛水支流沮水北岸。那末，鬼方就應在這一帶。

⑰ 䁞讀爲首，䁞（獸）首同音。《廣雅·釋詁一》：「首，君也。」

⑱ 𠬪字從爪或聲，《說文》作「聝，軍戰斷耳也。《春秋傳》曰：『以爲俘聝』，從耳或聲。馘，或從首。」《爾雅·釋詁》：「馘，獲也。」按：俘與獲不同，俘指生人，本作孚，像以手抓住小孩子；獲指殺而取其耳或首，所以作聝與馘。此从爪，大概和孚從爪同義。

⑲《經傳釋詞》：「或，猶又也。」

⑳此字只辨右旁𠂤，陳夢家推測爲穖字。

㉑此處兩字只辨右旁止與卩，郭、陳均定爲進、即兩字。

㉒大廷當是外廷。《逸周書・大匡解》：「王乃召冢卿三老三吏大夫百執事之人朝于大庭。」

㉓此兩字唯上字左旁可辨止形，郭沫若推測爲遜啚二字。

㉔此字只辨皀，郭沫若釋即，似可從。

㉕⿰彳彖字郭釋遜，筆畫不類。此所從之彖即小篆彖字無疑。此當從彳掾聲。《廣韻》：「掾，倉甸切，掾散。」《集韻》與諯同，「䫎縣切」。《説文》：「數也，一曰相讓也。讀若專。」按：此當是取敵酋來數（譴責）其罪。

㉖故讀爲辜，《説文》：「辜，辠也。」辠即罪。

㉗⿺走克字當爲從走克聲。

㉘⿸㫃䎽字從㫃䎽聲。䎽爲䎽（聞）之本字，已見二十三祀盂鼎。⿸㫃䎽當是閽的本字。《周禮・閽人》説：「閽人，王宮每門四人，囿游亦如之。」鄭玄注：「游，離宮也。」實則游是奴隸主統治者游獵時的臨時駐紮處，或以帷帳，或以藩籬以代替宮牆，其門樹旌旗，旌旗有斿，所以稱游。《晏子春秋・諫上》説：「景公畋于署梁，十有八日而不返。晏子自國往見公。比至，衣冠不正，不革衣冠，望游而馳。」所説望游，即是望見旌旗。⿸㫃䎽字就像旌旗下有閽人守衛，閽者必須耳聰，能聽到有什麼動静，所以這個人要畫出耳朵來。《史記・五帝本紀》説黄帝「遷徙往來無常處，以師兵爲營衛」。張守節正義説：「環繞軍兵爲營以自衛，若轅門即其遺象。」這是説黄帝時還是游牧社會，没有建立宫室。轅門又叫作牙門，轅門指車轅，牙門則指牙旗，《三國志・典韋傳》説：「牙門旗長大，人莫能勝，韋一手建之。」牙與衙音同，所以後世把官署稱爲衙門。由此可見，閽人本是守衛在旗下的，⿸㫃䎽是其本字，後來改爲守宮室的門，因而出現從門昏聲的閽字。

此處所説魃⿸㫃䎽，疑是鬼（隗）氏之名⿸㫃䎽的人，很可能是由鬼方投降於周的。

㉙虘讀爲且，與則字通。《戰國策・秦策二》「且必受欺於張儀」，《史記・楚世家》且作則；《墨子・尚同下》卷中「上得且罰之，衆聞則非之」，且與則對文，畢源説「一本且作則」，均可證。

㉚ 此字只辨宀形。

㉛ 商可能是人名。

㉜ 折通斬，《爾雅·釋詁》：「斬，殺也。」《易·離上九》：「有嘉折首。」西周後期銅器，如不嬰簋、虢季子白盤等也常説「折首」，就是斬首。金文常見的槧字，就是《管子·大匡》所説「褻領」的褻字，那末，斬字本當作斬，東誤爲車，猶之陳誤作陣。《説文》附會「車裂」，車裂與斬首有何干涉？

㉝ 折嘼，是斬殺所執鬼方首領。

㉞ 上一段多闕文，大意是王命榮伯譴責所執鬼方首領的罪辜，趞伯派遣鬼鬮等把鬼方首領斬殺于某地。

㉟ 人衆包括所俘的人與所獲的聝（耳或首級）。

㊱ 西旅就是上面所説「邦賓隮其旅服」的旅，他們「東鄉」，可見在西。

㊲《周書·世俘》説：「武王在祀，太師負商王紂縣首白旂，妻二首赤旂，乃以先聝入，燎于周廟。」此銘上文説「人聝入門」，此處又説「入燎」，當是相同的禮儀。

㊳ 三門指周廟中的第三重門，此銘前面已有兩重門。

㊴ 費當從貝刜聲，即費字。《左傳·隱公元年》「費伯帥師城郎」，此費在今山東省魚臺縣西南。此銘費伯，不知是此費否？

㊵ 明伯當即昭王時的明公，詳作册令方尊等器銘。

㊶ 此字作[illegible]，舊釋繼，未詳。

㊷ 鬲爲甗之本字，此讀爲獻，金文也常借獻爲甗。周代典禮中常有獻賓的儀節，《儀禮·鄉飲酒禮》：「主人坐，取爵，實之賓之席前，西北面，獻賓。」注：「獻，進也。進酒於賓。」

㊸ 此疑當讀「王呼獻盂」爲句，王使人獻盂，盂也是賓之一。

㊹ 采字只辨木形，陳夢家釋采當是。大采記時，是朝的别名。此銘記甲申日的昧爽，「三左三右多君入服酉」，大采，「三周入服酉」，乙酉日的某時，「三事□□入服酉」，大采是紀時無疑。《國語·魯語下》「天子大采朝日」，「日中考政」，「少采夕月」，「日入監九御」，可見大采、少采等於朝夕。卜辭常以大采、小采記時。

㊺ 周字只辨上半作[illegible]，定爲周字。三周指三周的代表人物。所説三周疑當指岐周、宗周、成周。岐周是文王以前直到文

王初期的舊都，宗周是文、武時的周都，即豐鎬，成周則是成王以後的新都。《逸周書・作雒解》說武王「崩鎬，殯于岐周」，那是由於文、武雖建新都於豐鎬，但還常去舊都的鎬，武王就死在那裏。《孟子・離婁下》說：「文王生於岐周，卒於畢郢，西夷之人也。」自成王定鼎郟鄏以後，周王多來往於宗周、成周之間，岐周就漸漸少見了。但在西周前期，貴族們還都留居岐周一帶，穆王住的鄭宮也在這裏，所以這裏經常發現重要銅器。

㊻ 祝延應斷句，後文邦賓延可證。

㊼ 鼻疑是祼的原始象意字。畐在卜辭本作[illegible]，是有流的酒尊，即所謂灌尊，《禮記・明堂位》：「灌尊，夏后氏以雞彝，殷以斝，周以黃目。」《說文》：「祼，灌祭也。」灌祭本指祭祀灌地（禶從示即灌祭壇，後來只灌地），但也用爲灌賓客。《周禮・大宗伯》「大賓客則攝而載果」，注：「果讀爲祼，代王祼賓客以鬯。」《大行人》說：上公之禮，「王禮再祼而酢」等等，注：「王禮，王以鬱鬯禮賓也。」凡獻與祼多相連，獻賓之禮，有獻，有酢，有酬，主人獻賓，賓酢主人，主人再酬賓。如賓之地位較低，主人獻後，賓不酢，那就是賓不祼。

㊽ 用牲祭名，《書・召誥》說：「用牲于郊。」

㊾ 啻下從甘，即口字，《說文》：「語時不啻也。」此借爲禘，《說文》：「禘，諦祭也。」《詩序》：「雝，禘大祖也。」

㊿ 此說「啻周王、武王、成王」，當以周王包括太王、王季、文王。《詩・下武》說「三后在天，王配于京」，三后指太王、王季、文王，而以武王爲配。又說「永言配命，成王之孚」，此詩即作於成王時，成王的名是姬誦自稱的。此銘則作於康王時，成王已列入祀典，此京宮中已有五世，康王以後將別立康宮，詳昭王時的作册矢令方彝。

51 此字僅辨卜形。

52 疑是戕字，讀爲臧，《爾雅・釋詁》：「臧，善也。」

53 俘字整拓本可辨人旁，剪貼本人旁已剪在下行䎆字旁了。下一字似從人從止，待考。

54 區爲類別，《論語・子張》：「譬諸草木，區以別矣。」所以下文說：「凡區以品。」此處疑是命盂獻俘。

55 雩若即粤若。古書常見。

56 䎆字《說文》作「昱，明日也」。卜辭本借羽字，發展爲形聲字，爲翊；或借用翌字，此又從日翌聲。古書多借用翌字或翼字。昱讀如育是語音之變。

⑰ 陳夢家補大夫兩字爲三事大夫。

⑱ 此當即繹祭。《爾雅·釋天》：「繹，又祭也。周曰繹，商曰肜，夏曰復胙。」《公羊傳·宣公八年》：「繹者何，祭之明日也。」按：卜辭，商代的翌日，就是古書上所説的繹祭，與肜日不同。

⑲ 這裏應該以「獻王」爲句。當時的宴會，在獻賓、賓酢以後，轉過來得獻王。《儀禮·燕禮》在主人獻賓，賓酢主人之後説：「主人盥洗象觚，升，實之，東北面獻于公。」那是諸侯宴群臣的禮，此銘是王宴邦賓，所以王所指派的主人，在獻賓之外，還要獻王。

⑳ 虢字未詳，此銘似從虎從幸（㚔），此與伯晨鼎均與冑同賜。但伯晨鼎字從虎從𠦪，卻不類幸字，待考。孫詒讓《古籀餘論三》疑爲皋之古文，説皋冑就是甲冑。今按當讀櫜，《説文》：「櫜，車上大櫜也。」《詩·時邁》「載櫜弓矢」；《彤弓》「受言櫜之」；《左傳·昭公元年》「請垂櫜而入」；《僖公二十三年》「右屬櫜鞬」，都指盛弓矢而言。《禮記·檀弓》「赴車不載櫜韔」，注「櫜，甲衣也」；《少儀》「甲，有以前之則執以將命，無以前之則袒櫜奉冑」，注：「櫜，弢鎧衣也」。則都指盛甲之衣。又按：《左傳·襄公二十四年》説晉國的張骼輔躒致楚師，「皆取冑于櫜而冑」，可見櫜中包括甲於冑，「袒櫜奉冑」，是把櫜打開取出冑來進奉，有了冑就包括甲在内了。至於《禮記·樂記》説「倒載干戈，包之以虎皮，……名之曰建櫜」，注「兵甲之衣曰櫜」，則併干戈等兵器在内了。所以許慎解爲大櫜是對的。櫜中可以藏各種兵器，並不限於鎧甲。櫜是皮革做的，其字從虎，可能有虎皮做的大櫜。但此銘説「畫櫜」，則當是一般的革囊而加以畫。孫詒讓引《左傳·莊公十年》皋比是錯的，那是蒙在頭上的，不是藏兵器的櫜。孫又以皋來代表甲，也是錯的，作爲鎧甲可以有各種顔色，但並不需要畫。所以，畫櫜和貝冑，不等於甲冑。

㉑ 貝冑，是把貝縫在冑上作爲裝飾，《詩·閟宮》「貝冑朱綅」，是説用朱色的綫來縫的。

㉒ 毌是盾形，古書多作干。

㉓ 戜當從戈肉聲，即戚字。《説文》戚從尗聲，肉尗聲近。戰國時作戉，漢隸寫作戚，也從戈，不從戉。干戚常連用，《詩·公劉》「干戈戚揚」；《禮記·樂記》説「故鐘鼓管磬，羽籥干戚，樂之器也」；《明堂位》：「朱干玉戚」；《帝王世紀》：「有苗氏負固不服，禹……乃修文教，三年，執干戚而舞之，有苗請服。」西周後期銘文常見「戈雕戜」，宋人誤釋爲戟，吴大澂《説文古籀補》説是戟字本作戛。按此字實從肉，不從百，如説肉與百（首）音近，也可

通。但戚與戟終屬不同，戟是東周以後才興起的帶刺的長兵器，用不着琱，而戚常用爲禮樂器，有用玉做的，所以説琱戚。

㊹ 二十三祀盂鼎，説盂的祖是南公，此處的□伯，應是盂的父。

説明：

這個鼎儘管銘文不能盡通，但還是很重要的。首先説明康王後期已經有很大規模的戰争，所謂成康之間，刑措四十餘年不用的局面，已經一去不復返了。儘管這次征伐鬼方是戰勝了，俘獲很多，但也暴露了周王國處在比較强大的戎狄等少數民族之間，它的本土並不是安全的，康王自名爲康，康娱自縱，這個奴隸制王朝的基礎，已經開始動摇了。

三一　弔像方尊 弔像方彝

三行十二字　在弗里爾美術館

三行十二字　器蓋同銘　洛陽出土　（文物六二年）

弔像方尊拓本

弔像方尊圖像

弔像方彝蓋拓本

弔像方彝器拓本

弔像方彝圖像

弔（叔）像①（僞）易（錫）貝
于王㚸②（姒），用
乍（作）寶隩（尊）彝。

意譯爲：

叔僞被王姒賞貝，用來做寶器。

注釋：

① 像疑當讀僞，見二十三祀盂鼎注㉗。

② 㚸字從女從㠯聲，當與始同，衛㚸簋蓋作㚸，而故宫博物院所藏的一對衛始簋（如豆形），作始，可證。

説明：

此王姒疑當爲康王之后，尊彝器形均不古，以方彝言，已經不是斗式之方彝，而是鼓腹式，與作册夨令彝極相似了。但以書法論，還應在康王時代。

三二　乙未鼎　三行約十四字

乙未鼎拓本

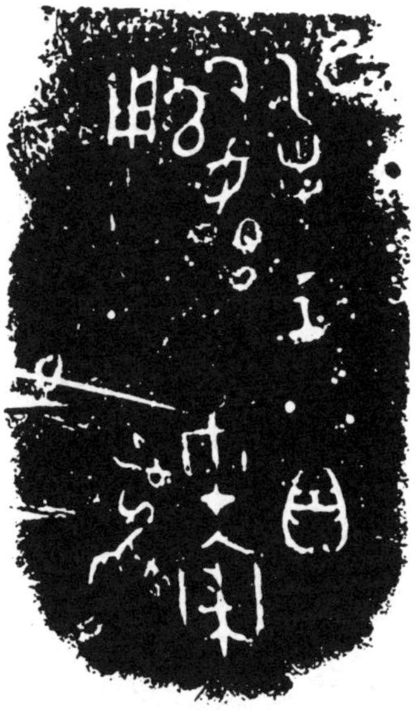

乙未王□①貝，
妟②□帛，才（在）𡨦（寢），
用乍（作）□彝。

意譯爲：

乙未這天，在寢（后宫）裏，王賞了貝，王姒賞了帛，用來做彝器。

注釋：

① 此與下句缺文，均當爲賞賜之意。
② 此妟疑即王妟。

二三三　奢簋　三行二十八字

奢簋拓本

隹（唯）十月初吉辛子（巳），公㚸[1]（姒）易（錫）奢貝，才（在）莽（方）京[2]，用乍（作）父乙寶彝，其子＝孫＝永寶。

意譯爲：

那是十月初辛巳這天，公姒在方京賞賜給奢貝，奢用來做父乙的寶器。

注釋：

① 公姒疑是召公之妻，匽侯旨鼎説作又始，當是他的祖母。

② 莽字從艹旁聲，旁當從今，今即金字，那末，旁即鈁字，等於把蒡稱爲鎬京。莽京的名字在銘文中初見，疑是康王時所創。

三四 曆鼎 四行十九字

曆鼎拓本

曆肇對元德
考（孝）𠭯①（友）隹（唯）井②（型）。乍（作）
寶障（尊）彝，其用
夙（夙）夕䵼（將）亯③（享）。

曆鼎圖像

意譯爲：

曆開始對揚大德，孝父母，友兄弟，按照規範。做這寶器，用來早晚祭祀。

注釋：

① 考𠭯就是孝友，考通孝，見前井侯簋注⑮。
② 井當讀爲型，典範。或讀爲邢，待考。
③《詩·我將》：「我將我享，維羊維牛。」將及䵼，煮肉，毛萇傳訓將爲大，非。

説明：

此器以書法論，必爲康王無疑。考通孝同井侯簋，䵼亯同魯侯獄鬲「亯䵼」。但井字究應讀邢？抑讀型？待考。

卷四上

昭王

昭王時代史料很少，古今盛傳的就是南征一事。其在位年數，《太平御覽》卷八十五引《帝王世紀》是五十一年，與《竹書紀年》的十九年不合，由銅器銘文來看，十九年是對的。

《國語·周語上》：「昔昭王娶於房，曰房后，實有爽德，協於丹朱，丹朱憑身以儀之，生穆王焉。」房國見《左傳·昭公十三年》：「靈王遷許、胡、沈、道、房、申于荆焉。」《漢書·地理志》汝南郡吴房縣，孟康注：「本房子國，楚靈王遷房於楚。吴王闔閭弟夫槩奔楚，楚封於此，爲堂谿氏。以封吴，故曰吴房。」今在河南省遂平縣西北。按：此六國中，許與申俱姜姓，胡爲歸姓，沈爲姬姓，房與道不知其姓，今昭王時銅器有王姜，則房國當亦是姜姓。《新唐書·宰相世系表》：房氏出自祁姓，舜封堯子丹朱於房。」《廣韻》房字注説：「堯子丹朱封爲房邑侯。」姓氏書都不大可靠。《竹書紀年》説「后稷放帝朱于丹水」，《山海經》稱爲帝丹朱，就是因爲住在丹水而稱爲丹朱的。丹水就在現在河南西南部，源出陝西而流入湖北省西北部的丹江口入漢水。虞舜繼承唐堯，並非由於禪讓，而是通過鬥争而取得政權的。丹朱開闢了丹水區域，所以後世還稱爲帝丹朱，豈有舜封丹朱爲房邑侯之事。僞本《竹書紀年》在成王三十三年説：「命王世子釗如房逆女，房伯祈歸于宗周。」則是僞撰者見《唐書》和《通志氏族略》等有此一説，而想附會《國語》，却又把昭王誤爲康王了。其實《國語》韋昭注解釋「丹朱憑身以儀之，生穆王焉」，是説「憑，依也。儀，匹也。……丹朱憑依其身而匹偶焉，生穆王也」。這固然是神話，但既然是丹朱的神靈與房后交配而生穆王，則房后必非丹朱的後裔是無疑的。《國語》下文又説：「使太宰以祝、史帥貍姓，奉犧牲、粢盛、玉帛往獻焉。」注説：「貍姓，丹朱之後也。神不歆非類，故帥以往焉。」又：「王使太宰忌父帥傅氏及祝、史。」注説：「傅氏，貍姓也，在周爲傅氏。」可見丹朱之後自是貍姓，也不是祁姓。説房氏出祁姓的話是完全無據的。

《史記・周本紀》説：「康王卒，子昭王瑕立。昭王之時，王道微缺。昭王南巡狩不返，卒於江上。其卒不赴告，諱之也。」爲什麽説「王道微缺」呢？没有明白交待，可能由於南征不返，就是「缺」了。《國語・齊語》説：「管子對曰：『昔吾先王昭王、穆王，世法文、武，遠績以成名，合羣叟，比校民之有道者，設象以爲民紀，式權以相應，比綴以度，竱本肇末，勸之以賞賜，糾之以刑罰，班序顛毛，以爲民紀統。』」管仲對昭、穆兩王卻是很推重的，説他們「遠績以成名」，就是説他們不是圖安逸，而是想經營四方的。大概儒家歌頌成、康之治，講的是禮樂，而管仲是法家，周王朝的政治制度，大概一直要到昭、穆兩代，才比較完備。

《左傳・僖公四年》管仲對楚國的使者説：「昭王南征而不復，寡人是問。」楚使對以「昭王之不復，君其問諸水濱」。《楚辭・天問》説：「昭后成遊，南土爰底，厥利惟何，逢彼白雉。」這是畫在楚國宗廟牆壁上的故事。《竹書紀年》説：「昭王十六年，伐楚荆，涉漢，遇大兕。」就是這一事，《天問》把兕字錯成雉字了。雉與兕音相近。《竹書紀年》又説：「昭王末年，夜清，五色光貫紫微，其年，王南征不返。」這應是引書者節録，所以説「其年」。又説：「十九年，天大曀，雉兔皆振，喪六師于漢。」就是南征不返的事。那末，昭王後期，曾兩次南征。《吕氏春秋・音初》説：「周昭王親將征荆，辛餘靡長且多力，爲王右。還反，涉漢，梁敗，王及蔡公抎於漢中，辛餘靡振王北濟，又反振蔡公。周公乃侯之于西翟，實爲長公。」這是指十九年這次南征。昭王死在漢水，但《穀梁傳》説成「昭王南征不反，我將問諸江」，所以司馬遷也説「卒於江上」，顯然是錯的。《詩・大明》説「造舟爲梁」，《方言九》説：「造舟謂之浮梁」，那是把許多船連接起來，作爲臨時的橋梁。服虔注《左傳》説：「周昭王南巡狩，涉漢，未濟，船解而溺昭王。」是説風浪太大，繫聯船的繩索斷了，所以船梁解散，昭王因此而溺。《史記正義》引《帝王世紀》説：「昭王南征，濟于漢，船人惡之，以膠船進王。王御船至中流，膠液船解，王及祭公俱没于水中而崩。」則因船解而虚構出膠船之説，真是齊東野人之語了。

從銅器銘文來看，昭王前期曾經東征，還不只南征一事。兩次南征，也可得到確證。今比次於下：

一　作册睘卣

二　作册令方尊　作册令方彝

三　𤔲工簋

四　旅鼎

五　御正爵　兩器

六　叔卣　兩器

七　寧鼎　兩器

八　員卣

九　員鼎

一〇　旟鼎

一一　厚趠方鼎　兩器

一二　䣄鼎

一三　小臣夌鼎

一四　令鼎

一五　獻簋

一六　孅𢆶方鼎

一七　小臣謎簋　兩器

一八　壴鼎

一九　吕壺

二〇　司徒鎛

二一　衛簋

二二　衛鼎

二三　作册麥方尊
二四　麥方彝
二五　麥方盉
二六　麥方鼎
二七　臣辰父癸尊
臣辰父癸卣一
臣辰父癸卣二
臣辰父癸盉
二八　交鼎
二九　启卣
三〇　師俞象尊　師俞鼎
三一　不栺方鼎一、不栺方鼎二
三二　启尊
三三　小子生方尊
三四　𤔲駿簋
三五　𤔲駿觥蓋
三六　過伯簋
三七　䡆簋
三八　作册矢令簋
三九　召尊　召卣
四〇　不𡗜簋
四一　㚸伯卣

四二　中方鼎　兩器
四三　中甗
四四　中觶
四五　誨鼎
四六　中乍父乙方鼎
四七　趩尊　趩卣
四八　作册睘卣
四九　作册睘尊
五〇　作册旂方彝
五一　相侯簋
五二　保侃母簋

一　作册睘卣　器四行蓋五行①，二十八字

作册睘卣器拓本

作册睘卣蓋拓本

作册睘卣器圖像

隹（唯）明僳②（保）殷③成周年，

公④易（錫）乍（作）册䨑⑤（睘）鬯、貝，䨑（睘）

䢅（揚）公休，用乍（作）父乙

寶䵼（尊）彝。[illegible]𠕋（册）舟⑥

意譯爲：

這是明保殷見成周的一年，公賞給作册睘鬯酒和貝，睘稱揚公的休美，用來做祭父乙的寶器。南册舟氏。

注釋：

① 器蓋行數不同，此用器銘。

② 明保即周公子明保，又稱明公，詳下作册令方尊注。

③ 殷是殷見，《周禮・大宗伯》「殷見曰同」，諸侯都來朝會的名稱。事詳作册令方尊。

④ 此公疑即明公。
⑤ 睬即睽字，《集韻》與蹊同。
⑥ 字未詳。此亦作册氏的支族。

説明：

參考下作册令方尊。

二　作册令方尊① 十行一百八十五字
作册令方彝 十四行一百八十五字

作册令方尊拓本

作册令方彝蓋拓本

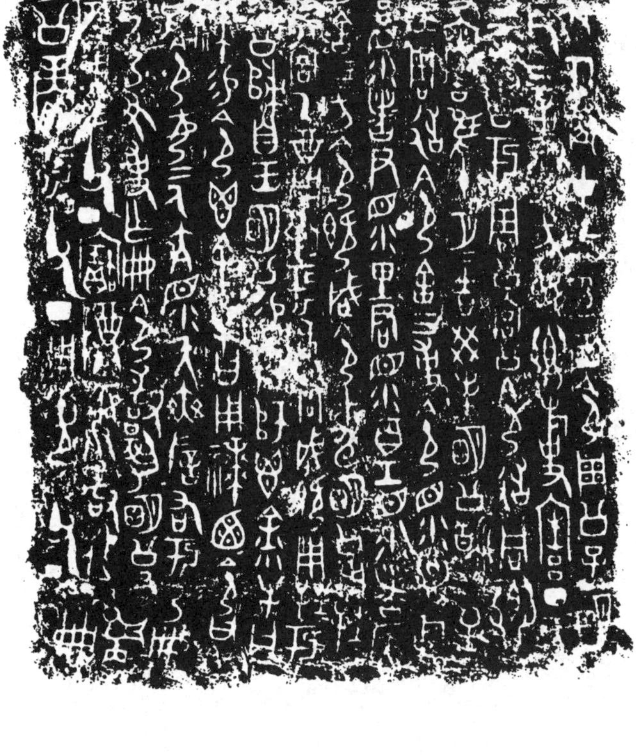

作册令方彝器拓本

隹（唯）八月，辰才（在）甲申，王令（命）周公子明偞②（保）
尹三吏③三（四）方，受④（授）卿事寮⑤（僚）。丁亥，令⑥（命）夨告
于周公宫⑦。公令（命）徃⑧（誕）同卿事寮（僚）。隹（唯）十
月＝（月）吉癸未，明公朝至于成周⑨，徃（誕）令（命）舍⑩
三吏令（命），眔（暨）卿事寮（僚），眔（暨）者（諸）尹⑪，眔（暨）里
君⑫，眔（暨）百工⑬，眔（暨）者（諸）侯，＝（侯）田（甸）男⑭。舍三（四）方令⑮（命）。既
咸令（命），甲申，明公用牲⑯于京宫⑰。乙酉，用

牲于康宮⑱。咸既，用牲于王⑲。明公歸自王⑳。明公易（錫）亢師㉑鬯、金㉒（鈈）、牛，曰：「用禘㉓（祓）」；易（錫）令鬯、金（鈈）、牛，曰：「用禘（祓）」；迺令（命）曰：「今我唯令（命）女（汝）二人：亢眔（暨）矢，奭㉔（接）㕣㉕（左）右于乃寮（僚）㠯（與）乃友吏㉖。」乍（作）冊令敢䚄（揚）明公尹人㉗（氏）宮㉘（貯），用乍（作）父丁寶㕽㉙（尊）彝，敢追明公賞（賞）于父丁，用光父丁。雋（巂）冊㉚。

作冊令方尊圖像

作冊令方彝圖像

意譯爲：

這是八月甲申那一天，王命令周公的兒子明保做三吏四方的尹，給他卿事的僚屬。丁亥，命令矢把這件事告了周公的宗廟。公命令就會見卿事的僚屬。這是十月初的癸未，明公一早到了成周，就命令發布給三吏的命令，和卿事的僚屬，和各個尹，和各個里的君長，和百官，和諸侯，包括侯服、甸服和男服。發布了給四方的命令。命令都發布完了後，甲申這天，明公到京宮舉行用牲的祭禮；乙酉這天，到康宮舉行用牲的祭禮。都完事後，在王城舉行用牲的祭禮。明公從王城回來。

明公賞給亢師鬯酒、銅砂和牛，説用來作祓祭；賞給令鬯酒、銅砂和牛，説用來作祓祭；於是命令説，現在我命令你們兩人，亢和矢，作爲我的助手，幫助處理僚屬以及同事間的事。作册令敢於對揚明公作爲尹氏的賞賜，用來做父丁寶器。敢於把明公的賞賜推到父丁，作爲父丁的光榮。巂册氏。

注釋：

① 此方尊銘與方彝的蓋器兩銘，行款都不相同，方彝蓋最清晰，是此處所選用。

② 周公子明保，疑是君陳之子，周文公旦之孫。在康王二十五年的盂鼎裏，他稱爲明伯，那時已經是重要執政了。在作册睘卣和此銘中稱爲明保，是由於他當上了太保，正如成王時的太保召公奭，在保卣裏就只稱爲保。此銘在明保當上尹以後，就改稱爲明公。明伯、明保、明公，實際上是一個人前後稱呼之異。周公是世襲的，周公死了以後，由君陳襲周公，《書序》所以只稱「君陳」，正如周公對召公也稱「君奭」。成王初期是「召公爲保，周公爲師」，召公主西方諸侯，周公主東方諸侯。周公旦死後，君陳分正東郊成周，那仍是主東方諸侯。但在成王顧命時，已由畢公來率領東方諸侯了。康王命作册畢分居里成周郊，顯然是繼承周公旦和君陳的地位。由於召公的長壽，他的太保地位始終没有變動，僞本《竹書紀年》説康王二十四年，召康公薨，是没有根據的，但召公的死總應該在康王時。明伯的爲太保則大概在昭王時了。由於召公作太保至少有四十年左右，所以明伯就稱爲明保。在這個銘裏，明保被任爲「尹三吏四方」，並且管卿事寮，地位特别高，已經兼管四方諸侯而不僅僅主東方諸侯了。這樣的官制，也許是昭王時的新制吧！在前面成王一篇裏，已經證明周公旦死時不過六十多歲，周公旦的長子伯禽封在魯了，君陳應該是他的第二個兒子，繼爲周公。此外，還有凡、蔣、邢、茅、胙、祭等國，都是周公的兒子所封的。這個明保顯然不是周公旦的兒子。伯禽和君陳等都與成王同輩，但伯禽和吕伋、王孫牟、晋侯燮都一直到康王時還在，他們都已是康王的父輩了。那末，君陳的兒子明保是昭王的父輩，所以在昭王時期成爲執政中的最高權勢者。

③ 吏字和事字多通用，此銘吏字和下文卿事寮的事字有别。《逸周書·大匡解》「三吏大夫」，注「三卿也」，按：即司徒、司馬、司空。《左傳·成公二年》「王使委于三吏」，注説是「三公也」，恐怕是錯的，三公不是經常設立的，從行政機構來説，最高的是三卿。公可以管三卿，如此明公尹三吏四方，就是作爲三吏和四方諸侯的管理者。

④ 此受讀如授，這是王授予他卿事寮。

⑤ 殷虛卜辭已經有卿事寮，也見於西周後期的番生簋與毛公厝鼎，大概是管理各個卿的事務的總衙門，等於後世的內閣。小子𣪕簋有卿事，古書作「卿士」，士事音近。《書·微子》「卿士師師非度」，《詩·長發》說：「允也天子，降予卿士，實維阿衡，實左右商王。」可見卿士的官很高，阿衡在卜辭裏作「黄尹」，與伊尹同是尹。《左傳·僖公五年》說虢仲、虢季爲文王卿士，是周因用殷制。《詩·假樂》說「百辟卿士」，應是西周前期；《國語·周語上》說榮夷公是厲王時的卿士；《詩·常武》說「王命卿士，南仲大祖」，是宣王時卿士南仲；《詩·十月之交》說「皇父卿士」，是幽王時的卿士；《國語·鄭語》又說幽王立虢石父爲卿士；《左傳·隱公三年》說：鄭武公、莊公爲平王卿士。可見從西周到春秋常有卿士的官，略等於後來的宰相，但由於後造的《周禮》不立此官，後人已不大清楚，所以注釋家對這個官常常講錯。卿事寮則是卿事的僚屬，即助手。

⑥ 這個令字承上文，還是王的命令。

⑦ 宫，宗廟。把命明公的事告周公之靈。《書序》說周公死後，「成王葬于畢，告周公。」也是告廟。可見王對周公的尊重。周公宫應在豐。

⑧ 同是聚會，會見。

⑨ 凡大事都要一清早就到，《書·召誥》「太保朝至于洛」，「周公朝至于洛」，可證。

⑩ 舍是散布。《詩·鄭風·羔裘》「彼其之子，舍命不渝」，是說發布了的命令不改變。《管子·小問》：「語曰：『澤命不渝』，信也。」澤通釋，是解散的意思。《周禮·占夢》注說：「古書釋菜、釋奠，多作舍字。」

⑪ 諸尹當與《書·酒誥》的庶尹、《顧命》的百尹相等。《酒誥》：「越在内服，百僚庶尹。」百僚即指卿事寮、太史寮等；《顧命》在太保奭等六卿下是「師氏、虎臣、百尹、御事」，這些人應是六卿以下掌管各項具體事務的官。

⑫ 里君，也見於史頌簋中所説「里君百姓」，與《書·酒誥》的「百姓里居」、《周書·商誓》的「百官里居」同，兩個居字都是君字之誤。里君比邦君低，是最小的奴隸主貴族，僅佔有一個里的土地。這是成周這個王都四郊的里君。《書序》說「康王命作册畢分居里成周」，就是爲這些里君們，重新調整或分配土地。

⑬ 百工是指各種專業的官吏，如《禮記·曲禮》所説「天子之六工，曰：土工、金工、石工、木工、獸工、草工」之類。《周

禮·考工記》所説，也都是屬於百工的。樂人也稱爲工。以上從三吏到百工，都是《書·酒誥》所説的「内服」，是屬於王朝直接管轄的疆土上的内部事情。

⑭ 諸侯是侯、甸、男的總名。侯服的國家較大，侯是能射箭的武士，而甸、男兩服都是從事農業的，男的地位最低，貢賦也最重。這三種諸侯國家，是隸屬於奴隸主王朝的主要組成部分。

⑮ 從上諸侯到這裏的四方，在《書·酒誥》里是「外服」，即外部事務。《康誥》説「侯、甸、男、邦、采、衛」；《酒誥》則説「侯、甸、男、衛、邦伯」；《召誥》「庶殷：侯、甸、男、邦伯」；《顧命》「庶邦：侯、甸、男、衛」。在此銘裏，采、衛等服都包括在四方中去了。

⑯ 用牲，祭名。《書·召誥》「用牲于郊」；《春秋·莊公二十五年》説：「六月辛未朔，日有食之，鼓，用牲于社。」「秋，大水，鼓用牲於社於門。」均可證。

⑰ 京宫是周國未伐商以前就建立的宗廟，周國原來曾稱爲京國。《詩·篤公劉》説：「篤公劉，逝彼百泉，瞻彼溥原。迺陟南岡，乃覯于京，京師之野。」是説公劉發現了京這塊土地，就「于京斯依」，在京這塊地方住下來了。《大明》説：「摯仲氏任，自彼殷商，來嫁于周，曰嬪于京。」這是説太任嫁王季時，京國已經改稱周，但還保存京的舊名；所以《思齊》説：「思齊太任，文王之母，思媚周姜，京室之婦。」而《大明》説「有命自天，命此文王，于周、于京」，説明文王時也還是周和京並用的。而宗廟還保存舊名，《吕氏春秋·古樂》説武王伐紂後回去，「乃薦俘馘于京太室」，就是京宫的太室。據《周書·世俘》武王薦俘時的京宫内祭太王、太伯、王季、虞公、文王、邑考六個祖先，實際有四代，即太王、王季、文王和邑考。太伯是王季之兄，虞公應是太伯的子侄，與文王同輩，邑考則是武王同輩。到了成王時，京宫裏的序列，已經有了變更。《詩·下武》説：「下武維周，世有哲王。三后在天，王配于京。」三后是太王、王季、文王，王配的王是武王。下面説：「永言配命，成王之孚。」那就是説成王也將是配于京的。太王是太祖，王季是昭，文王是穆，武王又是昭，成王又是穆。

京宫又叫京室，就是京宫的太室，這是太王時代的舊名，所以《思齊》説太任是「京室之婦」。新出𣪕尊記成王親政五祀時，遷宅成周，「誥宗小子於京室」，是成周有京室的又一證。《西清續鑑甲編》一、三六的甲戌鼎説：「唯四月在成周，丙戌，王在京宗。」則又叫作京宗，這是由於京宫是宗廟，也就是《周書·作雒》所説的宗宫的緣故。

《周書·作雒》記載建成周時有五宫：太廟、宗宫、考宫、路寢、明堂。太廟是祭始祖后稷的；宗宫是宗廟，也就是京宫；考宫在當時是武王，康王時就應是成王，而昭王時就應該是康王了，所以下文有康宫。

⑱ 康宫是康王的廟，在昭王時是考宫，所以特别隆重，甲申這一天祭完京宫，第二天乙酉，才用牲於康宫。康宫又叫作康廟，見南宫柳鼎和師兑簋；又叫作康寢，是康宫的寢宫。君夫簋、揚簋和休盤還都記載康宫的太室。

⑲ 王是王城，即王都的簡稱，下文説「明公歸自王」，御正衛簋説「懋父賞御正衛馬匹自王」，均可證。據《書·洛誥》周公營洛時，「我乃卜澗水東，瀍水西，惟洛食；我又卜瀍水東，亦惟洛食。」所説澗東瀍西之地，在漢代爲河南郡河南縣；瀍東之地爲雒陽縣。《漢書·地理志上》在河南縣下注：「故郟鄏地。周武王遷九鼎，周公致太平，營以爲都，是爲王城。至平王居之。」在雒陽縣下説：「周公遷殷民，是爲成周。」《詩》有《王風》。《左傳·莊公二十一年》記王子頹之亂，鄭、虢「同伐王城，鄭伯將王自圉門入，虢叔自北門入」。此外，《左傳》叙周事是經常分别提到王城和成周的。《續漢書·郡國志》劉昭注於河南下引《地道記》曰：「去雒城四十里。」《清一統志》説：漢河南縣「在今洛陽縣西北五里」，而漢洛陽縣「在今洛陽縣東北三十里」。王城與成周的大致方向，還是可以考見的。

又按：用牲於王，當在王城中的王社，《周書·作雒》説：「乃建大社于國中。」那末，「用牲于王」，跟《左傳》所説「用牲于社」實是同一事。

⑳ 王城與成周，相去三四十里，決非一日之内能在兩處行事的。從上文看，癸未，明公到成周發布三吏四方的命令，甲申祭京宫，乙酉祭康宫，大概都是在成周舉行的，下面説「咸既，用牲于王」，不應還在乙酉這一天。説「咸既」，是京宫、康宫兩處的祭禮都完了，那末，「用牲于王」，則應是另一天，而從王城回成周的路上恐怕也得一天，這些具體的時間都省略掉了。

㉑ 亢師，人名，是卿事寮之一。

㉒ 余即鈋字，音悄。《方言二》：「鈋嫽，好也。青、徐、海、岱之間曰鈋，或謂之嫽。」《玉篇》：「美金也。」或釋「鬯金小牛」誤。

㉓ 禘祭已見成王時獻侯顥鼎注。

㉔ 夾字《説文》作夾，音陝。這個字在卜辭裏最常見，字形變化最多，實是像人腋下挾着兩個器皿的形狀，和夾字像挾兩

個人有區别。在卜辭裏都用作配偶講，也有的改用妾字（詳《天壤閣甲骨文存考釋》），夾妾音近。此處當讀爲接，會合的意思。

㉕ 奞就是《説文》奞字。金文常用差字來代替左字，此處也還當左右講。

㉖ 寮是同僚，友吏是别的衙門的官吏。

㉗ 尹人就是尹氏，見康王時井侯簋注。

㉘ 宜已見康王時作册大鼎注。

㉙ 此父丁即康王時作册大鼎的祖丁，那末，作册夨令當是作册大的叔父輩。但時代反較晚，等於祭公爲穆王祖父一輩而當穆王前期。作册夨令的地位看來也高於作册大，是在昭王時，他的年事應很高。

㉚ 雋册是雋氏而世官作册的。雋即巂字，《説文》：「巂，周燕也，從隹。屮象其冠也，冏聲。」按：此像隹在冂上。隹字即像鷄形，甲骨文雞字的隹旁，有時就加畫冠形，應是從象形發展爲形聲字時加上奚聲。冂即内字，又作㕯。《説文》解爲周燕是錯的。

册字方彝蓋如此，器銘與尊銘均作𠕋，兩册相對。册與𠕋實一字，作爲氏名，常對文。除册外，其例極多。

説明：

此銘記昭王初的大事，是西周重要器銘之一。明公被任爲尹，是當時執政中地位最高者，君奭、君陳，其實都是尹，尹和君是一字。此詳記被命爲尹之後舉行的禮節。明保由八月被命，其後接見了卿事寮，進行籌備，直到十月始到成周就任，準備時間就用了兩個月。他一定要到成周去發布三吏四方之命，可見西周王都，實在洛邑而不在宗周，從成王遷都成周後，後代之所以還常住宗周，只是居住習慣所致罷了。

明公被任爲尹，而在布命之後，還要祭京宫與康宫，還要祭王城中的社，這個典禮是十分隆重的。此銘開始叙述王命時，特别提出周公子明保，又要把命他尹三吏四方的事告於周公的廟，看來，明公此次的任命，是繼承周公的。周公旦曾經攝政，周公後世的權力，也應跟别的執政不一樣，所以如此隆重。

康宫這個名稱是在這件銘文中最先提出來的，由此可以確定這件銅器一定作於康王以後，再證以作册夨的另一器記王於伐楚，就確證此應在昭王時。這在判斷西周初期銅器時代是一個十分重要的標準。

以恭王時的銅器稱穆王初死時的宗廟爲新宫來看，此銘稱康宫，已經不是昭王初立時了。從朔閏表來看，康王時的廿五祀盂鼎應爲公元前一〇一五年。文獻記載都説康王在位二十六年，則昭王元年是公元前一〇一三年。此銘説「十月月吉癸未」，在朔閏表裏則在公元前一〇〇七年。周曆十月爲壬午朔，癸未爲二日，如果能假定此銘所記爲前一〇〇七年事，那末，當在昭王七年了。

明公之所以得到如此重任，似與昭王的經常出征有關，古代交通不便，周王遠征，一定要有重臣監國。據《吕氏春秋》，昭王南征時是跟祭公同行的，而昭王溺於漢水以後，周公封辛餘靡，這個周公當是監國重臣，很可能就是此銘的明公。

三　囙工簋　四行二十二字

囙工簋拓本

唯王令（命）明公
遣三族[1]伐東
或[2]（國），才（在）䣄[3]，魯侯[4]又（右）
囙（繇）工[5]，用乍（作）肇[6]（旅）彝。

囙工簋圖像

意譯爲：

王命令明公派遣三族去征伐東方，在𤔲的地方，魯侯幫助了囧工，用來做族中公用的彝器。

注釋：

① 三族當包括魯國。班簋記王命毛公伐東國痟戎，曾由吴伯、吕伯爲左右，也是三族。

② 東國指東方，從旅鼎來看，當時東夷在造反，班簋説東國痟戎可證。

③ 此字未詳，地名。

④ 康王時已收魯侯熙鬲，是魯煬公。據《史記・魯世家》煬公在位只有六年，劉歆《三統曆・世經》則以爲六十年，比《史記》多五十四年，按：《世經》對周的總年代比殷曆多出四十七年，此年代不可信，煬公不可能到昭王時代。煬公之子幽公宰，在位十四年，此魯侯可能就是幽公。

⑤ 囧工疑是作器者。囧讀爲繇。卜辭常見囧字，從卜□聲，□即卣字，此疑當讀如繇。

⑥ 肇就是旅字，旅本像人手持旗招致群衆，此則持旗的人在車上。《左傳・哀公元年》説「有衆一旅」，《司馬法》：「軍之五百人爲旅。」在很古的時代，以氏族爲基礎，五百人的軍隊已經比較强大了。在銅器銘裏，宗彝是在宗廟中供祭祀用的，旅彝應是供公衆用的禮器。

説明：

此器記述明公東征之事，當在作尹之後。器中明公與魯侯並出，明示明公決非魯侯。

四　旅鼎　六行三十四字

旅鼎拓本

隹（唯）公大（太）倸①（保）來
伐反尸②（夷）年，才（在）
十又一月庚申，公
才（在）盩𠂤③（師），公錫
旅貝十朋，旅用
乍（作）父□嘆（尊）彝。來。

旅鼎圖像

意譯爲：

這是公太保來伐反夷的一年，在十一月庚申這天，公賞給旅十掛貝，旅用來做父□的祭器。來氏。

注釋：

① 此公太保當是明保，即明公。此保字從玉，決非成王初期。成康之間，號稱刑措四十餘年不用，當時是沒有重大戰役的。康王末期以後，戰爭重又興起，盂伐鬼方，是其一例，此時召公當已死。即使還在，年壽這樣高，也不能統兵遠征了。此銘所記伐反夷事，當與上囟工簋所説的伐東國爲一事，因此定爲明公。

② 旅當是東方諸侯國的人，很可能就是魯國人，魯與夷鄰近，所以説來伐反夷，是來到東方，而且只説反夷，沒有指出是

東夷還是南夷。

③ 當在漢代的右扶風盩厔縣，周初器有盩司土尊和卣。今陝西省周至縣東洛南鎮是漢代的盩厔地。

五 御正爵 兩器① 五行二十一字又鋬内一字

御正爵拓本

隹（唯）三（四）月

即朢（望）丁亥，今大（太）

傺②（保）賁（賞）

御正□貝，用乍（作）

父辛

隫（尊）彝。

子。

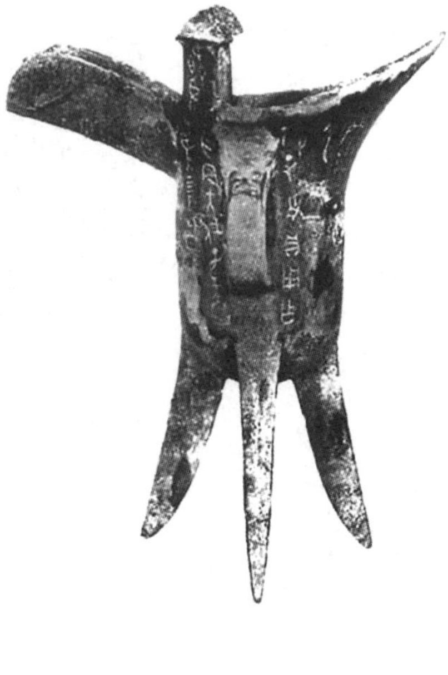

御正爵圖像

意譯爲：

這是四月望日後的丁亥這天，現在的太保賞給御正□貝，用來做父辛的祭器。子氏。

注釋：

① 此銘《三代》只一器，鮑鼎《金文著録表補遺》據拓本有二器。

② 此稱今太保，可見不是召公，這是由於召公作太保已久，人所習知，所以此銘作者特加一今字以爲區别。今太保當即明保。

六 叔卣

兩器

並蓋器全五行三十二字

叔卣一蓋拓本

叔卣二蓋拓本

叔卣一器拓本

叔卣二器拓本

叔卣一圖像

叔卣二圖像

隹（唯）王䘳（祓）于宗周①，
王姜史②叔吏（使）于大（太）
𠒇（保），𧶠（賞）叔𣐼（椅）鬯③、白
金、䞒④牛，叔對大（太）𠒇（保）
休，用乍（作）寶䵼（尊）彝。

意譯爲：

那是王在宗周舉行祓祭的，王姜的史官叔被派到太保那裏，太保賞給叔𩰪鬯（一種香酒）、白金（銀）和犓牛，對揚太保的休美，用來做寶器。

注釋：

① 這和成王時的大䘳，不是同時事，這裏保字已從玉作𠒇，並與王姜同時，當是昭王時事。

② 王姜的史大概屬於内史，《周禮・宫正》注説：「官府之在宫中者，若：膳夫、玉府、内宰、内史之屬。」

③ 𣐼字從林從夸聲，夸即奇字，像一個人騎在另一個人的背上，騎馬的騎字就是由此發展出來的。從林與從木同，那末，𣐼就是椅字。此處椅字疑當讀如𩰪，奇巨一聲之轉。《書・文侯之命》「用賚爾𩰪鬯一卣」，金文中常見𩰪鬯，也作䰞，從巨聲。

④ 䞒是趨字，止同走，㪷即芻，《説文》芻像包束艸之形是錯的。此讀作犓，《説文》：「犓，以芻莖養牛也。引《春秋國語》曰：『犓豢幾何』。」今《楚語》作芻。《周禮・充人》：「掌繫祭祀之牲牷，祀五帝則繫于牢芻之三月，享先王亦如之。」可見祭祀用牛是要關起來專門飼養的。用芻來飼牛的專字是犓，經過這種飼養的牛叫犓牛。《文選・七發》「犓牛之腴」，《淮南・詮言》説：「菰飯犓牛，弗能甘也。」可見這種牛是養得很肥的。

説明：

這個太保也是明保，作册令尊和方彝記明保賞給亢師和夨兩人三項，是：（1）鬯；（2）鈔；（3）牛，讓他們用以供禓祭。此銘記太保賞賜叔也是三項：（1）椅鬯；（2）白金；（3）𤛮牛，這是王在宗周䇂祭的時候，想必也是供他們䇂祭用的。這種儀式的相同，也可證明這個太保就是明保。

七　䨮鼎　兩器　四行三十四字

䨮鼎一拓本

隹（唯）王伐東尸①（夷），濂②公令（命）䨮③眔（暨）史旟④曰：「㠯（以）師氏⑤（氏）眔（暨）有嗣（司）後。」或⑥𢦚⑦伐腺⑧，䨮孚（俘）貝，䨮用乍（作）餥⑨公寶隮（尊）鼎。

䨮鼎圖像

□鼎二拓本

意譯爲：

王伐東夷，溓公命令□和史旟説：「帶着師氏和官吏作爲後續部隊。」於是擊伐了䳄國，□俘獲了貝，用來做竇公的寶鼎。

注釋：

① 這個王與王姜同時，應是昭王。成王伐東夷，是與周公同去的。此銘爲溓公。又武王、成王時俘獲須上交，即獻俘，不説個人的俘獲，叙述俘貝俘銅而作銅器的，大都在昭王時代。

② 溓字見《説文》，從水從兼聲。兼像手持兩箭。《儀禮·鄉射禮》「兼諸弣」，注「並矢於弣」，是挾兩矢以備躲。宋薛尚功《鐘鼎彝器款識》卷二(復年按：三)父丙卣有㒹字，作□，正像張弓之旁手挾兩矢形。兼字有從兩矢與從兩禾二體，古代音讀當同。後世只通行從兩禾的兼，從兩矢的兼字已廢。

③ □字待考。

④ 旟當即旗字，從舁即輿字，通與。宋代所出齊侯鎛有旟字。

⑤ 此師字市旁微變似于字，氏字誤爲氏(厥)，銘云「眔有司」，可見當爲師氏。《書·顧命》説「師氏、虎臣」；令鼎説「王射，有司眔師氏小子合射」。

⑥ 或與則同。《易·益上九》：「莫益之，或擊之。」《繫辭下》解爲：「莫之與，則傷之者至矣。」

⑦ 戮字當從叉戎聲，卜辭有戎字，當是兵器之孑（釨）的專字。《方言卷九》：「戟，楚謂之孑；凡戟而無刃，秦晉之間謂之釨。」此疑讀爲擊，孑擊音近。

⑧ 鴅字又見鴅公劍及闟丘戈，當即脽字，隹與鳥通。

⑨ 飬與餐同，見《玉篇》、《廣韻》。《説文》作湌。

八 員卣　三行十七字

員卣蓋拓本

員卣器拓本

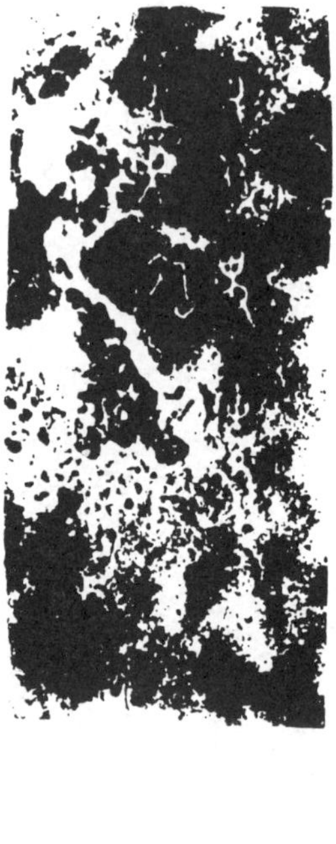

鼎（員）從史旟（旗）伐會（檜）①，鼎（員）先内（入）邑，鼎（員）孚（俘）金，用乍（作）旅彝。

意譯爲：

員跟隨史旗伐檜國，員先進城，俘獲了銅，用來做族中公用的彝器。

注釋：

① 會就是檜國，也作鄶。《史記·楚世家》說：「吴回爲祝融。吴回生陸終，陸終生子六人，四曰會人。」集解引《世本》：「會人者鄭是也。」《漢書·地理志下》說：「子男之國，虢會爲大。」《詩》有《檜風》；《國語·鄭語》「妘姓：鄔、鄶、路、偪陽」。《周語》「鄶由叔妘」，是說由叔妘而亡國。《說文》：「鄶，祝融之後，妘姓所封，潧洧之間，鄭滅之。」鄭玄《詩譜》說：「檜者古高辛氏火正祝融之虚。」《經典釋文》引王肅《毛詩注》：「周武王封祝融之後於濟洛河潁之間爲檜子。」按：鄶國在今河南省新鄭、密縣一帶，本是帝嚳時代祝融氏的故國，他們的後裔還在那裏，周初就他們的原來國家而加封的。成王、周公東征時，主要是伐殷都，後來就踐奄，伐東夷，不可能伐檜。此以史旟爲將，與王姜同時，爲昭王時期無疑。

九　員鼎　四行二十六字

員鼎拓本

唯征①（正）月既望癸酉，
王獸②（狩）于眂（視）𢿤（廩），王令（命）
鼎（員）執③犬休譱（善），用乍（作）
父甲𩰫鼎彝。𦞵④。

員鼎圖像

意譯爲：

那是正月半過後癸酉這天，王在視廩地方巡狩，王命令員管理狗而得到誇獎，用以做祭父甲時煮肉用的彝器。㸚氏。

注釋：

① 征月即正月。

② 戰就是獸字，本是狩獵的意思。從犬從單，單和畢同是狩獵用的工具，犬是獵犬。後世把獸當作禽獸的專字，因另造狩字。《書序》：「武王伐殷，往伐，歸獸，識其政事，作《武成》。」《史記·周本紀》作：「乃罷兵西歸行狩，記政事。」是説武王伐殷後，在回去時舉行狩獵，本極明白。《周書·世俘》説：「武王狩，禽虎二十有二，貓二，麋五千二百三十五，犀十有二，氂七百二十有一，熊百五十有一，羆百一十有八，豕三百五十有二，貉十有八，麈十有六，麝五十，麋三十，鹿三千五百有八。」就是記這件事。注《尚書》的人都把獸字誤釋爲禽獸，因而附會《禮記·樂記》：「馬散之華山之陽而弗復乘，牛散之桃林之野而弗復服。」僞孔傳説：「偃武修文，歸馬牛於華山桃林之牧地。」顯然是錯的。孔晁《周書注》説：「武王克紂遂總其國所獲禽獸。」也是錯的。《三體石經》狩字的古文作獸。在奴隸制國家裏，奴隸主統治者的狩獵和巡狩有聯繫，《書·堯典》「歲二月東巡守」，守就是狩。《周易·明夷九三》：「明夷于南狩。」注：「狩者，征伐之類。」昭王時銅器常説獸某地。《水經·滍水注》説：「上曲陽縣故城，本岳牧朝宿之邑也。古者天子巡狩，常以歲十一月至于北岳，侯伯皆有湯沐邑以自齋潔。周昭王南征不還，巡狩禮廢，邑郭仍存。」其實周王出遊，是穆王以後才停止的。

③ 執是管理。《大戴禮·夏小正》「執養宮事」，傳「執，操也。」

④ 讀如翼，從爿𡖊聲。爿和爿同，𡖊像大人負荷在項上的形狀。此爲氏族名，卜辭常見𡖊族。

附録：員所作器

一　員鼎　三字

員鼎拓本

員乍（作）鼎（鼎）。

二　員尊　三字

員尊拓本

員乍（作）旅。

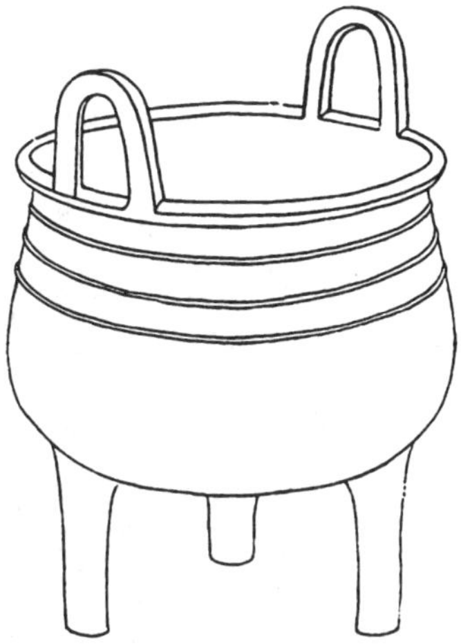

員鼎圖像

三　員盉　三字

員盉拓本

員作盉。

四　員觶　四字

員觶一蓋拓本

員觶二蓋拓本

員乍（作）旅彝。

員觶一器拓本

員觶二器拓本

員觶一圖像

員觶二圖像

五　員壺　四字

員壺蓋拓本

員壺器拓本

員壺圖像

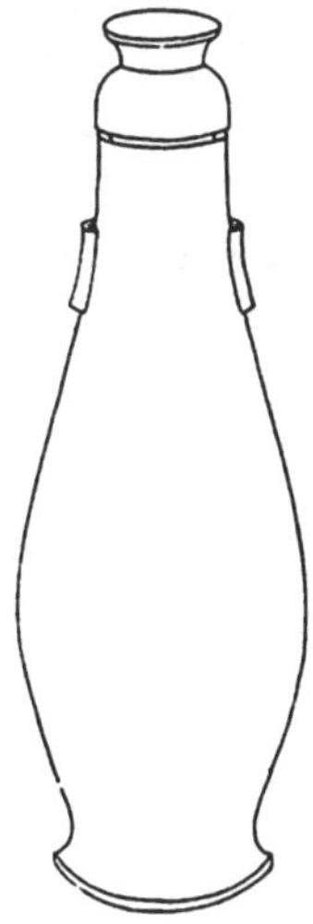

員乍（作）旅𡔷（壺）。

六　員卣　三字

員卣蓋拓本

員卣器拓本

員卣圖像

員乍（作）夾。

一〇 旟鼎 四行二十八字

旟鼎拓本

旟鼎圖像

唯八月初吉王姜

易（錫）旟（旗）田三①于待𠟭②，

師櫨（櫨）酤③（告）兄（貺），用對王

休，子〓孫其永寶。

意譯爲：

這是八月上旬，王姜賞給旟在待𠟭地方的三百畝田，師櫨告知了這個賞錫，用以對揚王休，子子孫孫永以爲寶。

注釋：

① 田三就是别的器銘中的田三田，詳見後共王時的衛鼎。

② 𠡧應是從田𠝹聲，金文常見的𠡧伯、𠡧叔，則是從呂𠝹聲。𠝹所從的卣，即囟，是簟之象形字。從刀卣聲，疑當讀鐔，是刀劍的鼻，所以從刀。

③ 酷當讀爲告。

説明：

此爲王姜的賞錫而説「用對王休」，可見王姜在昭王出遊時，可以代行王權。

此器器形、花紋與文字、書法很像康王後期的盂鼎，但已是王姜執政，疑當是在昭王前期。

一一 厚趠方鼎 兩器① 五行三十四字

厚趠方鼎拓本

隹（唯）王來各（格）于成周年，厚趠又（有）償②（歸）于𣶃公，趠用乍（作）氏（厥）文考父辛寶䵼（尊）齋③，其子=孫=永寶。朿。

厚趠方鼎圖像

意譯爲：

這是王來到成周的一年，厚趠受到了溓公的餽贈，趠用來做文考父辛的煮黍稷的寶器。束氏。

注釋：

① 此器宋代曾有出土，近代著録的當是同銘異器，但行款全同。

② 償字當是從人賠聲。新出玗駿觥蓋有遚字，則是從辵賠聲。賠字從貝省聲，省與自爲一字，自是農具的一種，上作屮形是其刺，金文追字常從省，可證。償當讀如歸，歸字從自聲。《廣雅・釋詁三》「歸，遺也」，古書常用歸爲餽贈。

③ 齋即齍字與齌字。《説文》：「齍，黍稷在器以祀者。」又：「齌，炊餔疾也。」銅器用齋、齍、齌等名，只有鼎、鬲兩種，可見是炊煮黍稷器而不是盛器。《善齋吉金録》把方鼎都稱爲齋，與鼎分別，是錯的。稱齋的很多都是圓鼎，還有鬲，並非都是方鼎。

説明：

此銘以王來格成周來記年，當是王初次去成周。按：作册令方尊記明公到成周去發布三吏四方命時，實是代王行禮。王又遣明公伐東國，似彼時昭王還未曾去成周。此銘王格成周則當由王將親伐東夷。𩰫鼎所説王伐東夷，溓公爲將，似與此銘是同時事。

一二　𤔲鼎　五行二十八字

𤔲鼎拓本

王初□𠄢（亙）①于成周，溓公蔑𤔲（司）曆，易（錫）睘□[illegible]。𤔲（司）𩔳（揚）公休，用乍（作）父□𣪘（尊）□。丙。

𤔲鼎圖像

注釋：

唐蘭眉批：查《賸稿》。（整理説明：《河南吉金圖志賸稿》一九三九年孫海波編。）

① 𠄢疑即亙字，卜辭有𠄢字，爲畫字所從，當即亘字（晅的本字，與𠄢異），那末𠄢應該就是亙字，就是「如月之恆」的恆字。

説明：

此銘亙上一字不晰，不詳何事，但説「王初□亙于成周」，也是初到成周，與上銘當是同時事，所以也是溓公任事。

一三　小臣夌鼎　八行四十九字

小臣夌鼎拓本

正月王才（在）成周，
王徣①于楚禁②（麓），令（命）
小臣夌先省（省）楚应③（位）。
王至于徣应（位），無
遣④（譴）。小臣夌易（錫）貝，易（錫）
馬兩。夌𢷎（拜）𩒨（稽）首，
對䀋（揚）王休，用乍（作）
季㛸⑤（妘）寶䵼（尊）彝。

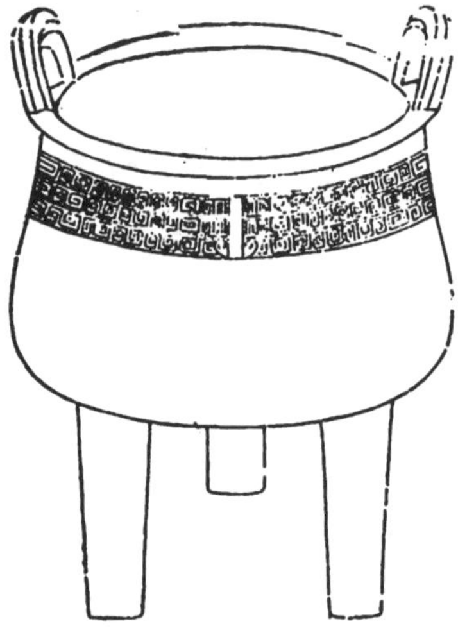

小臣夌鼎圖像

意譯爲：

正月，王在成周，王要去楚麓，命令小臣麦先去查看楚麓的行宫。王到了行宫，没有什麽事故。賞小臣麦貝，還賞了兩匹馬。麦拜，叩頭，對揚王的休美，用來做季妘的寶器。

注釋：

①此字宋《薛氏鐘鼎款識》（復年按：宋薛尚功《歷代鐘鼎彝器款識》）卷九作𢓊，原釋徙，今按元楊鉤《增廣鐘鼎篆韻四》作𢓊，當即卜辭常見的徆字，徆通步，《書·召誥》「王朝步自周」，《左傳·僖公三十三年》「寡君聞吾子將步師出於敝邑」，都是。《離騷》：「步餘馬於蘭皋兮。」注：「徐行也。」

②楚麓疑即楚邱。春秋時有兩個楚邱，《春秋·隱公七年》：「戎伐凡伯于楚邱以歸。」在漢山陽郡成武縣，今山東省成武縣境，是由洛陽去魯國所經之道；另一是《春秋·僖公二年》「城楚邱」，在今河南省滑縣。疑此是伐東夷時事，應是成武的楚邱。

③应字或作宆、应。《説文》有应字，音拉，「不聲也」。《集韻》有应字，「屋聲」，均非此處所用。今按：应應讀爲位。《書·召誥》説：「太保乃以庶殷攻位於洛汭，越五日甲寅，位成。」這個位是準備成王、周公到洛邑後臨時舉行典禮的地方，等於後代的行宫，所以前後一共只有五天就建成了。西周青銅器銘中，凡稱在某地的应的都在昭王、穆王和共王初期，這是由於昭穆時代，周王經常出遊的緣故，宫室廟寢是永久性的建築，应則是臨時性的比較簡單的。

④無遺與成王時余簋的亡書同。

⑤《説文》：「妘，祝融之後姓也，從女云聲。嫄，籀文從員聲。」

説明：

此在正月，可能與員鼎的征月王獸昏歔同時。

一四　令鼎　八行七十字

令鼎拓本

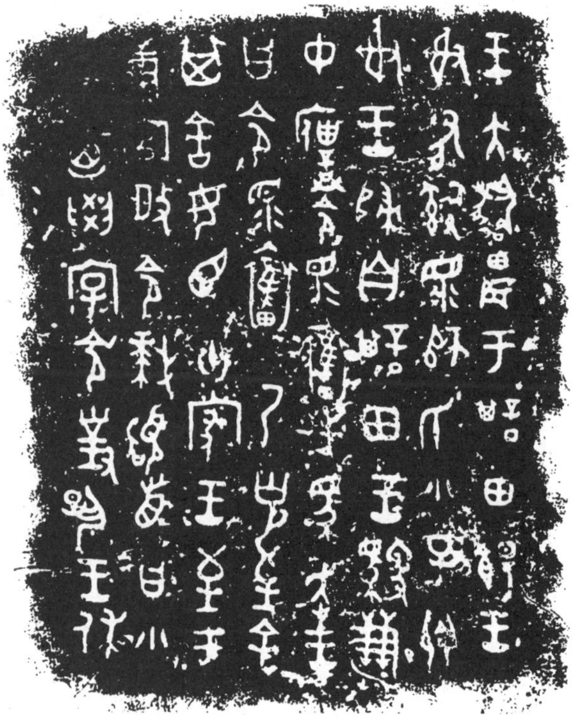

王大耤（藉）農（農）①于諆田②，餳③，王䠶（射），有嗣（司）眔（暨）師氏、小子𠨍（合）䠶（射）。王歸自諆田，王馭（御），溓中（仲）僕④（僕），令眔（暨）奮先馬走⑤。王曰：「令眔（暨）奮，乃克至，余其舍⑥（予）女（汝）臣卅家。」王至于溓宮，攸⑦（外）。令捧（拜）𩒨（稽）首曰：「小子迺學。」令對𠯑（揚）王休。

意譯爲：

王在諆田地方舉行藉農大典。午後，王行射禮，職官們和老師們，貴族子弟的學生們一起射箭。王從諆田回來，王自己御馬，溓仲做僕夫，令和奮走在馬的前面。王說：「令和奮啊！你能走到，我要給你奴隸三十家。」王到了溓家，是晚上了。令拜，叩頭，說：「小子是學習。」令對揚王的休美。

注釋：

① 耤就是耤字，卜辭本作耒，像一人執耒，以一足踏耒，使耒尖入土，用以耕田的形狀。後來加上聲符昔字作耤，此銘與宋代所出㦸簋「官𤔲耤田」並同。更後又省去人形，即丮旁而成爲耤字，就由圖畫文字而轉化爲完全的形聲文字了。《説文》：「耤，帝耤千畝也，古者使民如借，故謂之耤。」已經不知道耤字的本義。古書都借用藉字。耤本是原始社會的一種方法，《漢書·文帝紀》注引臣瓚説「藉謂蹈藉也」，是比較接近原意的。在奴隸制社會裏，土地被最高統治者所佔有，統治者把土地分給大大小小的奴隸主貴族耕種時，把其中一小部分（約十分之一）作爲公田，要奴隸主們派出其奴隸爲公家無償地耕種收獲，而大部分作爲奴隸主們的私田。這種勞役制度，等於後世的抽税，所以《詩·韓奕》「實畝實藉」，鄭玄箋就説是「税也」。但從表面上看，好像只是借用貴族們的人力物力，跟後來的税有所不同，所以《禮記·王制》説「古者公田藉而不税」，注：「藉之言借也，借民力治公田。」因此，耤字可以解釋爲借。而漢代的訓詁學家都説成「使民如借，故謂之耤」，是把事實因果顛倒了。耤是奴隸制社會的一種地租制度，㦸簋説「命汝作司徒，官司耤田」，可證。它是由司徒管理的。所謂王耕藉田，只是由周王去推一下土，做做樣子表示注重農業罷了。《國語·周語上》：「宣王即位，不藉千畝。」千畝是地名，當然，可能由於這塊土地有千畝而作爲地名，而後來禮學家就説成天子自己種一千畝田，這是一種誤解。此銘説「王大耤農于諆田」，可見王耕藉田是爲了藉農，種田還是要農夫們去種的，畝數多少不是主要的，這只是一種典禮儀式罷了。所以在這種儀式終了時，就舉行了射禮。《周禮·甸師》説：「掌帥其屬而耕耨王藉，以時入之，以供齍盛。」這本春秋末期所編的書，已經不懂得西周奴隸制時代的藉田制度實際是什麼了。

② 諆田地名。如《詩》的甫田、桑田、新田，《春秋》的郲田、鄆田，《左傳》的許田、杞田、閻田、制田、戚田、鄇田、鄐田、州田、莒田之類，是諆地之田。

③ 餳就是餳字，《説文》：「餳，晝食也，從食象聲。餳，或從傷省聲。」《説文》另有餳字：「飴和饊者也。」實際上餳和餳只是一字，由於所代表語彙不同而強生分别罷了。餳從昜聲，昜就是太陽，《詩·湛露》「匪陽不晞」，傳：「日也。」所以晝食稱爲餳。奴隸主貴族的統治者，一天吃四頓飯，《白虎通·禮樂》有：平旦食、晝食、餔食和暮食，晝食應是中午飯。民間一般是兩頓，白天的飯要到下午才吃，所以《廣韻》説「日西食爲餳」，餳、餳與晌同音，所以現代還稱下午

爲晌午。

④僕本是奴隸的一種，在駕車時是御者。《詩・出車》「召彼僕夫」，傳：「御夫也。」此銘周王自御，而濂仲爲僕，則御與僕有區別，僕當是佐助御者。

⑤《荀子・正論》：「天子……乘大輅……三公奉軶持納，諸侯持輪挾輿先馬。」注：「先馬，導馬也。」漢以後因有太子洗馬的官名。先字或誤作牛，《漢書・司馬遷傳》「太史公牛馬走」，牛馬走應即先馬走，注解爲掌牛馬之僕，誤。

⑥舍與余爲一字，余通予。《爾雅・釋詁》：「予，賜也。」

⑦殀當即外字，《説文》攴從又卜聲，此從攴與從卜同。《説文》：「外，遠也，從夕卜，卜尚平旦，今夕卜，於事外矣。」説頗牽強。殀當與夙同義，夙像早起，披星戴月而作事；殀則晚間，月已出而尚作事。《説文》閒字古文從外作閑，金文也有閑字，可見外與月通。此銘在錫後合射，而後王自諆田歸濂宫，其時已月出矣。殀字在此必爲時間之名無疑。

説明：

此銘濂仲當是濂公之子，今附此。

此記耤農之禮，並及合射，可以考見當時禮制。

周王合射並自御，可見當時奴隸主貴族的教育，確是以禮、樂、射、御、書、數六者即所謂六藝爲主的，而以易、詩、書、禮、樂、春秋爲六藝，則是孔丘以後儒家所倡的。

此令應是濂公一家，而尚是小子，與作册矢令非一人。

一五　獻簋　六行五十二字

獻簋拓本

隹（唯）九月既望庚寅，櫨（櫨）白（伯）于遘①（覲）王休，亡尤。朕辟天子，櫨（櫨）白（伯）令②（命）氏（厥）臣獻（獻）金車③，對朕辟休，乍（作）朕文考光父乙④，十枻（葉）⑤不諲（忘）。獻（獻）身才（在）畢公家，受天子休。

獻簋圖像

意譯爲：

這是九月望後庚寅那一天，櫨伯遇見王的休美，没有過失。我的君長天子讓櫨伯賞賜他的臣子獻一輛銅飾的車子。對揚我的君長的休賜，做我的文考名叫光在乙日祭祀的，傳十代都不會忘記獻自己在畢公家裏受天子的休賜。

注釋：

①遘就是覯字，《説文》：「遘，遇也。」又：「覯，遇見也。」《詩・草蟲》「亦既見止，亦既覯止」，見與覯不同，覯是偶然的遇見。

②令就是命字，《小爾雅・廣言》：「命，予也。」

③金車是用青銅車具裝飾的車子，《易・困九四》：「困于金車。」

④光似是父乙之名。此下脱所做器名。

⑤枼與世同。

説明：

此櫨伯當是前旗鼎銘中師櫨之子。

一六　𡢁䌛方鼎　六行三十二字

𡢁䌛方鼎拓本

隹（唯）二月初吉庚
寅，才（在）宗周，櫨（櫨）中（仲）
賁（賞）氏（厥）𡢁①（養）䌛②（奚）
逐（旞）毛③（旄）兩、馬匹，對
䫉（揚）尹休，用乍（作）己公
寶障（尊）彝。

𡢁䌛方鼎圖像

意譯爲：

這是二月上旬庚寅這一天，在宗周，櫨仲賞給他的養名叫奚的兩杆帶羽毛的旌和一匹馬，對揚尹的休惠，用來做已公的寶器。

注釋：

① 嬞當即姘，從𦣞即臣，姘通養，已見成王時的弔德簋。屬於臣僕一類，所以從臣，如僕的古文作蹼。弔德簋説「錫叔德臣姘十人」，則養是臣的一類。在奴隸制社會裏，貴族子弟常去投靠某一權勢者做家臣的。養有多種，從此銘所賞的物品來看，似屬於厮、養、卒一類，跟隨兵車的。

② 此字從𢆶從奚，𢆶即系字的繁體，奚字本是象形字，像人戴豎立很高的髮辮形，是代表古代一種少數民族的裝飾，奚字即從此。鷄疑仍是奚字。此處當是養的名。

③ 逐即遂字，鞞遂字金文作䜌與䢔，可證。此遂毛當讀爲旞旄，《説文》：「導車所載全羽，允允而進也。」又：「旄，幢也。」按：旞與旌略同，全羽爲旞，析羽爲旌，導車載旞，游車載旌，都是在竿頭上安上鳥羽，而旄則本是在竿上掛上旄牛尾。所以旞旄，又可稱爲羽旄。《孟子·梁惠王》説「見羽旄之美」，羽旄較珍貴。《左傳·襄公十四年》：「范宣子假羽毛於齊而弗歸，齊人始貳。」作羽毛。《左傳·定公四年》：「晉人假羽旄於鄭，鄭人與之。明日，或旆以會，晉於是失諸侯。」杜預注把或解爲賤人，可見有些身份比較低的人也能用羽旄的。所以櫨仲把兩份旞旄賞給他的養。

説明：

櫨仲與櫨伯當是兄弟。

此銘可以看到在奴隸制社會裏，有些高級奴隸出身貴族，如此養奚是已公後人，所以能受到尹的賞賜，也能做祭器。奴隸制社會的階級關係是很複雜的，如果簡單地只看作是奴隸主與奴隸的矛盾，就錯誤了。

附録：

一　樝中鼎　二行五字

樝中鼎拓本

樝（樝）中（仲）乍（作）肈（旅）彝。

二　樝中簋　器蓋二行四字

樝中簋蓋拓本

樝（樝）中（仲）乍（作）肈（旅）。

樝中簋器拓本

樝中簋圖像

一七 小臣謎簋

兩器　均器蓋全八行六十四字

小臣謎簋一器拓本

小臣謎簋一蓋拓本

叡①東尸(夷)大反,白(伯)懋父②
吕(以)殷八𠂤③(師)征東尸(夷)。唯
十又一月,遣④自𨸏⑤(相)𠂤(師),述⑥
東陕⑦(滕),伐海眉⑧(湄)。雩(粤)氏(厥)復
歸⑨,才(在)牧𠂤⑩(師),白(伯)懋父承(承)
王令⑪(命),易(錫)𠂤(師)達征自五
齵⑫(隅)貝。小臣謎⑬蔑曆,眔(暨)
易(錫)貝,用乍(作)寶𨽥(尊)彝。

小臣謎簋二蓋拓本

小臣謎簋一圖像

小臣謎簋二器拓本

小臣謎簋二圖像

意譯爲：

當東夷大反時，伯懋父率領殷地的八師軍隊征伐東夷。那是十一月，從𡚸師出發，經過東滕，伐海邊。從那裏回來，在牧師那裏，伯懋父奉了王命賞賜師裏面帶兵出征從五齵的人貝。小臣謎被叙功績並賞了貝，用來做寶器。

注釋：

① 𡨦，發語詞，录𢦏卣「𡨦淮夷敢伐内國」，與此詞例正同。《書·費誓》：「徂兹淮夷徐戎並興。」作徂，《説文》退字或作徂，籀文作遣。遣通𡨦。

② 郭沫若同志説是康叔封的兒子康伯髦，也就是《左傳·昭公十二年》的王孫牟，應可信。康叔封是成王的叔父，但在成王的叔父中是最年輕的，曾作成王的司寇。在成王死時，《書·顧命》所説「太保奭、芮伯、彤伯、畢公、衛侯、毛公」等六人中，鄭玄説「芮伯入爲宗伯，畢公入爲司馬」，衛侯應當還是作司寇的康叔封。《世本》：「康伯名髦。」宋衷注：「即王孫牟也，事周康王爲大夫。」《左傳·昭公十二年》説：「熊繹與吕伋、王孫牟、燮父、禽父並事康王。」髦、牟和懋，音並相近。此銘伯懋父以殷八師伐東夷，回來時又在牧師賞貝，牧師就是牧野，屬衛地，那末，伯懋父即康伯髦無疑。康伯髦應在康王、昭王時代，孫詒讓《周書斠補》説是「《周書·作雒解》的中旄父」是錯的，中旄父在周公攝政時，時代不相及。

③ 殷八師應是周初的兵制，禹鼎有西六師、殷八師。殷八師在此銘中就有𡚸師與牧師，乍册睘簋有朽𠂤，䍙卣有炎𠂤，師寰簋有齊𠂤，似都屬於殷八師。

④ 遣字一器作𦥑，通假字。遣，發送。

⑤ 𡚸字疑從𠁁象聲，《書序》「河亶甲居相」，《括地志》説：「故殷城在相州内黄縣東南十三里，即河亶甲所築都之，故名殷城也。」（見《史記·殷本紀》正義）象相音近。漢代内黄縣在今河南省内黄縣境，離牧野不遠，在原殷王國境内。

⑥《説文》：「述，循也。」

⑦ 𨸏疑讀如滕，周滕國在今山東省滕縣一帶。

⑧ 眉即湄，《詩·兼葭》「在水之湄」，海湄即海濱，《書·禹貢》在青州説「海濱廣斥」。由滕縣向東去海濱，正與淮夷徐戎等鄰近。

⑨復是返回，歸是到家了，牧師當是殷八師的中心。

⑩牧師當即牧野地，在朝歌南，朝歌在今河南省淇縣東北。

⑪承王命則此次伐東夷，王不在師中。

⑫鹹即隅，以斥鹵之地，所以從鹵。《書・堯典》「宅嵎夷」，馬融注：「海隅也。」《禹貢》在青州説「嵎夷既略」，均作嵎。

⑬謎字從言速聲，當與誎通，音痴。《方言十》：「誎，不知也。沅、澧之間，凡相問而不知答曰誎。」《廣雅・釋詁三》：「誎，誤也。」

説明：

關於伐東夷的問題：𤔲工簋「唯王令明公遣三族伐東國」，一也。旅鼎「唯公太保來伐反夷年」同一事；䨝鼎「唯王伐東夷」，二也，並見滐公與史旟；此銘「𪗟東夷大反，伯懋父以殷八師征東夷」，三也；疐鼎「王令趞𢧁東反夷」，四也。此銘叙戰事較詳，然似未與强敵交鋒，觀兵而已。

一八　疐鼎　五行三十三字①

疐鼎拓本

王令趞②（還）𢧁③（戈）東反

尸（夷），疐肇（肇）从（從）趞④（還）征，

攻開⑤（扚）無啻（敵），眚⑥（省）于人，

身孚（俘）戈⑦，用乍（作）寶𢍉（尊）

彝，子=孫其永（永）寶。

疐鼎圖像

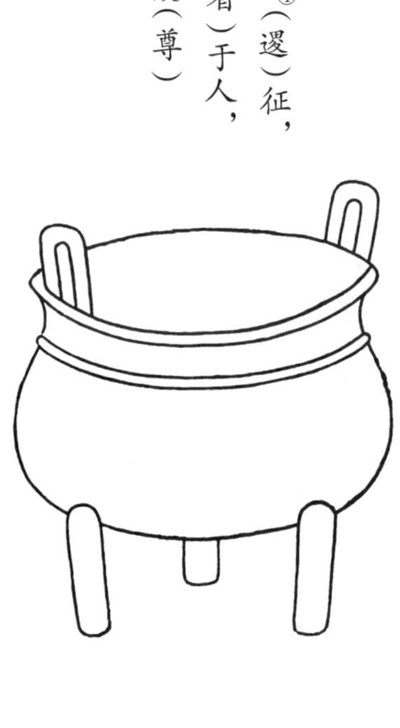

意譯爲：

王命令遝誅伐東反夷，壹第一次跟遝征伐，攻擊無人能敵，親自俘獲了戈爲人所稱許，用以做寶器，子孫永以爲寶。

注釋：

①《攈古録金文》二之三引朱建卿説：「又有一鼎六行，用乍下云：『庚君寶尊彝鼎，其萬年永桒子孫寶用。』」按：朱所説六行一鼎，銘見《從古堂款識學》卷十一，當是僞刻。尸字誤爲氏，人字誤爲夂，所從的貝旁均與晚期書法同。朱所作《敬吾心室彝器款識》大部爲僞刻或僞器，不可信。

②趣從，當即皃字，規妊爵作，可證。皃本像人的頭很大（傀的本字），如畫出脚，就是嬰字。《玉篇》有遝字，「初側切，古文廁字」。

③戠當從艸或聲，或即《説文》戠字，等於金文戟，就是載字。通𢦏，《説文》：「𢦏，傷也。」此作誅伐義。

④此字原銘不晰，舊誤釋爲遺，今按此承上文，當仍是趣。

⑤䎽即侖字，通扚，勺侖音近，礿即禴字，汋即瀹字，可證。《説文》：「扚，疾擊也。」

⑥青仍應讀省。《爾雅·釋詁》：「省，善也。」省于人當爲句，被人稱善。

⑦身俘戈爲句，《爾雅·釋詁》：「身，親也。」《説文》：「身，躬也。」是説親自俘獲了戈。

説明：

此初次從征，僅俘戈而自炫武功者。

附録：

一八一一　壴尊一　一行五字（三代十一・二十　攈一之三・二三）

壴尊一拓本

壴乍（作）寶隩（尊）彝。

壴尊二拓本

壴尊一圖像

一八一二　壴卣　蓋器一行五字（十六長樂、兩罍、攈一之三・二三）

壴卣蓋拓本

壴卣器拓本

壴乍（作）寶隩（尊）彝。

壴卣圖像

一八一三 壺兕觥 蓋器一行六字

壺觥蓋拓本

壺觥器拓本

壺觥圖像

壺乍（作）父丁寶彝。

一八一四 壺甗 一行四字

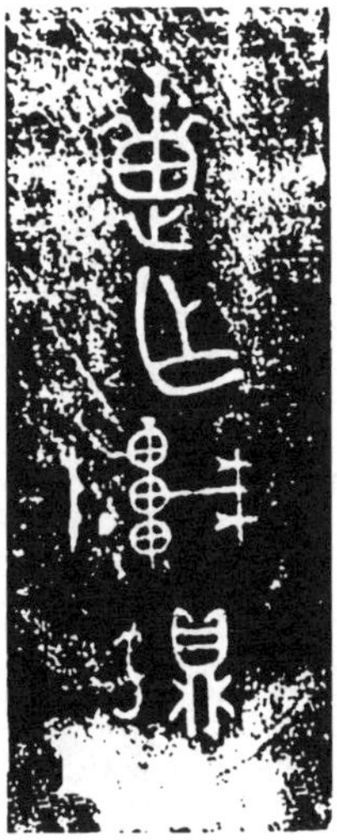

壺甗拓本

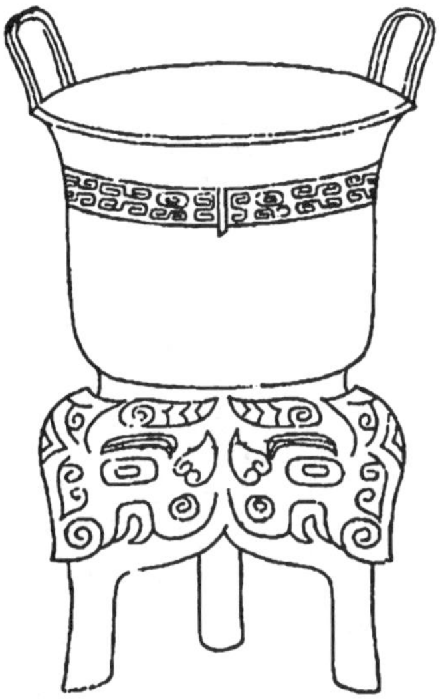

壺甗圖像

壺乍（作）肇（旅）獻（甗）。

卷四下

一九　吕壺　四行二十字

吕壺拓本

唯三（四）月，白（伯）懋父北征①，唯還，吕行②𢦏③（戠）爰④馬，用乍（作）寶䵼（尊）彝。

吕壺圖像

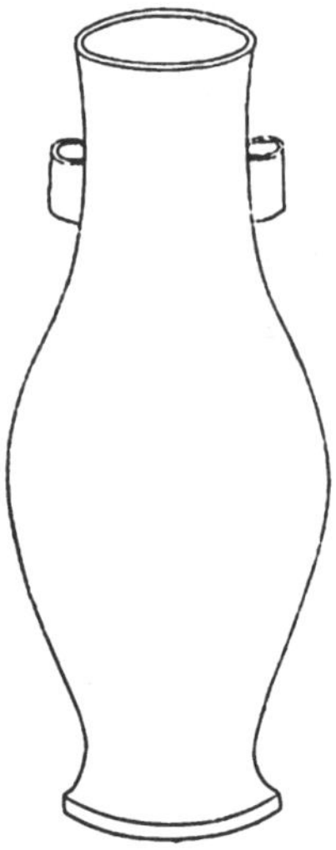

意譯爲：

這是四月，伯懋父到北方去，他回來後，吕去戴國换馬，因而做寶器。

注釋：

① 北征當從宗周來説，與下司徒鎛似是同時事，則伯懋父時爲司徒。

②《廣雅・釋詁一》：「行，往也。」

③𢦏字從㦰𢦏聲，㦰與𢦏同，𢦏即𢦏字，《説文》：「故國，在陳留。」《春秋・隱公十年》：「宋人、蔡人、衛人伐戴。」《漢書・地理志》梁國甾縣下説「故戴國」，在今河南省蘭考縣境。

④《小爾雅・廣詁》：「爰，易也。」

二〇　司徒鏄　七字

司徒鏄拓本一

司徒鏄拓本二

司徒鏄图像

戲①　𤔲（司）　土（徒）。

北𦎫②（鎬）　征甫（鏄）。

注釋：

①戲，發語詞，已見前小臣謎簋。

②𦎫即鎬京。《詩序・六月》：「宣王北伐也。」詩中講到玁狁「侵鎬及方，至于涇陽」，又説「來歸自鎬，我行永久」，可見鎬和方遠在涇水之北。《出車》説「王命南仲，往城于方」，又説「天子命我，城彼朔方。赫赫南仲，玁狁于襄」。可見鎬和方是在北方。那末，這個鎬是周的故都，本在北方。古代遷都以後，往往沿用舊名，所以今西安的宗周也有鎬京，後人就不知道北方的鎬京了。

一二一 衛簋 四行

衛簋拓本

五月初吉甲申，

懋父賁（賞）钔（御）正①衛

馬匹，自王②。用乍（作）

父戊寶障（尊）彝。

衛簋圖像

意譯爲：

五月初甲申日，懋父從王城賞給御正衛一匹馬，衛用以做父戊的寶器。

注釋：

① 御正應是御官中最高的。《周官（復年按：周禮・夏官司馬）》作大馭，鄭玄注：「馭之最尊。」

② 王指王城，作册令方尊可證。

一二二 衛鼎 六行三十三字

衛鼎拓本

衛（衛）肈（肇）乍（作）氏（厥）文考己中①（仲）寶將（鬻）鼎，用奉②壹（壽），匄永福，乃用鄉（饗）王出入吏（使）人眔（暨）多倗（朋）友③，子孫永寶。

衛鼎圖像

意譯爲：

衛開始做他文考己仲的煮肉寶鼎，用來祈長壽和永久的福，並且用來宴請周王那裏來去的使者，以及許多朋友，子孫永久寶用。

注釋：

① 此與沈子它簋的己公可能有關。

② 奉讀如乞，《廣韻》：「奉，許勿切。」而從乞聲的字如：迄、仡、紇、忔、芞、汔等並許訖切，是奉乞音相近。

③「出入使人」與成王時的伯矩鼎「出内使人」同。此爲祭器但又擴展爲宴饗用器。

作册麥方尊　八行一百六十六字

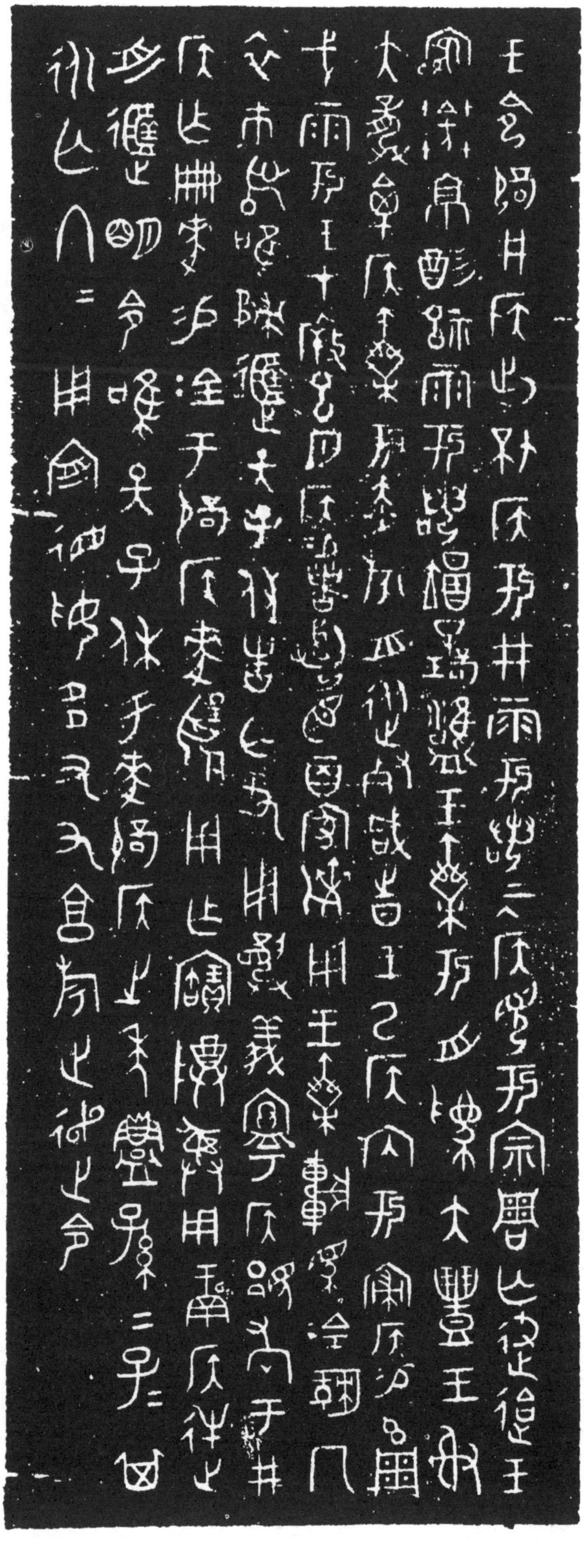

作册麥方尊拓本

王令(命)辟①井(邢)医(侯)出劢②(秙)医(侯)于井③(邢)。雩(粵)若④(若)元⑤医(侯)見于宗周,亡述(尤)。迨(合)王

饔(祼)莽(方)京⑥,耏(肜)祀⑦。雩(粵)若(若)竭(翌)日⑧,才(在)璧(辟)雝⑨(雍),王乘于舟,爲大豊⑩。王射,

大龏(供)禽⑪,医(侯)乘于赤旂⑫舟從,死⑬咸⑭。之日,王㠯(以)医(侯)内(入)于帝(寢),医(侯)易(錫)幺(玄)珊(琱)

戈⑮。雩⑯(粵)王在廙⑰,巳(祀)月⑱,医(侯)易(錫)者(諸)娸(揚)臣⑲二百家,劑⑳用王乘車,馬,金勒㉑,冂㉒、

衣、市、舄。唯歸，延㉓天子休。告亡尤。用龏㉔（恭）義寧矦㉕（侯）顥㉖（顯）考于井（邢）矦（侯）。乍（作）册麥易（錫）金于辟矦（侯），麥䢅（揚），用乍（作）寶隩（尊）彝，用鬳㉗（獻）矦（侯）逆造㉘（周），延明令（命）。唯天子休于麥辟矦（侯）之年盟（鑄），孫＝子＝其永亡冬（終）。＝用造㉙（周）德（德），妥（綏）多友，亯旋㉚（旅）徙（走）令（命）。

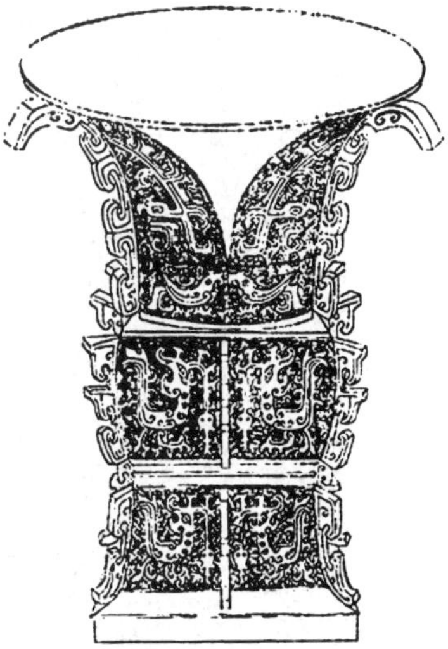

作册麥方尊圖像

意譯爲：

王命我的君主邢侯出劢，在邢國做諸侯，那是開始以侯的身份到宗周去朝見，没有出岔子。會王在莽京的裸祭和肜祭。那是第二天，在辟雍裏，王坐在船上，舉行大禮，王射，大量捕捉禽獸。侯坐在紅色的從船上管這事，都完成了。這天，王和侯都到寢殿，賞給侯黑色的雕戈。那是王在庡，祭月，賞給侯諸𠬪臣二百家，並贈送了王所坐的車子和馬，銅的𨍭；蓋巾、上衣、圍裙、鞋。這是回來，稱揚天子的休美，告没有出岔子，用敬義和寧侯來大孝邢侯。作册麥被君侯賞了銅，麥對揚，用來做寶器，用來獻享侯的來往使者，稱美明命。這是天子休美於麥的君長邢侯這一年鑄的，子子孫孫永遠没有終盡。終究用周遍的德，安一切朋友，享旅走的命。

注釋：

①《爾雅・釋詁》：「辟，君也。」這是作册麥叙述他的君主邢侯的事。

②出劢當是邢侯之名。劢也見於甲骨文字，從力與從耒同，疑即耤字，《廣雅・釋地》：「耤，耕也。」

③本銘説「顀孝于邢侯」，明邢侯出劢並非第一代邢侯。此説王命侯於邢，是嗣位須受王命。《白虎通・爵》引《韓詩内傳》：「諸侯世子三年喪畢，上受爵命于天子。」又説：「明爵者天子之所有，臣無反爵之義。」那末，諸侯死後，世子繼位，要經王命，但未必要待三年喪畢耳。第一代邢侯封於康王時，見邢侯簋。此疑是第二代，當昭王時。

④雩若就是粤若，《書・堯典》和《咎繇謨》都説「粤若稽古」，《周書・世俘》説「越若來二月」，越與粤同。《説文》：「粤，于也，審慎之詞也。」粤是雩之誤字。在銅器銘文中只有二十五祀盂鼎及此器用雩若這個詞，可見《堯典》、《咎繇謨》等篇，其編譯時間在西周初。

⑤《爾雅・釋詁》：「元，始也。」

⑥迨王饔莽京是隨王一起在莽京舉行祼禮，這個莽京是和鎬京在一起的，是宗周的一部分。在王行祭時，諸侯應助祭。

⑦酌字從酉彡聲，彡和彡同。酌，祭名。《書》有《高宗肜日》，《爾雅・釋天》：「繹，又祭也。周曰繹，商曰肜，夏曰復胙。」《原本玉篇》引作：「彤，又祭也。商曰彤。」肜或彤都是假借字。金文和卜辭都有酌祭，阮元説是酎字，羅振玉釋爲酒字，都是錯的。在卜辭裏，酌祭分爲彡日和翌日兩種，彡前翌後。周初大概還沿襲這種祭禮。

⑧翌日就是繹祭，翌繹音近。《春秋・宣公八年》：「辛巳有事於太廟，……壬午猶繹。」翌日本是當第二天講，因此，第二天的祭就叫翌日，但在早上祭完後，就接着行別的禮了。

⑨《詩・靈台》説「於樂辟雍」，是文王建豐邑時有辟雍。又《文王有聲》説「鎬京辟雍」，是武王建鎬京時也有辟雍。這裏所説的辟雍是鎬京的辟雍，鎬和方是一地，所以銅器銘文一般稱爲莽京。辟雍的名稱在金文中此銘僅見。此銘辟作璧，是因爲辟雍有水，水形如璧。《五經異義》：「左氏説：天子靈台在太廟之中，壅之靈沼謂之辟雍。」鄭玄《駁異義》認爲「辟雍及三靈皆同處在郊，……於郊差近之耳，在廟則遠矣。」今據此銘説「迨王饔莽京酌祀，粤若翌日在辟雍」，可見辟雍確和太廟在一起。

⑩大豐即大禮，見武王時朕簋。

⑪ 龏讀如拱，大龏禽是說大量捕執鳥獸。《爾雅・釋詁》：「拱，執也。」《易・師六五》：「田有禽，利執言（焉）。」《白虎通・田獵》：「禽者何？鳥獸之總名。」

⑫ 《爾雅・釋詁》：「旅，衆也。」

⑬ 𣦸即死，與司同。《小爾雅・廣言》：「司，主也。」主管各事。

⑭ 咸，完成，金文習慣用語。

⑮ 玄琱戈是青銅製的有雕刻裝飾的戈，遠在新石器時代就已在玉器上雕飾，後世另造彫字，《說文》：「琢文也。」也借用雕鳥的雕字，《國語・晉語》：「秦穆公衡雕戈出見使者。」

⑯ 粤通越。

⑰ 㡯，地名，盠駒尊「王初執駒于㡯」，與此同地。㡯字从攴庍聲，趩尊、趩卣和作册睘尊、作册睘卣都說「王在庍」，當亦同地。庍即斥字，㡯即拆之本字，《易・解》「百果艸木皆甲拆」，《說文》只有坼字，「裂也」。此見《集韻》。㡯地應與宗周相近。《漢書・地理志》右扶風雍縣下說：「橐泉宮孝公起。」在今陝西鳳翔縣。宮名當依地名而起，疑即此銘的㡯地。《說文》：「㯷，夜行所擊者，从木橐聲。《易》曰：『重門擊㯷』。」㯷，今本《易》作柝，可證。周穆王常居鄭宮，就在春秋時的雍邑，與㡯地應鄰近。

⑱ 《周禮・大宗伯》「以實柴祀日月星辰」，祀月就是祭月。《禮記・祭義》：「祭日於壇，祭月於坎，以別幽明，以制上下。祭日於東，祭月於西，以別外內，以端其位。」那末，祀月之地應在宗周之西。

⑲ 𢦏像人兩手揚戈形，通玐，玐鼎的玐，或作𢦏（見《三代吉金文存》卷三・四十六頁），可證。玐字或作𤭁、䰜，金文用作對揚字。者𢦏臣從字面看當是侍衛之士。《易・說卦》「兑爲羊」，鄭玄本羊作陽：「此陽爲養無家女行賃炊爨，今時有之，賤於妾也。」按：陽與養同，軍隊中的厮養都是男的，鄭玄只從東漢末說，所以誤認爲女奴。

⑳ 𪗉讀如齎，《說文》：「齎，持遺也。」《儀禮・聘禮》：「問大夫之幣俟於郊，爲肆，又齎皮馬。」注：「肆猶陳列也，齎猶付也。」

㉑ 𦥑似從幸，未詳。

㉒ 冖，蓋在頭上的蓋巾，音覓。《說文》：「覆也。」《廣韻・二十三錫》引《文字音義》：「以巾覆。」此與「幎，覆也」；

「褀，車覆軨也」；「鼏，鼎蓋」；「冪，覆食巾」等字同音，義也相近。

㉓ 迋當即《説文》迂字。此處讀如暀，《説文》：「暀，光美也。」

㉔ 龏與恭同，《爾雅·釋詁》：「恭，敬也。」恭義等於敬義，《周易·文言》：『敬義立而德不孤。』」

㉕ 寧侯是安静順從的諸侯。《考工記》祭侯的辭説「惟若寧侯，毋或若女（汝）不寧侯」，《大戴禮·投壺》説：「嗟爾不寧侯。」

㉖ 顯讀如顯，從尹晛聲，與沈子也簋顯字同，晛顯聲也相近。

㉗ 鬲就是甗的象形字，但表現出這種甗可以分爲上下兩層的形狀，《説文》譌爲鬳，讀若過。此處用爲獻。

㉘ 𨖹或作遚，逆遚是當時慣語，矢簋和白者父簋都説「用鄉王逆遚」，卬簋説「用鄉王逆遚吏」，白䢅父鼎説「用鄉王逆遚吏人」；中爯簋則説「用鄉王逆𨔶」。《國語·晉語》注：「逆，反也。」揚雄《太玄·周》注：「周，復也。」逆遚等於反復，白䢅父鼎的「鄉王逆遚吏人」等於饗王的來往的使人，此銘的獻侯逆遚，也是獻給侯的來往使人。

㉙ 遹當即《説文》「匍」字，《説文》：「匍匝，偏也。」匍匝即周匝，普遍的意思。

㉚ 旝（旅）走又作旋走，似與奔走同義。

説明：

此器可以看到周初許多儀節，所謂周禮是逐漸積累而成的。此似當是昭王前期器。

二四 麥方彝

蓋器①五行三十七字

麥方彝蓋拓本

麥方彝器拓本

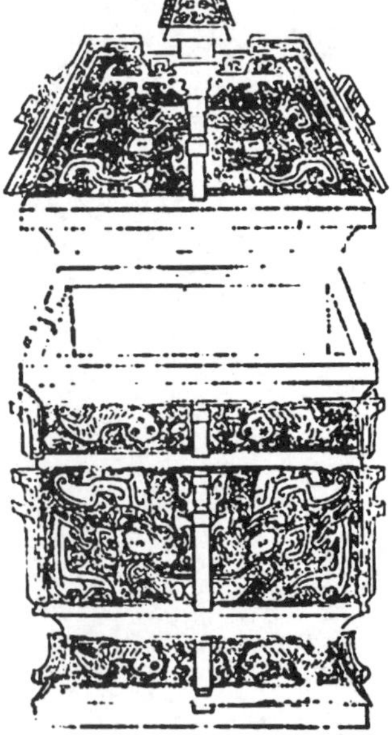

麥方彝圖像

才（在）八月乙亥②，辟井（邢）
医（侯）光③氏（厥）正吏④㝬（獻）于
麥宫⑤（宫），易（錫）金，用乍（作）隮（尊）
彝。用㝬（獻）井（邢）医（侯）出入遅
令（命），孫=子=其永寶。

意譯爲：

在八月乙亥這天，君主邢侯光寵他的正吏，獻祭麥的宗廟，賞了銅，用來做祭器。用來獻邢侯的出入美命。孫孫子子永以爲寶。

注釋：

① 器、蓋行款小異，此據蓋銘。

② 此當與麥方尊、麥方盉爲同時所做器。

③《廣雅·釋言》:「光,寵也。」

④ 正吏等於正卿,《周書·大匡》「三吏大夫」,注:「三卿也。」《左傳·襄公二十二年》「並于正卿」,《國語·晉語八》「子爲正卿」,都是諸侯的正卿。

⑤ 䆃與宫爲一字,從九與從究同,《廣雅·釋室》:「究,窟也。」或借用宄字,《淮南子·道應》「禽獸有宄,人民有室」;又《脩務》:「野彘有宄莦,槎櫛,堀墟連比,以像宫室。」九聲與宫聲相近,當是方言不同。麥䆃是麥的宗廟。

二五 麥方盉

二字一行,十五行三十字

麥方盉拓本一

麥方盉拓本二

井(邢)医(侯)光氏(厥)吏麥,𤔲(獻)于麥䆃(宫)。医(侯)易(錫)麥金,乍(作)盉。用從井(邢)医(侯)征事,用旋(旋)徙①(走)𠭯(朝)夕②𤔲(獻)卸(御)事③。

麥方盉圖像

意譯爲：

邢侯光寵他的官吏麥，到麥的宗廟去祭獻。侯賞給麥銅，做了盉，用來記跟隨邢侯出征的事，用旋走朝晚獻給執政們。

注釋：

①旋走當與旅走、奔走同意。《漢書・董仲舒傳》注：「旋，速也。」《史記・天官書》索隱：「旋，疾也。」

②㐭夕當讀爲朝夕，《説文》朝字從舟聲。

③御事是治事的官，《周書》常見。《牧誓》：「嗟！我友邦冢君，御事、司徒、司馬、司空、亞旅、師氏、千夫長、百夫長。」

二六　麥方鼎

二字一行，十三行二十九字

麥方鼎拓本

隹（唯）十
又一月，
井（邢）医（侯）
延①鬲（獻）
于麥＝，
（麥）易（錫）赤
金②，用
乍（作）鼎。
用從
井（邢）医（侯）
征事，
用鄉（饗）多
者（諸）友。

麥方鼎圖像

意譯爲：

這是十一月，邢侯再在麥那裏祭獻，麥被賞銅，用來做鼎。用以從邢侯出征的事。用來宴亯（享）許多朋友。

注釋：

①《爾雅·釋詁》：「延，長也。」延長有連續義。

② 赤金就是紅銅。

二七 臣辰父癸尊 八行五十字

臣辰父癸卣一 蓋器八行五十字

臣辰父癸卣二 器蓋八行五十字①

臣辰父癸盉 蓋六行五十字，鋬下四字

臣辰父癸尊拓本

臣辰父癸尊圖像

臣辰父癸卣一蓋拓本

臣辰父癸卣一器拓本

臣辰父癸卣一圖像

隹（唯）王大龠②（禴）于宗
周。延饔（祼）莽京年，
才（在）五月既朢（望）辛
酉，王令（命）士上眔（暨）史
寅（黄）㲃③（殷）于成周，朁④
百生（姓）豚，眔（暨）賁（賞）卣鬯，
貝，用乍（作）父癸寶
隩（尊）彝。臣辰冊先。

臣辰父癸卣二蓋拓本

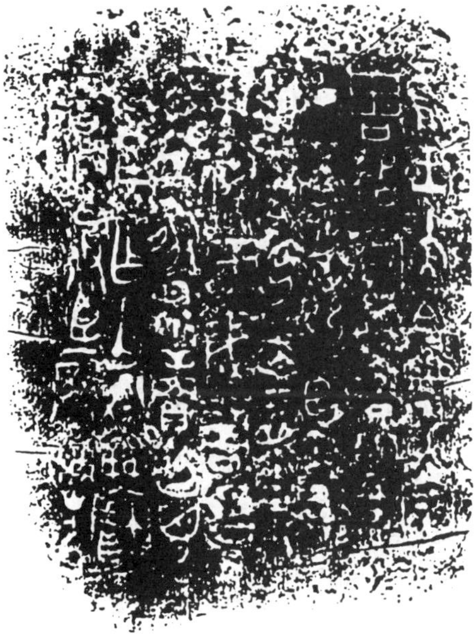
臣辰父癸卣二器拓本

臣辰父癸卣二圖像

臣辰父癸盉蓋拓本

臣辰父癸盉器拓本

臣辰父癸盉圖像

意譯爲：

這是王在宗周舉行盛大的禴祭接着在葊京祼祭的一年，在五月望後辛酉這天，王命令士上和史黄在成周殷見諸侯，給貴族們吃小猪肉，並且賞一卣鬯和貝，用來做父癸的寶器。臣辰册先族。

注釋：

① 各器行款、每行字數均不同，此據卣一的蓋銘。

② 龠即禴。《易·萃六二》「乃利用禴」。《詩·天保》：「禴、祠、烝、嘗。」《周禮·大宗伯》：「以禴夏享先王。」禴也作礿，《爾雅·釋天》「夏祭曰礿」，《説文》：「礿，夏祭也。」孫炎、郭璞注《爾雅》並説「新菜可汋」。汋就是瀹字。《易·既濟九五》「東鄰殺牛，不如西鄰之禴祭」，《漢書·郊祀志》引作瀹，注：「瀹祭謂瀹煮新菜以祭。」周五月於夏曆爲三月，所以還只有新菜。

③ 𣪘同殷。《周禮·大行人》：「殷相聘也。」又《大宗伯》「殷見曰同」，「殷頫曰視」。

④ 替從口芇聲，口或爲物器筊盧之凵，芇即珏字，《説文》玨或作瑴。此應讀爲穀，《詩・甫田》「以穀我士女」，穀有飤的意義。

説明：

成王遷都成周，昭王初年作册夨令的尊彜所記明公的事，成周的地位還極重要。此銘大禴宗周，而對成周只派士上和史黄去殷見，可見已不甚重視了。

附録：臣辰器很多，見於陳書者四十餘器，今只録已見者，餘待補：

（一）屬於父癸器，除士上諸器外，還有：

二七一一・一　臣辰册先父癸簋　一　蓋器六字

臣辰册先父癸簋一蓋拓本

臣辰册先父癸簋一器拓本

二七一一・二　臣辰册先父癸簋　二　蓋器銘六字

臣辰册先父癸簋二蓋拓本

臣辰册先父癸簋二器拓本

（二）屬於父乙器：

二七一二·一　臣辰先册父乙鼎　六字

臣辰先册父乙鼎一拓本

臣辰先册父乙鼎一圖像

二七一二·二　父乙臣辰先鼎　五字

父乙臣辰先鼎拓本

父乙臣辰先鼎圖像

二七一二·三　臣辰先父乙鼎　二行五字

先父乙臣辰鼎拓本

二七一二·四　父乙臣辰先簋　五字陳230

父乙臣辰先簋一拓本

父乙臣辰先簋一圖像

二七一二·五　父乙臣辰先簋　器蓋同一行五字（陳二三〇）

父乙臣辰先簋二蓋拓本

父乙臣辰先簋二器拓本

父乙臣辰先簋二圖像

二七一二·六　父乙臣辰先卣一　蓋器同一行五字（陳六〇三）

父乙臣辰先卣一蓋拓本

父乙臣辰先卣一器拓本

父乙臣辰先卣一圖像

二七一二·七　父乙臣辰先卣　器蓋二行五字

父乙臣辰先卣二蓋拓本

父乙臣辰先卣二器拓本

父乙臣辰先卣二圖像

二七一二·八　父乙臣辰先爵　五三字

父乙臣辰先爵一拓本

父乙臣辰先爵一圖像

二七一二·九　父乙臣辰先爵　五字

父乙臣辰先爵二拓本

二七一二·一〇　父乙臣辰先爵　五字

父乙臣辰先爵三拓本

二七一二·一〇　父乙臣辰先爵　五字

父乙臣辰先爵四拓本

父乙臣辰先爵四圖像

（三）屬於父辛器：

二七一三　小臣先辰父辛尊　六字

小臣先辰父辛尊拓本

（四）臣辰𠦪先器

二七—四　臣辰𠦪先壺　四字

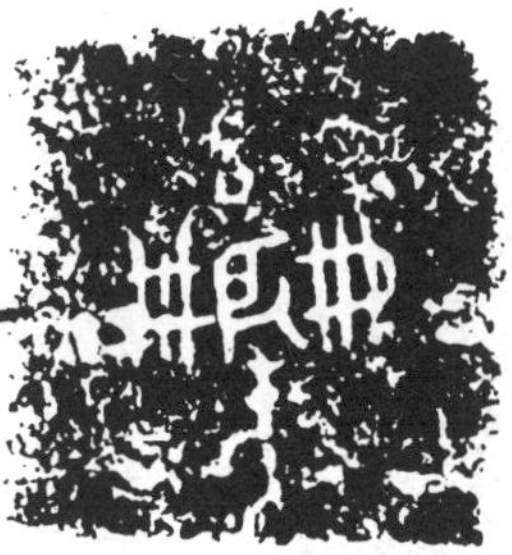

臣辰𠦪先壺蓋拓本

臣辰𠦪先壺器拓本

此外尚有只記先而不及臣辰者，尚須查：《白鶴》、《善齋》、《貞松圖》、《頌續》、《賸稿》、《翁塔利》、《商周》、《巖窟》、《奇觚》、《英華》、《頌齋》等書。

二八　交鼎　二行十二字

交鼎拓本

交從獸（狩）逨（來）即王，易（錫）貝，用乍（作）寶彝。

交鼎圖像

意譯爲：

交因從狩而到王處，賞了貝，用以做寶器。

二九　啟卣

蓋器五行三十八字①

啟卣蓋拓本

啟卣器拓本

啟卣圖像

王出獸（狩）南山②，傁③（搜）㴱山谷，至于上厌④（侯）𣶃（滰）川。啟從征，堇（勤）不㝃⑤（擾）。乍（作）且（祖）丁寶旅㝬（尊）彝，用匄魯福，用夙（夙）夜事。圭⑥葡。

意譯爲：

王出去在南山裏狩獵，去㴱山谷到了上侯滰川。啟跟隨出征，勤勞不亂。做祭祖丁的公用寶器，用以乞求好的福气，早晚做事。圭葡氏。

注釋：

① 蓋、器行款不同，此依蓋銘。

② 南山當是成周南山，《左傳·昭公二十六年》「守闕塞」，服虔注「南山伊闕是也」。

③ 傁字也見於甲骨文，像人持朴在屋中搜索之形，讀爲搜。《廣雅·釋詁三》：「挍，求也。」此爲在山谷中搜索鳥獸，與《國語·齊語》「春以挍振旅」，爲大蒐之禮不同。

④ 上侯當即侯氏，見《左傳·昭公二十二年》，即《漢書·地理志》河南郡緱氏縣，今河南省偃師縣之南的緱氏鎮。在緱氏一帶有緱氏山和轘轅山，所以《戰國策·秦策》說：「塞轘轅緱氏之口。」

⑤ 夒讀爲擾，昏亂之義，《左傳·襄公四年》：「德用不擾。」

⑥ 這是圭的象形字，圭是從石斧演化來的。

二〇 師俞象尊 六行三十二字①

師俞鼎

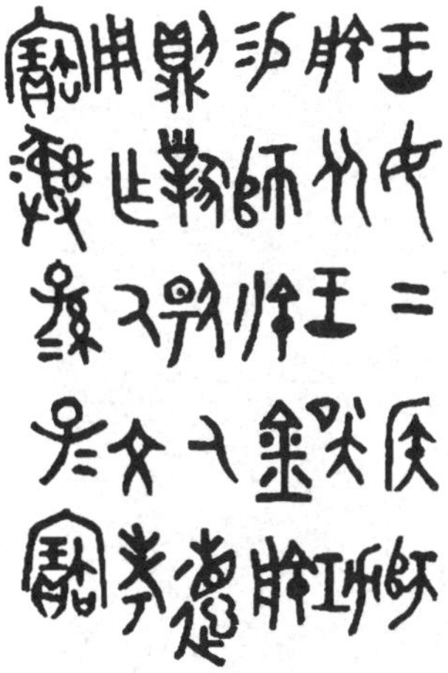

師俞象尊拓本

王女②（如）上厌（侯），師
俞③從。王夶④功⑤，
易（錫）師俞金，俞
則對䫉（揚）氏（厥）遖（德），
用乍（作）氏（厥）文考
寶彝。孫=子=寶。

师俞鼎拓本

師俞鼎拓本

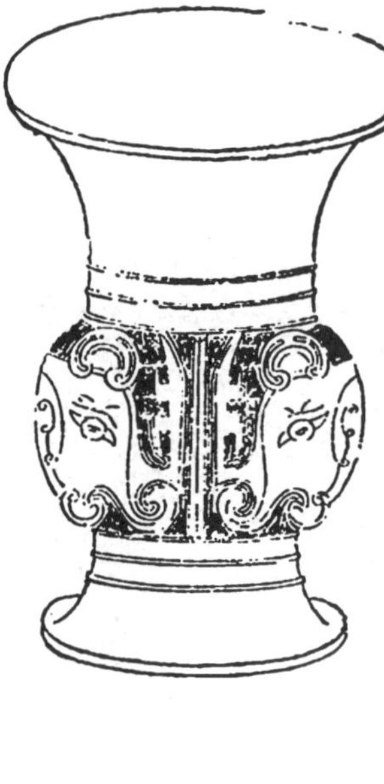

師俞象尊圖像

意譯爲：

王到上侯去，師俞隨從。王檢查功績，賞給師俞銅，俞就對揚這個美德，用以作他的文考的寶器，孫孫子子寶。

注釋：

① 此器《復齋》有鼎，《增廣鐘鼎篆韻》引有彝，此用尊銘。

② 女讀爲如。《大戴禮記・本命》：「女者如也。」《爾雅・釋詁》：「如，往也。」

③ 俞字舊誤爲艅，《增廣鐘鼎篆韻》引作𠬪，爲俞字無疑。

④ 夗字舊釋夜，當是，肊爲外字也是月之異體，但寫在大上，如奄之作叀。夜讀如亦，《説文》亦字，即今腋字。《廣雅・釋詁三》：「亦，治也。」

⑤ 功字《復齋》鼎銘與《篆韻》引彝銘作玟，疑非是。

三二　不指方鼎一、不指方鼎二　四行三十四字

不指方鼎一拓本

不指方鼎二拓本

不指方鼎一圖像

不指方鼎二圖像

隹（唯）八月既望（望）戊辰，王
才（在）上厌（侯）应①（位），𠦪（華）鄭②（灌）不指，易（錫）
貝十朋。不指拜（拜）䭬（稽）首，敢
𩁹（揚）王休，用乍（作）寶𩰫彝。

意譯爲：

這是八月的望後戊辰日，王在上侯的行宫，休美賜飲於不指，賞賜貝十掛。不指拜，叩頭，敢對揚王的休美，用來做煮肉的寶器。

注釋：

① 应即位字。宋薛尚功《鐘鼎彝器款識》於南宫中鼎、父乙甗、太簋三銘中均釋爲位，不誤。在季娟鼎銘則誤釋爲居。凡朝廷宗廟的位，古代本只作立，《周禮·小宗伯》的神立，《春秋》的公即立，均與金文合。但金文中關於周王外出的臨時住所的位，則作应、应或空。《書·召誥》「乃以庶殷攻位于洛汭」，這個位只有五天就建成了，顯然是臨時性的。

② 鄭字從畐，即畐而有足。畐本是灌酒之器，從卩是人形。正如食器的皀是簋，旁有卩形爲即，容器的酉是尊，旁有卩形爲配，灌酒器的畐而旁有卩形爲鄭，應讀如灌。《禮記·投壺》：「當飲者皆跪奉觴曰『賜灌。』」注：「灌猶飲也。」灌或作祼，《周禮·典瑞》：「祼圭有瓚，以肆先王，以祼賓客。」注：「爵行曰祼。」金文毛公鼎的「鄭圭」，郭沫若以爲就是祼圭；噩侯鼎的「乃鄭之」，王國維以爲就是祼賓客的祼，都是對的。

三三一　啟尊　三行

啟尊拓本

啟從王南征迈
山谷①，在漁（洀）水②，啟乍（作）且（祖）
丁旅寶彝。　圭葡

啟尊圖像

意譯爲：

啟隨王南征，去遼山谷，在洀水，啟做了祖丁宗廟公用的寶器。　圭葡族。

注釋：

① 迈從辵從𠤎，當即方字，方作𠤎或作𠤎、𠤎，而工可變爲工。迈當與《説文》徬爲一字。

② 漁當即洀字，《管子・小問》「君乘駮馬而洀桓」，此處當讀如朝，見下中甗。

二三三　小子生方尊　六行四十三字

小子生方尊拓本

隹（唯）王南征，才（在）□，王令（命）生辦（遍）事□公宗，小子生易（錫）金䜌（鐢）首①，用乍（作）敃②寶隩（尊）彝，用對㲃（揚）王休，其萬年永寶，用卿（饗）出内（納）吏（使）人。

小子生方尊圖像

意譯爲：

這是王南征，在某地，王命令生周徧地祭了某公宗廟，賞了小子生銅鐢首，用以作寶器，用以對揚王的休美，一萬年永以爲寶，用以宴享出入使者。

注釋：

① 鐢首

② 敃

（整理説明：作者此注釋原缺。）

三四 𢦚駿簋 三行十九字

𢦚駿簋拓本

𢦚①駿從王南征，
伐楚㓝②（荆）。又（有）得，用乍（作）
父戊寶隫（尊）彝。吳。

意譯爲：

𢦚駿隨王南征，伐荆楚，有收獲，用來做父戊的寶器。吳族。

注釋：

① 𢦚字又見克鼎與番生簋，讀如藝。

② 《竹書紀年》：「昭王十六年，伐楚荆，涉漢，遇大兕。」楚荆連稱與此銘合。《詩·殷武》「奮伐荆楚」，作荆楚。

三五　䵼駸觥蓋　四行十六字

䵼駸觥蓋拓本

吴，䵼駸弟
史遡①馬，弗
ヶ②（𨑨），用乍（作）父
戊寶噂（尊）彝。

䵼駸觥蓋圖像

意譯爲：

吴族　䵼駸弟史餽送了馬，没有跛脚的病，用來做父戊的寶器。

注釋：

①　遡當從貝追聲。疑當讀如歸，歸、追並從𠂤聲。《廣雅・釋詁三》：「歸，遺也。」

②　ヶ通尪，《説文》：「尳尲（尪）行不正也。」

三六　過伯簋　三行十六字

過伯簋拓本

過①（過）白（伯）從王伐反
刱②（荆），孚（俘）金③，用乍（作）
宗室寶𡨦（尊）彝。

過伯簋圖像

意譯爲：

過伯隨了王去伐反叛的荆國，俘獲了銅，用以做宗室的寶器。

注釋：

①過，國名，《左傳・襄公四年》杜預注：「東萊掖縣北有過鄉。」《續漢書・郡國志》説掖縣「有過鄉，古過國」，在今山東省掖縣。按：前啟卣和啟尊都在掖縣東北，相距不過七十多公里，可見昭王南征時，山東半島的諸侯從征的不在少數。又按：過是夏代舊國，在春秋時當屬於萊夷。但昭王時，爵爲伯，其國當不小。

②反荆和反尸詞例同，可見荆是大名，即《禹貢》荆山、荆州的荆，楚只是一部分地區之名。

③《書・盤庚中》「具乃貝玉」，《書序》「俘厥寶玉」，以玉爲寶，與貝並重，是商以前的情況，到周代，貝金已並重，成王時錫貝與錫金並見，昭王時主要是孚貝與孚金，並且金（即銅）已經是最主要的財富了。

三七　壷篋　二行十字

壷篋蓋拓本

壷篋器拓本

壷①(鼒)從王伐刕②(荆)孚③(俘),用乍(作)餴④(饙)篋。

壷篋圖像

意譯爲:

鼒隨從王伐荆國,有俘獲,用以作盛煮飯用篋。

注釋:

① 壷字從止鼒聲,鼎與貞本一字,當即遉字。《玉篇》:「遉,邏侯也。」《廣韻》丑鄭切。

② 刕像人的手足受荆棘創傷形。《説文》作刅,「傷也。从刃从一。創,或从刀倉聲」。這是由於古人形和刀形易混,把人

形誤作刀，就無法解釋了。過伯簋、犾駿簋並有㓝字，《說文》：「㓝，造法㓝業也，從井刅聲，讀若創。」但金文刅和㓝都即荆楚之荆，師虎簋「左右戲緐荆」之荆，作𠛴，從刅，與此銘同。《說文》荆字作𦳇，「荆楚木也，從艸刑聲。刅，古文從草刅刑省聲」。其實，荆字即從艸刅聲。而刑字也是荆字之誤。荆本像人在井中，古代是把人放在陷穽中以爲刑罰的，而《說文》又誤分爲兩字，荆字訓爲「罰辠也，從井從刀，井亦聲」。而刑訓「剄也，從刀幵聲」。這都是錯的。

③ 此乎，包括一切俘獲，與過伯簋有俘略同。

④ 《說文》：「餴，滫飯也（或引作『一蒸米也』），從食奉聲。饙，或從賁聲。餴，或從奔聲。」

三八　作册夨令簋

二器①　十二行一百一十字

作册夨令簋一拓本

作册夨令簋一圖像

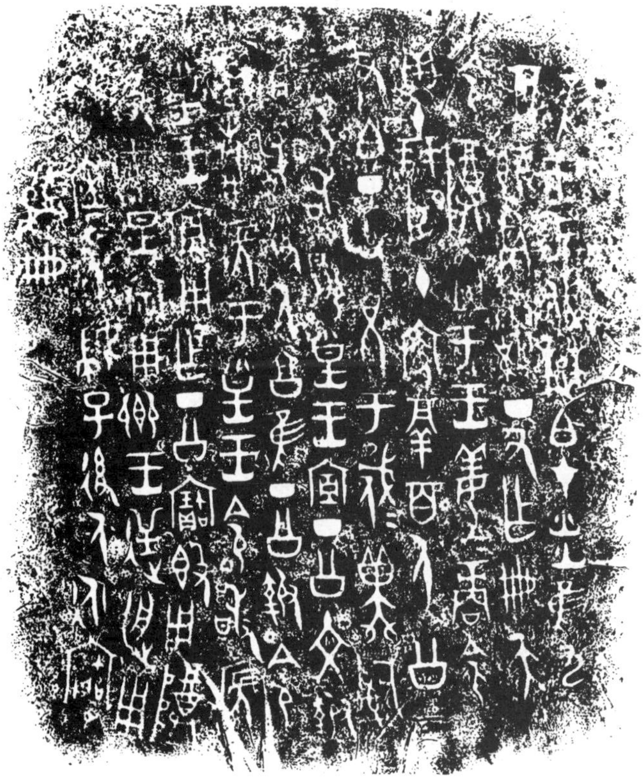

作册夨令簋二拓本

作册夨令簋二圖像

隹（唯）王于伐楚②，白③（伯）才（在）炎④。隹（唯）九月既死霸丁丑⑤，乍（作）册夨令隩（尊）俎于王姜⑥。＝商（賞）令貝十朋⑦，臣⑧十家、鬲⑨百人。公尹⑩白（伯）丁父⑪兄⑫（貺）于戍，＝冀⑬，𤔲（司）气⑭（餼）。令敢𩖨（揚）皇王宔，丁公文報⑮，用䭫（稽）後人享。隹（唯）丁公報，令用青⑯（靖）豙⑰（張）于皇王。令敢豙（張）皇王室，用乍（作）丁公寶毁（簋），用隩（尊）史⑱（𢾊）于皇宗，用鄉（饗）王逆逰（匌），用匓⑲（廄）寮（僚）人婦子，後人永寶。雋册。

意譯爲：

那是王在伐楚，伯在炎地。那是九月既死霸丁丑日，作册夨令受到王姜設大俎的宴享，姜賞給令十掛貝，高級奴隸十家，一般奴隸一百人。公尹伯丁父受賜於戍所，他的戍地是冀，管糧食。令敢于對皇王的賞賜，爲丁公舉行報祭，用來稽考後人的享祭。那是丁公的報祭，令用來恭敬地誇美於皇王。令敢於誇美皇王的賞賜，用以做丁公的寶簋，用來尊史於大宗，用來饗王來往的人，用來吃飽我的同僚和婦人孩子，後人永以爲寶。雋册氏。

注釋：

① 二器行款略有不同，今依二行末爲令字一器。

② 此應以伐楚斷句，伯在炎爲句。下召尊、召卣銘說：「唯九月，在炎𠂤，甲午，伯懋父賜召白馬妦、黄髮敚。」與此銘同在炎地，又同在九月，彼銘爲甲午，較此銘丁丑晚十七日，可見此兩銘是同時事。那末，下文的伯就是伯懋父。舊讀爲「唯王于伐楚伯」，是錯的。首先，金文有楚公、楚子和楚王，從未有稱楚伯的。其次，伐楚何必稱伐楚伯（卜辭征盂方伯𢀛，與此不同）。其三，此簋與方彝及尊爲同一人之作，彼銘有康宮，顯係昭王時器，則此伐楚必爲昭王的伐楚，據過伯簋既云伐反荆，此何以稱爲楚伯，俱可證知楚下不當有伯字。

③ 伯是伯懋父，小臣宅簋說「伯錫小臣宅」，又説「揚公伯休」，可見伯懋父是可單稱伯。

④ 炎與召尊、召卣的炎𠂤當即郯。《漢書·地理志》東海郡郯縣，注：「故國，少昊後，盈姓。」今山東省郯城縣西。

⑤ 《漢書·律曆志》引劉歆《世經》說：「死霸朔也，生霸望也。」按：《周書·世俘》説「二月既死霸（整理說明：原稿

此處有「越五日」)甲子」，顯然以既死霸爲朔，甲子爲二月五日。《世俘解》裏，叙述二月的最後一事是在甲申，那是二十五日。據此，則本銘的九月既死霸丁丑是九月朔，而召尊、召卣的九月甲午是九月十八日。王國維《生霸死霸考》(《觀堂集林》卷一)硬把一個月分爲四份：初吉、既生霸、既望、既死霸，每一部分約七八天，既死霸是二十三或二十四日到月底。此説爲新城新藏所贊助，而不知與《周書・世俘解》的完全牴牾，是完全錯誤的。

⑥ 尊俎是宴享，所以下文王姜有賞錫，即宴享時的贈賄。尊有陳設佈置的意思，《左傳・昭公十五年》説「樽以魯壺」；《禮記・明堂位》「尊用犧象山罍」，並可證。俎已見武王時的朕簋。宴享而設俎，表示禮節隆重。四年切其卣説「隩文武帝乙俎」，則是祭祀的尊俎。祭祀與宴享禮儀多同。

⑦ 從這裏的序列看，貝重於臣，臣又重於鬲。

⑧ 金文錫臣多稱家，前令鼎錫臣卅家，作册麥尊錫者俎臣三百家是較特殊的。此銘十家，耳尊同，鱻簋「易女尸臣十家」，當是一般的。不嬰簋的「臣五家」，易亥簋的「易臣三家」則數較少。

關於臣的問題是十分複雜的。從臣這個語言來説，本來是家内奴隸，這是一直到春秋時代，這個意義還是很清楚的，封建時代才把奴隸這層意義消除了。但就在奴隸制社會裏，臣這個名稱，還有其特殊意義。作爲統治者的幫手，《書・益稷》説「臣作朕股肱耳目」的一段是最能説明問題了。臣是家内奴隸中的高級奴隸，他們是管理一般奴隸的，當家族成爲氏族並發展爲國家後，他們就作爲國家的管理人員了。在這種發展下，臣有兩方面的意義，對奴隸主階級的君長來説，臣是服從者，而他們本身，是管理事務者，管理家庭内部的事務，管理各種奴隸，包括生産上的奴隸，工和農，也管理國家的行政事務，以及對外的交往、貿易、戰爭等事務。因此，臣的身份是很複雜的，大體上可以有六種：

(1) 奴隸主貴族的子弟親屬以及别的奴隸主貴族的子弟來投靠的。
(2) 小國對大國的臣服。
(3) 奴隸主階級的自由民因立功或被寵信而提拔到重要職位的。

以上實際上不是奴隸。

(4) 戰敗的國家，或在戰爭中被俘虜的别國奴隸主貴族。
(5) 奴隸主貴族中因罪罰或貧困而被迫爲臣的。
(6) 奴隸階級中的較富有而有管理權力的。

以上是真正的奴隸。但屬於高級奴隸。

前三種不是奴隸，是不能被賞錫的，賞錫的臣應是後三種。由於臣是高級奴隸，所以是有家的。所謂家，是指財産。家字本像屋下有猪，在那時養猪就表示財富。家有大小，有貧富，如百乘之家，就是富家。《書·咎繇謨》有家和有邦對稱，家是邦的雛型，邦是由家發展來的。《書·微子》説「吾家」，馬融注「卿大夫稱家」，實際上，微子、箕子等都是畿内諸侯了，但還稱爲家，可證。作爲賞賜的臣，是奴隸，但總是有家的。《易·損上九》「得臣無家」，可見臣而無家，是例外。

⑨ 鬲已見康王時盂鼎。鬲一作磿，是武王克殷時俘獲的，周公東征時也可能有俘獲，到昭王時，總有八十年以上了。可見鬲雖是奴隸，也還是有後代的。

⑩ 此爲公而兼尹的。

⑪ 伯丁父當是丁公之子，等於康叔封之子爲康伯髦，微子啟之子爲微仲，召公之子爲召伯。按：《顧命》於康王即位時稱齊侯吕伋，其後事康王爲大夫，見《左傳》。《史記·齊世家》稱爲丁公，《説文》作玎公。《左傳·昭公三年》「徼福於大公、丁公」，注「二公，齊先君」。從本銘看，丁公已死，則此伯丁父當在昭王時無疑。

⑫ 兄讀如貺，見成王時賓尊、賓卣。

⑬ 冀在春秋時爲國名，《左傳·僖公二年》「冀爲不道」，注：「平陽皮氏縣東北有冀亭。」在今山西省河津縣一帶。按：《漢書·地理志》左馮翊夏陽，注「《禹貢》梁山在西北」，又説「莽曰冀亭」。王莽好復古，改夏陽爲冀亭，當有依據。《禹貢》：「冀州：既載壺口，治梁及岐。」梁就是梁山，在今陝西韓城縣一帶，與山西省的韓城縣（復年按：河津縣）隔河相對，那末，冀亭應跨河兩岸，其地在龍門以南，爲重要渡口，所以在此設戍。

⑭ 气當讀如餼，《説文》氣或作餼，「饋客之芻米也。」

⑮ 報，祭名。《國語·魯語上》：「幕，能帥顓頊者也，有虞氏報焉。杼，能帥禹者也，夏后氏報焉。上甲微，能帥契者也，

商人報焉。高圉、大王，能帥稷者也，周人報焉。」這種報祭都是在禘、郊、祖、宗四種祭法之外的特別祭法。從甲骨卜辭來看，上甲即上方甲，下面還有方乙、方丙、方丁，《史記》作報乙、報丙、報丁，可見方即是報，《說文》作鬃和祊，「門内祭」。

文報是報祭的有文采的。《書·洛誥》：「祀于新邑，咸秩無文。」《風俗通義·山澤》解釋爲：「王者報功，以次秩之，無有文也。」

⑯ 青讀如靖，恭敬的意義。

⑰ 㞋讀如張，誇張。《左傳·桓公六年》注：「張，自侈大皃。」

⑱ 史讀如䟡，《說文》：「䟡，列也。」

⑲ 匓與廄同。《說文》：「廄，勼也。」古文作𠆤，又「勼，聚也」。古書多作鳩，《爾雅·釋詁》：「鳩，聚也。」

說明：

作册夨令在昭王初年時是屬於明公的卿士寮的，作此簋時已在昭王末年，相隔十餘年，但似仍在卿士寮，所以銘文中說：「用廄寮人婦子。」

此銘首言「隹王于伐楚」，疑在昭王十六年第一次伐楚時。不說王伐楚，而說「王于伐楚」，是表示王不在畿内。說「伯在炎」，伯是伯懋父，見下召尊、召卣。伯懋父此時當是卿士。炎是炎𠂤，則此銘當與小臣謎簋同時，即伯懋父征東夷前後事。

從此銘看，作册夨當與王姜同宗，所以賞賜特厚。王姜疑是丁公吕伋之女，與公尹伯丁父同輩。昭王出征，王姜似留守，伯懋父又因征伐東夷而在炎𠂤，作册夨可能作爲伯懋父的使者而來見，所以王姜爲他尊俎，而伯丁父也要給他送禮。

三九　召尊　七行四十六字①
召卣　蓋、器並七行四十六字

召尊拓本

唯九月，才（在）炎（郯）𠂤（師）。甲午，白（伯）懋父易（錫）𤔲（召）白馬妦②、黃髮③（髮）敚（微），用史④（莫）不杯（丕）。𤔲（召）多用追于炎（郯）不朁（肆）白（伯）懋父𦨶⑤（賄）。𤔲（召）萬年永光，用乍（作）團宮肇（旅）彝。

召尊圖像

召卣蓋拓本

召卣器拓本

召卣圖像

意譯爲：

那是九月，在郯師。甲午這天，伯懋父賞給召兩匹馬，一匹是白馬，叫作妹；一匹是黄髮，名叫微。用以大大恭敬。召多用以追着頌揚在郯師開展的伯懋父的贈賄。召一萬年永以爲光寵，用以做團宫的公用祭器。

注釋：

① 尊與卣的蓋器銘行款都不同，此用尊銘。

②《方言一》：「秦、晉之間，凡好而輕者謂之娥。自關而東，河、濟之間謂之媌，或謂之姣。趙、魏、燕、代之間曰姝，或曰妹。」

③ 敱即髮字，黄髮當形容馬的顔色。

④ 卜辭莫字常作□，此讀爲熯或戁。《爾雅・釋詁》：「熯，敬也。」《説文》：「戁，敬也。」

⑤ 昚在《説文》是友的古文。此讀如賄，《禮・聘禮》注：「賄，予人財之謂也。」

四〇　不㝨簋　四行二十七字

不㝨簋拓本

隹（唯）九月初吉戊
辰，王才（在）大宫，王
姜易（錫）不㝨（壽）裘，對
揚（揚）王休，用乍（作）寶。

不㝨簋圖像

意譯爲：

這是九月初的戊辰日，王在大宫，王姜賞給不壽皮裘，對揚王的休美，用以做寶器。

四一　臮伯卣　蓋器三行十七字

臮伯卣拓本

隹（唯）王八月，皐①（臮）白（伯）

易（錫）貝于姜②，用

乍（作）父乙寶隩（尊）彝。

臮伯卣圖像

意譯爲：

這是王的八月，臮伯被王姜賞貝，用以做父乙的寶器。

注釋：

① 皐即《說文》臮字古文的㬎，囧即目是自字之誤，个與叔字從尗之下半同，因而誤作余。

② 姜即王姜，上作册矢令簋即說：「姜賞令貝十朋。」

四二　中方鼎①　兩器②　三十九字

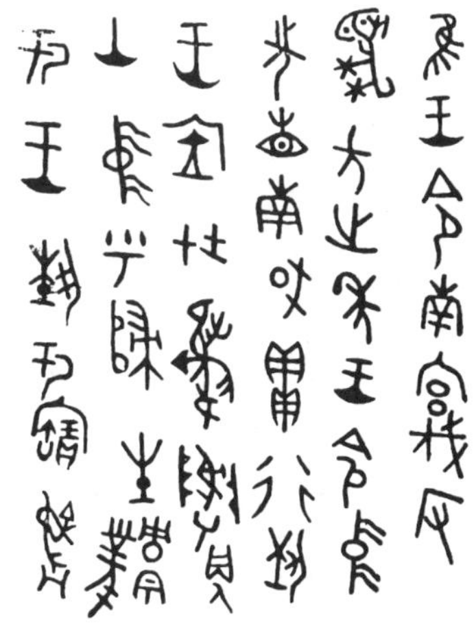

中方鼎一拓本

中方鼎二拓本

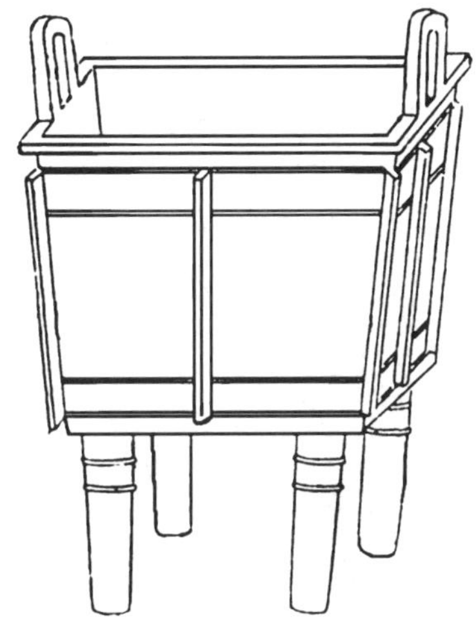

中方鼎一圖像

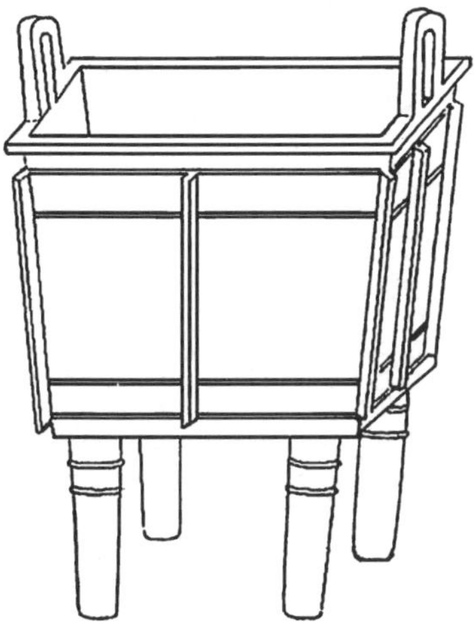

中方鼎二圖像

隹(唯)王令(命)南宮③伐反刓④(荆)方之年。王令(命)中先眚(省)南或(國)𢍜(貫)行⑤,埶⑥王应(位)。在□⑦□⑧(隮)真山,中乎(呼)歸(歸)生鳳⑨(風)于王,埶于寶彝。

意譯爲:

這是王命令南宮去伐荆國的一年。王命令中先去視察南方的經行的道路,建王的行宮。在射虖真山的地方,中叫歸生稟告了王,鑄在寶器上。

注釋:

①此在薛尚功《鐘鼎彝器款識》是南宮中鼎二和三。

②二器行款不同,今用後器。

③南宮,氏名,《書·君奭》有南宮括,《周書·克殷》有南宮忽和南宮伯達。

④此字各本形體都有譌誤,當作□,與𨟻簋的刓字作□相近。古從人形的字每變爲□。刓即荆字,前過伯簋説「伐反荆」可證。

⑤𢍜是貫的初文,像把貝貫串起來,省作串。《説文》脱去𢍜、串兩字,患字應從串聲而解爲「從心上貫吅,吅亦聲」是錯的。古文作□,從□,就是𢍜字。小篆作貫,《説文》:「錢貝之貫也。」此處説貫行,應指經行的道路,《廣雅·釋言》:「貫,通也。」

⑥埶讀爲藝,《廣雅·釋詁三》:「藝,治也。」《書·禹貢》:「岷嶓既藝。」

⑦□字未詳,變譌甚多,舊釋射。

⑧ 𨺅從兩阜，即《説文》𨽥字或體的鄘字。

⑨ 雚即鳳字，讀如風，《廣雅·釋詁三》："風，告也。"

説明：

此當是昭王十六年南征前事，當時是先命南宫伐反荆方，而後昭王準備南征，才命中去作前行的。然則此兩器尚當在啟尊、小子生方尊、𤔲駿簋……之前。

此器宋代在安陸出土，據《博古圖録》説，重和戊戌（公元一一一八年）出土於安陸之孝感縣，凡方鼎三、圓鼎二、甗一。三方鼎舊稱南宫中鼎，按：南宫與中不是一族，詳後中作父乙鼎。所謂圓鼎二及甗一，見薛氏《款識》，爲圓寶鼎（卷九）及方寶甗（卷十六）。薛於鼎下云："左二銘一同得於安陸之孝感。"於甗下説"此銘與前二圓鼎同出於安陸之孝感，銘識悉同"可證。鼎銘爲："隹𦚏用吉金自乍寶鼎，其子子孫孫永用享。"甗銘同，惟鼎字作甗。那末，此三器實𦚏所作，與中非一人一時，宋人因中作父乙鼎銘説"隹十又三月庚寅"，遂誤認𦚏字爲"十又三月合作一字"。

然孝感當時所出，實不止六器。薛氏録父乙甗（卷十六）説："右銘重和戊戌歲出於安陸之孝感縣，耕地及之，自言於州，以獻諸朝，凡方鼎三、圓鼎二、甗一，共六器，皆南宫中所作也。"父乙甗即中甗，確應是安陸所出，但並未獻諸朝，所以《博古圖録》在卷二之四字中鼎下的注中也曾提到此甗而未著録，正因此器並未入宣和内府耳。《博古圖》於中鼎也曾聯繫南宫中鼎，而於召公尊則雖及南宫而忘與中鼎聯繫，薛尚功始與之聯繫，可見是兩器皆在安州六器之外收入的。

根據這樣分析，安陸所出當有九器，爲二組，甲組中器共六件，三個方鼎、一個圓鼎、一個尊、一個甗。乙組𦚏器三件，兩個圓鼎、一個方甗。而重和時獻於朝者中器只有三個方鼎。

四三　中甗　十行存九十八字

中甗拓本

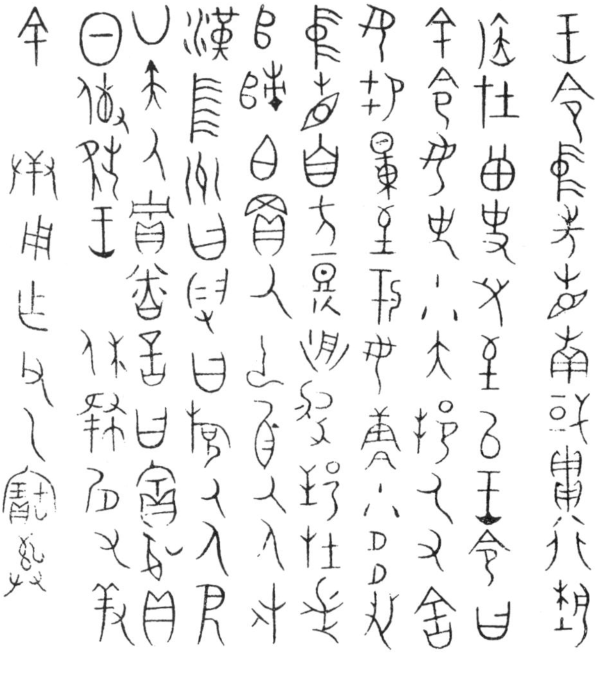

王令（命）中先眚（省）南或（國）貫（貫）行，埶
应（位）。在甶①（曾），史兒至，吕（以）王令（命）曰：
「余令（命）女（汝）史（使）小大邦，氏（厥）又舍
女（汝）𢦏②（匔）量（量）至于女麃（庸）小多𠬝。」
中眚（省）自方③、异④（鄧）、湧⑤、𢦏、邦。在噩（鄂）⑥
𠂤（師）帥（次），白（伯）買父⑦𣥂目氏（厥）人𣎵
漢中州⑧（洲），曰段、曰旋⑨，氏（厥）人𠂭
廿夫。氏（厥）寅（貯）咎⑩言曰賓𠬝貝
日傳𢦏王□休，肄肩父羞
余□□𢦏，用乍（作）父乙寶彝。

意譯爲：

王命中先巡視南國經行的道路，建築行宫。在鄫的地方，史兒到了，傳王的命令說：「我命令你出使小大各國，這又賞給你牧地量一直到你的庸，小多𠬝。」中巡視從方、鄧、湧等邦。在鄂師次，伯買父𣥂目那些人𣎵漢水中的小洲，叫做段，叫做旋。這人𠂭二十個夫。這個積貯咎，說：賓𠬝貝，每日傳𢦏王□休美。那是肩父幫助我□□𢦏。用來做父乙寶器。

注釋：

①甾就是曾字所從，此處當爲地名。曾國很多，《國語·晉語》説「申人、繒人召西戎以伐周」，此繒國當與申國鄰近。申國在今河南省南陽市一帶，新野縣在其南，一直到湖北省境内的隨縣、京山兩地，最近都出土過曾國銅器。當昭王時的曾國不知定在何處，但總應在伐楚時經過的要道是可以無疑的。

②□當是匒字，叔卣匒牛作□。

③方當即方城，在今河南省方城縣一帶。

④鼻即鄧，在今河南省鄧縣一帶。

⑤淔當即朝，《漢書·地理志》南陽郡朝陽縣，應劭注「在朝水之陽」，在今河南省鄧縣東南。

⑥□郭沫若釋噩，當是。噩通鄂。《漢書·地理志》有兩個鄂，江夏郡的鄂縣和南陽郡的西鄂。西鄂在今河南省南陽縣南，在漢水之北，而鄂在湖北省武昌市一帶，在江南。疑此當是西鄂。

⑦父字原有缺筆，似氏字，據郭沫若説改。

⑧這是漢水中的洲。《水經·沔水注》武當縣「西北四十里，漢水中有洲名滄浪洲，庾仲雍《漢水記》謂之千齡洲，非也。是世俗語訛，音與字變矣。」又説：「襄陽城東有東白沙，白沙北有三洲」。又説：「沔水中有魚梁洲。」可見漢水中有洲。

⑨旋疑與㫃（旅）字同。

⑩咎疑讀爲舞，趞簋「小大又陪」，從咎，與咎爲一字。

説明：

此銘文字漫漶殘缺，刻本失真。但其可通讀處極重要。此銘揭示昭王南征路綫甚詳，由方、鄧、淔以達漢水，則昭王南征當由成周南山開始而趨方城。

中鑄諸器出土於孝感，是地近楚，一也；此銘都涉楚境，二也；十三月庚寅一器，與王姜器聯繫，三也。可證與王姜同時之伐楚，決非東征。

四四　中觶①　器蓋五行三十六字

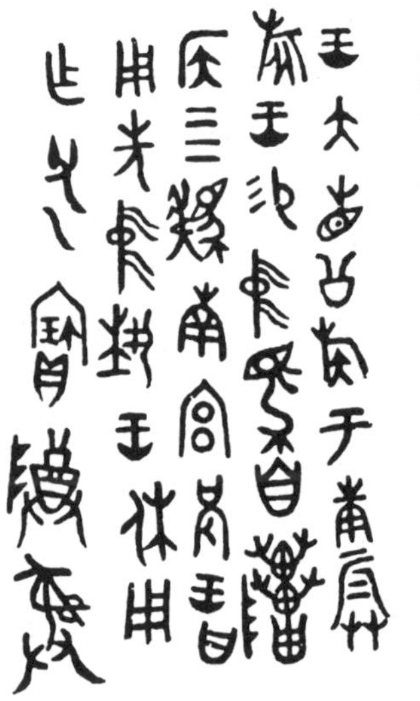

中觶蓋拓本

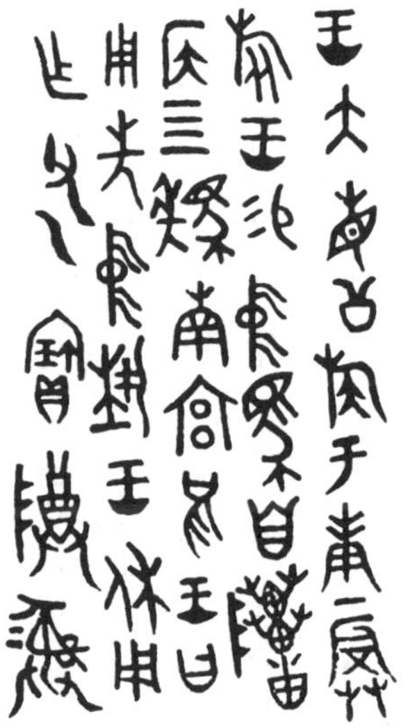

中觶器拓本

王大眚②（省）公族③，于庚𢑚（振）④旅。王昜（錫）中馬，自𩵏⑤，疾⑥（侯）三（四）𩣐⑦，南宮貺。王曰：「用先」。中埶王休，用乍（作）父乙寶𢑟（尊）彝。

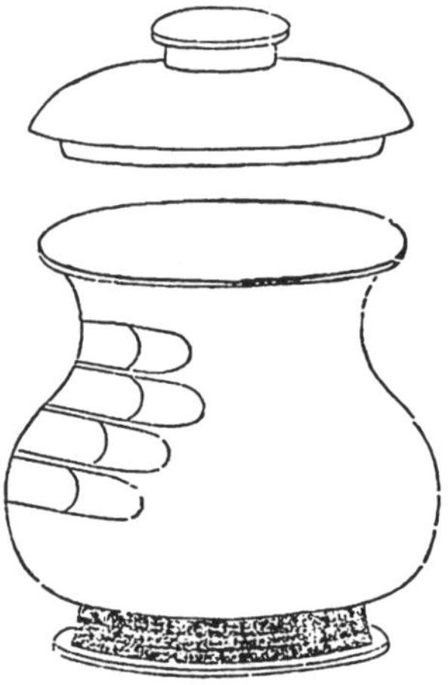

中觶圖像

意譯爲：

王大巡視公族，在庚的這天舉行振旅（凱旋）的典禮。王賞給中馬，從隮地來的，是四匹小馬。南宮來贈馬，王説：「用以爲先。」中記述王的休美，用來做父乙的寶器。

注釋：

① 舊稱召公尊，今按當是觶。

② 眚即省字。《書・洪範》「王省唯歲」，《史記・宋微子世家》作眚。《盤庚》（復年按：《書・説命中》）「惟干戈省厥躬」，釋文「本作眚」。《周禮・大宗伯》「省牲鑊」，釋文「本又作眚」。《春秋・莊公二十二年》「肆大眚」，《公羊》作省。並可證。

③《詩・麟之趾》「振振公族」，傳：「公族，公同祖也。」又《汾沮洳》「殊異乎公族」，傳：「公族，公屬。」箋：「公族，主君同姓昭穆也。」

④ 屖即振字，從収的字，小篆常變爲從手，如睪即擇，䀏即招，弄即奉、捧之類。《詩・采芑》：「振旅闐闐。」《爾雅・釋天》：「振旅闐闐。出爲治兵，尚威武也；入爲振旅，反尊卑也。」

⑤ 隮從，當即蓄的原始形。隮當即鄐字，在今河北省邢台市附近。

⑥ 矦，語詞，和唯相近。

⑦《説文》：「騳，馬小皃，從馬垂聲。，籀文從𠂹。」

説明：

此當是昭王第一次南征歸來時振旅後所作。

四五　誨鼎　四行十九字

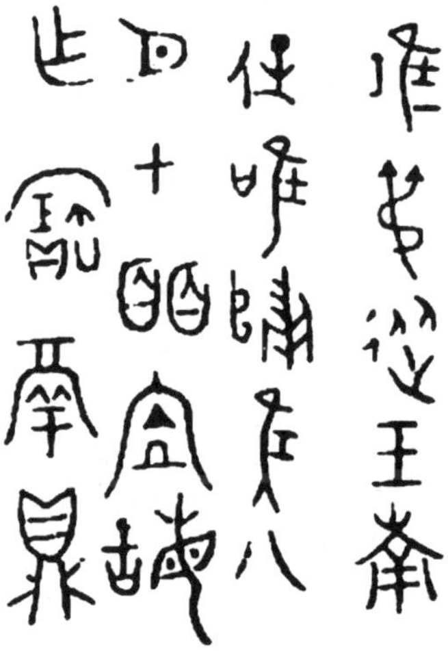
誨鼎拓本

唯弔（叔）從王南征，唯歸，隹（唯）八月，才（在）皕宁（位），誨乍（作）寶鬲鼎。

意譯爲：

唯叔從王南征，那是回來，那是八月，在皕地行宫，誨做的寶藏的鬲鼎。

説明：

此亦爲昭王南征曾歸之證。

四六　中乍父乙方鼎　八行五十七字

中乍父乙方鼎拓本

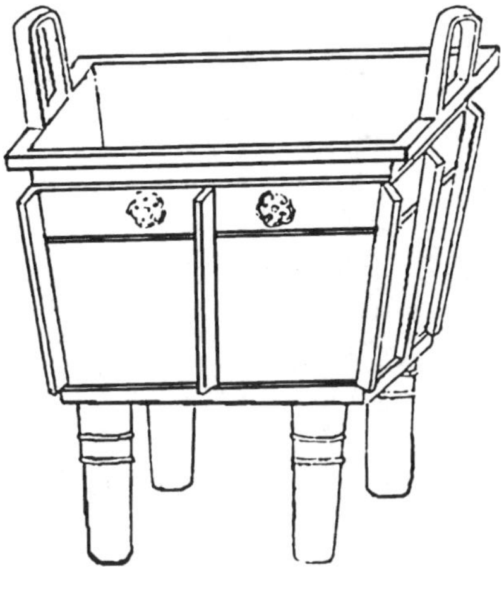

中乍父乙方鼎圖像

隹(唯)十又(有)三月庚寅①,

王才(在)寒師(次),王令(命)大(太)

史兄(貺)褱(福)②土。王曰:「中!

兹褱(福)人入事,易③(錫)于

珷王乍(作)臣。今兄(貺)畀

女(汝)褱(福)土,乍(作)乃采④。」中

對王休令(命),䵼(鬻)父乙隮(尊)。

隹(唯)臣尚中⑤,臣六八八八 八六八八八⑥。

意譯爲:

這是十三月庚寅日,王在寒的軍次,王命令太史賞賜福的土地。王説:「中!這福族人來服事,貢納土地給武王稱臣。現在賞給你,作你的采地。」中對揚王的休美,作父乙的煮肉的祭器。唯臣尚中臣六八八八 八六八八八。

注釋：

①此疑即昭王十六年伐楚後事。可能是公元前九九八年，據月朔表周正此年十三月爲戊子朔，庚寅是十三月三日。

②禱字見原本《玉篇》：「擣也」。這裏是氏族名。

③錫有納貢義，《書・禹貢》「九江納錫大龜」，可證。

④采是采邑。《書・禹貢》：「五百里侯服。百里采，二百里男邦，三百里諸侯。」《禮記・禮運》：「故天子有田以處其子孫，諸侯有國以處其子孫，大夫有采以處其子孫，是謂制度。」

⑤疑當以臣尚中斷句，臣是中的氏族名。

⑥這是用數目字構成的氏族名稱，當是我國古代西北部少數民族的文字，已失傳，遺留下來的資料還很少，未能通讀。

説明：

此與下器説明周代采邑制度。

四七　趞尊①　四行二十八字
趞卣　兩器　器蓋四行二十八字

趞尊拓本

隹（唯）十又（有）三月辛卯②，王才（在）序（斥）③，易（錫）趞采，曰趞，易（錫）貝五朋，趞對王休，用乍（作）姑寶彝。

趞尊圖像

趩卣蓋拓本

趩卣器拓本

趩卣圖像

意譯爲：

這是十三月辛卯日，王在斥地，賞賜趩采地，名爲䞣，賞賜貝五掛，趩對揚王的休美，用來做姑的寶器。

注釋：

① 三器行款不同，今從尊銘。

② 此比上器遲一天。

③ 斥詳見作册麥尊「柝」。

四八　作册睘卣　四行三十六字

作册睘卣蓋拓本

作册睘卣器拓本

作册睘卣圖像

隹（唯）十又（有）九年，王才（在）㡴（斥），王姜令（命）乍（作）册睘安①尸②（夷）白（伯），＝＝（夷伯）賓睘貝、布，𥄳（揚）王姜休，用乍（作）文考癸寶障（尊）彝器。

意譯爲：

這是十九年，王在斥地，王姜命令作册睘問夷伯的好，夷伯送給睘貝和布，對揚王姜的休美，用來做文考癸的寶貴彝器。

注釋：

① 《詩・葛覃》「歸寧父母」，毛傳：「寧，安也。」

② 尸即夷，《左傳・桓公十六年》有夷姜，可見夷爲姜姓。

四九　作册睘尊①

四行二十七字

作册睘尊拓本

在（在）庈（斥），君②令（命）余乍（作）册睘安尸（夷）白（伯），＝＝（夷伯）賓用貝。布，用乍（作）朕文考日癸③肇（旅）寶。亼（尺）

作册睘尊圖像

注釋：

① 此銘與卣銘略同，只是措詞略異。

② 君即王姜，《禮記・玉藻》「君命屈狄」，注：「君，女君也。」

③ 文考日癸就是文考癸。凡用甲、乙等十干爲已死親屬稱號的，均按祭日次序定的，用甲日祭的，就稱祖甲、父甲等等。史喜鼎說：「史喜作朕文考翟祭，厥日唯乙。」可證。

五〇 作册旂方彝

蓋六行四十一字

五〇—一 作册旂觥 蓋六行四十一字

五〇—二 作册旂尊

作册旂方彝蓋拓本

作册旂方彝器拓本

作册旂方彝圖像

作册旂觥蓋拓本

作册旂觥器拓本

作册旂觥圖像

作冊旂尊拓本

作冊旂尊圖像

隹（唯）五月，王才（在）㡿（斥），戊子，令（命）乍（作）冊旂兄（貺）旲①（望）土于相𥎦②（侯），易（錫）金、易（錫）臣，𩛥（揚）王休。隹（唯）王十又（有）九祀，用乍（作）父乙障（尊），其永寶。㭒冊③。

意譯爲：

這是五月，王在斥地，戊子日，命令作冊旂把望土送給相侯，相侯賞了銅，賞了奴隸，對揚王的休美。這是王的十九年。用來做父乙的祭器，永以爲寶。㭒冊氏。

注釋：

① 𠀀疑是旲字。

② 相從臣，與目同。參看下相侯簋。

③ 由此可知，此器是作册旂所作。此爲扶風莊白所出器群之一，應屬於微伯家屬。

五一　相侯簋

六行約存三十字

相侯簋拓本

隹（唯）三月乙亥，相戻（侯）
休于□臣殳易（錫）帛（白）金，
殳珥（揚）戻（侯）休，事文
考，用乍（作）隮（尊）設（簋），其
萬年□□□用
侯。

説明：

從上器證明此應同時。

五二 保侃母簋 二行十一字

保侃母簋拓本

保[①]信（侃）母[②]易（錫）貝于南宮[③]，乍（作）寶殷（簋）。

保侃母簋圖像

注釋：

①《禮記·內則》注：「保，保母也。」

②侃母爲保之名。

③南宮見中方鼎，疑即穆王爲太子時的稱號。

卷五

（整理説明：作者穆王卷未寫完。）

穆王

一四　貉子卣
一五　己侯貉子簋
一六　命簋
一七　眉能王鼎　眉能王簋
一八　帥隹鼎
一九　章伯馭簋
二〇　毛公肇鼎
二一　班簋
二二　孟簋
二三　静簋
二四　静卣
二五　小臣静簋
二六　遹簋
二七　井鼎
二八　小臣傳卣
二九　史懋壺
三〇　免尊
三一　免簋
三二　免簠
三三　免盤
三四　大乍大中簋
三五　長由盉
三六　守宫盤

一 刺鼎 六行五十一字

刺鼎拓本

刺鼎圖像

唯五月，王才（在）衣①（卒），辰才（在）丁卯，王啻（禘），用牡②于大（太）室③，啻（禘）邵（昭）王④，刺𢓊（御），王易（錫）刺貝卅朋，天子萬（萬）年。刺對（對）䫌（揚）王休，用乍（作）黄公隣（尊）將彝⑤，其（其）孫子=永寶用。

意譯爲：

這是五月，王在居喪，丁卯這天，王舉行禘祭，在太室裏用牲，禘祭昭王，由刺陪同。王賞給刺貝卅掛。天子一萬年，刺對揚王的休美，用來做黄公煮肉的彝器，孫孫子子永久寶用。

注釋：

①此字從衣旁屮，亦見甲骨文，當是萃字，屮與艸通，衣與卒爲一字，六國時萃字尚作莪。萃通悴、瘁，《説文》：「悴，憂也。從心卒聲，讀若萃。」僞古文《尚書·説命一》開頭説「王宅憂」，是指居喪，後人因之有「丁憂」的話。造僞古文尚書時所見古書比現在多，「宅憂」的話必有所本。《晉書·周光傳》説陶侃「丁艱」，艱和憂同義。那末，此銘「在瘁」，也和「宅憂」同義。吴大澂不識此字，因臆測爲地名，不知如果是地名，下文怎麼能説「用牡于太室」呢？太室不是任何地方都可以有的，可見此處決非地名。

②用牡當與用牲同，《論語·堯曰》：「敢用玄牡。」

③此當爲康宫太室，君夫簋説「王在康宫太室」，是同時代器。

④此銘禘昭王，當是吉禘。《春秋·閔公二年》：「夏五月乙酉，吉禘于莊公。」據《公羊傳》居父母的喪，應該滿二十五個月，首尾三年，才能舉行吉禘，莊公是八月死的，到閔公二年五月才二十二個月，太快了。今按：二十五月，未必是西周之制，但此銘五月丁卯，大約在穆王元年或二年，則似無可疑。《公羊傳》又説：「其言于莊公何？未可以稱宫廟也。曷爲未可以稱宫廟？在三年之中矣。」此銘没有提出昭宫，而直説禘昭王，與魯閔公禘於莊公同例，明在穆王初年。

⑤此黄公不知是否國名。《漢書·地理志》汝南郡弋陽縣，應劭注説：「故黄國，今黄城是。」《續漢書·郡國志》：「有黄亭，故黄國，嬴姓。」又《左傳·昭公元年》説：「金天氏有裔子曰昧，爲玄冥師，生允格、臺駘……帝用嘉之，封諸汾川，沈、姒、蓐、黄，實守其祀。」黄既金天氏之裔，當亦嬴姓，豈汾川之黄，爲晉所滅而遷於河南淮水流域邪？但少昊之裔似未必能在周王朝任顯職，待考？

二　趞鼎（簋）　九行八十三字（整理説明：實爲簋。）

趞鼎（簋）拓本

唯三月，王才（在）宗周。戊寅，王各（格）于大（太）朝（廟），𡨦（密）弔①（叔）又（右）趞②即立（位），内史即命。王𠷎（若）曰：「趞！命女（汝）乍（作）䜌③𠂤（師）冢嗣（司）馬④，啻⑤（適）官：僕⑥、射、士⑦，𠰉⑧（訊）小大又⑨𨻰⑩（隣）。取遺⑪（徵）五寽⑫（鋝），易（錫）女（汝）赤市（紱）幽亢⑬（衡），䜌（鑾）旂，用事。」

趞鼎（簋）圖像

趞拜（拜）䪭（稽）首，對䣄（揚）王
休，用乍（作）季姜隮（尊）彝，其
子=孫=𨡐（萬）年寶用。

意譯爲：

這是三月，王在宗周。戊寅這天，王到了太廟，密叔陪同趞到了位子，内史傳達命令。王説：「趞！命令你做𤇈師的大司馬，同官有僕、射、士，訊問大大小小的友和隣。取征賦五寽。賞給你赤色的圍裙黑色的帶子，鑾鈴和旂，用以辦事。」趞拜叩頭，對揚王的休美，用以作季姜的祭器，子子孫孫一萬年寶用。

注釋：

① 𡩋當即密字。《漢書·地理志》河南郡密縣下注「故國」，又安定郡陰密縣注：「《詩》密人國。」《國語·周語上》：「恭王遊於涇上，密康公從。」韋昭注：「密今安定陰密縣是也，近涇。」此密叔或是密康公之先？

② 《玉篇》：「趞，胡該切，走也。」

③ 𤇈當從火𢇁聲，𢇁從攴䜌，䜌與肆通。其地待考。參静簋。

④ 《爾雅·釋詁》：「冢，大也。」冢司馬即大司馬，曶壺有冢司徒即大司徒。此只是𤇈師的大司馬。

⑤ 啻讀爲適，適官指同輩的官。《禮記·雜記》：「大夫訃于同國適者。」《禮·士相見禮》「適者曰」，通敵，《爾雅·釋詁》：「敵，匹也。」《廣雅·釋詁一》：「敵，輩也。」弓鎛説「爲汝敵寮」，又説「衛乃敵寮」，敵即敵字，敵爲匹敵之官，寮則其僚屬。但既云「衛乃敵寮」，則敵爲同官而較卑者，應由其統帥。

⑥ 僕即僕夫，《詩·出車》「召彼僕夫」，傳：「御夫也。」《周禮》大司馬下有太僕、祭僕、御僕、隸僕、戎僕、齊僕、道僕、田僕等。

⑦ 射即射人，士即司士。《禮·大射儀》：「射人戒諸公、卿、大夫射，司士戒士射與贊者。」注：「射人掌以射法治射儀，司士掌國中之士，治凡其戒命，皆司馬之屬也。」秦官有僕射，蓋合僕、射爲一。《周禮》大司馬下有射人和司士。

⑧ 𠧙是訊問的訊的本字，像一人反綁着兩手，是囚犯，從口，像另一個人在訊問。《周禮·小司寇》：「用情訊之。」又：「以三刺斷庶民獄訟之中：一曰，訊群臣；二曰，訊群吏；三曰，訊萬民。」《漢書·張湯傳》：「訊、鞫、論、報」，注：「訊，考問也。」

⑨ 又牧簋作右，《易·繫辭》：「右者助也。」通作友，《周禮·太宰》：「以九兩繫邦國之民，……八曰友，以任得民。」注：「友謂同井相合耦耡作者。」其地位比吏爲低。

⑩ 隣牧簋作𠂤，與隣通。《説文》「五家爲隣」，這是比較常用的説法。《尚書大傳》「古者八家爲隣」，《韓詩外傳四》、《廣雅·釋地》也都説「八家爲鄰」，《周禮·大司徒》下有隣長。

⑪ 遺即徵字，從貝，爲徵稅的專字。《廣雅·釋詁二》：「征，稅也。」但這似與租稅不同。據今所知，此銘與揚簋、𪈕簋俱司訊訟而取徵五鋝；𢦏簋則是作司土，官𤔲耤田，而取徵五鋝；番生簋是司公族卿事、太史寮而取徵廿鋝；毛公鼎是尹卿事寮太史寮司公族等而取徵卅鋝。那末，這裏的徵，可能是辦公用費之類。

⑫ 爰字本作，像兩隻手在交付銅餅的形狀，兩隻手代表兩個人，表示兩個人在交換，所以爰字也有交換的意義。後來●形變爲橫畫，因而和寽字相亂。●可以變爲○，所以類似環的玉瑗，作爲門環的銅鍰，也都從爰聲。而古文字從○往往變爲從巿（如衛字變爲衛），字變成（叏），《説文》誤成叏，以爲從于聲。

《書·吕刑》：「墨辟疑赦，其罰百鍰；……劓辟疑赦，其罰唯倍；……剕辟疑赦，其罰倍差；……宫辟疑赦，其罰六百鍰；……大辟疑赦，其罰千鍰。」此當是以百鍰、二百鍰、三百鍰（馬融説：五百三十三鍰三分鍰之一；僞孔傳：五百鍰；《史記正義》説：三百三十三鍰二兩，均非是。）、六百鍰、千鍰爲五等。此當在《吕刑》之前，罰三百鍰，與剕辟相當。

關於鍰的重量，舊有三説：

（一）今文《尚書》家説是六兩。《五經異義》引夏侯歐陽説：「『墨辟疑赦，其罰百率。』古以六兩爲率。」《小爾雅·廣衡》説：「二十四銖爲兩，兩有半曰捷，倍捷曰舉，倍舉曰鋝，鋝謂之鍰。」那末，鍰就是鋝，重一百四十四銖，合六兩。《尚書釋文》引賈逵説：「俗儒以鋝重六兩，《周官》：『劍重九鋝』，俗儒近是。」所説俗儒即指金文家。

（二）根據漢代地方衡制而以三鍰當二十兩，即六兩十六銖。《説文》：「北方以二十兩爲鋝」，前人都認爲應是三鋝。鄭玄注《考工記・冶氏》的「重三鋝」説：「玄謂許叔重《説文解字》云：『鋝，鍰也。』今東萊稱，或以大半兩爲鈞，十鈞爲環，環重六兩大半兩，鍰、鋝似同矣。則三鋝爲一斤四兩。」又《駁五經異義》説：「贖死罪千鍰，鍰六兩大半兩，爲四百一十六斤大半兩銅，與今贖死罪金三斤爲價相依附。」

（三）《古文尚書》説則不到半兩。《五經異義》説：「《古文尚書》説：『百鍰，鍰者率也，一率十一銖二十五分銖之十三也。百鍰爲三斤。』」《説文》：「鍰，鋝也。《虞書》曰：『罰百鍰』。」又：「鋝，十一銖二十五分銖之十三也。」《吕刑釋文》引馬融同此説。

上面三説雖有輕重不同，但都以鍰鋝爲一。清代戴震則説《吕刑》的鍰應作鋝，所以《今文尚書》作率、選或饌，而《考工記・弓人》的「膠三鋝」則是鍰之誤，與《冶氏》「重三垸」的垸通。

今案：古代有度量而無衡，衡是輕重之量，所以《考工記・冶氏》注：「垸，量名。」又：「鋝，量名也。」均稱量而不稱衡，衡的從量中分出，當由金屬與貨幣開始。爰字像兩人授受銅餅，鈞字則從⁚勻聲，⁚即吕字，義與金同。斤較後起，則由以斧斤爲貨幣而後産生的。鋝疑本作寽，卜辭有寽字，當由以貝爲交換貨幣，須量其長短之度相等，所以在貝旁有兩手持杖量比，而寽字有相等之義。其後仿貝而作銅貝，後世所稱爲蟻鼻錢者，實際是巽字，也就是「白選」、「金選」之選，和《尚書大傳》的饌。

爰是最古的衡名，即是像授受銅餅，這種銅餅是由産銅地區冶煉成餅以便運輸的，既成爲各地區之間的交易物資，就有一定的重量了。現在漢人所説鍰的重量，所謂十一銖二十五分之十三一説，實際即半兩（十二銖）而略小。如果説百鍰只三斤，千鍰只三十斤，而按漢代的衡制，三十斤只合現在的十五斤，死刑贖罪而只罰十五市斤銅，顯然是太輕了。就是六兩或六兩大半兩一説，也還是輕了，哪有一塊銅餅只有比現在市衡三小兩略多一些呢。只有洛陽金村所出東周銅鈁上所記重量是比較合理的，這種銅鈁上大都記重量四鍰以上至五鍰多，據實測，每鍰平均約一二五〇克，合漢代五斤，現代二・五市斤，與一塊銅餅的重量是比較接近的。

從周代賞賜來説，周初禽簋的「錫金百鍰」，是比較最多的，要合現在的二百五十市斤了，但還不够鑄盂鼎這樣一件銅器，就是一般銅器也只能鑄一二十件罷了。西周中葉，如：㕚敖簋、守簋、聘鐘等都説錫金十鈞，那是三百斤，約爲現在市秤一百五十斤，應等於六十鍰。

從買賣奴隸説，曶鼎記出賣五夫的價格也是百寽，一個奴隸值二十寽，合現在的五十市斤。如果説只有當時的一百二十兩或一百三十五兩，折合現在四市斤左右，豈非太低了。

從西周後期的徵租税説，最多的是毛公鼎的「取徵卅寽」，合現在七十五市斤，比較少的像趞鼎、䰙簋、揚簋、䖒簋等的五寽，也還合十二·五市斤。如用六兩説，則合不到一市斤了。

從罰鍰來説，最高的千鍰是現在的兩千五百市斤，在當時動輒用幾千斤銅來做青銅彝器的奴隸主貴族們，也還不至於傾家蕩産的。

漢代人已經不知道周代衡制，由於鍰鋝字形相混，就誤合爲一。今文經學家主張六兩的鋝，而古文經學家則主張十一銖二十五分銖之十三的鋝（用公衡來折合，只重七·五克，即市衡［十兩秤］的一錢半）。鄭玄又根據當時的東萊秤以六兩大半兩爲環，從字音來説，環和鍰確是可通的。但由於時代不同，地區不同，同名的衡制輕重常有不同。如鈞是三十斤，但東萊以十鈞爲環，每鈞只有十六銖。鋝就有六兩和十一銖半的兩種。戰國時的釿，也比斤不知要小多少，所以東萊的環，即使與鍰可能是同名，但不能證明周代的鍰的量值，只有東周銅鈁的量值，才是比較可信的。

⑬ 亢通黄，金文一般均作黄，古書多作衡，是繫紱的帶子，後世稱爲綬。

説明：

此銘書法與刺鼎極相似，上承昭世，應是穆王前期。

取徵五鍰，是此時新出現的。錫鑾旂用事等語，也是初見。

三　師旂鼎　八行七十九字

師旂鼎拓本

唯三月丁卯，師旂衆僕①不從王征于方䨓②（雷），吏（使）氏（厥）友③弘吕（以）告于白（伯）懋父：「才（在）莽④，白（伯）懋父迺⑤（乃）罰得、㬎（系）、古⑥三百爰（鍰）。今弗克氏（厥）罰。」懋父令（命）曰：「義（宜）殺⑦（播）叡⑧（且）氏（厥）不從氏（厥）右⑨征・今毋殺（播），期（其）又（有）内（納）于師旂。」弘吕（以）告中史書旂對氏（厥）贅⑩（劾）于隟（尊）彝。

師旂鼎圖像

意譯爲：

這是三月的丁卯日，師旂因爲他屬下的許多僕官不跟王去征方雷，派了他的屬僚弘把這件事告到伯懋父那裏，説：「在莽的時候，伯懋父曾罰得、系和古銅三百鋝，現在没有能罰。」伯懋父命令説：「依法應該放逐像這些不跟右軍一起出征的人，現在不要放逐了，應該交罰款給師旂。」弘把這事告知中史寫下來。旂對揚這個判詞，鑄這件彝器。

注釋：

①僕本是奴隸，但在此應是官名。《易・旅六二》「得童僕」，《書・微子》「我罔爲臣僕」，都是。克尊「錫伯克僕卅夫」，可見本是一般奴隸。（叔弓鎛賞賜的「萊僕三百有五十家」，是春秋時僕的地位已較高。）《左傳・昭公七年》説人有十等，僕列在第九等，可見地位很低。《説文》：「僕，給事者。」大概《周禮》中的隸僕，管「埽除糞灑之事」，原來是低級的。但有些是能接近奴隸主的，主人出行，就從行，《戰國策・趙策》説：「先生獨未見夫僕乎，十人而從一人者，……畏之也。」主人乘車，也幫助御車，所以連稱僕御。（師毁簋：「僕馭百工牧臣妾」）在統治者身邊，有人求見，要通過他們，如《左傳・僖公二十四年》：「晉侯之豎頭須求見，僕人以告。」又《襄公三年》「魏絳至，授僕人書」之類。僕人接近奴隸主，就容易獲得權力。所以和臣一樣，僕後來也發展爲一種職官，穆王時有太僕，《左傳・成公六年》晉國有僕大夫，《儀禮》有僕人正、僕人師、僕人士。穆王時的靜簋有尸僕的官在小臣下，是一起學射的，害簋也有尸僕，在小射之上。趞鼎則在𢿢𠂤冢司馬之下有「僕、射、士」。那末，此處的衆僕也應是莽𠂤下面的尸僕與僕射士之類的職官。

②方雷，國名。《國語・晉語四》：「黄帝之子二十五人，其同姓者二人而已，唯青陽與夷鼓皆爲己姓，青陽，方雷氏之甥也；夷鼓，彤魚氏之甥也。」韋昭注「方雷，西陵氏之姓，彤魚，國名」，是錯的。西陵與方雷都是氏，也都是國名。《晉語》下文説「四母之子，别爲十二姓」，是説黄帝有四妻。《漢書・古今人表》：「方雷氏，黄帝妃，生玄囂，是爲青陽。」又：「絫祖，黄帝妃，生昌意。」又：「彤魚氏，黄帝妃，生夷鼓。」又：「悔母，黄帝妃，生倉林。」西陵氏實際是絫祖。《大戴禮記・帝繫》説：「黄帝居軒轅之丘，娶于西陵氏之子，謂之嫘祖氏，産青陽及昌意，青陽降居泜水，昌意降居若水。」韋昭因此就把西陵氏與方雷氏誤合爲一了。但《帝繫》把青陽説是嫘祖所生也是錯的。《晉語》又説「唯青陽與倉林同於黄帝，故皆爲姬姓」，則青陽一人重出了，此處青陽當是昌意之誤。黄帝四妻之子，青陽與夷

鼓都是己姓，昌意與倉林都是姬姓，所以有姓的十四子只有十二姓。方雷氏在何地，記載不詳。據青陽降居泜水，《説文》：「泜水在常（恒）山。」《山海經・北次三經》敦與之山，「溹水出于其陽，而東流注于泰陸之水；泜水出于其陰，而東流注于彭水，槐水出焉而東流注于泜澤。」按：泰陸即大陸澤，在今河北省任縣東北鉅鹿縣與隆堯縣交界處。郭璞注説「今泜水出中丘縣西窮泉谷東注於堂陽縣入於漳水」，當本於《漢書・地理志》常山郡元氏縣注，但今本《漢書》泜字誤作沮，漳水誤作黄河。按漢代元氏縣在今元氏縣西北。又《地理志》石邑縣下注：「井陘山在西，洨水所出，東南至廮陶入泜。」《説文》略同。漢石邑縣在今獲鹿縣東南，廮陶則在寧晉縣西南。又，房子縣下注：「贊黄山，（石）濟水所出，東至廮陶入泜。」漢房子縣在今高邑縣西南，而贊黄山在今贊黄縣西南。《山海經》的槐水當即《水道提綱》的槐河，「源出贊黄縣西南山中合諸水東流出山，經縣城北，又東經元氏縣南，高邑縣北，欒城縣、趙州南，柏鄉縣北，又東南逕寧晉縣城南，（東南）入泊（寧晉泊即古泜澤）」。然則泜水當在今元氏縣一帶。又按：《續漢書・郡國志》在鉅鹿郡廮陶縣下有薄落亭；又「安平國經西有漳水津，名薄落津」。《水經・濁漳水注》：「漳水又歷經縣故城西，水有故津，謂之薄落津。」前漢無經縣，是從堂陽縣分出者，堂陽在今新河縣西，寧晉縣東，疑薄落即是古代的方雷，方（古讀防）與薄，雷與落，俱一聲之轉。

③ 友是助理，西周初，如卿事寮和太史寮都有友。作册矢令彝説「夾左右于乃寮𠳋（與）乃友事」，寮就是僚。《禮記・曲禮》説：「僚友稱其弟也。」僚和友都是助理官事的，但友的職位應略低於僚，常見的有太史友、内史友等。

④ 莽是莽𠂤。静簋説「卿𢿢莽𠂤」，是合𢿢𠂤和莽𠂤。《毛詩序》説：「雲漢，仍叔美宣王也。」莽應與仍同。仍叔當是食采於莽。其地當在宗周附近。

⑤ 迺（乃）字的意義和則字差不多，《書・盤庚》：「我乃劓殄滅之，無遺育。」《左傳・哀公十一年》作：「則劓殄無遺育。」

⑥ 得，茲（系）、古是三個僕的名。

⑦ 爰即鍰字，爲銅之重量，按東周晚期銅鈁每爰重今市斤兩斤半，三百鍰爲七百五十市斤。

⑧ 播，放逐。《國語・吴語》「今王播棄黎老」，注：「放也。」宜播是説：依法應該放逐。

⑨ 歔同且，與若字和如字同義。《吕氏春秋・知士》「且静郭君聽辨而爲之也」，《戰國策・齊策》且作若；《史記・齊世家》「君且欲霸王」，《列子・力命》且作如。

⑩ 此右當指右軍。班簋記王命毛公伐東國時，曾命吴伯「以乃自左比毛父」，命吕伯「以乃自右比毛父」。那末，師旂應是莽自的師，衆僕是莽自的僕，莽自作爲王的右軍去征方雷，衆僕不從，所以要罰。

⑪《説文》貿讀若概，概劾音近，此當讀若劾。《説文》：「劾，法有罪也。」《書·吕刑》傳「上其鞫劾文辭」，正義：「漢世問罪謂之鞫，斷獄謂之劾。」即今判決書。近出匜也把貿詞鑄在匜上。

説明：

按《穆天子傳》穆王東征曾至於房，即房子，那末，此器或是穆初。據此，則伯懋父的活動，可能是昭末穆初，也未必即是康伯髦了。疑伯懋父爲祭公謀父，謀懋聲近。祭公謀父在昭穆之際，時代正合。

四　小臣宅簋

六行五十二字

小臣宅簋拓本

隹（唯）五月壬辰，同公①才（在）豐②，令（命）宅吏（使）③白（伯）懋父。白（伯）④易（錫）小臣宅畫毌⑤（干）、戈九、易⑥（揚）、金車、馬兩。易（揚）公白（伯）休⑦，用乍（作）乙公⑧隣（尊）彝。子＝孫永寶，其萬年用饗王出入⑨。

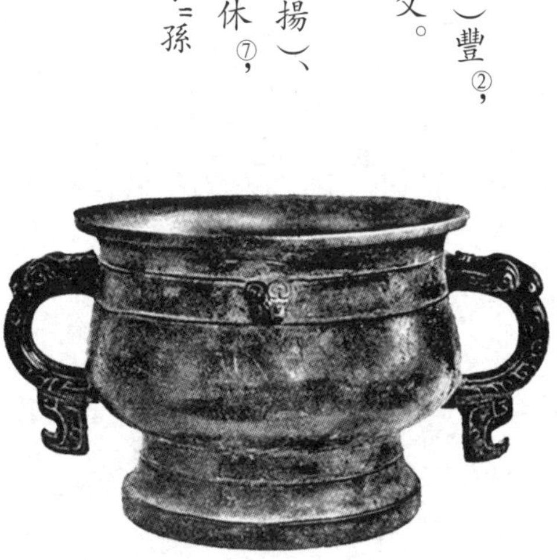

小臣宅簋圖像

意譯爲：

五月壬辰，同公在豐邑命令宅出使到伯懋父那裏，伯賞給小臣宅畫盾、九個戈、鉞、銅飾的車子、兩匹馬。對揚公伯的休美，用來做乙公的彝器，子=孫=永以爲寶，一萬年用來宴饗王的出入使人。

注釋：

①同公又見於沈子它簋，同即凡字，疑是周公後裔。凡國之君在王朝任職者。

②豐是豐邑，因豐谷、豐水而得名，在今陝西省鄠縣東，是文王舊都，周公歸老於此。武王遷鎬京，豐在豐水西，鎬在豐水東。

③吏讀爲使。舊讀事非是。宅已是小臣，不應派他去作爲伯懋父的家臣。

④伯指伯懋父。

⑤毌像盾形，卜辭作中、申、申等形，《説文》作毌，即申形横過來了。古書多用干字，毌與干本一字，音同，只是毌爲合口呼罷了。

⑥昜即揚。《詩・公劉》「干戈戚揚」，毛萇傳：「揚，鉞也。」

⑦公伯也指伯懋父，因他的地位是公。

⑧此乙公可能是齊丁公之子乙公得。

⑨出入是出入使人之省。

五　𫹹簋　四行四十一字

𫹹簋拓本

𫹹䫀（拜）①䭫（稽）首，休②朕匋③（寶）君公白④（伯），易（錫）氏（厥）臣弟𫹹井五𥞤⑤（蔬），易（錫）𧘝⑥（甲）、𦣞⑦（冑）、干⑧、戈。𫹹弗敢朢（忘）公白（伯）休，對䣈（揚）白（伯）休，用乍（作）且（祖）考寶陾（尊）彝。

意譯爲：

𫹹拜叩頭，休美我的寶貴的君公伯，賞賜這個臣弟𫹹井五楚，賞賜甲和盔，盾牌和戈。𫹹弗敢忘記公伯的休美，對揚伯的休美，用以做祖考的寶器。

注釋：

①此拜的異體，從手從頁。手旁本作[glyph]誤作[glyph]，恐是剝損。友簋作頪，可證。《説文》作𢷎，「首至手也。從手𠦪聲。」金文大都與小篆同。此即首至手之義。

②休是動詞，稱美之意。《書·召誥》：「今休王不敢後。」

③匋當讀爲寶。《説文》匋下引《史篇》「讀與缶同」。寶字卜辭作宝，從缶聲。《説文》：「寶，珍也。」

④公伯與小臣宅簋同，疑即伯懋父。

⑤井五𥝡疑當讀爲井五蔬，周制井九百畝，以九百畝地來種五種蔬菜。

⑥衣是甲冑之甲的本字，從衣丁聲。丁當是羊和飪的本字，《説文》羊讀若飪，飪：「大熟也。」丁當是像插在火中以熟食物的工具。《説文》：「變，大熟也。」又作燮，籀文作燮，從羊。金文曾伯霂簠作燮，從丁，可證。燮《廣韻》穌協切，燮穌葉切，與古狎切的甲古音同部。古書多借用鱗甲之甲。孫詒讓《古籀拾遺》把衣字釋作甲是對的，説是從衣從甲省，是錯的。甲作十、作[glyph]，不能省爲丁。今小篆作[glyph]，是[glyph]之誤，《三體石經》可證。

⑦冑是冑的繁體，從目，代表人首。《説文》：「冑，兜鍪也。」

⑧干即毌字，像盾上有歧形裝飾，卜辭作[glyph]。

六　沈子也簋蓋

十三行一百四十八字

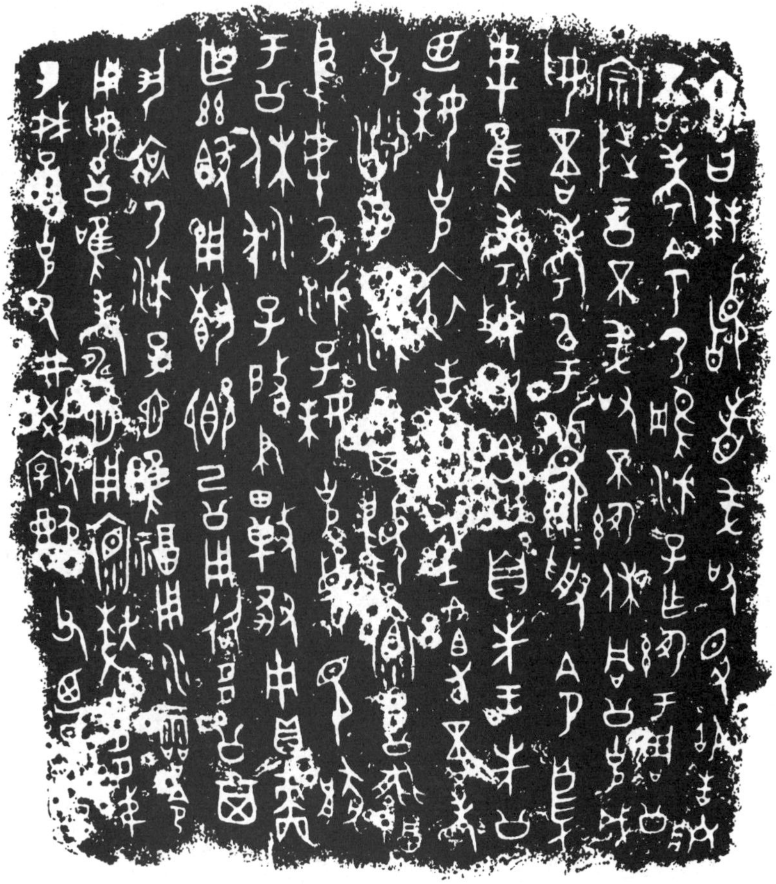

沈子也簋蓋拓本

沈子也簋蓋图像

也曰：「拜(拜)䭫(稽)首，敢取①(於)卲(昭)告②朕吾考③。令(命)乃鴅④沈子⑤乍(作)𥘅⑥(祼)于周公宗⑦，陟二公⑧，不敢不𥘅(祼)。休⑨同公克成妥⑩(綏)吾考㠯(以)于顯=受令⑪(命)。烏虖！隹(唯)考𢍰念自先王先公⑫，迺(乃)妹⑬克衣(殷)，告剌成工(功)。𠭯⑭吾考克淵克⑮。乃沈子其顀(静)褱⑯(懷)多公𧫨⑰(庇)福。烏虖！乃沈子妹克蔑⑱，見猒⑲于公休。沈子肇𢼸⑳狃㉑(搜)賓(貯)嗇㉒，乍(作)丝(兹)毁(簋)，用𩛥㉓鄉(饗)己公㉔，用咎(格)多公，其丮(揚)哀㉕乃沈子，也唯福，用水㉖(順)霝㉗令(命)，用妥(綏)公㉘唯耇(壽)。也用褱(懷)𡢁㉙(遘)我多弟子我孫，克又(有)井(型)斅(教)懿(懿)父迺㉚(乃)是㉛子。」

意譯爲：

也說：「拜叩頭，敢於明白告我的先父，命你的沈子在周公宗廟裏舉行祼祭，把兩個先公升上去合祭，不敢不祼祭。稱美同公能成長安撫我的先父，因而顯赫地受到爵命。啊哈！這是先父懷念從先生先公那打敗殷王朝，告述勳績得到成功。我先父能够更深化。你的沈子安静地懷思幾位公的庇蔭的福。啊哈！你的沈子能誇耀功績，得到滿足於公的休惠。沈子開始盡搜蓄積，做這個簋，用以開始祭饗己公，並用來降格幾位公，抬舉並憐愛乃沈子。也有福，用以順好的命，用以安公能有壽。也用以懷念幫助我許多弟子我的孫，能有型法教導美善的父親和可愛的孩子。」

注釋：

① 𥄎字像用手挖眼形，丑與又同，就是手形，也就是現在的挖字的本字。《説文》作𥄎，「捾目也」，從叉（叉是手爪脚爪的爪字）是錯的。《廣韻》烏括切。此處讀如於（於就是烏字），敢𥄎就是敢於。

② 昭告，明告。《論語・堯曰》：「予小子履敢用玄牡，敢昭告于皇皇后帝。」

③ □就是吾字，毛公鼎「干吾王身」的吾字，薛氏《鐘鼎彝器款識》師㿿簋作□，可證。吾考等於竇考，見上虘簋匄君注。吾同午，牢即宔。

④ 鴅應讀如丹，乃鴅沈子即乃沈子，乃鴅合音如難，作器者方音當讀乃如難。《公羊傳・宣公八年》説：「而者何？難也；乃者何？難也。曷爲或言而，或言乃，乃難乎而也。」《説文》：「乃，曳詞之難也。」是乃可讀難。下文三處説到乃沈子，可見此乃鴅就是乃。

⑤ 沈國名，首見於《春秋・文公三年》定公四年爲楚所滅。《漢書・地理志》汝南郡平輿縣下應劭注：「故沈子國，今沈亭是也。」在今河南省汝南縣東南。《續漢書・郡國志》説：「沈，姬姓。」《廣韻》、《邵思姓解》、《唐書・宰相世系表》等並説：「周文王第十子聃季食采於沈。」實際是六朝譜系學家誤以爲聃、耽同字而加以附會的。聃季的聃，從冉，應讀如南，與沈非一字。詳見康王時盂鼎注。現在見到這件銅器，才知道沈國是周公之後。但在《左傳》裏，周公之後，除了魯以後，受封爵的只有凡、蔣、邢、茅、胙、祭六國，沈國可能是凡國分封出去的。

⑥ 𢇍即𢇍字。《原本玉篇》：「𢇍，於遠反。《韓詩》：『我遘之子，𢇍衣繡裳。』𢇍衣纁衣也。《蒼頡篇》：『𢇍，紘也。』」《集韻》𢇍的或體作𦄒。此與𧛺同，應讀爲裸，已見康王時的高卣注。《詩・文王》「厥作裸將」，可見行裸祭可以稱作。

⑦ 周代的宗法，據《禮記・大傳》：「別子爲祖，繼別爲宗，繼禰者爲小宗。」周代的祖廟，是太王、王季、文王、武王、成王，稱爲京宫。周公是武王之弟，所以別立周公宗。周公的子孫都是屬於周公宗的。

⑧ 陟是升的意義。《爾雅・釋詁》：「陟，陞也。」陟二公是把二公升上去。《春秋・文公二年》：「八月丁卯，大事于大廟。」《公羊傳》説：「大事者何？大祫也。大祫者何？合祭也。其合祭奈何？毁廟之主，陳于太祖；未毁廟之主皆升，合食於太祖。」周公宗應是沈國的太廟（即太祖廟），升上去的二公，應是沈子也的祖和父。

⑨ 休，動詞，稱美。

⑩ 妥讀若綏，《詩・楚茨》「以綏後禄」，毛萇傳：「綏，安也。」

⑪ 由此可見沈子也的父親是沈國的第一代。

⑫ 此當指文王、武王和周公。

⑬ 妹，語辭。下文同。

⑭ 䖒，語辭。

⑮ 克淵克，上克字是動詞，《爾雅・釋言》：「克，能也。」淵是深的意思，見《詩・燕燕》毛萇傳。下一克字是具有這種品性的名詞，如：剛克、柔克、温克等。

⑯ 頪字左旁像兩手争乇（朿），與從𠂇（力）同。《説文》：「頪，好皃。」此讀爲静，《詩・柏舟》「静言思之」，毛萇傳：「安也。」懷《説文》「念思也」，静懷與静思同。

⑰ 豼字像小獸形。《説文》爲貔的或體。《爾雅・釋獸》：「貔，白狐。」《方言八》：貔，貊。注：「貍别名也。」《説文》以爲猛獸，是後起義。此當讀如庇，豼福是庇廕的福。

⑱ 蔑讀如伐，叙述功績。

⑲ 猒，滿足。

⑳ 《説文》：「斁，盡也。」

㉑ 狃從丑，丑與又字、寸字都是一字。因此，狃與狩實際是一字。此讀爲搜，《方言二》：「求也。」

㉒ 貯啬是蓄積，《説文》：「貯，積也。」《方言》十二：「啬，積也。」

㉓ 䂓音載，《玉篇》：「䂓，始也。」

㉔ 己公當即沈子也所説的吾考。

㉕ 丮像人高舉兩手形，讀如揚。《説文》讀若戟，解爲「持也」，應作扌，像人持物形，與此不同。《小爾雅・廣言》：「揚，舉也。」《吕氏春秋・報更》注：「哀，愛也。」哀憫和愛憐意本相關。

㉖ 古文字從水的偏旁常與從川通用。順字從川聲。《説文》和《釋名》都説：「水準也。」《春秋元命苞》説：「水之爲言

演也。」並與順音相近。此處水字疑當讀爲順。

㉗《廣雅·釋詁一》:「靈,善也。」

㉘公似指周公。

㉙𨒪字從夭與走同,從𡨄即差字,當爲𨓍字。《玉篇》:「𨓍,走也。」此處當讀爲佐。

㉚迺即乃字,此處作與字講。《大戴禮記·誥志》:「物乃歲俱生於東」,乃當訓與。

㉛是當讀如恇,《説文》:「愛也。」

説明:

這是比較重要的一篇銘文。

首先,沈國是周公之後,過去是不知道的。從這篇銘文中看,沈子也的父親爲沈國始封之君,而銘中一則説陟二公,二則説多公,則在沈子也之前決非三代矣。假定周公爲第一世,周公之子凡侯爲第二世,凡侯之子凡伯爲第三世,則沈子應是第四世了,而沈子也應爲沈國第二代,是周公以下的第五世了。周代制度,第一代稱侯,如康侯,第二代稱伯、仲、叔、季,如康伯髦、微仲、虢仲、虢叔、虢季等,第三代以後稱子,如虢季子緝、虢季子白等。凡伯應是繼承爲凡侯的,凡伯的長子,仍是凡侯,次子別封則稱子了。周公之子,除伯禽外,凡、蔣、邢、茅、胙、祭,似以凡爲最長,其受封可能即在成王之世,則凡伯應在康王之世,沈子受封應在昭王時,則沈子也應爲穆王時。凡即同,同公當是凡伯之子而任三公者。那末,在沈子也作祼周公宗時,所升廟合祭之二公,爲凡伯及其吾考,而從周公起已有四公(周公、凡侯、凡伯、沈子),可稱爲多公了。然則此銘之同公當爲凡國的第三代,是沈子也的父親一輩,其執政當在昭、穆之間,與伯懋父時間相當。

其次,此銘多用方言,與周王朝器銘不同。通篇以「也曰」叙述,在銅器銘中也不多見。此簋只存一蓋,銅質極佳,爲水銀沁,疑即爲淮水流域的沈國所鑄的。

七　作册魖卣

六行六十三字器蓋同銘

作册魖卣器拓本

作册魖卣蓋拓本

隹（唯）公大（太）史①見服②于宗周年。
才（在）二月既望乙亥③，公大（太）史
咸見服于辟王，辨（遍）于多正。
雩（粤）三（四）月既生霸庚午，王遣（遣）
公=大（太）=史=在豐，賞乍（作）册䰩④（魖）馬，
䫻（揚）公休，用乍（作）日己𣃔（旅）陾（尊）彝。

作册魖卣圖像

意譯爲：

這是公太史到宗周朝見納貢的一年。二月望後乙亥那天，公太史對君王朝見納貢都完了，和執政們都見了面。到四月既生霸庚午那天，王打發公太史回去。公太史在豐邑，賞給作册䰧馬。對揚公的休美，用來做日己的旅的祭器。

注釋：

①《書·顧命》康王即位時，主要的大臣是「太保、太史、太宗，皆麻冕彤裳」。太保承介珪，太宗奉同瑁，而太史秉書，當時可能是三公。此銘説公太史，可見是太史而稱公的。

②服是政事，也包括貢賦。《爾雅·釋詁》：「服，事也。」《詩·蕩》「曾是在位，曾是在服」，毛萇傳：「服，政事也。」《書·酒誥》：「越在外服：侯、甸、男、衛、邦伯；越在内服：百僚、庶尹、惟亞、惟服（疑當作旅，《牧誓》在司徒、司馬、司空下有亞旅；《立政》説：「立政：任人、凖夫、牧，作三事，虎賁、綴衣、趣馬、小尹、左右攜僕、百司庶府、大都、小伯、藝人表臣、百司太史、尹伯、庶常吉士、司徒、司馬、司空、亞旅。」《左傳·文公十五年》「請承命于亞旅」，注：「亞旅，上大夫也。」又《成公二年》：「賜三帥先路三命之服，司馬、司空、輿帥、侯正、亞、旅，皆受一命之服。」注：「亞、旅，大夫也。」《詩·載芟》：「侯主、侯伯、侯亞、侯旅。」傳：「主，家長也，伯，長子也，亞，仲叔也，旅，子弟也。」均可證。）宗工，越百姓、里居（當作君）。」外服是諸侯，内服是臣工，都是有職事的，也都應納貢賦。關於各服的貢賦，見《禹貢》。近出（駒父盨）（整理説明：原稿此處未列盨名，由唐復年補）記取服于淮夷事。詳駒父盨考釋。

③此云「二月既望乙亥」，下云「粤四月既生霸庚午」。假定乙亥爲二月十九日或二十日，則四月既生霸爲四月十五日或十六日。詳作册夨令簋考釋。

④《説文》：「䰧，鬼皃，從鬼虎聲。」

説明：

此公太史在豐，疑即同公。從書法看，當是穆初，疑穆王初即位時同公來朝見。

八 敱簋

器蓋五行二十八字

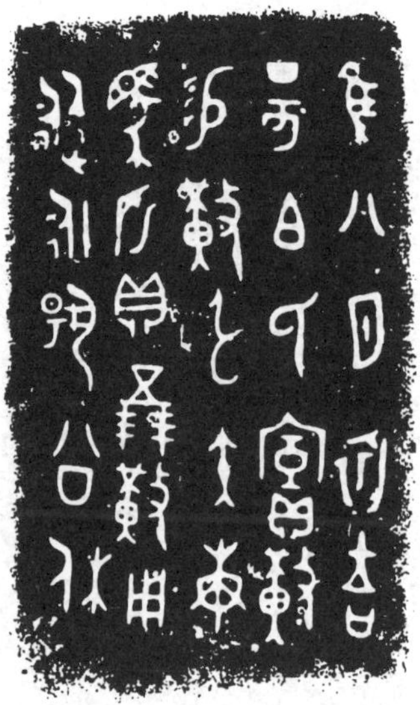

敱簋器拓本

敱簋蓋拓本

隹（唯）八月初吉丁亥，白（伯）氏賨①（胙）敱，易（錫）敱弘②（弓）、矢束，馬匹，貝五朋。敱用從③，永𠭯（揚）公休。

敱簋圖像

意譯爲：

這是八月初吉丁亥日，伯氏賞錫敱，賞給敱弓、箭一束、馬一匹、貝五掛。敱用隨從辦事，永遠揚公的休美。

注釋：

① 賓當從貝宔聲，詳康王時作册大鼎。

② 弘即弖字，弖的有臂者，可見此時早已有弩。

③《易·坤》：「或從王事。」

説明：

此伯氏疑亦即伯懋父，所以説永揚公休。

九　孯簋

六行四十五字可與虘簋相次

孯簋拓本

孯簋圖像

隹(唯)三(四)月初吉丁卯,王

穠(蔑)𦣻①𣏌②(歷),易(錫)牛三,𦣻

既䫨(拜)韻(稽)首,升③于氏(厥)

文取(祖)考,𦣻對䫉(揚)王

休,用乍(作)氏(厥)文考隟(尊)𣪘(簋),

𦣻眔(暨)氏(厥)子〻孫永寶。

意譯爲:

這是四月初吉丁卯日,王誇獎𦣻的功績,賞了三頭牛,𦣻既已拜叩頭,獻祭於文祖文考,𦣻敢對揚王的休美,用以做文考祭器簋,𦣻和他的子〻孫〻永以爲寶。

注釋:

① 𦣻爲《説文》友字的古文。

② 蔑歷伐其經歷與功績。

③《吕氏春秋·孟夏紀》注:「升,獻也。」《禮·士冠禮》注:「煮於鑊曰亨,在鼎曰升。」

説明:

此䫨字與𧇭簋同,字體亦在穆世。

一〇　君夫簋　五行四十四字

君夫簋拓本

唯正月初吉乙亥，王才（在）
康宮大（太）室，王命君夫
曰：「儥①（續）求乃友。」君夫敢
妻②（奉）䫦（揚）王休，用乍（作）文父
丁鼎彝。子=孫=其永用之。

意譯爲：

這是正月初吉乙亥，王在康王宗廟的太室裏，王命君夫説：「繼續求作你的僚屬。」君夫敢奉揚王的休美，用以做文父丁煮肉祭器，子子孫孫，其永遠用。

注釋：

① 儥字《説文》徐鉉本「賣（鬻）也」，徐鍇本「見也」，則即覿字。此疑讀爲續，《爾雅·釋言》：「續，繼也。」

② 妦《方言一》：「凡好而輕者……趙、魏、燕、代之間曰姝，或曰妦。」此當借爲奉。

一一　效父簋　三行十四字

效父簋拓本

休①王易（錫）效父②吕③三，用乍（作）氏（厥）寶隮（尊）彝。⋈ㅅ

效父簋圖像

意譯爲：

稱美王賞給三個吕，用來做寶器。⋈ㅅ氏族。

注釋：

① 休爲動詞，在王前，此時常例。

② 效父疑與曶鼎效父爲一人，疑此器較早，當更考。

③ ●●即吕字，亦見寶雞所出𣄰高卣。改圓點爲圓框即爲oo。古丁字作●像銅餅形，●●是兩塊銅餅。小篆誤作8，《説文》解爲脊骨，與腰膂的膂同義是錯的。銅器銘文中常見的玄鏐鏞吕（邾公牼鐘），玄鏐鋪吕（吉日壬午劍），或作鑪鋁（邵鐘、余義鐘），鎛鋁（齊侯鐘「鈇鎬玄鏐鎛鋁」），明是一種金屬之名。《廣雅·釋器》）「鋁謂之錯」，疑此鋁與錯，都不是動詞而是金屬之名，凡金文從●●之字多與金字略同。則與鏐相等的鋁，疑即《禹貢》「璆鐵銀鏤」之鏤相等，舊解爲剛鐵，此時未能冶鐵，所謂鐵是自然鐵，那末，鏤自是另一種金屬，鋁鏤聲近。

一二一　翼父方鼎

三器①　三行十二字

翼父方鼎一拓本

翼父方鼎二拓本

翼父方鼎一圖像

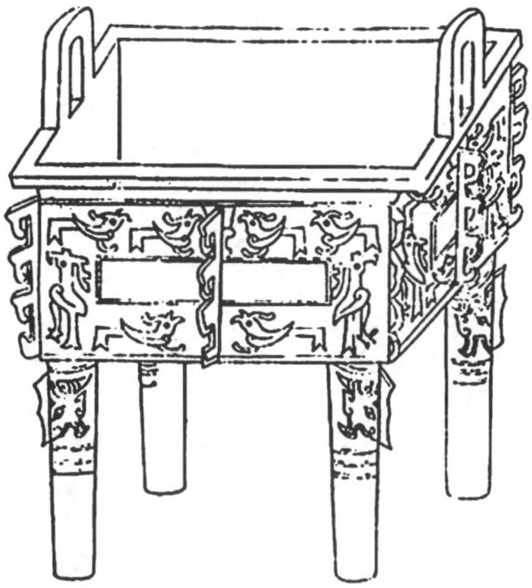

翼父方鼎二圖像

翼父方鼎三拓本

休王易（錫）翼②

父貝，用乍（作）

氏（厥）寶隩（尊）彝。

翼父方鼎三圖像

注釋：

①《三代吉金文存》第三器，休字剔壞。王字右旁下有兩圓點，右側有一字似鳥形，俱似原器上有泐痕而誤剔。

②医字從羽，似裝飾。

一三　呂方鼎　五行四十三字

呂方鼎拓本

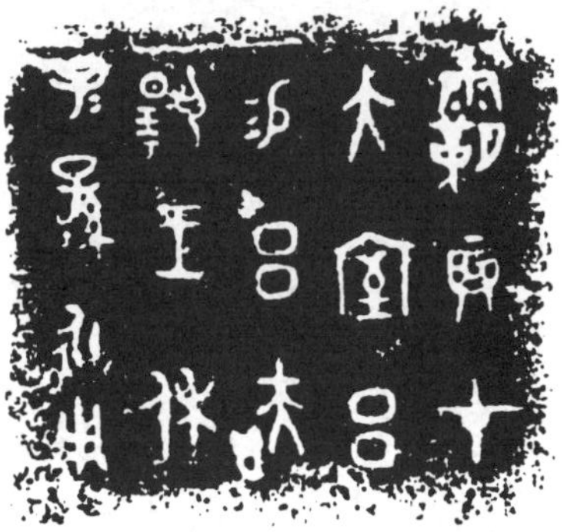

隹（唯）五月既死霸，辰①才（在）壬戌，王餈（祼）于大（太）室②，呂征③（延）于大（太）室。王易（錫）呂𩰫④（鬯）三卣，貝卅朋，對𩁹（揚）王休，用乍（作）寶齋⑤，子=孫=永用。

呂方鼎圖像

意譯爲：

這是五月的既死霸，那個日子是壬戌，王在太室舉行祼禮，呂在太室贊禮。王賞給呂鬯鬯三卣，貝卅掛。對揚王的休美，用以做盛飯的寶鼎，子=孫=永遠用。

注釋：

① 六十干支，以甲乙等十日爲六旬，以子丑等十二辰爲五辰，即：甲子至乙亥，丙子至丁亥，戊子至己亥，庚子至辛亥，壬子至癸亥。

② 《書·洛誥》：「王入太室，祼。」

③ 征讀爲延，贊禮。《禮·覲禮》：「擯者延之曰升。」注：「從後詔禮曰延。」《爾雅·釋詁》：「延，進也。」

④ 猒與饔爲一字，即饔鬯。

⑤ 齋從鼎從亝，可以讀齊聲，當是炊穀類之器。齊本作亝，是穀粒，變爲亝，小篆作齊，《説文》解爲「禾麥吐穗上平也」，是錯的。齊又從禾作穧，或作粢，《説文》「稷也」。《禮記·曲禮》説「稷曰明粢」，即《詩·甫田》「以我齊明」，《禮·士虞禮》「明齊溲酒」。又作齍，《説文》：「黍稷在器以祀者也。」《周禮·春人》「祭祀共其齍盛之禾（復年按：米）」，《甸師》「以共齍盛」，注：「齍盛，祭祀所用穀也。粢稷也，穀者稷爲長，是以名云。」《小宗伯》「辨六齍之名物」，注「齍讀爲粢，六粢謂六穀：黍、稷、稻、粱、麥、苽」。《大宗伯》「奉玉齍」，《九嬪》「贊玉齍」，注：「玉齍、玉敦，受黍稷器。」則黍稷的盛器不是鼎屬。此齋從鼎，顯是炊煮器而非盛器。但《善齋吉金録》以方鼎爲齋也是錯的。齋包括鼎與鬲，不僅方鼎。其實，齋字相等於《説文》的齎字，今本《説文》訓「炊餔疾也」，餔當是鬴之誤。《玉篇》訓「炊釜」，是對的。齋是炊飯之釜，鼒是煮肉之鼎，是用途之分，與方圓無關。

説明：

此與呂壺之呂似是一人。

一四　貉子卣

二器　一器蓋器全。六行三十六字

貉子卣器拓本

貉子卣蓋拓本

唯正月丁丑，王各（格）于
吕𢿢①，王牢②于庢③，
咸圁④（俎）。王令（命）士衜
歸（饋）貉子⑤鹿三，貉
子對昜（揚）王休，
用乍（作）寶隩（尊）彝。

貉子卣图像

意譯爲：

這是正月丁丑日，王到了吕歔，王在庢舉行了用太牢的食禮，都有俎，完後，王命令士衜送給貉子三頭鹿。貉子對揚王的休美，用以做寶器。

注釋：

①歔疑當讀爲搖，見《集韻》。吕歔當是地名。

②牢當是食禮，用太牢來食諸侯或卿太夫。《禮》有《公食大夫禮》，設七鼎，其中有太牢，即牛、羊、豕三鼎。還有《少牢饋食禮》，則是諸侯、卿大夫祭祀祖先的禮，可見用牢是食禮。

③庢當亦地名，疑從广佉聲。

④食禮都有俎，此説「咸俎」，當是行禮已完。

⑤貉子是己侯之名，詳下己侯簋。

説明：

此器賜鹿而即用鹿紋，與安陽鹿鼎同。

一五　己侯貉子簋　四行十九字

己侯貉子簋蓋拓本

己①厌（侯）貉子②分
己姜③寶，乍（作）毁（簋）。
己姜石④用𡨦⑤，
用匃𤔲⑥（萬）年。

己侯貉子簋蓋圖像

意譯爲：

己侯貉子分給己姜寶物，做了簋。己姜名叫石用𡨦，用以祈萬年。

注釋：

① 己當即紀國，《續漢書·郡國志》北海國劇縣「有紀亭，古紀國」，在今山東省壽光縣東南。《青州府志》：「紀臺城在壽光縣東南三十里。」清代《積古齋鐘鼎款識》説己侯虓鐘「出土壽光紀侯臺下」。

② 貉子是己侯之名，似比己侯虓爲早。

③ 己姜當是己侯之女，己爲姜姓，《春秋·桓公八年》：「祭公來，遂逆王后于紀。」又《九年》：「紀季姜歸于京師。」可見紀爲姜姓，更可見紀國曾與周王朝通婚姻。

④ 石當是己姜之名。

⑤ 𡨦字待考。

⑥ 𤔲字從彳，似由亻變。

一六　命簋

蓋器四行

命簋器拓本

命簋蓋拓本

隹（唯）十又一月初吉甲辰，王才（在）𩁹①（華），王易（錫）命鹿。用乍（作）寶彝。命其㠯（以）多友𣪕②（匓）飤。

命簋圖像

意譯爲：

這是十一月初甲辰，王在華地，王賞給命鹿，用來做寶器，命用這來和許多同事吃飽飯。

注釋：

① 華，地名。《國語・鄭語》：「鄔、弊、補、舟、依、𩣡、歷、華，君之土也。若前華後河，右洛左濟。」注：「華，華國也。」據《水經・洧水注》華在今河南省密縣，西爲嵩山，是夏族舊居，所以華即是夏，中華民族起於此。

② 𣪘讀如匓，《説文》：「飽也。」

説明：

此爲附耳簋，現在美國。鳥紋。當是穆世。

一七　眉能王鼎① 五行二十八字
眉能王簋 四行二十八字

眉能王鼎拓本

只②（枳）人（氏）師③眉能
王④爲周窑⑤，易（錫）
貝五朋，用爲宝（寶）
器，鼎二、𣪘（簋）二，其
用亯（饗）于氏（厥）帝考⑥。

眉能王鼎圖像

眉能王簋拓本

眉能王簋圖像

意譯爲：

只氏族，做周王朝師的官的眉能王作爲周王朝的賓客，賞了貝五掛，用來做寳器，兩個鼎、兩個簋，這用來享于這個稱帝的祖先。

注釋：

① 鼎、簋文同行款異，此據鼎銘。

② □當即只字，《説文》作□，「語巳詞也，從口，像口下引之形」。疑當是兄之異形，金文兄或作□，右下□易爲□，即爲□。祝從兄，祝只聲之轉。此處只當即枳，是西北的氏族國家名。《周書・王會解》後附的《伊尹朝獻》篇中正西方的諸侯中有「枳已」。《戰國策・燕策》説：「楚得枳而亡。」《漢書・地理志》巴郡枳縣，在今四川省東部的涪陵縣。枳人即枳氏，人讀爲氏，詳康王時邢侯簋。

③ 師是武官，地方上的兵官也叫師。

④ 眉能王應是氏族國家之君，周代西邊的氏族國家多稱王。

⑤ 竊疑仍是客字，「爲周客」是作爲周王的賓客。周代有所謂三恪，實際恪應讀爲客。《周禮・大行人》：「掌大賓之禮及大客之儀。」

⑥ 此自稱王，所以稱其祖先爲帝考。

説明：

此銘書法秀麗，應是穆王前期。

作者應是氏族國家之君長而爲周臣者，所以自稱爲王而稱其祖先爲帝考。

一八　帥隹鼎　六行四十七字

帥隹鼎拓本

帥隹①懋②貺③（兄）念王母④

堇任⑤自乍（作）後⑥，王母㡛⑦

商（賞）氏（厥）文母魯公孫⑧用

鼎（鼎）。乃顉⑨子帥隹王母

［隹］用自念于周公孫

子，曰余千⑩母⑪章⑫（庸）又諲。

意譯爲：

帥隹的哥哥懋懷念王母勤勞和恩愛自己做的後嗣。王母的潤澤賞這文母魯公孫用的鼎。你的頧子帥隹王母用自懷念于周公後人，説我叔母哪有忘懷呢！

注釋：

① 帥隹，人名，方濬益、容庚並作帥，則讀隹爲唯。

② 懋，人名。此疑是史懋（因伯懋父此時已老，不容尚存王母），待考？

③ 懋兄是帥隹之兄爲懋。昭王時𤔲駿觥説「吴𤔲馭弟史」，前虘簋説：「休氏匋君公伯易氏臣弟虘」，均只言弟。

④《爾雅·釋親》：「父之考爲王父，父之妣爲王母。」《禮·曲禮》：「祭王父曰皇祖考，王母曰皇祖妣。」按：金文罕見王母，此或生存之祖母之稱，待考。

⑤ 任當如《詩·燕燕》「仲氏任只」之任，箋：「以恩相親信也。」

⑥《書·洛誥》「予小子其退即避于周，命公後，」又説「王命周公後，作册逸誥。」此作後似亦立後之意。

⑦ 㫗從厂昊聲。昊疑即《説文》臭字，「大白，澤也。」蓋從大從白，訓爲「澤也。」召白虎簋兩器均有㫗命，疑即釋命，也即舍命。

⑧ 魯公指伯禽，伯禽與成王同時，此文母爲魯公孫，與昭公之世相當。

⑨ 頧《説文》「出頟也」，此疑讀如倠或婎，《説文》「倠，仳倠，醜面」「婎，醜也」。

⑩ 此疑仍是尗字，通叔。叔字古作[illegible]，偏旁作[illegible]；弋字本作[illegible]，變必[illegible]、[illegible]，與此相亂。

⑪《爾雅·釋親》「父之弟妻爲叔母」，叔母在金文此僅見，叔不作[illegible]而作[illegible]，亦僅見，俟更考。

⑫ 庸等於豈字，見《助字辨略》。《左傳·莊公十四年》：「庸非貳乎。」

説明：

此器文母爲魯公孫子，則以穆王時爲適宜。書法風格，亦是穆世。

此器最難讀，今姑釋之如此，俟再考。

一九　章伯𢼸簋　六行四十五字

章伯𢼸簋拓本

隹(唯)王伐逨魚，祉(延)伐淖(朝)黑①，至，尞②(燎)于宗周。易(錫)章③(鄘)白(伯)𢼸④(摣)貝十朋。敢對𣄰(揚)王休，用乍(作)朕文考寶隫(尊)毀(簋)，其萬年子=孫=其永寶用。

章伯𢼸簋圖像

意譯爲：

這是王伐逨魚，還伐朝黑，回來了，在宗周舉行燎祭的禮。賞給鄘伯𢼸貝十掛。鄘伯𢼸敢對揚王的休美，用來做我的文考的寶簋，這一萬年子子孫孫永遠寶用。

注釋：

①疑即黑字，逨魚、淖黑均地名，或是氏族國家，待考。

②《周書・世俘》「燎于周廟」，是戰勝歸來燎祭之禮，此當亦燎祭於宗周之廟。

③章爲鄘之本字，卜辭作，像四面高牆，牆上均有高樓之形。即《左傳・昭公十八年》所説的「四墉」。省去兩旁即作。《説文》：「墉，城垣也。」古文作，即此篆而微誤。《説文》另有字，從亯從自，「用也」，也是此字的形誤。三體石經庸字的古文即作，可证。但是《説文》另外還有一個字，説：「從回，象城章之重，兩亭相對也，或但從□。」則又以章爲郭之本字。今按章只是墉而非郭。郭字本作鄗，或從亭作郭，因誤爲郭耳。

④叡即搵字，《集韻》：「宜佳切。」也就是挂（掛）字，《廣雅・釋詁三》：「挂，止也。」挂有礙義，與搵有拒義，和延緩義是相通的。

二〇　毛公肇鼎　六行三十一字

毛公肇鼎拓本

毛公肇（旅）鼎，亦
隹（唯）毁（簋）。我用𣪘①厚，
眔（暨）我友匌。其
用晉（友），亦弘唯
考（孝）。肄（肆）母又（有）弗
䜌②（競），是用壽（壽）考。

毛公肇鼎圖像

意譯爲：

……毛公的族衆公用的鼎和簋，我用做豐富的飯菜，跟我的朋友們飽餐。這用來友兄弟，也大大地來孝父母。就没有弗優勝的，用以長壽。

注釋：

① 飤字從丮，此作[illegible]，首部似從欠，頸部似幺，疑像戴頸環形，懿字所從欠，多如此。但重點爲兩手奉食，仍應釋丮。《説文》：「飤，設飪也。」

② 𩞁當從川諺聲，川與水同，諺《玉篇》、《集韻》並同競。《説文》作滰，「浚乾漬米也」。此處仍當讀爲競。

説明：

此當是銘詞之後半，前半疑當在蓋上，本當説某人作毛公𦉢鼎，前半已佚。此銘似有韻，毁、厚、匓、晉、考、考，均是。

二二 班簋

二器①二十行一百九十七字

班簋一拓本

班簋一圖像

班簋二拓本

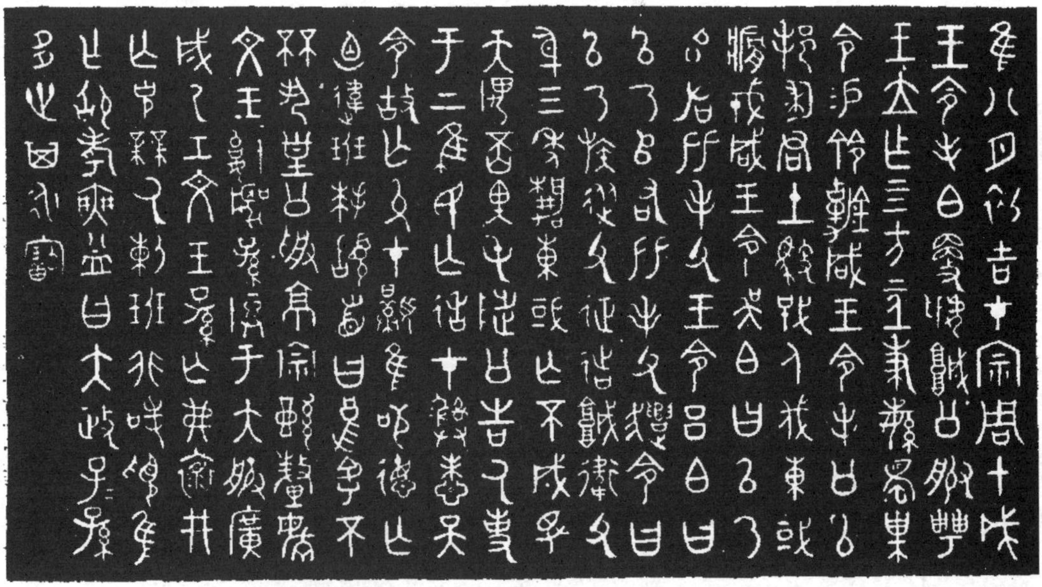

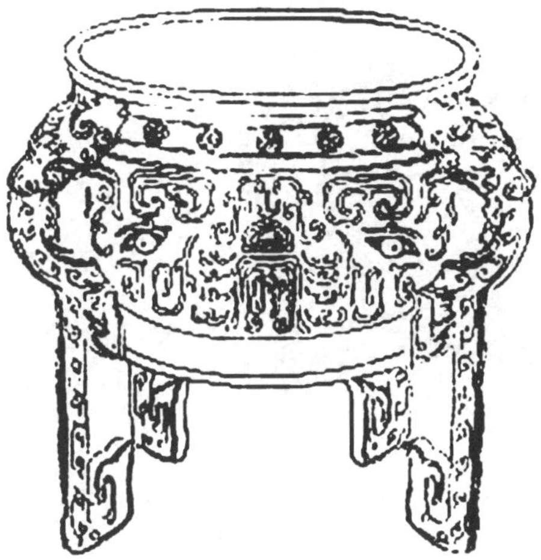

班簋二圖像

唯八月初吉，才（在）宗周。甲戌
王令（命）毛白②（伯）更（賡）虢𨠃（城）公③服④，甹⑤（粤）
王立（位），乍（作）亖（四）方亟⑥（極），秉⑦緐⑧、蜀⑨、巢⑩
令（命）。易（錫）鈴⑪（鈴）鋚⑫（勒），咸⑬。王令（命）毛公⑭㠯（以）
邦冢君⑮、土（徒）馭⑯（御）、戔（夷）人⑰伐東或（國）
㾓（偃）戎⑱，咸⑲。王令（命）吴白⑳（伯）曰：「㠯（以）乃
𠂤㉑（師）右（左）比㉒毛父㉓。」王令（命）吕白（伯）曰：
「㠯（以）乃𠂤㉔（師）右比毛父。」遣（遣）令㉕（命）曰：
「㠯（以）乃族從父征，延（誕）𨠃（城）衛㉖父
身。」三年㉗，静東或（國），亡不成㘙㉘
天畏（威），否㉙（丕）畀（畀）屯㉚陟㉛。公告氏（厥）事
于上㉜。「隹（唯）民亡（無）延㉝（誕）。才（在）彝㉞，悉㉟（昧）天
令（命），故亡（無）允，才（在）顯㊱（顯），隹（唯）苟㊲（敬）德，亡（無）
逌㊳（攸）違㊴。」班拜（拜）稽（稽）首，曰：「烏虖！不
伓（丕）丮（揚）皇公受京宗㊵懿釐，毓㊶（后）
文王〓姒㊷（姒）□孫㊸，隥㊹（登）于大服，廣
成氏（厥）工（功），文王孫亡（無）弗褱（懷）井（型），
亡（無）克競㊺（競）氏（厥）剌（烈）。班非敢覓㊻（抑），隹（惟）
乍（作）邵（昭）考㊼爽㊽益㊾（謚）曰大政。子〓孫
多世其永寶㊿。

意譯爲：

這是八月上旬的好日子，在宗周，甲戌這天，王命令毛伯繼承虢城公的職務，夾輔王位，作爲四方的中心，掌握緐、蜀、巢的詞命，賞賜鈴和鋚勒，命令完畢。王命令毛公帶領邦國君長，徒步的士卒和御車的貴族，拿梃的人征伐東國痟戎，命令完畢。王命令吴伯説：「帶領你的師從左面協助毛父。」王命令吕伯説：「帶領你的師從右面協助毛父。」發布命令説：「帶領你的族人隨着父親征伐，保衛父親的身體。」三年，東國都定下來了。在天威之下，没有不平定的罪惡，大大地給予了好的德行。公把這件事禀告上來：「這老百姓没有欺詐。在常法，不懂得天命，所以没有成就。在明顯，這恭敬德行，没有違抗。」班拜，叩頭，説：「嗚呼！大大地稱揚皇公受京宗的美福。后文王太姒的裔孫，登在高的職位，廣闊地成這功績，文王的後人没有不懷想這個型範，没有人能争辯這功烈。班不敢隱藏，這做昭考明謚，稱爲「大政」。子子孫許多世代永以爲寶。

注釋：

① 此簋原著録於《西清古鑑》十三、十二。一九七二年北京市從物資回收站中，收到一器，已殘毁，經修復，字數行款全同，只筆畫略有殘損。按：此與《古鑑》所收非一器。《古鑑》一器不知何時何地所出，出土時當亦殘破，獻入清宫時經過修理，將間隔於獸面紋中的□紋，上加屮形，下加吋形，竟成壽字，大概獻器時正值乾隆帝做壽，所以作此玄虚。著録於《古鑑》時，照樣畫入。我過去曾以爲疑，今見此次新出之器，並不如此，始恍然大悟。此外，凡清宫舊藏之器，均經打臘以爲保護，使不再生銅銹，古玩商稱爲「熟坑」。而此新出之器，並未打臘，即商人所謂「生坑」，可見此器非即清宫一器。凡做簋，都是偶數，如二簋、四簋等。周代以此類彝器作爲家世寶藏的重器，但由於子孫分析舊藏，以及嫁女、贈禮等，可能有分散，所以常不在一時一地出土，是不奇怪的。

② 毛伯當是下文毛公的長子。《左傳·僖公二十四年》説「管、蔡、郕、霍、魯、衛、毛、聃、郜、雍、曹、滕、畢、原、豐、郇，文之昭也」，是説這十六國都是文王之子而封爲諸侯者。《周書·克殷》和《史記·周本紀》都説武王克殷時，「毛叔鄭奉明水」，當即文王之子。《書·顧命》記成王死時，「乃同召太保奭、芮伯、彤伯、畢公、衛侯、毛公」，此時距離武王克殷將四十年，除召公老壽外，此外已非克殷時舊人，則此毛公當是毛叔鄭之子襲爵者，與成王爲同輩。但由成王顧命時到穆

王初年又經過約五十年，則也已不是毛叔鄭之子了。從銘中看，毛伯班稱毛公爲昭考，而王稱毛公爲毛父，則此毛公應爲毛叔鄭的曾孫，與昭王爲同輩了。由於毛國別爲小宗，以毛叔鄭爲祖，則成王顧命時之毛公爲昭，其子爲穆，當康王時，其孫又爲昭，當昭王時，而由穆王言則正是父輩。依此，毛伯班實與穆王同輩，爲毛叔鄭的五世孫，即《爾雅》所稱玄孫。

③ 周初有兩個虢，《左傳・僖公五年》說：「虢仲、虢叔，王季之穆也，爲文王卿士，勳在王室，藏於盟府。」《國語・晉語四》說文王「詢于八虞而諮于二虢」。此虢城公不知是虢仲還是虢叔的後裔。城應是虢公之稱號。

④ 服是政事，更（賡）虢城公服是繼續虢城公的職務。

⑤ 《説文》：「甹，亟詞也，從丂從由；或曰：甹，俠也，三輔謂輕財者爲甹。」按：甹有俠義，不但有許慎所説游俠的意義，還有夾輔的意義。甹與并音近，《詩・小毖》「莫予荓蜂」，《爾雅・釋訓》作「甹夆」，《説文》引作「德律」。《左傳・哀公十六年》：「俾屏余一人以在位。」

⑥ 丌是極的本字，像一人立在地上，他的高幾乎可以頂到天，即頂天立地的意思。卜辭有此字，此上面一畫變爲二，是古文字中常見的。《説文》亟字又從口、從又，由於把亟當作疾速的意義講，所以把極作爲最高的意義。《詩・崧高》「駿極于天」，《禮・樂記》説「極乎天而蟠乎地」。此銘説「作四方亟（極）」，與《詩・殷武》「四方之極」義同。是説毛伯夾輔王位，使王爲四方之極。

⑦ 秉，動詞，掌握。《爾雅・釋詁》：「秉，執也。」作爲名詞是權柄，《左傳・哀公十七年》：「國子實執齊柄。」

⑧ 緐當是南淮夷地名，曾伯霥簠説「克狄淮夷，抑燮緐湯」，晉姜鼎也説「征緐湯□」，其地待考。

⑨ 蜀當在東夷或南夷，非西蜀。《漢書・地理志》齊郡廣縣説：「爲山，濁水所出，東北至廣饒入鉅定。」在今山東省益都、壽光一帶。

⑩ 巢當在安徽省巢縣，在合肥市東南。

⑪ 鈴字金字旁省作𠆢，與下戠字呈旁只作𢦏，同例。鈴當是旂鈴之省，別的銘辭常説錫鑾旂用事，鑾即是鈴。毛公厝鼎説「朱旂二鈴」。

⑫ 鋚即肇勒之省，但以銅，不以皮革。

⑬ 以上追記王命毛伯班事。

⑭ 毛公當是毛伯班之父。

⑮《爾雅·釋詁》:「冢,大也。」「邦冢君」指每個邦國的最大的君長。《書·牧誓》「嗟!我友邦冢君」,那時周人正以諸侯伐商,所以稱從征的各個邦國爲友邦。此銘的邦君則已隸屬於周王朝,不是友邦了。

⑯ 土馭即徒御,《詩·黍苗》「我徒我御」,毛萇傳「徒行者,御車者」。《崧高》説「徒御嘽嘽」。

⑰ 戜即㦸字,弓鎛「陶戜徒四千」作戜可證。按:此字所從之[illegible],本是一種兵器,疑即梃,《小爾雅·廣服》:「杖謂之梃。」《吕氏春秋·簡選》「鋤櫌白梃」,注「矛(復年按:杖)也」。此器當很長而頭部較大,所以「珽大圭,長三尺,杼上,終葵首」。終葵是椎,可見梃是杖而有像椎這樣的大頭,有一些像矛。戜人當是比徒御爲低級的士卒,所以只持梃。《説文》鐵字從㦸聲,或作銕,即從或聲,又古文作銕,從夷。可見戜與夷通。《左傳·昭公二十四年》引《書·泰誓》説:「受有億兆夷人,離心離德。」服虔、杜預注都説是夷狄之人,《尚書·泰誓》正義譏笑説「如彼言,則其旅若林,無華夏人矣」,是很有道理的。但僞《古文尚書》收入《泰誓》中篇,僞孔傳解夷爲平,仍不可解。今得此銘,説明夷人即戜人,也是作戰者,就很清楚了。制梃以撻堅甲利兵,固然是孟軻的幻想,但古代戰場上,堅甲利兵是奴隸主貴族所擁有的,大多數人就只有拿梃杖之類,所以説「億兆夷人」。

⑱ 痟當是從疒肙聲,讀如猒,猒字也是從犬肙聲,《説文》作從甘肰聲是錯的。痟字疑與偃通,偃戎即徐戎,《費誓》説「淮夷徐戎並興」,可見徐是戎。傳説徐偃王當穆王時,當由徐戎又稱偃戎,所以稱偃王。徐又稱偃,如荆又稱楚,吴又稱邗之類。詳見《康宫問題》。

⑲ 以上記王命毛公征東國痟戎事。

⑳ 吴伯疑即吴㚔,静簋説:「王以吴㚔、吕剛卿豳、蓋𠂤邦君射于大池。」彼亦穆王時器。㚔當是吴伯之名。

㉑ 吴伯疑即主管豳𠂤軍務的,詳上注。

㉒《爾雅·釋詁》:「比,俌(輔)也。」左比是左軍,毛公將中軍,吴伯、吕伯分任左右軍,這是三軍。

㉓ 毛父即指毛公,爲穆王父輩,所以稱毛父。薛氏《鐘鼎彝器款識》有師毛父簋,與邢伯同時,地位比較低,是共王時器,與此非一人。

㉔ 吕伯當名剛，主艿𠂤軍務。詳注22。
㉕ 趞即遣字，《左傳·僖公二十三年》注：「遣，發也。」此發命似命毛伯，所以説「城衛父身」，不説毛父。
㉖ 城衛等於周衛、營衛，像城牆一樣，從四面來衛護。《周書·武順》説：「五五二十五曰元卒，一卒居前曰開，一卒居後曰敦，左右一卒曰間，四卒成衛曰伯。」衛是一百個夫。
㉗ 三年似是征東國三年。
㉘ 成有平定義。罠從目尤聲，通尤，《説文》作訧，「罪也。」
㉙ 㚂字卜辭作炋，同，從火不聲，當讀爲丕，《説文》：「大也。」
㉚ 屯讀如純，畀純是成語，《書·多方》：「刑殄有夏，惟天不畀純。」畀是畀予，純有大或好的意義。
㉛ 陟讀如敕。《書·益稷》「勑天之命」，《史記·周本紀》作敕。《廣雅·釋詁二》：「敕，理也。」
㉜ 此下當是毛公告事於上的話。
㉝ 誕，虚妄。
㉞ 《爾雅·釋詁》：「彝，常也。」《詩·烝民》：「民之秉彝。」
㉟ 忞字從心未聲，當是迷昧之昧的本字。
㊱ 顯即顯字，從糸與從絲同，䔋伯簋作顯，從㬎。
㊲ 苟字從口艿聲，讀如敬。《説文》「自急敕也」。但認爲從羊省、從包省、從口是錯的。苟字見盂鼎，也讀如敬。實均羌字之省變。
㊳ 《説文》卣讀若攸，古書多借用卣字，《爾雅·釋言》：「攸，所也。」
㊴ 以上均是公所告的話。
㊵ 京宗已詳成王時殉尊和□卿方鼎。
㊶ 以毓爲后，暫從王國維説。后文王是稱文王爲后，「三后在京」，指太王、王季、文王。
㊷ 王姒即太姒。
㊸ 孫上一字右旁從口，左旁不晰，似爲人形而舉杖。此毛公當爲文王五世孫。

㊹《説文》：「隥，仰也。」《蒼頡篇》：「小阪也。」此讀爲登。

㊺辥即辞字，金文新字從亲或從辛，親字從辛均可證，《西清古鑑》即釋爲辥。《説文》「辥，辠人相與訟也」，是争辯之辯。

㊻覓當與抑爲一字，《説文》：「[illegible]，按也，從反印。」抑或從手作[illegible]，實際印與抑是一字，毛公厝鼎與曾伯霥簠均有印字，此只是由從[illegible]變爲從見罷了。《荀子·成相》注：「抑，遏也。」

㊼此昭考即毛公，毛伯班之父，作器時毛公已死，所以稱昭考。

㊽《説文》：「爽，明也。」

㊾益是謚的本字。《廣雅·釋詁二》：「益，加也。」人已有名有字，而另外再加美稱，叫作益。後來發展爲從言益聲的謚，《北堂書鈔》九十四引《説文》：「謚，行之迹也。」今本《説文》作謚是錯的。《文選·喻巴蜀檄》「謚爲至愚」，注「猶號也」。周代，如：文王、武王、成王、昭王、穆王、共王、懿王等，都是生前自稱的號，不知何時開始，有死後加上一個號的，據此銘則穆王時業已開始了。《史記·魯世家》記魯公伯禽子是考公酋，考公弟熙是煬公，煬公的兒子是幽公宰，幽公十四年被他的弟弟潰殺掉而自立，這是魏公。看上去，幽公的稱號決不是他自己加的，而是因被殺後才號爲幽的。據《史記》魏公五十年，子厲公三十七年，弟獻公三十二年，子真公十四年時厲王奔彘，而厲王奔彘爲公元前八四二年，依次上推，幽公被殺是公元前九七五年，上距武王伐紂，整一百年。可見幽公被殺應在穆王時。再從武王伐紂數起，武王克殷後二年，周公攝政七年，成王約二十八年，康王二十六年，昭王十九年，共經七十二年，則幽公被殺當在穆王前期。這就是説在人死後加以醜惡的稱號，也在穆王時期。那末，謚本是生前加的，到穆王以後，才有死後加美號的，同時，也有死後加上惡號。最後，謚這個名稱，就只有死後才由別人去加以美號或惡號了。

㊿這是毛伯班爲毛公加的謚。

説明：

班簋從清末劉心源以來都定爲穆王時器是明確無疑的。

第一，從形制來看，周初通行方座簋，昭王以後才有新發展，此器展長的四足，一望而知已是西周中期器了。

第二，毛班見《穆天子傳》，此書雖多誇張之語，寫成時代較晚，但除盛姬一卷外，大體上是有歷史根據的，得此簋正可互證。

第三，静簋爲穆王時器是無疑的，所説吴桼、吕剛，正與此銘吴伯、吕伯相符，可以作爲穆王時代的重要證據。

第四，周初，還没有死後加謚的事，謚法的起源，應在穆王時，而此銘已爲毛公作謚。

由於這些，説明班簋是穆王時代的標準器。

班簋記伐東國痟戎事，三年才靖東國，疑即指徐偃王，此爲大事，可補史闕。公告氏事于上一段，也頗近《尚書》。毛公與毛伯班係同時在朝者，此銘前段係追叙三四年前事，作器時不但東國已静，毛公也已死了。此疑是穆王前期器。

一二一　孟簋　五行四十二字

孟簋一拓本

孟簋一圖像

孟簋二拓本

孟簋三拓本

孟簋二圖像

孟簋三圖像

孟曰：朕文考眔（暨）毛公
趞（遣）中①（仲）征，無雯②（需），毛公易（錫）
朕文考臣自氒（厥）工（功）。對
𩵋（揚）朕考易（錫）休，用宔③（作）丝（兹）
彝，乍（作）氒（厥）子〃孫〃其永（永）寶。

意譯爲：

孟説：我的父親和毛公遣仲征伐無需，毛公賞給我的父親奴隸由這功績。對揚我的父親的賞賜的休美，用來做這件彝器，做這子子孫孫永遠寶用。

注釋：

① 毛公與遣仲似是兩人。遣應是氏族名。

② 雯當即需，是濡濕之濡的本字。天就是大字，像人形，需爲雨沾濕人體形。《周易·象傳》：「雲上於天，需……」天與而形相近，小篆誤從而。小篆另有耎字，需、耎二字以及從此兩字的形聲字多混亂，疑耎亦雯之形誤。無需猶之無畏，需有懦弱義，《考工記·輈人》「馬不契需」，注「讀爲畏需之需」。

③ 宔讀爲作，詳康王時作册大鼎注6。

説明：

此器孟之文考，不知爲何人，曾隨毛公遣仲作戰，與毛班當同輩同時。此作方座簋，還是周初舊習，但作鳥紋，顯非周初器了。

一三三　静簋

八行九十字

静簋拓本

隹(唯)六月初吉,王才(在)莽京。丁卯①,
王令(命)静嗣(司)射②學宫③,小子④、眔(暨)服⑤、
眔(暨)小臣⑥、眔(暨)尸(夷)僕⑦學射。雩(越)八月
初吉庚寅⑧,王吕⑨(以)吴桒⑩、吕剛(犅)卿(合)
䜌⑪(豳)葊⑫(莽)自(師)邦君⑬射于大池⑭。静學(教)
無罥⑮(尤)。王易(錫)静鞞⑯(鞞)刻⑰(鞢)。静敢拜(拜)䭫(稽)
首,對䫹(揚)天子不(丕)顯休,用乍(作)文
母外姞隫(尊)毁(簋),子=孫=其萬年用。

静簋圖像

意譯爲：

這是六月初的好日子，王在方京。丁卯這天，王命令静在學宫裡面管理射箭，教貴族小子們和職官們，和小臣們和夷族奴隸們射箭。到八月初的好日子庚寅那天，王和吴桒、吕犅合𢻱師和䀀師的邦君們在大池射箭，静教得没有錯誤。王賞給静鞞䩵，静拜叩頭，對揚天子顯赫的休美，用來做文母外姞的祭祀用簋，子子孫孫一萬年用。

注釋：

① 初吉下只説王在莽京，没有記日子，可見丁卯當是六月初吉的丁卯，與上班簋八月初吉的甲戌同例。

② 司射是管理射箭的一切教學等事務，周代奴隸主貴族把學射作爲主要功課，因此有許多關於射的禮制。《禮・大射儀》有司馬，注「司馬政官，主射禮」。還有大射正，注「射人之長」，還有小射正。《禮記・檀弓》稱爲射人師。晚出《周禮》有射人，下大夫二人，上士四人，下士八人。

③ 學宫當即辟雝，所以下文説「射于大池」。《詩・泮水》的泮宫，是魯國的制度。《禮記・射義》説：「天子將祭必先習射於澤，……已射於澤，而後射於射宫。」《周禮・司弓矢》鄭衆注，《禮記・郊特牲》鄭玄注都説澤是澤宫，澤就是大池。前人只據《漢書・何武傳》有學宫，據此銘則周初已稱學宫。

④ 此小子似爲貴族子弟在學者。不是《周禮》所説小子的官。《周禮・諸子》説「掌國子之倅」，注「國子爲諸侯卿大夫士之子也」。《禮記・燕義》有類似的話。這些子弟在國家有軍事時是後備部隊，所以平時就要練習射藝。

⑤《詩・蕩》「曾是在服」，傳「服，服政事也」。按：服可以由動詞轉成名詞，即從事政事的人，但不是某一官名。《書・酒誥》「惟亞惟服」的服，則當是旅字之形誤，與下文里居爲里君之誤相同。此爲静爲司射以下的職官們。

⑥ 小臣應是年青的高級奴隸，《禮・大射儀》有小臣正、小臣師，可見小臣的數目比較多，而作爲官名的小臣，則是管理這些小奴隸的。

⑦ 僕是比臣較低的高級奴隸，《書・微子》：「商其淪喪，我罔爲臣僕。」《詩・正月》：「民之無辜，并其臣僕。」《公羊傳・宣公二十七年》：「則是臣僕庶孽之事也。」並可證。尸僕當是夷旅之爲僕的。《周禮》有夷隸，屬於司隸。

⑧ 上面説六月初吉丁卯，這裡説八月初吉庚寅，庚寅晚於丁卯二十三天，或八十三天，如果二十三天則不能爲八月，因

此，此六月以後，必有閏月，或閏六月，或閏七月，才能經八十三天而爲八月庚寅。如果六月初吉丁卯爲六月初八日，則八月初吉庚寅爲八月初三日。

⑨ 以，與也。

⑩ 吴桽即班簋的吴伯，等於《穆天子傳》説「毛班」，即毛伯班，桽應是吴伯之名。下面吕犅同此。

⑪ 𤓰從攴𤓰聲，金文或只作𤓰，楊樹達釋爲𤓰，疑即豳字。古代從火字與山形相亂。等於岳即羔字。而𤓰本音芬，與豳爲疊韻。《漢書・地理志》右扶風栒邑縣「有豳鄉，《詩》豳國，公劉所都」。當在今陝西省栒邑縣一帶。

⑫ 葬當從皿䒥聲，前師旂鼎只作䒥。䒥疑即徵，《漢書・地理志》左馮翊有徵縣，顔師古注「徵音懲」。徵、䒥聲相近。在今陝西省澄城縣西南。此地與豳東西遥遥相對，然則宗周之與豳、䒥二師，與漢代京兆尹之與左馮翊右扶風相類。此二師可能是「西六師」之二。

⑬ 邦君與班簋同。君字上半因範損，中多一直筆，舊釋爲周，誤。

⑭ 大池亦見遹簋，當即鎬池。

⑮ 罡當從尢，筆畫稍異，不從収。

⑯ 從𠭯或是革之異構，更考。番生簋作鞞。《説文》：「鞞，刀室也。」《小爾雅・廣器》：「刀之削謂之室，室謂之鞞鞛。」《方言九》「劍削自關而西謂之鞞」，説明鞞是刀劍的鞘，《周書・王會》「請令以魚皮之鞞」，可見鞞是用皮革做的，所以從革。又名鞞鞛，《左傳・桓公二年》「藻率鞞鞛」，杜預注以鞞鞛爲上下飾非是。鞞鞛音轉爲鞞琫，《詩・瞻彼洛矣》「鞞琫有珌」，是説刀劍鞘有玉珌的裝飾。《公劉》説：「鞞琫容刀」，是説容刀而兼刀鞘。毛萇由於刀鞘上口飾也稱琫，就解爲下曰鞞，上曰琫，而又誤以珌當鞞了。其實鞞與玉飾無關。

⑰ 剢應從刀豖聲，鞞剢番生簋作鞞韍，從革，可見剢與刀有關而又是革製的。鞞是刀鞘，剢當刀鞘的繫帶，所以賞賜時常聯在一起。《爾雅・釋器》：「縌，綬也。」注：「即佩玉之組，所以連繫瑞玉者，因通謂之縌也。」按繫佩玉用絲織的組綬，所以從糸作縌，韍或剢是連繫刀鞘，用皮革製，所以從革從刀，它們意義相類，但質地和用途都不同。《説文》：「綬，韍維也。」是連繫紱（韍）的帶子。紱金文作市，綬金文名黄（衡），或作亢。番生簋賞的比較多，首先是「朱市悤（蔥）黄」，就是紅色的皮圍裙和蔥緑色的帶子；其次是「鞞韍」，就是革製的刀鞘和繫刀的皮帶；再

其次是「玉環、玉瑹」則是玉珮了。此銘只賞鞞刻，則只是刀鞘和其附件，與玉飾無涉。余有《鞞刻新考》一文，見《光明日報》。

説明：

此與遹簋相似，定是穆王時無疑，然吴朿、吕犅與班簋相聯繫，極重要。此簋更重要處，在有閏月，年中置閏，此爲僅見。

二四　靜卣

二器四行三十六字

靜卣器拓本

靜卣蓋拓本

靜卣圖像

隹（唯）三（四）月初吉丙寅，王才（在）莽（方）京，王易（錫）靜弓，靜捧（拜）䭫（稽）首，敢對䚄（揚）王休，用乍（作）宗彝。其子=孫=永寶用。

注釋：

三代二器之一有蓋銘七行，容庚以爲僞。

說明：

此器四月初吉丙寅，與上静簋六月初吉丁卯，可能是同一年事。則先賜弓而後又命司射。

二五 小臣静簋① 五行三十字

小臣静簋圖像

隹（唯）十又三月②，王
宛③（祼）莾（方）京，小臣④䇵（静）
即事。王易（錫）貝五十朋，
䫆（揚）天子休，用乍（作）
父丁寶隮（尊）彝。

注釋：

① 此見《積古齊》及《攈古録》，均是摹本。《奇觚室吉金文述》十七有拓本，然《奇觚》補篇中拓本大都爲石刻僞拓，不可信。《積古》、《攈古》均作彝，今姑定爲簋。

② 此歲終置閏，與静簋異，或此是穆王初期，年中置閏在後？

③ 宛舊釋宅，或客，均誤。

④ 小臣，官名，蓋諸小臣（奴隸）之長。静似是以小臣而司射者。

二六　遹簋　六行五十八字

遹簋拓本

隹（唯）六月既生霸，穆₌王①才（在）

莾（方）京，乎（呼）漁（漁）于大池。王鄉（饗）

酉②（酒），遹御③，亡（無）遣（譴）。穆₌王窺（親）易（錫）

遹鮮④，遹捧（拜）首（手）韻（稽）首敢對

𩰫（揚）穆₌王休，用乍（作）文考父

乙陾（尊）彝，其孫₌子₌永寶。

遹簋圖像

意譯爲：

這是六月的既生霸，穆王在方京，叫人在大池打漁。王舉行饗酒禮，遹陪侍，没有受譴責。穆王親自賞給遹鮮，遹拜揖叩頭，敢對揚穆王的休美，用以做文考父乙的祭器，孫孫子子永以爲寶。

注釋：

① 王國維據此説穆王是生稱王號是對的。穆下有重文，疑當讀穆、穆王。

② 饗酒當是合衆飲酒之禮，《詩・七月》「朋酒斯饗」，《説文》解饗爲「鄉人飲酒也」。然鄉即饗的本字，本像對坐取食，鄉酒則是相嚮飲酒，不一定是鄉人才飲酒。

③ 御是陪侍的意思。《禮記・曲禮上》：「御食於君，君賜餘。」又説「御同於長者」，注説是「侍食於長者，饌具與之同也」。

④ 鮮當從隹𢆶聲，𢆶是秆之别體，《説文》秆是稈的或體，此從米，與從禾通。鮮當即雗字。雗從倝聲，倝本從𠦝從單（見㫃字偏旁），單與干本一字（以卜辭獸字從Y可證）。《説文》分雗、鶾爲兩字，雗訓「鵫鸒也」，而鶾訓「雉肥鶾音者也。魯郊以丹雞，祝曰：『以斯鶾音赤羽，去魯侯之咎。』」按：從隹從鳥本通，所謂「雗鸒」，實即《淮南子》與《廣雅》的「䳌鵠」，是雙音語，雗與䳌，鸒與鵠，並一聲之轉，即所謂「雗鸒山雀，知來事鳥也」。與雗或鶾的本義無關。《爾雅・釋鳥》有十四種雉，其中之一爲「雗雉」，即作雗，陸德明《釋文》説「雗字又作翰」。《易・中孚》「翰音登于天」，即作翰。《詩・小宛》和《四月》的「翰飛戾天」，就是這種雗雉。古代的雞就是雉馴養爲家禽的。這種紅色而肥的翰雉，大概就是雞的遠祖，所以《禮記・曲禮》説：「雞曰翰音。」此銘遹在王舉行饗酒禮時，侍王飲食，所以穆王親自賞給他雗雉，這是王賜的膳食。

說明：

此器出土較晚，曾爲劉體智藏。生稱穆王之器，如遹簋與長囟盉，並爲前人所未知，這是穆王時代的標準器，十分重要。

二七 井鼎 六行三十字

井鼎拓本

隹（唯）七月，王才（在）葊（方）京，辛卯，王魚（漁）于寋[illegible]①，乎（呼）井從魚（漁）攸②，易（錫）魚（漁），對（揚）王休，用乍（作）寶𨹧（尊）鼎。

井鼎圖像

注釋：

① 寋[illegible]二字未詳。寋或可釋按，或可釋掬。

② 攸疑讀爲修或脩，善也，治也。

説明：

銘文有方格，似此時初見。

二八　小臣傳卣①

六行存五十三字

小臣傳卣拓本

隹（唯）五月既望十（甲）兇（子），王囿𧄝京，令（命）師田父殷成周年②，□師田父令③小臣傳非余④（琭），傳□□朕考罡⑤（工）師田父令（命），余□□□官，白（伯）卲⑥（劇）父賣⑦（賞）小臣傳□□白（伯）休，用乍（作）朕考日十⑧（甲）寶□。

注釋：

① 此器阮、擴已著録，稱敦。窓齋稱尊。容庚定爲卣。

② 師田父殷成周是這一年的大事，師田父或是當時太師。

③ 令讀命，有賞賜義。

④ 非余又見𦯬鼎，待考。郭讀爲緋琭，琭即毛公鼎、番生簋之玉瑹，也即《禮記・玉藻》「諸侯荼」之荼（瑹），是笏之異名。似尚合理。然非不是緋。琭既從玉，可見笏有用玉做的，然尚有象牙做的，甚至有竹製的。而玉、牙、竹等的笏是不可能有緋色的：容庚以爲馬名，然以騑爲三駕馬車中所用驂乘之騑馬，而以爲是馬名，把駼説成是騊駼，都是講不通的。我懷疑非余是荼的異名。《玉藻》「天子搢珽」，鄭玄注「此亦笏也」。因記文承前文「史進象笏」而來，所以這樣説。那末，「諸侯荼」也是笏的異名，但珽和荼是用玉，所以荼又作瑹或瑹。非聲與勿聲相近，《爾雅・釋草》「菲，芴」，陸璣《草木鳥獸蟲魚疏》：「菲似葍，……幽州人謂之芴。」明是方言之異，是聲之轉。則此云「非余」，當即笏之異名，

或單稱琭，即荼：，或單稱非，聲轉爲笏，或以竹爲之，所以從竹。

⑤ 𢀛或即工字，卜辭工作古、㠯，似是夯土之工具的象形。古文字○形每變爲目，如罤變爲罣，則㠯可變爲𢀛，而戰國矢鏃之作𡧍者是變爲從目工聲字了。然則此銘之𢀛即工，當讀爲功，而矢鏃的左𡧍右𡧍，實即左工右工。

⑥ 𠜾從刀從虍，疑即劇字，見《說文新附》，《文選注》三引《說文》：「劇，甚也。」劇從豦聲，豦應從虍聲。用刀割下虎頭，非常務。

⑦ 賁，從貝𤰈聲，𤰈《說文》爲商字籀文，從二日，不知此實參商之商的專字，從晶（星），不從二日，此銘從朋，亦晶之異體。此借爲賞，金文習見。

⑧ 日甲是其父的祭日爲甲，用日甲之名者起於何時，當更詳考，頗疑即起穆世。

二九　史懋壺　五行四十一字

史懋壺拓本

隹（唯）八月既死霸戊寅，

王才（在）莽（方）京溼宮①，窺（親）令（命）

史懋路②筭③，咸。王乎（呼）伊

白（伯）易（錫）懋貝，懋拜（拜）韻（稽）首，

對王休，用乍（作）父丁寶壺。

史懋壺圖像

意譯爲：

王親自賞給史懋一束算籌，都完了，王叫伊伯賞給懋貝。

注釋：

①溼宮，宫名。溼當通隰。《書・禹貢》：「原隰底績。」《公羊傳・昭公元年》：「上平曰原，下平曰隰。」按：西北多高原，此爲低地。

②路當讀爲簬，《廣雅・釋詁三》：「簬，束也。」其語本出於輅，《説文》：「輅，生革可爲縷，束也。」是用皮條捆束。作簬，是用竹皮捆束，又作絡，《廣雅・釋器》：「絡，綆也。」則是繩索之類。此銘言「路筭」，是説一束筮，如矢束、絲束之類。

③筭，三體石經古文同，《説文》作筭，「易卦用蓍也」，《禮記・曲禮》：「筴爲筮。」筴（策）就是籌碼，卜卦是用蓍艸作算籌的。《説文》把筭和算分作兩字，説：「筭長六寸計曆數者。」其實只是籌算的工具，曆數、占卦，只是其部分用途。

三〇　免尊　五行四十九字

免尊拓本

免尊圖像

隹（唯）六月初吉，王才（在）奠①（鄭）。丁亥，王各（格）大（太）室，井（邢）弔②（叔）右免。王蔑免曆（歷），令（命）史懋易（錫）免載③（纔）市（紱）同④（絲）黄⑤（衡），乍（作）嗣（司）工。對覭（揚）王休，用乍（作）隩（尊）彝。免其萬年永寶用。

注釋：

① 鄭應是西鄭。《漢書・地理志》京兆郡鄭縣下臣瓚注：「自穆王以下都於西鄭。」顔師古注：「穆王以下無都西鄭之事，瓚説非也。」今按：《太平御覽》卷一百七十三引《竹書紀年》：「穆王所居，春宮、鄭宮。」臣瓚所據即出《紀年》，但西鄭不是《漢書・地理志》的鄭縣，而應是鄭桓公始封的棫林，其地在涇水以西，當即《史記・秦本紀》和《秦始皇本紀》所説秦德公所住的「雍城大鄭宮」，在今陝西省扶風縣至鳳翔縣一帶，在宗周以西，所以稱爲西鄭。至於《穆天子傳》經常説的「王入于南鄭」，郭璞注引《竹書紀年》：「穆王元年，築祇宮于南鄭。」而以爲就是京兆鄭縣，似非。京兆鄭縣在今陝西省華縣，在宗周之東而偏北，不得稱南，一也；《穆天子傳》在王入南鄭前，都在山西省西南部，如到陝西省華縣，必須經過河、洛、渭等水，而《穆天子傳》全無此種痕迹，當另是一地，二也。待更考。

② 此井叔當是鄭邢氏，與邢侯非一家。凡井伯、井叔當政，疑在穆共之際。

③ 載爲從韋𢦏聲，𢦏從才聲。孫詒讓以爲通纔，才與纔一聲之轉，古書多通用。然鄭玄注《周禮・媒氏》和《禮記・玉藻》都説紂是緇字的古文，《禮記・檀弓》「爵弁、絰、紂衣」，釋文「紂本又作緇」。那末，載應與紂通，載爲韋色而紂爲絲色耳。《説文》不收紂字，當以爲纔即紂字，所以《説文》緇、纔兩字相次。「緇，黑色也。」徐鍇《韻譜》和《增韻》引《説文》均作「黑紺色」，而纔訓「帛雀頭色，一曰微黑色如紺」，據許意則緇與纔微有不同，不是一字，與鄭玄異。

④ 同讀爲絅，是現在的苘蔴，苘實是苘的錯字，可用以做粗的繩索，也可以織成布，稱爲褧。《説文》：「褧，絅也。」《詩・碩人》和《丰》説「衣錦褧衣」，是在錦衣上罩着粗蔴的外衣，《禮記・中庸》説「衣錦尚絅」，作絅，可證。此處是用絅蔴做的衡。

⑤ 黄讀衡，是繫紱的帶子。

説明：

此銘有史懋，與史懋壺同時。王在鄭，又是邢叔入右，似均應定爲穆王時。「載市同黄」又見趞曹鼎、師全父鼎、趩尊等，似均在恭世，則免器當在穆共之間。器形亦近似。

三一　免簋　六行

免簋拓本

隹（唯）十又二月初吉，王才（在）周。昧（昧）

霝①（爽），王各（格）于大（太）廟，井（邢）叔（叔）有（右）免即

令（命）。王受（授）乍（作）册尹者②（書），卑③册令（命）

免，曰：「令（命）女（汝）足④（世）周師⑤嗣（司）歔⑥（廩），易（錫）

女（汝）赤∞⑦（環）市（韍），用事。」免對𩢓（揚）王休，用乍（作）隮（尊）毁（簋），免其萬年永寶用。

注釋：

① 𣉻應從日在桑下，桑聲。

② 者讀爲書。頌鼎說：「尹氏受王令（命）書。」則此當讀爲王授作册尹書。

③ 據頌鼎與寰盤，書命與册命均是二人，則此卑是册命史官之名。

④ 此處足字疑當讀爲世，即世官。

⑤ 周師也當是西六師之一。

⑥ 㪤當讀爲廩。司廩是管理糧食的官，《周官》有廩人。

⑦ ∞像重環（也即連環）形，當是環之本字。古環本只一個圜形，所以睘字只從○，但○形也可以代表圓，所以用∞來代表環，後來的予字和幻字就從∞形演變而成的。

環市當指環形的市。《說文》：「韐，士無市有韐，制如榼，缺四角。」所以說「缺四角」就是圜形，段玉裁注解爲八角形是錯的，豈有八角形的榼。《禮記・玉藻》說韠（即市）的制度是：「圜殺直。天子直，公侯前後方，大夫前方後挫角，士前後正。」是說公侯上下皆方，大夫上圓下方，而士上下皆圓，鄭玄注說士與君同，也是錯的。如果那樣，前文「圜殺直」，就講不通了。∞市金文習見（如：曶鼎、利鼎、[古文字]季鼎、望簋、豆閉簋、𢦏簋、朐簋等），而揚簋則只作[古文字]，當從市∞聲，因而省去下市字。吳大澂以爲古韐字是對的，但謂「從∞正像四角橢圓形」，則是錯的。[古文字]或作[古文字]，猶[古文字]之爲宮。[古文字]轉爲[古文字]，是形近之誤。韐從吕，與宮、䑭等字同從吕，讀爲古洽切的韐，聲也相近。

說明：

免尊賞載市同黄而此銘賞赤環市，似此銘當在後。

三二一　免簠①　四行四十四字

免簠拓本

隹（唯）三月既生霸乙卯，王才（在）𠀠（周）。令（命）免乍（作）𤔲（司）土②（徒），𤔲（司）奠（鄭）還③（寰）歔（廩），眔（暨）吴④（虞）眔（暨）牧⑤。易（錫）戠（織）衣⑥、䜌⑦（鑾）。對矨（揚）王休，用乍（作）旅𩰫⑧彝。免其萬年永寶用。

注釋：

① 此器原見《積古齋》、《攈古録》、《敬吾心室》等書，定爲簠。《集古遺文》作簋，《三代》同，容庚從之。今按此銘云「作旅𩰫彝」，無論是簠是簋，均不合。此器原藏阮氏，既題爲簠，當然不會是簋。然穆、共之世，似尚無簠，另有史免匡，時代較晚，與此免非一人。疑此器實是有蓋的方鼎，形略似簠，阮元遂誤定爲簠。

② 疑此爲鄭縣的司徒。穆王以後常居鄭，鄭邑司徒，地位比較高。

③ 還讀爲寰。《穀梁傳・隱公元年》「寰内諸侯」，《釋文》：「寰音縣，古縣字。」《匡謬正俗》：「宇縣，州縣字本作寰，後借縣字爲之。」《説文新附》：「寰，王者封畿内縣也。」《廣韻三十二霰》縣字注：「古作寰，楚莊王滅陳爲縣，縣

名自此始也。」下面説：「寰，古文。」由此可見此銘鄭寰即鄭縣。《禮記·王制》「天子之縣内」，鄭玄注：「縣内，夏時天子所居州界名也。殷曰畿，《詩·商頌·玄鳥》曰：『邦畿千里，維民所止。』周亦曰畿。」《周書·作雒》：「制郊甸方六百里，因西土爲方千里，分以百縣，縣有四郡。」可見周制縣大於郡，縣大約方百里，但由於地理不同，不能劃一，所以有大縣、小縣之分。《左傳·哀公二年》趙簡子説「上大夫受縣，下大夫受郡」，還用周制，秦制則郡大於縣。

④ 吳讀爲虞，《詩·絲衣》「不吳不敖」，《史記·武帝紀》作「不虞不驁」。《詩·泮水》「不吳不揚」，衡方碑作「不虞不揚」。並其證。《書·堯典》：「女作朕虞」，上文是「疇若予上下草木鳥獸」，可見虞是管理草木鳥獸的官，馬融注「虞掌山澤之官名」。《周官》在大司徒下有山虞、林衡、川衡、澤虞四官，都是屬於虞官的性質。

⑤ 此爲司鄭縣的廩兼司虞牧，同簋：「嗣昜林虞牧」，則爲專司昜林地區的虞牧。牧字從𢆉，郭沫若説是筆誤是對的。

⑥ 《禮記·玉藻》「士不衣織」，注「織，染絲織之，士衣染繒也」。此賜織衣，明是大夫。

⑦ 𢇍是鑾鈴，明可以乘車。

⑧ 𩰫是煮肉器，明此非簋，如非方鼎形而誤稱作簋，則是古董商以殘器僞爲簋，俟更考。

説明：

此似晚於免簋，其官與所賜均勝於前。

三三三　免盤[1]　三行三十三字

免盤拓本

隹（唯）五月初吉，王才（在）周，令（命）乍（作）册内史易（錫）免鹵[2]百降[3]（盧）。免蔑（蔑）静女王休[4]，用乍（作）般（盤）盉[5]，其萬年寶用。

免盤圖像

注釋：

①舊以爲盉，朱善旂云鄭王藏盤。

②鹵是鹽的一種，晉姜鼎説「鹵賚千兩」，即指河東安邑鹽池之鹽。《説文》「鹽，河東鹽池」。鹽從古聲，與鹵一聲之轉。蓋古代先有自然形成之鹽，即鹽，而後有海水煎成之鹽。鹽味微苦而鹽味則鹹。古代地處黄河上游，河東鹽池已被認爲西方，所以西與鹵是一字。

③降器銘未詳。疑從阜夅聲，夅或膚字，則借爲笑籚，《廣雅・釋器》：「籚，筐也。」然旉又似古貶字，讀爲眨，《説文》「不平缶也」，待更考。

④蔑讀爲伐，自我誇耀。此句疑當解爲免誇耀王休于静女，静女或免之女子之名。

⑤盤盉常連作。

三四　大乍大中簋

五行四十字

大乍大中簋拓本

唯六月初吉丁子（巳），王

才（在）奠（鄭），蔑（蔑）大曆。易（錫）芻①（犓）羊（騂）

犅②（犅），曰：「用啻（禘）于乃考。」大

捧（拜）頶（稽）首，對䫈（揚）王休，用

乍（作）朕皇考大中（仲）隟（尊）毀（簋）。

大乍大中簋圖像

注釋：

① 芻讀爲犓，《説文》：「以芻莖養牛也。」引《春秋國語》：「犓豢幾何？」今本《楚語》作芻。犓是後起的專字。《淮南子・詮言訓》：「菰飯犓牛，弗能甘也。」用芻養的牛稱爲犓牛。《周禮・充人》「芻之三月」，注：「養牛羊曰芻。」《禮記・月令》：「共寢廟之芻豢。」古代牛本牧放，爲了祭祀，用艸飼養三個月，使更肥壯。此銘説「芻騂犅」，則是用芻養的騂犅。

② 騂犅是赤色的牡牛。《詩・閟宫》「白牡、騂剛」，《禮記・明堂位》「殷白牡，周騂剛」，均用剛字。《公羊傳・文公十三年》：「周公用白牡，魯公用騂犅。」《説文》：「犅，特牛也。」又：「特，牛父也。」

説明：

犁牛之子騂且角，説明周尚赤，有些人不信文獻，硬説古書所説三代禮制都是後人僞託的，此銘足證周用騂犅，確是史實。

三五　長由盉　六行五十四字

長由盉拓本

長由盉圖像

隹（唯）三月初吉丁亥，穆王
才（在）下減①㡿（位）。穆王鄉（饗）豊②（禮），即
井（邢）白（伯）大（太）祝③射。穆王蔑長
由④（鬼）㠯（以）逨（來）即井（邢）白（伯），（邢）=（伯）=氏彌⑤不
姦。長由（鬼）蔑曆，敢對䚄（揚）天
子不（丕）伓（丕）休，用肇乍（作）隫（尊）彝。

意譯爲：

這是三月初旬的好日子丁亥，穆王在下減的行宫。穆王舉行飲醴酒的宴會，到太祝邢伯那裡去行射禮。穆王贊許長由一起到邢伯那裡，邢伯氏合射，不亂。長由被稱贊功績，敢對揚天子的大大的休美，用開始做祭器。

注釋：

①下減，地名，《説文》：「減，疾流也。」《詩・文王有聲》：「築城伊減，作豐伊匹。」傳：「減，成溝也。」疑減亦地名，築城於減而名爲豐邑。

②鄉豊即饗禮，詳武王時朕簋，中䫚父作豊鬲，容庚讀醴，殊不知鬲非盛醴酒之器。

③邢伯太祝當是邢伯時爲太祝。

④由《説文》：「由，鬼頭也，象形，敷勿切。」按由與鬼（[illegible]）實同字，如虎作虍，鹿作䖝，鼠作𠁽等均是。金文鬼方字或作䰠，從由，爲鬼之省，可證。余舊讀爲囟，據宋代所出師㢓簋「其萬囟年」，通思，讀爲斯。當由⊗譌爲由，實非由字。鬼音轉爲魅，即鬽字，因轉爲敷勿切。鬼本大頭人形，爲傀偉的傀的本字，鬼鬽是後起之義。

⑤《方言》十二：「彌，合也。」（復年按：《方言》十三：「彌，縫也。」）

説明：

生稱穆王僅遹簋與此兩器。此器有井伯，而共王七年的趞曹鼎，共王十二年的永盂，也都有井伯，可見井伯是穆、共間人，則此器當在穆王末年，此於確定諸器的時代極爲重要。

附録：

三五一　井季㚔卣　蓋器同二行六字

井（邢）季①㚔②乍（作）旅彝。

井季㚔卣器拓本

井季㚔卣蓋拓本

井季㚔卣圖像

注釋：

① 邢季疑是邢伯、邢叔之弟，由字體看當是穆王時。

② 㚔字未詳，疑當讀爲從㲋史聲，與駛同意。《廣雅·釋詁一》：「駛，疾也。」《説文新附》：「駛，疾也。一曰馬行皃。」馬的迅疾爲駛，㲋的迅疾爲㚔。

三六　守宮盤　七行六十六字

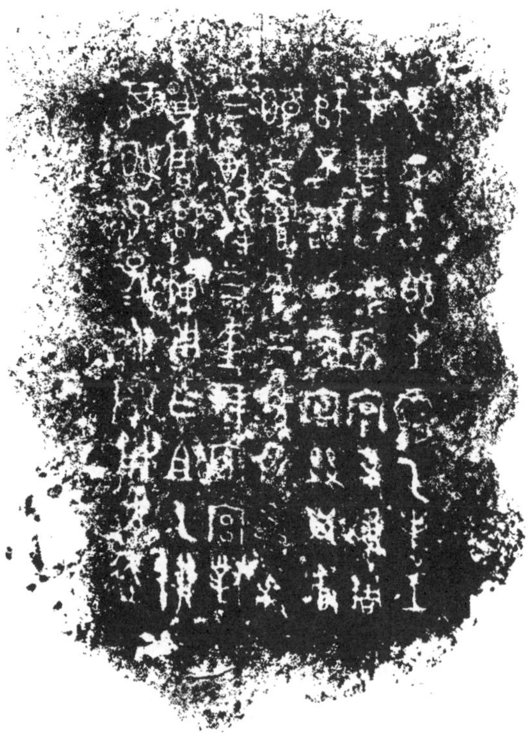

守宮盤拓本

隹（唯）正月既生霸乙未，王
才（在）周。〼（周）師光守宮吏（使）偪（福）。周
師不（丕）叕（丕）易（錫）守宮絲束，蕫
幎（幕）五、蕫䭾（幎）二、馬匹、毳布
三、專倴三、奎朋。守宮對
𤔲（揚）周師釐，用乍（作）且（祖）乙隩（尊）。
其䢅（世）子〼孫〼永寶用，勿遂（墜）。

守宮盤圖像

附件

目録

康王……四〇六

武王

一　朕簋（圖、拓見正文武王二）

乙亥王又大豐（禮），王凡（同）三方。王祀于天室，降天無又。王衣（殷）祀于王不顯考文王，事喜上帝。文王徝[illegible]，不顯王作省，不豨王作庸，不克气（迄）衣（殷）王祀。丁丑，王鄉，大俎，王降无助。[illegible]復[illegible]。隹朕有慶，每䵼王休于障毀。

成王

一　沫司徒迗簋（圖、拓見正文周公二）

王來伐商邑，征（誕）命康侯啚（圖）于衛，沫嗣土迗眔啚。乍氏考障彝。𣅀。

一一一　迖盤（圖、拓見正文周公二一九）

眀迖乍氏考寶隩彝。（遺四九〇）

一一二　迖鼎（圖、拓見正文周公二一六）（三、五）

一一三　沬白鼎（圖、拓見正文周公二一四）（三、十六）

一一四　沬伯迖尊（圖、拓見正文周公二一一）（十一、三一）

一一五　沬爵一（三個）（圖、拓見正文周公二一一一）（十五、三七）

一一六　沬爵二（圖、拓見正文周公二一一二）

一一七　沬爵三（圖、拓見正文周公二一一三）

（作者旁注：關於迖組的器美帝三二九。）

二　小臣單觶（圖、拓見正文周公五）

王后叚（返，）克商，在成𠂤。周公易小臣單貝十朋，用乍寶尊彝。

三 小臣䢅鼎（圖、拓見正文成王一五）

𨟚公𪋯（盧？）𪗾休于小臣䢅貝五朋，用乍寶尊彝。（遺八五）

四 大保簋（圖、拓見正文成王八）

王伐彔子𦔻，𠭯氏反，王降征命于太保。太保克芍（敬）亡𠳬（譴）。王永太保易，休余土，用兹彝對令。

五 保尊、保卣（圖、拓見正文成王一）

乙卯王令保及殷東或五医𢓊只六品，蔑曆于保，易賓，用乍文父癸宗寶隩彝。遘于四方，迨王大祀，祓于周。在二月既望。

六 禽簋（圖、拓見正文周公六）

王伐𦾔（蓋＝奄）医，周公某（謀），禽祼，禽又𣪘祼，王易金百爰。禽用乍寶彝。

六—一　**太祝禽鼎**（圖、拓見正文周公七）

七　周公鼎（圖、拓見正文周公一）

周公作文王隩彝（作者旁注：康？）

八　塱鼎（圖、拓見正文周公九）

周公東征

九　卿鼎、卿簋（圖、拓見正文成王二）

公違省自東，在新邑，臣卿易金，用乍父乙寶彝。

九—一　**卿尊**（圖、拓見正文成王二—二）

九—二　**卿卣一**（圖、拓見正文成王二—三）（十三、二十）

九—三　**卿卣二**（圖、拓見正文成王二—四）

九—四　**卿觚**（圖、拓見正文成王二—一）

一〇　鳴士卿尊（圖、拓見正文周公一一）

丁子，王在新邑，初餕工。王易鳴士卿貝一朋，用乍父戊尊彝。子𠦪。（十一、三二）

一〇—一　白卿鼎（三、三？）

白卿鼎拓本

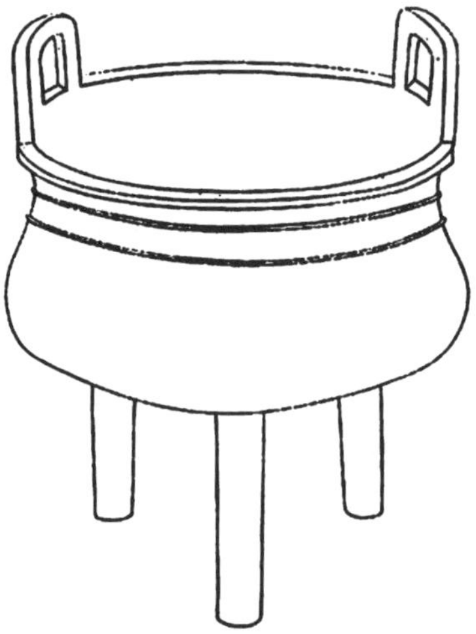

白卿鼎圖像

一一　乍册峀鼎（圖、拓見正文周公四）

康侯才柯自易乍册峀（疐？）貝用乍寶鼎

一二　康医丰鼎　（圖、拓見正文周公三）

康医丰乍寶尊。

一三　獻医顯鼎　（圖、拓見正文成王九）

唯成王大桒，在宗周，商獻医顯貝，用乍丁医隮彝。大黽。

一四　應公鼎　（圖、拓見正文成王一一）

應公乍寶隮彝曰叀以（與）乃弟用夙夕鬻亯。　（三、三六）

一四—一　應公方鼎　（圖、拓見正文成王一一—一）（三、三）

一四—二　應公尊　（圖、拓見正文成王一一—三）（十一、二三）

一四—三　應公壺　（圖、拓見正文成王一一—四）（十二、七）

應公乍寶隮彝。

一五　北伯炈鼎（圖、拓見正文成王一二）

北白炈乍寶䵼彝。（三、二六）

一六　作册从史鼎（圖、拓見正文成王一三）

庚午王令寑農省北田四品。在二月。乍册从史易𧶠貝，用乍父乙䵼。子册。

一七　𠟭土𠟭簋

𠟭土𠟭殷拓本

𠟭土𠟭乍氏丂寶䵼彝。（六、四四）

𠟭土𠟭殷圖像

一八　柬鼎

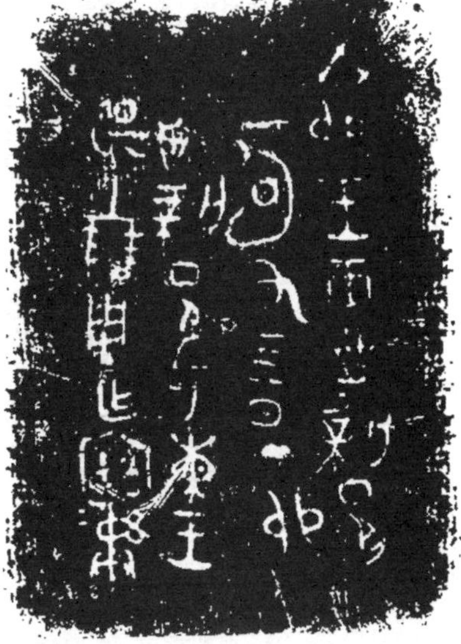
柬鼎拓本

柬鼎圖像

癸卯，王來奠新邑，□二旬又三日丁卯，□自新邑，于柬，王[易]貝十朋，用乍寶彝。（文物六三、三）

康王

一　宜医夨簋（圖、拓見正文康王二三）

隹四月辰在丁未王省珷王成王伐商圖祉（誕）省東或圖。王卜于宜入土，南鄉。王令虞医夨曰□医于宜。易豐鬯一卣。商鬲一□彤弓一，弜矢百，旅弓十，旅矢千。易土：氏川三百□氏□百又□，氏宅邑卅又五，[厈]□百又卌。易在宜王人[十]又七生。易奠七白，氏鬲（盧）[千]又五十夫。易宜庶人六百又□六夫。宜厌矢飘王休，乍虞公父丁隩彝。

二　乍册大鼎（圖、拓見正文康王五）

公來鑄武王異鼎，隹三月既生霸己丑，公賫乍册大白馬，大飘皇天尹太傒室，用乍且丁寶隩彝。 隽册。

二—一　太保鼎（圖、拓見正文康王三）

太傒鬲盉。（二、三二）

二—二　成王鼎（圖、拓見正文康王四）

成王隮。（校二、二一　美帝）

三　太史𦔻甗（圖、拓見正文康王一一）

大史𦔻乍𨥬公寶隩彝。（五、八）

四 □册鼎（圖、拓見正文康王一三）

□册乍寶障彝。太傅。（三、十）

五 徜鼎（圖、拓見正文康王一四）

徜乍奠彝。太傅。（三、六）

六 □（圖、拓見正文康王一二）

太傅，□乍宗室寶障彝。

七 椃簋（圖、拓見正文康王一〇）

太傅易氏臣椃金，用乍父丁障彝。（六、四五）

八 穌爵（圖、拓見正文康王一五）

穌乍罶白父辛寶障彝。

九　御正爵（圖、拓見正文昭王五）

隹四月既望丁亥今太倴于邿正□貝，用乍父□隩彝。。（十六、四一）

一〇　白害盉（圖、拓見正文康王一六）

白富乍罯伯父辛寶隩彝。

一一　害鼎（圖、拓見正文康王一七）

隹九月既生霸辛酉，才匽。厌易害貝金，𩱊厌休，用作罯伯父辛寶隩彝。害萬年，子子孫孫寶光用。太倴。（遺九四　美帝？）

一二　匽厌旨鼎一（圖、拓見正文康王一九）

匽厌旨初見事（吏）于宗周。王賁旨貝廿朋，用乍又始寶隩彝。（三、五十）

一三　匽灰旨鼎二（圖、拓見正文康王一八）

匽灰旨作父辛障。（三、八）

一四　匽灰盂（圖、拓見正文成王二六）

匽灰作鍏盂。（遺五一一　美帝）

一五　旅鼎（圖、拓見正文昭王四）

隹公太俘來伐反尸年，才十又一月庚申，公在盩
𠂤。公易旅貝十朋，旅用作父□隫彝。（四、十六）

（作者旁注：疑昭王，或康王末年。此似白丁父。）

一六　邢侯簋（圖、拓見正文康王二四）

隹三月王令𡭴眔内史曰：䓫井灰服，易臣三品
州人、柬人、𦎫人。拜䭫首，魯天子寏氏㶣
福，克奔走上下帝無令于有周，追考，對不敢
家。卲朕福盟，朕臣天子，用典王令，乍周公彝。

一七　史話簋（圖、拓見正文康王二六）

乙亥王商畢公，迺易史話貝十朋，話占于彝，其于之朝夕監。（六、五十　新出）

一八　賢簋（圖、拓見正文成王三七）

唯九月初吉庚午，公弔初見于衛，賢從。公命吏晦賢百晦。𥂴。用乍寶彝。（八、二八）

一九　魯厌熙鬲（圖、拓見正文康王二〇）

魯厌熙乍彝，用亯鬻氏文考魯公。（美帝）

二〇　盂爵（圖、拓見正文康王一）

隹王初桒于成周，王令盂寧㚬白賓貝，用乍父寶隮彝。

二二　盂卣（作者旁注：？）

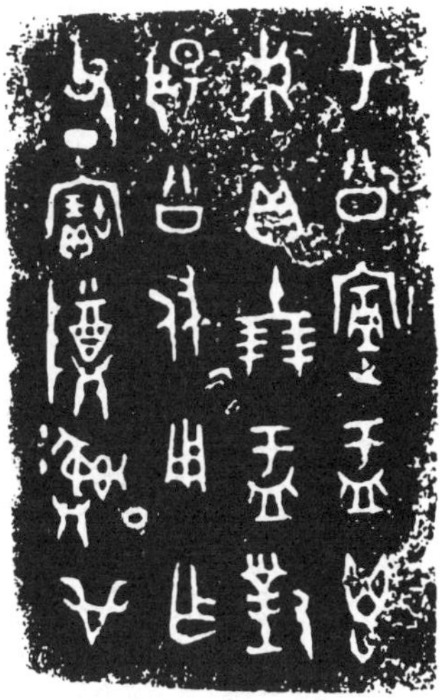
盂卣器拓本

盂卣蓋拓本

盂卣圖像

兮公宔盂鬯束、貝十朋。盂對覭公休，用乍父丁寶隩彝。。

二三　魯㑄爵（圖、拓見正文康王二一）

魯㑄乍爵鬯𩰫用隩臭盟。（十六、四六）

二三　盂鼎（圖、拓見正文康王二九）

二四　小盂鼎（圖、拓見正文康王三〇）

二五　乍册翻卣（圖、拓見正文昭王一）

隹明僔殷成周年，公易乍册翻鬯貝，翻䚄公休，用乍父乙寶隩彝。𠦪册舟。

二六　叔卣（圖、拓見正文昭王六）

隹王𡏳于宗周，王姜史叔使于大僔。賓叔㭉鬯白金𢓊牛。叔對太僔休，用乍寶隩彝。（遺一六一）

（作者旁注：疑昭王。）

二七　臣辰盉（圖、拓見正文昭王二七）

隹王大龠于宗周，祮饔𦰩京年。在五月既望辛酉，王令士上眔史黄𣪘于成周，𦥑百生豚眔賓卣鬯貝，用乍父癸寶尊彝。（十四、十二）

（作者旁注：臣辰諸器詳美帝三三二。）

二七—一　臣辰尊（圖、拓見正文昭王二七）（十一、三六）

二七—二　臣辰卣（圖、拓見正文昭王二七）（十三、四四）

二八　不𠚤簋（圖、拓見正文昭王四〇）

隹九月初吉戊戌王才太室王姜易不𠚤裘，對䀀王休，用乍寶。

（作者旁注：疑昭王。）

二九　帥隹鼎（圖、拓見正文穆王一八）

帥隹懋貺念王母堇任自乍後王母厚商氏文母魯公孫用鼎乃顚（餗）子帥隹王母隹用自念于周公孫子曰余𠂇毋章又謹

（作者旁注：文母魯公孫　昭？穆？）

三〇　雍白鼎（圖、拓見正文康王二七）

王令𣶒白啚于之爲宮，𣶒白乍寶𨻰彝。（三、三一）

三一　曆鼎（圖、拓見正文康王三四）

曆肇對元德，考𦒯隹井。乍寶𨻰彝，其用夙夕𩰫享。（三、四五）

三二　䚄土䚄簋（圖、拓見附件成王一七）

䚄土䚄作氏丂寶隮彝。（六、四三）

（作者旁注：成？）

三三　弔僞方彝（圖、拓見正文康王三一）

弔僞易貝于王䚄，用乍寶隮彝。（六二年文物）

三四　保𧙗母壺

保𧙗母壺器拓本

保𧙗母壺蓋拓本

保𧙗母壺圖像

王姛易俘𧙗母貝，䖵姛休，用乍寶壺。（遺二三一）

三四—一　保侃母簋（圖、拓見正文昭王五二）

保侃母易貝于南宫乍寶毁。（七、二三）

三四—二　保㣼母簋

保㣼母簋拓本

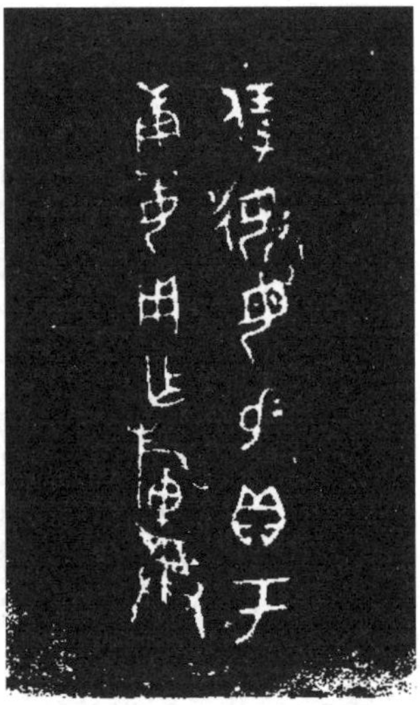

俘㣼母易貝于庚姜用乍旅彝。（六、四五）

三五　寓鼎

寓鼎拓本

（作者旁注：可能昭穆。）

隹十又三月丁丑寓獻佩
于王婤易寓曼絲對䫻（揚）
王婤休用乍父壬寶隩鼎

寓鼎圖像

三六　乍册寓鼎

乍册寓鼎拓本

乍册寓鼎圖像

隹一(二?)月既生霸王在萻京,□□□蔑寓曆,□□□乍册寓□𠂤□□對王□用乍□。(三、五一)

(作者旁注:可能昭穆。)

三七　徝方鼎　(圖、拓見正文成王三)

隹三月王在成周,征珷禕自蒿,咸。王易徝貝廿朋,用乍寶隟彝。(上海　文物五九、七)

三八 徝鼎 上海

徝簋 美帝、文物

（圖、拓見正文成王四）

王易徝貝廿朋，用乍寶隮彝。

三九 弔徝簋

（圖、拓見正文成王五）

王易弔徝臣嫊十人，貝十朋，羊百，用乍寶隮彝。（美帝、文物）

四〇 奢簋

（圖、拓見正文康王三三）

隹十月初吉辛子，公㚸易奢貝，在蒡京，用乍父乙寶彝，其子孫永寶。（六、五一）

（作者旁注：吉作[illegible]）

昭王

一 矢彝、矢尊

（圖、拓見正文昭王二一）

周公子明保　明公　周公宮　京宮　康宮

二　魯侯簋（圖、拓見正文昭王三）

唯王令明公遣三族伐東或，在𨛭，魯侯又囚工（功），用乍肈彝。

三　䨓尊、䨓卣（圖、拓見正文昭王三九）

唯九月在炎𠂤。甲午，白懋父賜䨓白馬妦黄猶（髮）𢼄，用𣎵。不杯䨓多用追于炎，不𦁘白懋父晉。䨓萬年永光，用作團（圃）宫旅彝。（遺二〇五　二〇七　上海）

四　令簋（圖、拓見正文昭王三八）

隹王于伐楚，白才炎。隹九月既死霸丁丑，乍册矢令隩宜于王姜，姜商令貝十朋，臣十家，鬲百人。公尹白丁父兄于戍，戍冀，嗣三。令敢𢽍皇王宣丁公文報，用頣後人享，隹丁公報。令用𢦏展于皇王，令敢展皇王宣，用作丁公寶𣪕。用隩史于皇宗，用鄉王逆造，用廄寮人婦子，後人永寶。雋册。

（作者旁注：劉歆説死霸朔也，則丁丑朔而甲午爲十八日。兩器如在同時，丁丑早於甲午十七天，則既死霸不可能是下旬，王説非是。）

五　㝬簋（圖、拓見正文昭王三四）

㝬駿從王南征，伐楚荆，又得，用乍父戊寶隮彝。。

六　過白簋（圖、拓見正文昭王三六）

過伯從王伐反荆，孚金，用乍宗室寶隮彝。

七　𡵂簋（圖、拓見正文昭王三七）

𡵂從王伐𠛱，孚，用乍餴毁。

八　麥尊（圖、拓見正文昭王二三）

王令辟邢医出[illegible]医于邢雩若元医見于宗周亡述。迨王饔葊京彭祀。雩若竭旦辟雝，王乘于舟，爲大豊。王射大龏禽，医乘于赤旂舟從，㪅咸呰。王以医内于寝，医易玄周戈。

雩王在𢊁，已夕，医易者𡚬臣二百家，[illegible]用王乘車馬，金𠦬，冂衣市舄。唯歸，逪天子休，告亡尤，用龏義寧医顯考于邢医。乍册麥易金于辟医，麥揚，用乍寶隫彝。用䵼医逆𨑨，逪明令。唯天子休于麥辟医之年盥。孫孫子子，其永亡冬。冬用宥德妥多友，亯㫃走命。

九　麥彝（簋？）（圖、拓見正文昭王二四）

在八月乙亥辟邢医光氏正事（吏）䵼于麥宮，易金，用乍隫彝。用禹邢医出入逪命。孫孫子子其永寶。

一〇　麥盉（圖、拓見正文昭王二五）

邢医光氏吏麥，䵼于麥宮。医易麥金，乍盉，用從邢医征事，用旋走□夕䵼钔□。（十四、十一）

一一　麥鼎（圖、拓見正文昭王二六）

隹十又一月，邢医延䵼于麥，麥易赤金，用乍鼎。用從邢医征事，用鄉多者友。

一二　中甗（中方鼎）　（圖、拓見正文昭王四二）

隹王令南宫伐反荆（虎？）方之年，王令中先省南或貫行，埶王应。在夒陣貞山。中乎歸生鳳于王，埶于寶彝。

一三　中甗　（圖、拓見正文昭王四三）

王令中先省南或貫行，埶应。在甶，史兒至，以王令曰：「余令女事（史）小大邦，氐又舍女芻量至于女庸，小多乂。」中省自方昪偁叙邦，在噩𠂤師。白買父廼以氐人戍漢中州，曰叚，曰旒，氐人𡰥廿夫，氐賓𧶠（啖）。言曰賓□貝曰傳𢦏王□休。肄肩又羞，余□□用乍父乙寶彝。

一四　中方鼎　（圖、拓見正文昭王四二）

隹十又三月庚寅，王在寒師王令太史兄褱土。王曰：「中，兹褱人入史易于珷王乍臣，今兄畀女褱土，作乃采。」中對王休令，鬻父乙噂。隹臣尚中臣□□。

（作者旁注：十三月庚寅）

一五　中觶（圖、拓見正文昭王四四）

王大省公族于庚𠬪旅。王易中馬自𨻰侯三騂。南宮兄。王曰用先。中埶王休，用乍父乙寶隮彝。

一六　趞（[illegible]、趨）尊（圖、拓見正文昭王四七）

隹十又三月辛卯，王在岸，易趞采曰[illegible]，易貝五朋。趞對王休，用乍姞寶彝。

（作者旁注：十三月辛卯）

一七　乍册睘卣（圖、拓見正文昭王四八）

隹十又九年，王在岸。王姜令乍册睘安尸白，尸白賓睘貝布。𤔲王姜休，用乍文考癸寶隮器。

一八　乍册睘尊（圖、拓見正文昭王四九）

在岸，君令余乍册睘安尸白，尸白賓用貝布，用乍朕文考日癸𡩜寶𠘧。

一九　小臣謎簋（圖、拓見正文昭王一七）

敺東尸大反白懋父吕殷八𠂤征東尸。隹十又一月，眚自𡱝𠂤，述東陕，伐海眉。雩氏復歸在牧𠂤。白懋父承王令，易𠂤達征自五齵貝。小臣謎蔑曆，眔易貝。作乍寶隩彝。

（作者旁注：伯懋父如在昭穆，康伯髦説可疑。）

二〇　衛簋（圖、拓見正文昭王二一）

五月初吉甲申，懋父賁钔正衛馬匹自王。用作父戊寶隩彝。

二一　吕行壺（圖、拓見正文昭王一九）

唯四月白懋父北征唯還，吕行戈，孚（爰？）馬，用乍寶隩彝。

二二　小臣宅簋（圖、拓見正文穆王四）

隹五月壬辰，同公在豐，令宅事伯懋父。白易小臣宅畫毌（干）戈九，昜金車、馬兩。䚄公伯休，用乍乙公尊彝，子子孫永寶，其萬年用鄉王出入。

二三 沈子也簋 （圖、拓見正文穆王六）

也曰拜𩒨首，敢𡿨（臤）卲告朕吾考，令乃鴅沈子乍絠于周公宗，陟二公不敢不絠。休同。公克成妥吾考以于顯顯受命。烏虖，隹考𠦪又念自先王先公迺妹克衣告剌？成工。𠭯吾考克淵克，乃沈子其顭褱多公能福。烏虖，乃沈子妹克蔑見猒于公休沈子肇斁𦏴賁嗇，作兹𣪘。用䣄鄉己公，用狢多公，其丮哀乃沈子也，隹福用水，霝令用妥。公唯壽。也用褱䀠我多弟子我孫，克又井（刑）斆歅父迺是子。

二四 師旂鼎 （圖、拓見正文穆王三）

隹三月丁卯，師旂衆僕不從王征于方雷，吏氏友弘以告于白懋父在莽。伯懋父迺罰得㓝古三百爰，今弗克氏罰。懋父令曰「義敉，𠭯氏不從氏右征。今毋敉，期又内于師旂。」弘以告中史書。旂對氏賁于隩彝。

（作者旁注：從王征可能穆王，字體較小亦似穆。）

二五　獻簋　（圖、拓見正文昭王一五）

隹九月既望庚寅，𣏟白于遘王休，亡尤，朕辟天子。𣏟伯令氏臣獻金車。對朕辟休，乍朕白考光父乙，十枻不諲。獻身在畢公家，受天子休。

二六　員卣　（圖、拓見正文昭王八）

員從史旟伐會（鄶），員先内邑。員孚金，用乍旅彝。

（作者旁注：孚金。）

二七　趞鼎　（圖、拓見正文穆王二）

唯三月王在宗周。戊寅，王各于太朝，密弔右趞即立。内史即命。王若曰：「趞，命女乍𢻱𠂤冢嗣馬，啻官僕射士𠳿（訊），小大又𨻰，（？）取遺五爰。易女赤市幽亢，䜌旂，用事。」趞拜䭫首對䟭王休，用乍季姜隩彝。其子=孫=萬年寶用。

（作者旁注：由書法看似是昭王或穆初。）

二八　犾騣觥蓋（圖、拓見正文昭王三五）

吳犾駿弟史遣（遡）馬弗ナ，用乍父戊寶隩彝。（扶風縣新出）

二九　罍卣（圖、拓見正文昭王三九）

隹十又三月初吉丁卯，罍啓進事旌走事皇辟君。休王自敎吏賞畢土方五十里。罍弗敢朢王休異，用作𣄰宫旅彝。

（此與中方鼎與趞尊同一年月作品。此爲十三月初吉丁卯，中方鼎爲十三月庚寅，後二十三天，趞尊爲辛卯，後二十四天。此尊王自敎，而中方鼎在寒𠂤，趞尊在斥。此卣皇字作𤰔，與矢𣪘等合，又與罍尊、罍卣的在炎𠂤合，明是一个罍。然奔走事皇辟君云云與麥諸器合。定爲昭器確實無疑。）

三〇　褑鼎

褑鼎拓本

丙午天君鄉褑酉才斤，天君商氏征人斤貝
用乍父丁隩彝，大黽。（四、四）

褑鼎圖像

三一　册（□）史鼎

册史鼎拓本

内史令□吏易金一勻非
余曰内史龏朕天君其萬
年用爲考寶隩。（四、七）

册史鼎圖像

三一　旂鼎（圖、拓見正文昭王一〇）

唯八月初吉王姜易旂田三于待劃師櫨酤兮，用對王休子子孫其永寶。（陝西新出）

（作者旁注：文字絶類盂鼎，是大鼎，疑昭初。）

三三　寓鼎（圖、拓見正文昭王七）

隹王伐東尸濂公令寓眔史旟曰以師氏眔有嗣後或𢦚伐腺。寓孚貝，寓用乍饔公寶隩鼎。

（作者旁注：史旟與上一人字亦是昭。史旟又見員卣。）

三四　疐鼎（圖、拓見正文昭王一八）

王令趞戡東反尸，疐肇從趞征攻閘無啻省于人身，孚戈，用乍寶隩彝，子子孫其永寶。

三五　員鼎（圖、拓見正文昭王九）

唯正月既望癸酉王獸于眂𢿚。王令員執犬休善，用作父甲𩰫彝。

三六 厚趠鼎（圖、拓見正文昭王一一）

隹王來各于成周年，厚趠有償于𣶈公。趠用乍氏文考父辛寶隮𪔛，其子子孫永寶。朿。

穆王

一 剌鼎（圖、拓見正文穆王一）

唯五月王在衣（？）。辰才丁卯，王啻，用牡于大室，啻卲王。剌䢅。王易剌貝卅朋。天子萬年。剌對䚄王休，用作黄公隮𩰫彝。其孫子子永寶用。（四、二三）

二 遹簋（圖、拓見正文穆王二六）

隹六月既生霸，穆王在莽京，呼漁于大池。王鄉酉，遹御，亡遣。穆王親易遹䥫。遹拜首䭫首，敢對䚄穆王休，用乍文考父乙隮彝。其孫孫子子永寶。

三　靜簋（圖、拓見正文穆王一三）

隹六月初吉，王在䒤京。丁卯，王令靜𤔲射學宮，小子眔服，眔小臣，眔尸僕學射。雩八月初吉庚寅，王以吳𠦪吕犅卿𢿤𥁰𠂤邦君射于大池，靜學無𠬪。王易靜鞞剢。靜敢拜䭫首對䍙天子不顯休，用乍文母外姞隩毁。子子孫孫其萬年用。

四　靜卣（圖、拓見正文穆王一四）

隹四月初吉丙寅，王在䒤京。王易靜弓。靜拜䭫首，敢對䍙王休。用乍宗彝，其子子孫孫永寶用。

（作者旁注：此二器一時，四月丙寅六月丁卯，六月以後有閏月，定八月庚寅是初一，四月丙寅是初三或初四。）

五　小臣靜簋（圖、拓見正文穆王一五）

隹十又三月王宛䒤京小臣靜即事，王易貝五十朋。䍙天子休，用乍父□寶隩彝。

六　吕方鼎（圖、拓見正文穆王一三）

唯五月既死霸，辰在壬戌，王餈于大室。吕征于太室。王易吕鬯三卣，貝卅朋。對揚王休，用乍寶齋，其子子孫孫永用。

七　君夫簋（圖、拓見正文穆王一〇）

隹正月初吉乙亥，王才康宫太室。王命君夫曰儥求乃友。君夫敢妦揚王休，用乍文父丁䵼彝。子子孫孫其永用之。

（作者旁注：君夫設言王在康宫太室，疑穆王初年。永字寫法猶有昭風。）

八　井鼎（圖、拓見正文穆王二七）

隹七月王在莽京。辛卯，王漁于㝁〻，乎井從漁。攸易魚，對揚王休，用乍寶隮鼎。（四、十三）

九　𨑩尊（方彝蓋）

𨑩尊（方彝蓋）拓本

𨑩尊（方彝蓋）图像

癸未王在圃，雚京，王賁𨑩貝，用乍父癸寶隫。（十一、三二）

一〇　史懋壺　（圖、拓見正文穆王二九）

隹八月既死霸戊寅，王在莽京溼宮，親命史懋路筭咸。王乎伊白易懋貝。懋拜頴首，對王休，用乍父丁寶壺。（十二、二八）

（作者旁注：穆末年。）

一一　免觶（圖、拓見正文穆王三〇）

隹六月初吉，王在奠。丁亥，王各太室。邢弔右免。王蔑免曆，令史懋易免載市冋黄，乍嗣工，對揚王休，用乍隮彝。免其萬年永寶用。

一二　免簋（圖、拓見正文穆王三一）

隹十又二月初吉，王才周。昧喪，王各于太室。邢伯又免即令。王受作册尹者卑册令免曰：「令女疋（楚）周師嗣歡。易女赤⊘市用事。」免對揚王休，用乍隮毁，免其萬年永寶用。

一三　免簠（圖、拓見正文穆王三二）

隹三月既生霸乙卯，王才周，令免乍嗣土，嗣奠還歡，眔吳，眔牧（孜？）。易戠衣，䜌。對揚王休，用乍旅𪔈彝。免其萬年永寶用。

一四　免盤（圖、拓見正文穆王三三）

隹五月初吉，王在周，令作册内史易免鹵百陸。免蔑静女王休。用乍般盉，其萬年寶用。

（作者旁注：静母？）

一五　農卣

農卣器拓本

隹正月甲午，王才隣应。王親令白𦥑曰：「女卑農弋事氏𥃝妟。農迺嗇，氏姘，氏小子，小大事，毋有田。」農三拜稽首，敢對陽王休從。（十三、四二）

農卣蓋拓本

農卣圖像

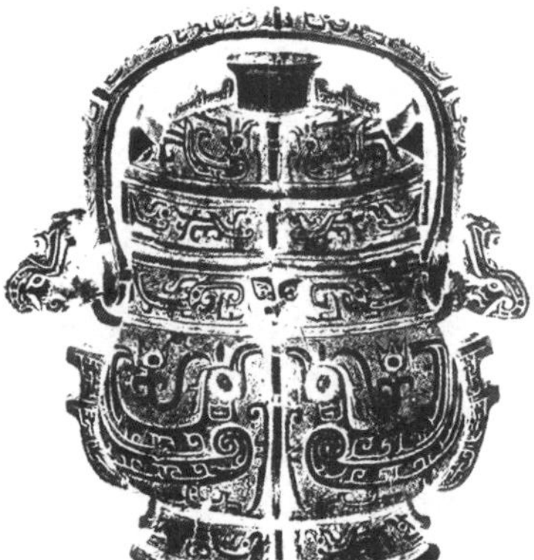

一六　尹光鼎

尹光鼎拓本

乙亥，王□，才彙師。王鄉酉，尹𡉚𨘢。隹各，商貝。用乍父丁彝。隹王正井方。ᗝ。

（作者旁注：可能更古。）

尹光鼎圖像

一七　效父簋（圖、拓見正文穆王一一）

休王易效父𫝀三，用乍氏寶隮彝。ᗑ

一八　𪟝父方鼎（圖、拓見正文穆王一二）

休王易𪟝父貝，用乍氏寶隮彝。

一九　效卣

效卣器拓本

隹四月初吉甲午，王雚于嘗。公東宫内鄉于王。王易公貝五十朋。公易氏𦧝𣥠子效王休貝廿朋，效對公休，用乍寶隩彝。烏虖，效不敢不邁年夙夜奔走𩡧公休，亦其子子孫孫永寶。（十三、四六）

效卣蓋拓本

效卣圖像

二〇　貉子卣（圖、拓見正文穆王一四）

隹正月丁丑，王各于吕𢼄，王牢于廙（庈），咸圂。王令士衜歸貉子鹿三。貉子對昜王休用乍寶隩彝。（十三、四一）

二一　己姜簋（圖、拓見正文穆王一五）

己厌貉子分己姜寶，乍毁。己姜石用𡨦，用匄萬年。（八、二）

（作者旁注：文字類昭似穆初。）

二二　大簋（圖、拓見正文穆王三四）

隹六月初吉丁子，王在奠，蔑大曆。易芻𦍩犅，曰用啻于乃考。大拜䭫首對䫏王休，用作朕皇考大中隩毁。（八、四四）

二三　師眉鼎、師眉簋（圖、拓見正文穆王一七）

兄人師眉𩁹王爲周客，易貝五朋。用爲宝器，

鼎二毁二，其用亯于氏帝考。（八、三一）

二四　毛公肇鼎（圖、拓見正文穆王二〇）

毛公肇鼎亦唯毁，我用勧厚，眔我友觥。其用晉，亦弘唯考。谿毋有弗競，是用壽考。（四、一二）

二五　班簋（圖、拓見正文穆王二一）

隹八月初吉，才宗周。甲戌，王令毛白更虢𩦎公服，粤王位，乍三方亟，秉緐蜀巢命。易鈴鋚咸。王令毛公以邦冢君土（徒）馭戔（戜）人伐東國痟戎咸。王令吳白曰：「以乃𠂤左从毛父。」王令吕白曰：「以乃𠂤右从毛父。」遣令曰：「以乃族從父征徃城，衛父身。」三年，靜東或，亡不成（咸？）𠬝（繹？）天畏，丕畀屯陟。公告氏事于上。隹民亡徃才（哉），彝杰天令，故亡允才（哉）。顯隹苟（敬）德，亡逌違。班拜首曰：「烏虖，不丕丮皇公受京宗懿釐。毓（后）文王王姒（姒）唬（聖？）孫，隥于大服，廣成氏工，文王孫亡弗褱井（刑），亡克競（競）氏剌。」班非敢覓，唯乍卲考爽益（謚）曰「大政」。子子孫多世其永寶。

二六 員鼎（圖、拓見正文昭王九）

唯正月既望癸酉，王獸于眂（眂）𣪘。王令員執犬休善，用乍父甲𩰫彝。𦧅

二七 厚趠鼎（圖、拓見正文昭王一一）

隹王來各于成周年，厚趠又償于溓公。趠用乍氏文考父辛寶隩齋，其子子孫永寶。朿。

二八 庚嬴卣

（作者在員鼎與厚趠鼎旁注：此與員卣似是一人，但彼爲昭末，此則穆初。又注：可能昭，與下𡨦鼎。）

庚嬴卣器拓本

庚嬴卣蓋拓本

隹王十月既望，辰在己丑。王洛于庚嬴宮。王蔑庚嬴曆，易貝十朋，又丹一柝（橐）。庚嬴對揚王休，用乍氏文姑寶障彝。其子子孫孫萬年永寶用。

（作者旁注：字古詞晚。）

庚嬴卣圖像

二九　庚嬴鼎

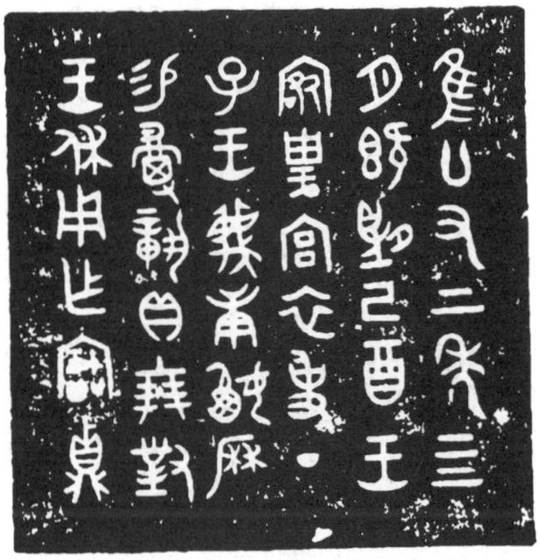

庚嬴鼎拓本

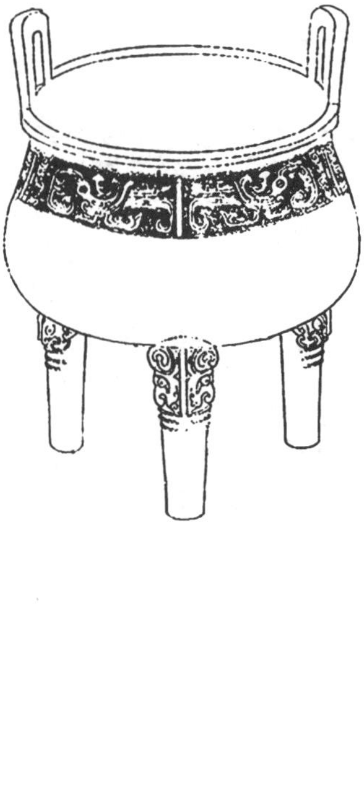

庚嬴鼎圖像

隹廿又二年三月既望己酉，王窖𡨦宮，衣事。丁子，王蔑庚嬴曆易曼（副）𩰫（璋），貝十朋。對王休，用乍寶鼎。

（作者注：副女人首飾，璋聘禮受夫人之聘璋，明婦人所用。[illegible]史戩鼎「尹賁史戩[illegible]，錫方鼎一，爵一」。萬尊「其則此簠[illegible]，用寍室人」。彼均讀福。毓且丁卣「歸福于我多高」作[illegible]，亞形若鼎「[illegible]二木」。舊釋多誤。《金文編》不識。）

三〇　鼓𦊒簋

鼓𦊒簋拓本

□攺賓，眔子鼓𦊒鑄旅毁。隹巢來敀。王令東宮追以六𠂤之年。

（作者旁注：東宮見前及曶鼎。）

鼓𦊒簋圖像

三一　寧鼎

（圖、拓見正文昭王七）

隹王伐東尸，溓公令寧眔史旗曰：「以師氏（師氏？）眔有𤔲後或𢦏伐腺。」寧孚貝。寧用乍饔公寶障鼎。

三二　䨺鼎　（圖、拓見正文昭王一八）

王令趞𢦏東反尸，𨐌肇從趞征，攻𨰻無啻。省于人身，孚戈。用乍寶䵼彝，子子孫其永寶。

（作者在𡨚鼎與䨺鼎旁注：□卣列昭末，此與厚趠鼎列穆初。又注：似昭。）

三三　章白厨（䢅）簋　（圖、拓見正文穆王一九）

隹王伐逨魚，𢓊伐淖黑，至。尞于宗周，易章白厨（䢅）貝十朋。敢對䚄王休，用乍朕文考寶䵼𣪘。其萬年子子孫孫其永寶用。（八、五十　美帝）

（作者旁注：陳列於昭，非。又注：形與三件井季器同。井季卣、井季𣪘、井季尊。）

三四　令鼎　（圖、拓見正文昭王一四）

王大耤農（農）于諆田，餳。王射，有嗣眔師氏小子𨚔射。王歸自諆田，王馭，溓仲僕。令眔奮先馬走。王曰：「令眔奮，乃克至，余其舍女臣卅家。」王至于溓宮，䜌。令拜稽首曰「小子迺學」。令對揚王休。

三五　師遽方彝

師遽方彝器拓本

師遽方彝蓋拓本

隹正月既生霸丁酉，王在周康寢，鄉醴。師遽蔑曆晉。王乎宰利，易師遽瑂圭一，瑗章四。師遽拜韻首，敢對揚天子不顯休。用乍文且也公寶隩彝。用匄萬年無疆，𨓚孫子永寶。

（作者旁注：疑穆末或共初、懿初。又注：它如即沈子也，那末也在昭穆間。）

師遽方彝圖像

三六　長囟盉（圖、拓見正文穆王三五）

隹三月初吉丁亥，穆王在下淢应。穆王鄉豊，即井白太祝射。穆王蔑長囟以來即井白。井白氏彌不姦，長囟蔑厤，敢對揚天子不伓休，用肇乍隩彝。（遺七一）

三七　段簋

段簋拓本

隹王十又三祀十又一月丁卯王鼑畢䇂，戊辰曾。王蔑段曆，念畢仲孫子，令龏𡚸饋大則于段。敢對揚王休，用作毁，孫子子萬年用亯祀，孫子。𠂇𢀛。

段簋圖像

三八　競卣一

競卣一器拓本

競卣一蓋拓本

競卣一圖像

隹白屖父以成𠂤即東命，伐南尸。正月既生霸辛丑，在鄣，白遟父皇競，各于官。競蔑曆。商競章。對揚白休，用作父乙寶障彝，子孫永寶。

三八—一　競簋

競簋拓本

隹六月既死霸壬申，白屖父蔑㐭史競曆，商金。競揚伯屖父休，用乍文父寶隩彝毁。

競簋圖像

三八—二　競卣二

競卣二器拓本

競卣二蓋拓本

競卣二圖像

三八—三　競尊

競尊拓本

三九　縣改簋

縣改簋拓本

競尊圖像

縣改簋圖像

四〇　利鼎

隹十又三月既望，辰在壬午。白屖父休于縣改
曰：「𫹥乃任縣白室，易女婦爵𡚇之柬用玉
黃𤔲。」縣改妌𡢊白屖父休，曰：「休白哭益卹縣
白室，易君我隹易壽。我不能不眔縣白萬
年保。」隸敢𨻰于彝，曰：其自今日孫孫子子
毋敢望白休。

（作者旁注：中𫹥人𣪘「遅白」　白遅父乍𩀖鼎　遺六九）

利鼎拓本

利鼎圖像

隹王九月丁亥，王客于般宮。井白内右利，立中廷，北鄉。王乎乍册内史册令利曰：易女赤⊗市䜌旂用事。利拜頴首對揚天子不顯皇休，用乍朕文考㴒白障毁，利其萬年子孫永寶用。

（作者旁注：或恭。與七年趞曹鼎參，井利。）

四一　寏鼎

寏鼎拓本

隹十又一月，師雝父省衜至于䞣（胡）。寏從。其父蔑寏曆，易金。對䚄其父休，用乍寶鼎。

寏鼎圖像

四二 遇甗

遇甗拓本

遇甗圖像

隹六月既死霸
丙寅，師雒父戍
在古𠂤，遇從。師
雒父肩史遇事
于𡚱（胡）侯，侯蔑遇曆，
易遇金，用作旅
甗。

四三　㽙卣

㽙卣摹本一

㽙卣摹本二

㽙從師淮父戍于古𠂤，蔑曆。易貝卅寽。㽙拜䭫首，對揚師淮父休，用乍文考日乙寶隮彝。其子子孫永福。戉。

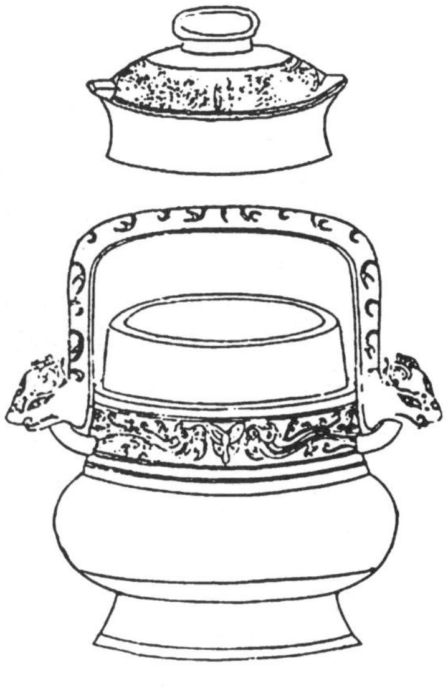

㽙卣圖像

四四　爰尊

爰尊拓本

隹十又三月既生霸丁卯，爰
從師雒父戍于玷自
之年，爰𢧁曆，中竸父易
赤金。爰拜䭫首，對䣄競父
休，用乍父乙寶䵼彝。其子=孫=
永用。（十一、三六　郭臤觶、羅受尊、容孚尊。）

爰尊圖像

四五 中競簋

中競簋拓本

中競乍寶毁，其萬年子=孫永用。（七、二八）

中競簋圖像

四六 彔䧹卣

彔䧹卣（器）拓本

彔䧹卣（蓋）拓本

四七　彔簋一

王令刻曰：「𠭯淮尸敢伐内國，女其以成周師氏戍于𠰷𠂤。」白雒父蔑彔曆，易貝十朋。彔捧䭫首，對揚白休，用乍文考乙公寶隮彝。

彔刻卣圖像

彔簋一器拓本

彔簋一蓋拓本

白雒父來自㝬，蔑彔曆，易赤金。對揚白休，用乍文且辛公寶䵼毀。其子子孫孫永寶。

彔簋一圖像

四八　彔簋二

彔簋二拓本

彔乍氏文考乙公寶隮毀，子=孫其永寶。（七、三五）

四九　彔伯𢦚簋

彔伯𢦚簋拓本

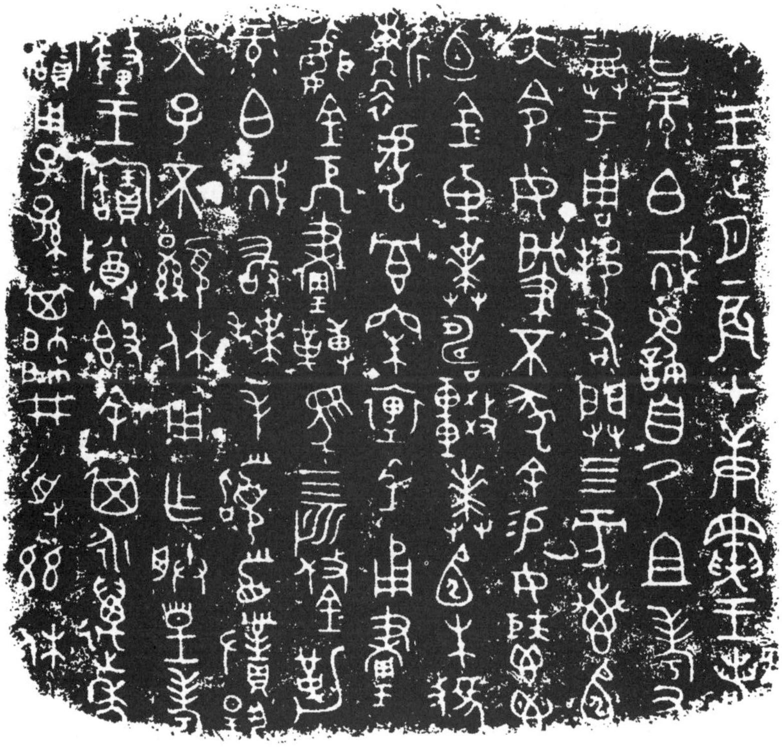

隹王正月，辰在庚寅，王若曰：「彔白𢦚，繇自乃且考又爵于周邦，右闢三方，叀亯（弘）天令。女肇不彖（墜）。余易女秬鬯一卣，金車，𣁋𠳋較，𣁋𢼃，朱虢𩏂，虎冟𥤮裏。金甬，畫䡈，金厄，畫轉，馬三匹，鋚勒。」彔白𢦚敢拜手𩒨首，對䍙天子丕顯休，用乍朕皇考𨔫王寶隩𣪘。余其永邁年寶用。子孫其帥井受茲休。

五〇　伯戜簋

伯戜簋拓本

白戜肇其乍西宮寶。隹用妥礼（郭釋神），褱虢前文人，秉德共屯，隹匄萬年，子子孫孫永寶。

五一　善鼎

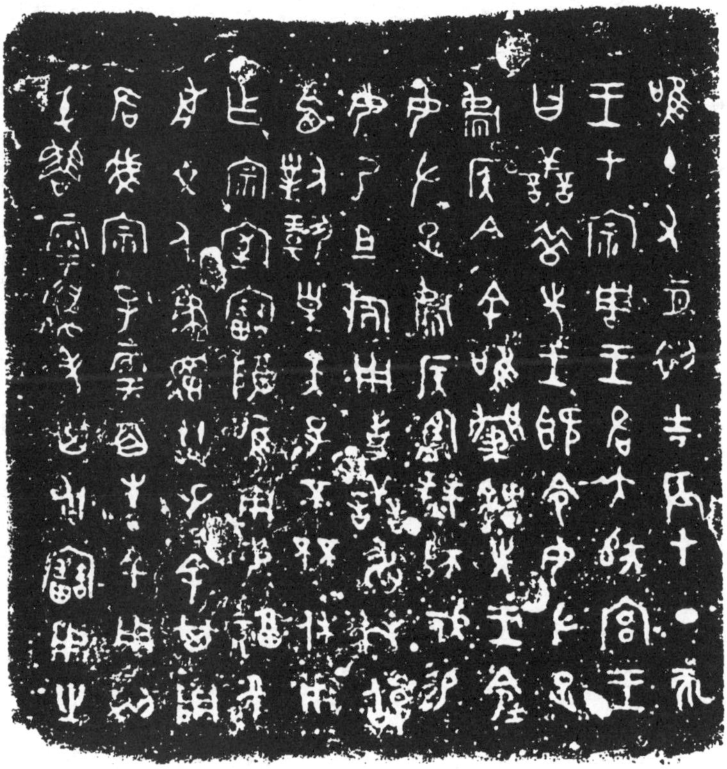

善鼎拓本

善鼎圖像

唯十又一月初吉，辰在丁亥，
王才宗周，王各太師宮。王
曰：「善昔先王既令女ナ□(又)
㲋戻，今余唯肈䌛先王令，令
女ナ□(又)㲋戻，監䌛師戍。易
女乃且旂用事。」善敢拜䭫
首，對揚皇天子不伓休，用
乍宗室寶隮彝。用易福虒
前文人秉德共□(屯?)。余其用
各我宗子雩百生。余用匃
屯魯，雩萬年其永寶用之。(四、三六)

五二一 𧇭簋(圖、拓見正文穆王五)

𧇭稽䭫首休朕匋
君公白易氏臣弟
𧇭井五提(？)，易衣
胄干戈。𧇭弗敢
望公白休。對揚
白休，用乍且考
寶隮彝。(六、五二)

五二　曶壺

隹正月初吉丁亥，王各于成宫。井公内右曶，王乎尹氏册令曶，曰：「更乃且考作冢𤔲土于成周八𠂤。易女秬鬯一卣，玄衮衣，赤市幽黄，赤舄，攸勒，䜌旂用事。」曶捧手䭫首，敢對揚天子不顯魯休令。用乍朕文考釐

曶壺拓本

曶壺圖像

公隩壺。 曶
用匄萬年
𩛥壽，永令
多福，子子孫孫
其永寶用。

（作者旁注：此成宫似在成周的京宫中，井公似在穆王後期，井伯、井叔均其後。此曶已爲冢司徒於成周八𠂤，而曶鼎之曶，共王元年才爲卜人，可証非一人。不但□□□，且文考名亦不同。）

五四 守宫盤（圖、拓見正文穆王三六）

隹正月既生霸乙未，王在周。周師光守宫事，鄘，周師不丕易守宫絲束，蔖𦉢五，蔖䇎二，馬匹，毳帀三，傅（尃？）倴三，𡋺朋。守宫對𩁹周師釐，用乍且乙隩，其𠃨子=孫=永寶用。𣪘（？）𥁑（？）（遺四九八）

（作者旁注：周師見免簋）

五四—一 守宫卣一

守宫卣一器拓本

守宫卣一蓋拓本

守宫乍父辛
隮彝，其永寶。

（美帝六一二）

守宫卣一圖像

五四—二 守宫卣二（三代十三、十一）

守宫卣二拓本

五四一三　守宮爵

守宮爵拓本

守宮乍父辛。（小校六、六八）

五四一四　守宮鳥尊

守宮鳥尊拓本

守宮揚王休，乍父辛隩，其永寶。（美帝）

守宮爵圖像

守宮鳥尊圖像

五五　尹姞鬲

尹姞鬲拓本

穆公乍尹姞宗室于[illegible]林。隹六月既生霸乙卯，休天君弗望穆公聖粦明𠬝事先王，各于尹姞宗室緐林。君蔑尹姞曆，易玉五品，馬三匹。拜頶首，對揚天君休，用乍寶齍。（遺九七、美帝，兩器）

尹姞鬲圖像

（作者旁注：共王初。又注：陳夢家列穆，如爲穆器則先王指昭，必無此事，但似應爲共初，先王指穆。）

五六　井季㲋尊（十一、二三）

井季㲋尊拓本

井季㲋尊圖像

五六—一　井季㲋卣（圖、拓見正文穆王三五—一）

井季㲋乍旅彝。（十三、十九）

五七　季㲋簋

季㲋簋拓本

（作者于井季㲋尊卣、季㲋毀旁注：或共。）

季㲋乍旅毀。（七、十一）

五八　噩矦駿方鼎

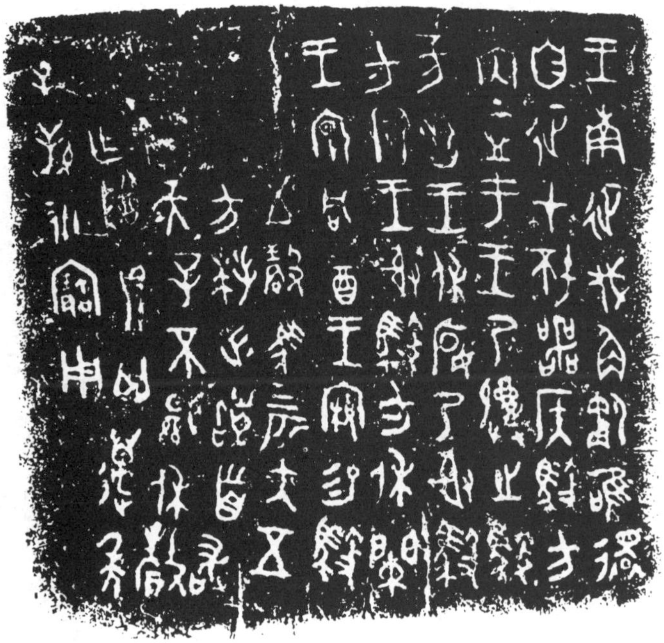

噩矦駿方鼎拓本

王南征，伐角僪（僪字見《廣雅釋詁四》，狂也。），唯還自征，在矸。噩矦駿方内𩰫于王，乃鄭之，駿方畗王。王休宴，乃射，駿方卿王射，駿方休闌。王宴，咸酉。王寴易駿方玉五瑴，馬三匹，矢五□。駿方捧手䭫首，敢對揚天子不顯休贅。□乍隩鼎。其邁年子孫永寶用。（四、三二）

噩矦駿方鼎圖像

五九 噩庆乍王姞簋

噩庆乍王姞簋拓本

（作者旁注：王姞似是穆王后。）

噩庆乍王姞朕毁，王姞其萬年子子孫永寶。（七、四五）

噩庆乍王姞簋圖像

六〇 遣弔吉父簋

遣弔吉父簋圖像器拓本

遣弔吉父簋圖像蓋拓本

遣弔吉父乍虢王姞旅盨，子子孫孫永寶用。（三代十、三五，遺一七五）

遣弔吉父簋圖像

六一　遺弔鼎

遺弔鼎拓本

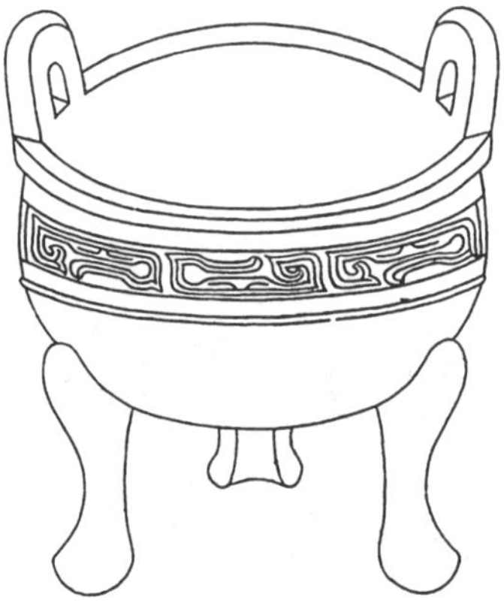

遺弔鼎圖像

遺弔作旅鼎用。（三、四）

（作者旁注：趞弔趞中似一家。）

六二　孟簋（圖、拓見正文穆王二三二）

孟曰：朕文考眔毛公趞中征無需。毛公易朕文考臣自氏工。對揚朕考易休，用室丝彝，乍氏子子孫孫其永寶。（考古六二、一）

六三　不指方鼎一、二　兩件

不指方鼎一拓本

不指方鼎二拓本

不指方鼎一圖像

不指方鼎二圖像

隹八月既望戊辰，王才上侯㡴，䨣𠊾。不指易貝十朋。不指拜䭫首敢䍙王休用乍寶𪔂彝。（新出扶鳳縣齊鎮村。）

六四　小臣傳卣（圖、拓見正文穆王二八）

隹五月既望甲覍，王□□京，令師田父殷成周，□□師田父令小臣傳非余。傳□□□朕考罕師田父令余□□□官白㪤父賣小臣傳□□□白休，用乍朕考日甲寶□□。（八、五二）

六五　命簋（圖、拓見正文穆王一六）

隹十又一月初吉甲申，王在䨣。王易命鹿，用乍寶彝。命其永以多友毁飤。

（作者旁注：？）

六六　中再簋

中再簋拓本

中再乍氏寶彝，用鄉王逆永。（六、四五）

中再簋圖像

六七　㧊簋

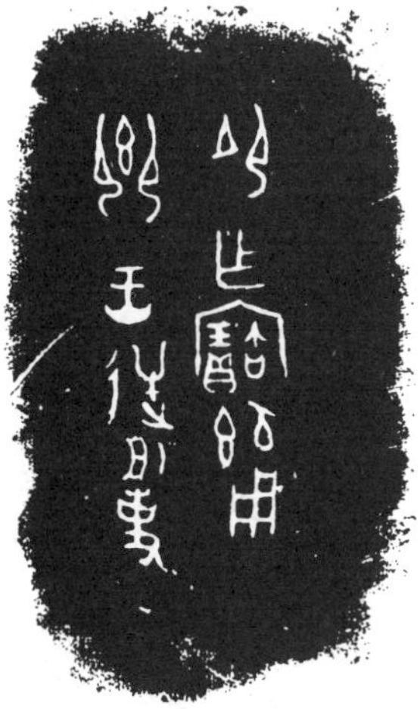

㧊簋拓本

㧊乍寶毁用鄉王逆匋事。（六、四四　美帝。）

共王

一 曶鼎

元年六月既望乙亥，王在周穆王大室。……王在遣应，井弔……隹王三月既生霸，辰在丁酉，井弔在異爲□……昔饉歲……以匡季告東宮。

整理説明：

此銘文釋文係作者寫的縮畧。

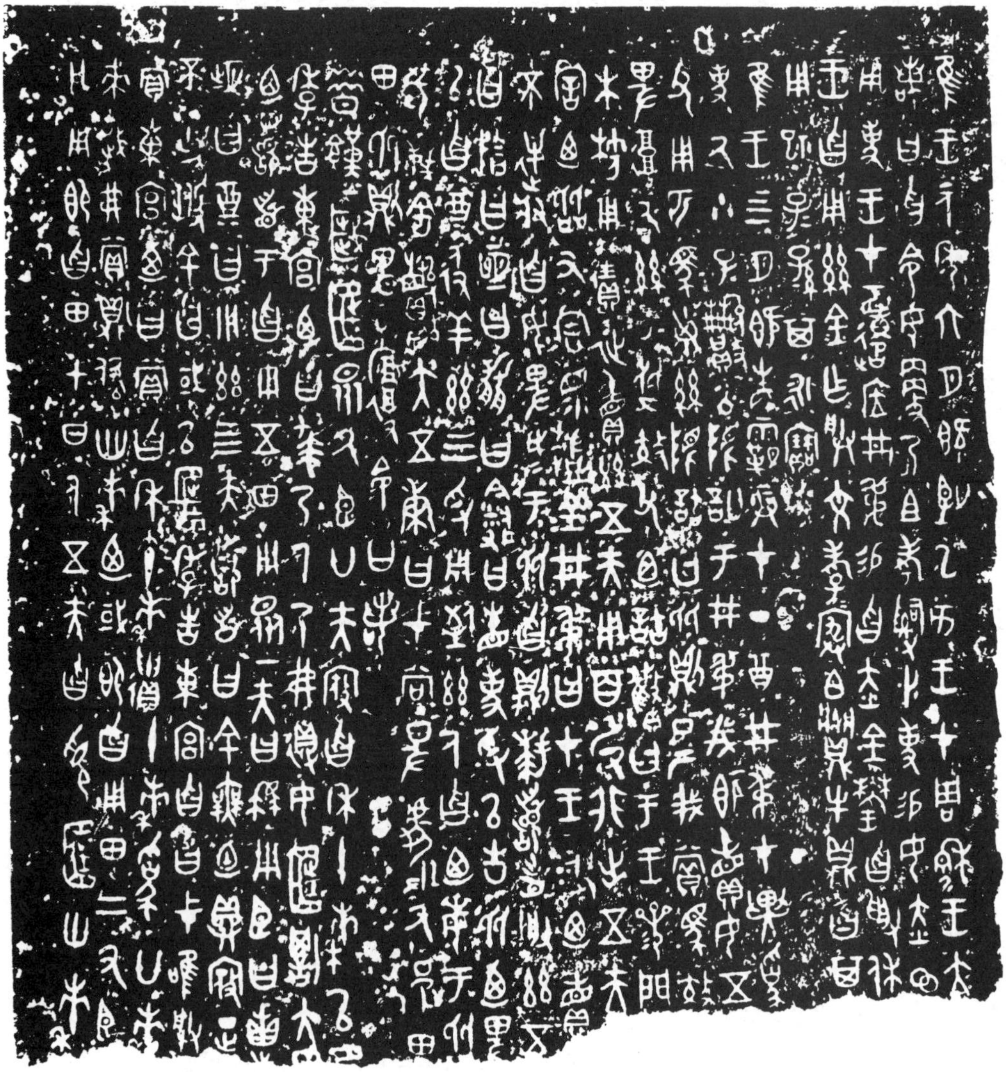

曶鼎拓本一

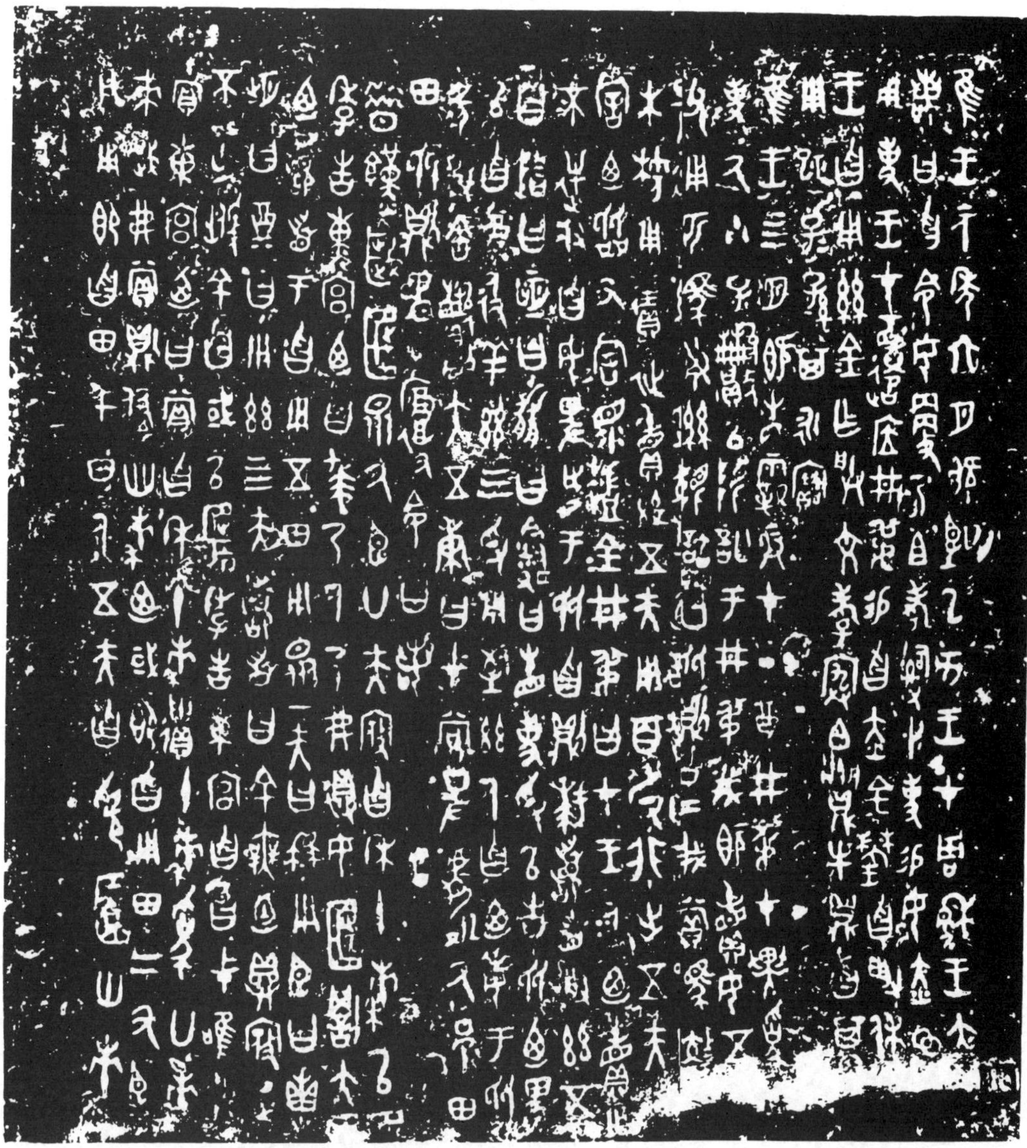

曶鼎拓本二

二 師虎簋

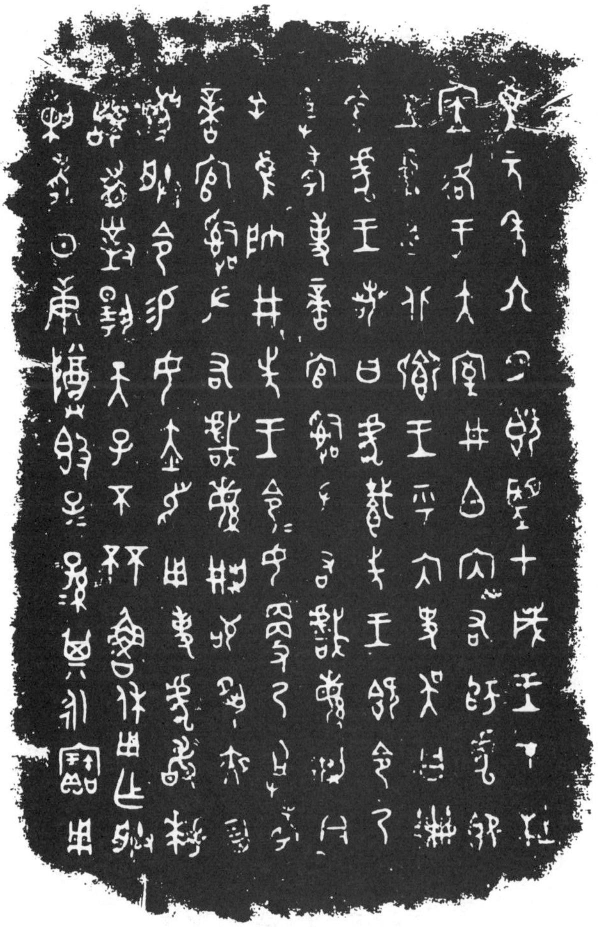

師虎簋拓本

師虎簋圖像

隹元年六月既望甲戌，王在杜空，格于太室。井白内右師虎即立中廷北鄉，王乎内史吳曰：「册令虎。」王若曰：「虎，截先王既令乃取考吏（事）啇官，嗣ナ右戲緐荆，今余隹帥井先王令令女更（賡）乃取考啻官，𤔲ヶ右戲緐荊。苟（敬）夙夜勿灋朕令，易女赤舃用事。」虎敢拜䭫首，對揚天子不丕魯休，用乍朕剌考日庚隩毀，子子孫孫其永寶用。

三　蔡簋

蔡簋摹本

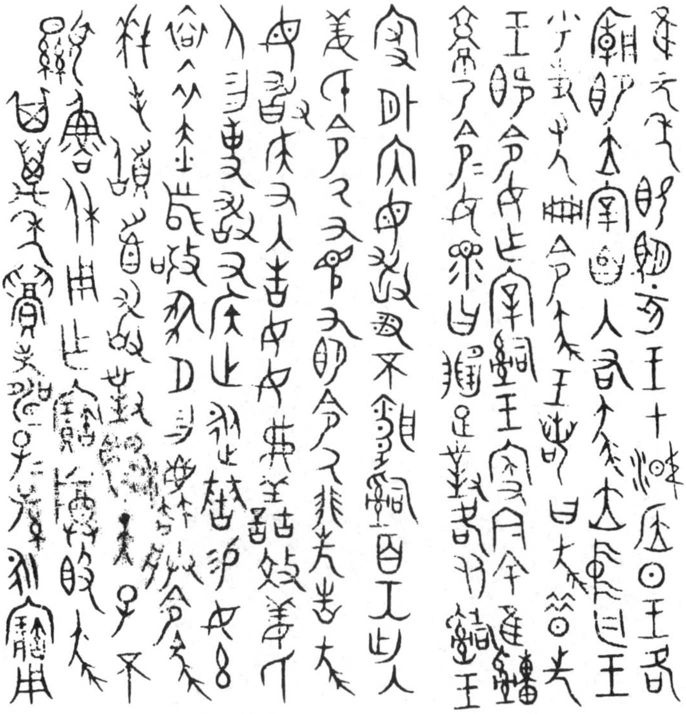

隹元年既望丁亥，王在雝（淶？減？）居。旦，王各廟，即立。宰曶入右蔡立中廷。王乎史（尹？）尤册令蔡。王若曰：「蔡，昔先王既令女乍宰𤔲王家。今余隹𤕌（申）稟乃令，令女眔曶𤔲世（足？）對各死𤔲王家外内，毋敢又不聞（聞）𤔲百工，出入姜氏令。氏又見又即令，氏非先告蔡，毋敢庆（？）又入告女，女勿善效姜氏人，勿吏敢又庆之從獄。易女玄衮衣，赤舃，敬夙夕，勿灋朕令。」蔡拜手稽首，敢對揚天子不丕魯休，用乍寶隩毀。蔡-其萬年釁壽子子孫永寶用。

□簋拓本

（作者旁注：從在滩应看，似是共王元年，隹□□元年丁亥説與曶鼎、師虎簋不合，以丁亥比乙亥遲十二天，同年内不應有。從文詞書法説，不似穆初。宰曶似與曶壺之曶爲一人。又注：懿元年，可能爲懿王元年，史□可能是史先。與諫毁揚毁等合。）

四 吴彝

吴彝拓本一

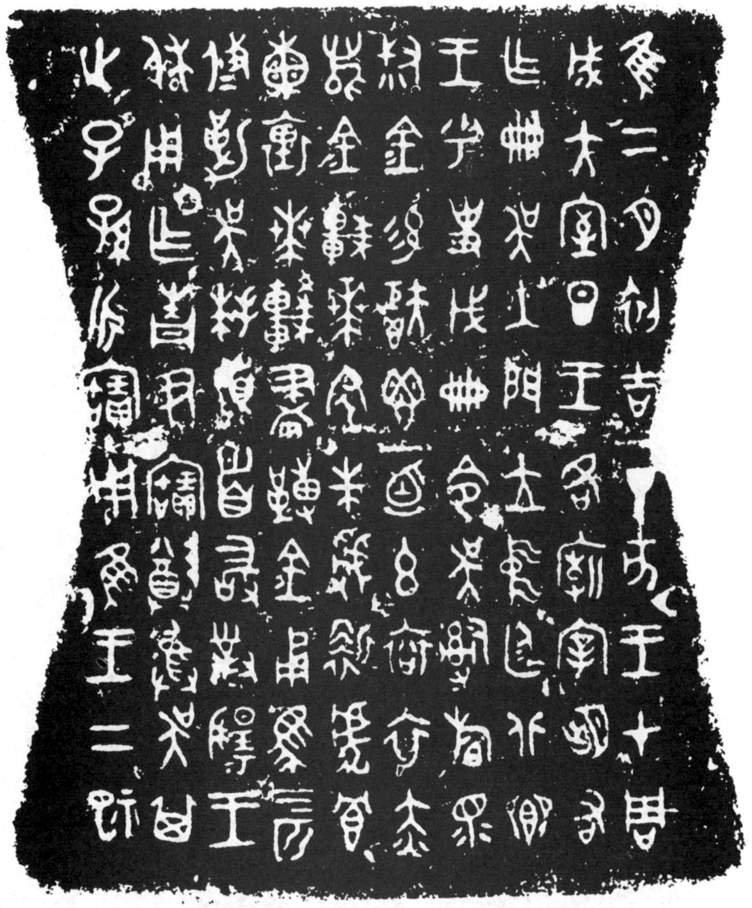

隹二月初吉丁亥，王在周成太室。旦，王各廟，宰朏右乍册吴入門立中廷，北鄉。王乎史戊册令吴嗣旃，眔叔金，易𩰪鬯一卣，玄衮衣、赤舄、金車，桒𠭯，朱虢靳，虎冟，熏裏、桒較、畫轉、金甬、馬亖匹、攸勒。吴捧䭫首，敢對揚王休，用乍青尹寶尊彝。吴其世子孫永寶用。隹王二祀。

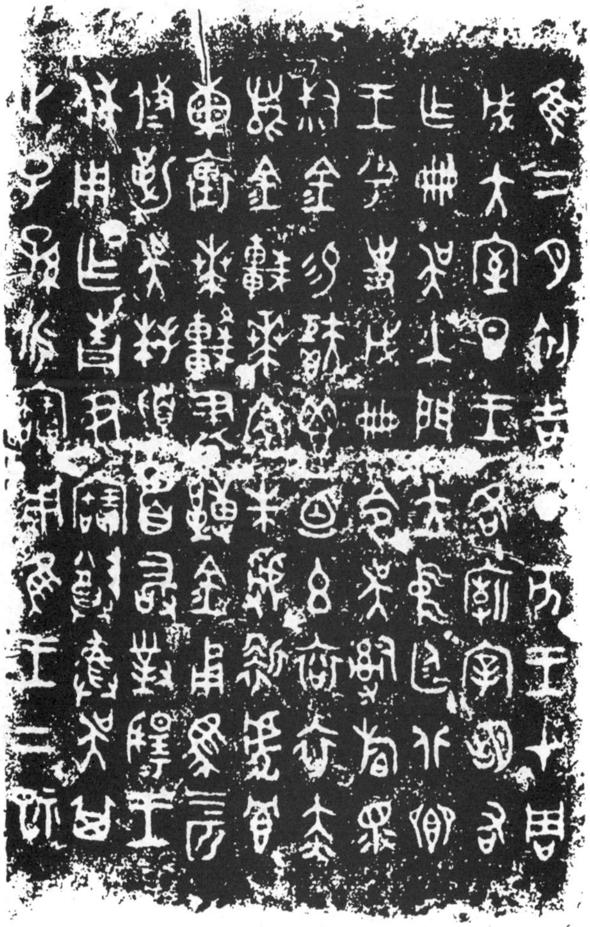

吴彝拓本二

吴彝圖像

五　師痕簋

師痕簋拓本

隹二月初吉戊寅，王在周師嗣馬宫。各太室，即立。嗣馬井白親右師痕入門立中廷。王乎内史吳册令師痕曰：「先王既令女，令余唯䌛先王令女官嗣邑人師氏。易女金勒。」痕捧䭬首，敢對揚天子不顯休，用乍朕文考外季隩毁。痕其萬年孫孫子子其永寶用，享于宗室。（文物六四年七期。）

師痕簋圖像

六　趞曹鼎

趞曹鼎拓本

趞曹鼎圖像

隹七年十月既生霸，王在周般宫。旦，王各大室。井白入右趞曹立中廷，北鄉。易趞曹載市冋黄，䜌。趞曹拜䭫首，敢對𩓅天子休，用乍寶鼎。用鄉倗友。

附件

七 牧簋

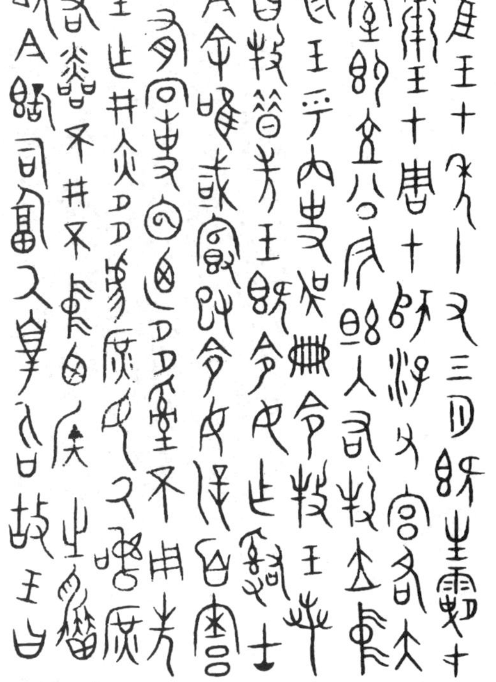

牧簋摹本一

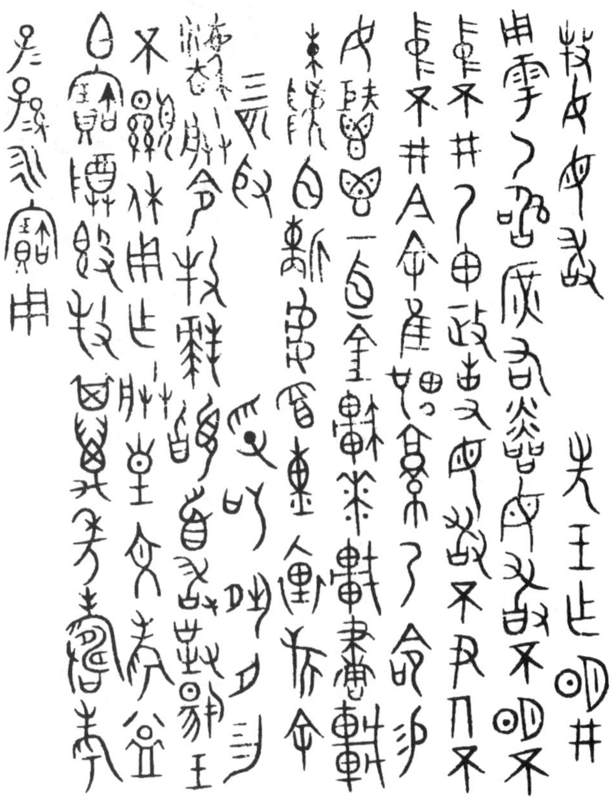

牧簋摹本二

隹王七年十又三月既生霸甲
寅，王才周，才師汓父宮，各大
室，即立。公[illegible]入右牧，立中
廷。王乎內史吳册令牧。王若
曰：「牧，昔先王既令女乍嗣士，
今余隹或𡨦改。令女辟百寮
有同（？）事[illegible]，迺多亂，不用先
王乍井，亦多虐庶民。氏𠵎（訊）庶
右𠷎（奩？），不井不中，迺（囟？）厌之[illegible]
[illegible]（死？），今[illegible]司匐氏臯旨（召？）故。」王曰：
「牧，女毋敢□□先王，乍明井
用。雩乃𠵎（訊）庶右𠷎，毋敢不明不
中不井。乃毋（貫）政事，毋敢不尹[illegible]不
中不井。今余隹[illegible]𦎫乃命，易
女[illegible]鬯一卣、金車、𠦪車（較）、畫車（軝）、
朱虢𩊚靳、虎冟、熏裏、旂。余
□三匹取□□爰。苟夙夕勿
灋朕令。」牧拜䭬首，敢對䠯王
不顯休，用乍朕皇文考益
白寶𨻰毁。牧其萬年壽考，
子子孫孫永寶用。

（作者旁注：疑師湯父。）

牧簋圖像

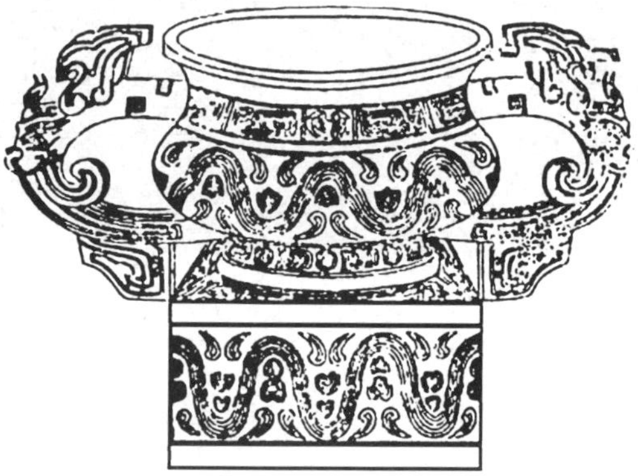

八　菲白簋

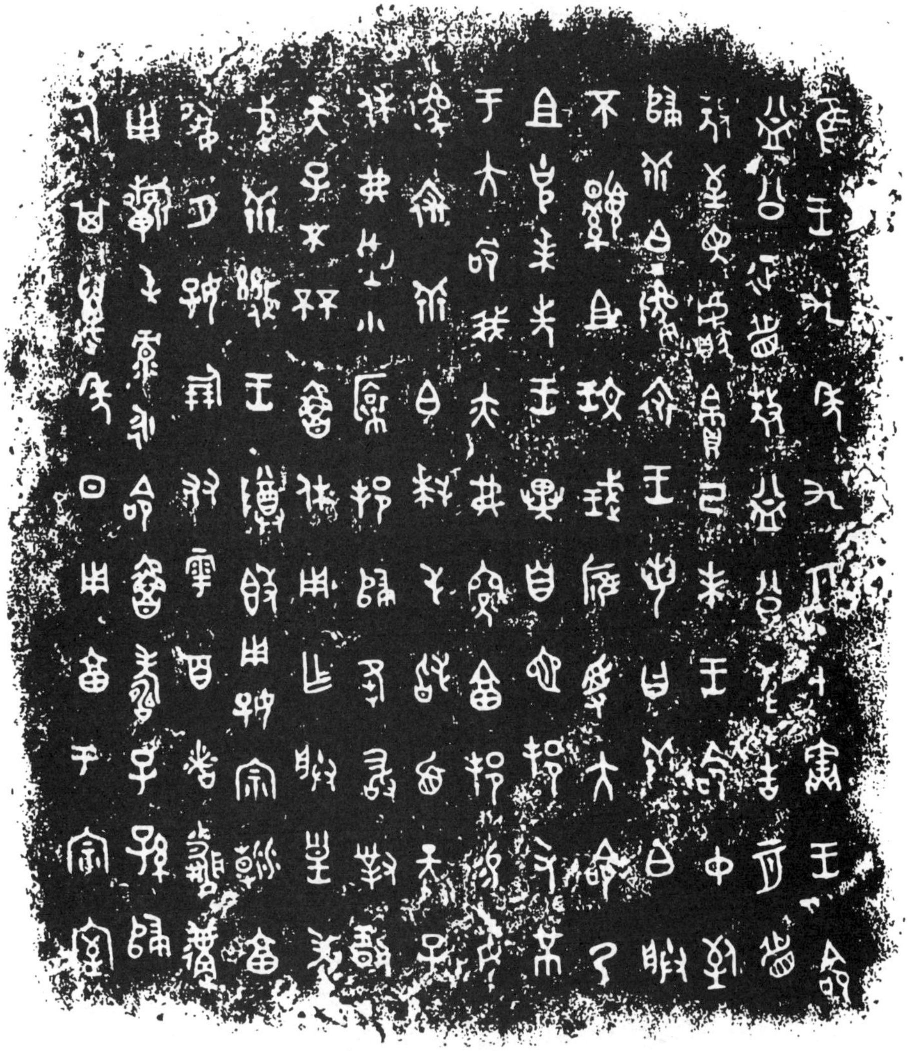

菲白簋拓本

隹王九年九月甲寅，王命
益公征眉敖。益公至，告。二月眉
敖至，見，獻貴。己未，王命中到（侄？）
歸乖白貔（貔）裘。王若曰：「乖白，朕
不顯且文武雁受大命，乃
且克未（桒？）先王，異自也邦，又芇
于大命，我亦弗穷亯邦。易女
貔裘。」乖白拜手頟首天子
休，弗望小㕟邦，歸夆敢對䚕
天子不环魯休，用乍朕皇考
武乖幾王隟毀。用好宗朝，亯
夙夕，好倗友，雩百者婚遘。
用旛屯彔永令，魯壽子孫。歸
夆其萬年日用亯于宗室。

乖白簋圖像

九　走簋

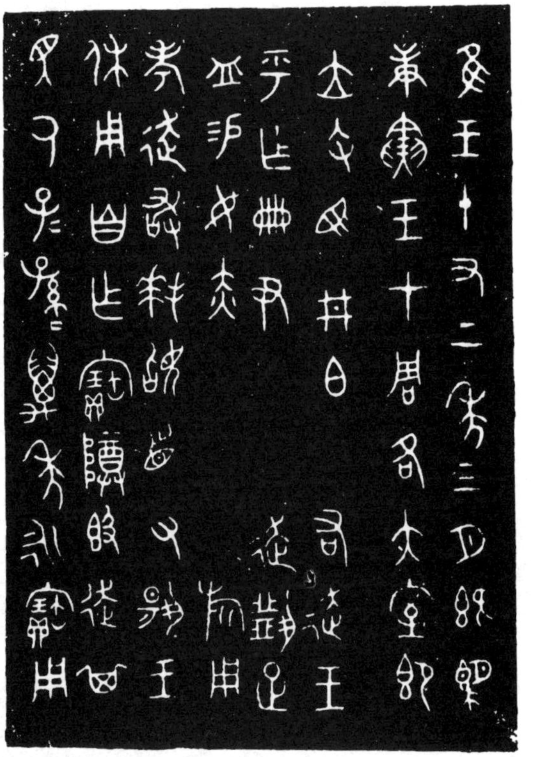

走簋拓本

（作者旁注：與大毁合。）

隹王十又二年三月既望
庚寅，王在周，各太室，即
立。嗣馬井白□右徙。王
乎乍册尹□□徙。覯疋（楚）
㠯（疑益），易女赤□□□旂用
事。徙敢拜䭫首，對䚄王
休，用自乍寶隮毁。徙其
眔乓子子孫孫萬年永寶用。

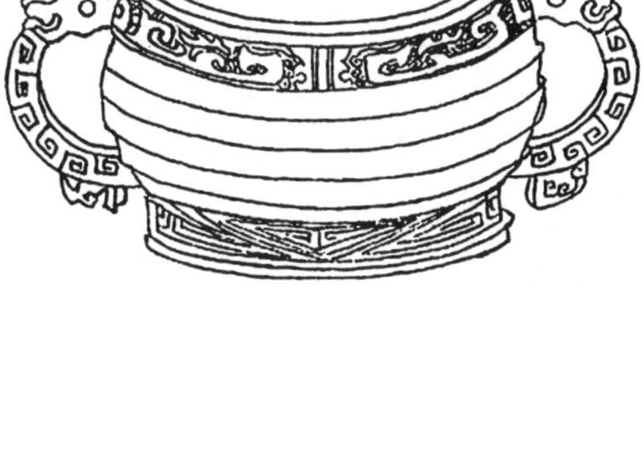

走簋圖像

一〇 走鐘

走鐘摹本

走乍朕皇且文考寶龢鐘。走其萬年子子孫孫永寶用享。

走鐘圖像

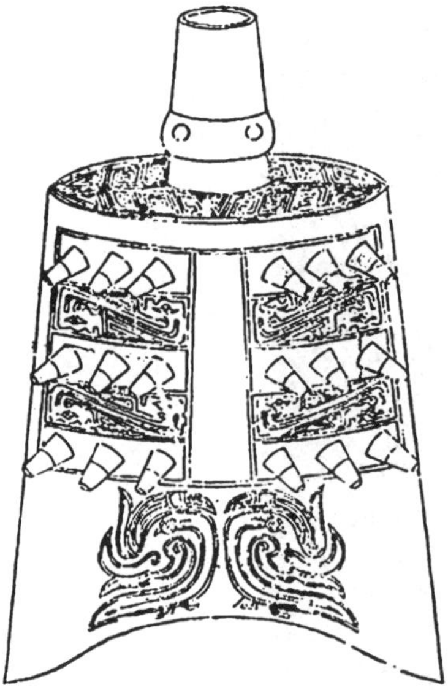

（作者旁注：查宋人書的器形。）

一一　永盂

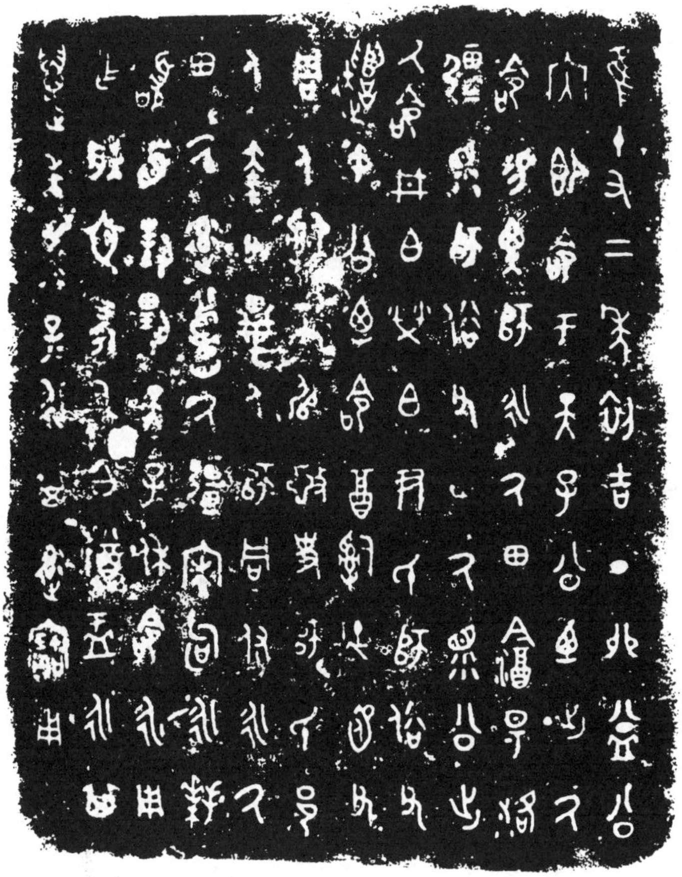

永盂拓本

永盂圖像

隹十又二年初吉丁卯，益公入即命于天子。公乃出氏命，錫畀師永氏田陰陽洛疆眔師俗父田。厥眔公出氏命，邢白、榮白、尹氏、師俗父、遣仲。公廼命酉𤔲土函父、周人𤔲工居，𢦔史、師氏、邑人奎父、畢人師同，付永氏田。氒率舊，氏疆宋句。永拜䭬首，對揚天子休命，永用乍朕文考乙白隮盂。永其萬年孫孫子子永其率寶用。

一二 師毛父簋

師毛父簋摹本

隹六月既生霸戊

戌，旦，王各于大室。

師毛父即立，井白右。

内史册命，易赤市。

對揚王休，用乍寶𣪘。

其萬年子子孫其永寶用。

師毛父簋圖像

一三 豆閉簋

豆閉簋拓本

豆閉簋圖像

唯王二月既眚霸，辰在戊寅，
王各于師戲大室。井白入右
豆閉，王乎内史册令豆閉。
王曰：「閉，易女戠衣□市、䜌、
旂，用僻乃且考事，嗣穷俞
邦君嗣馬弓矢。」閉拜韻首，
敢對揚天子不顯休命，用
乍朕文考釐弔寶毁。用易
䰞壽萬年，永寶用于宗室。

一四　師奎父鼎

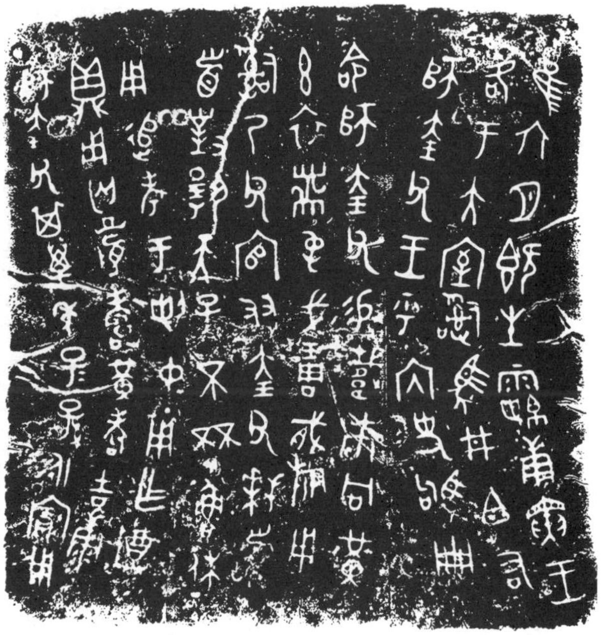

師奎父鼎拓本

隹六月既生霸庚寅，王各于太室。𤔲馬井白右師奎父，王乎内史駒册命師奎父：「易載市、冋黄、玄衣、黹屯、戈琱（琱）戟（戟）、旂，用𤔲乃父官友。」奎父拜䭫首，對䚄天子不㔻魯休，用追考于剌仲，用乍隩鼎，用匄眉壽，黄耇吉康。師奎父其萬年子子孫永寶用。

師奎父鼎圖像

一五 史趞曹鼎

史趞曹鼎拓本

隹十又五年五月
既生霸壬午，龏
王在周新宮，王射
于射盧。史趞曹
易弓矢虎盧□
[illegible]殳。趞曹（敢對曹）
捧䭬首，敢對䚄天子休，
用乍寶鼎。用鄉朋友。

（四、二五）

（作者旁注：新宮。師遽𣪘也是新宮。）

史趞曹鼎圖像

一六　師湯父鼎

師湯父鼎拓本

（作者旁注：新宫）

隹十又二月初吉丙午，王在周新宫，在射廬。王乎宰雁易皿弓象弭、矢臸彤欮。師湯父拜䭫首，乍朕文考□弔𪔋彝。其萬年孫孫子子永寶用。

師湯父鼎圖像

一七　望簋

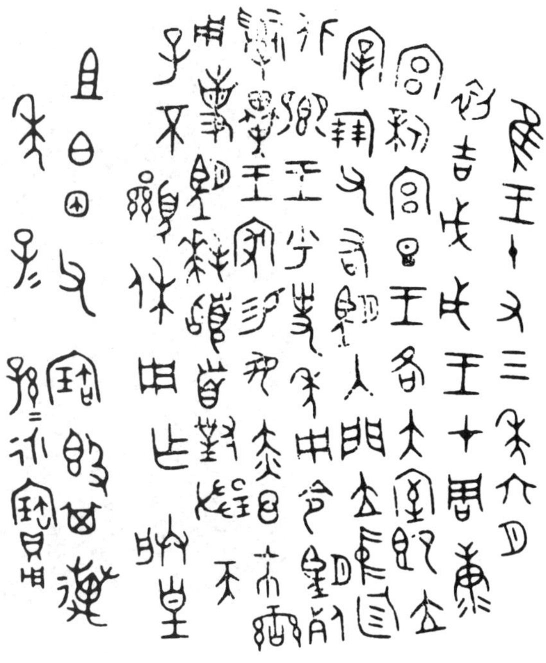

望簋摹本

（作者旁注：新宮。）

隹王十又三年六月初吉戊戌，王在周康宮新宮。旦，王各太室，即立。宰倗父右望入門，立中廷，北鄉。王乎史年册令望：「죈嗣畢王家。易女赤⊗市、䜌，用事。」望捧䪻首，對䙭天子不顯休，用乍朕皇且白甲父寶毁。其萬年子子孫孫永寶用。

一八 師宋簋 兩器

師宋簋器一拓本

師宋簋器一圖像

隹五月初吉甲戌王在荓，各于太室，即立中廷。井弔内右師宋。王乎尹氏册令師宋：「易女赤舃攸勒，用楚𠭯白。」師宋捧䭫首敢對揚天子休，用乍朕文且寶毁。𠭯弔其邁年子子孫永寶用。（一九六〇、二）

師寏簋器二拓本

師寏簋器二圖像

（作者旁注：此穆王時器。在芳，一也。五月初吉甲戌與曶鼎六月既望甲戌不合，二也。蓋穆王晚年器。參師耤毁，穆王時。）

一九　佴弔盨一

佴弔盨一銘

隹五月既生霸庚午，佴弔乍弔班旅盨，其子子孫孫永寶用。（十、三九）

一九一一　倗弔盨二

倗弔盨二器拓本

倗弔盨二蓋拓本

倗弔盨二圖像

倗弔乍旅盨，其萬年永寶用。（文物一九六〇、二）

一九一二　倗弔鬲　四器

倗弔鬲一拓本

倗弔鬲一圖像

侶弔鬲二拓本

侶弔鬲三拓本

侶弔鬲二圖像

侶弔鬲三圖像

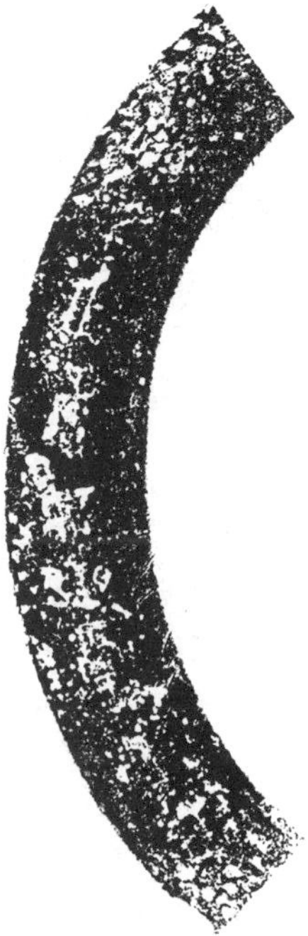

佴弔鬲四拓本

佴弔乍犀妊鬻。

一九一三　佴伯匜

佴伯匜摹本

佴伯乍旅匜，其子子孫孫永寶用。（薛）

佴弔鬲四圖像

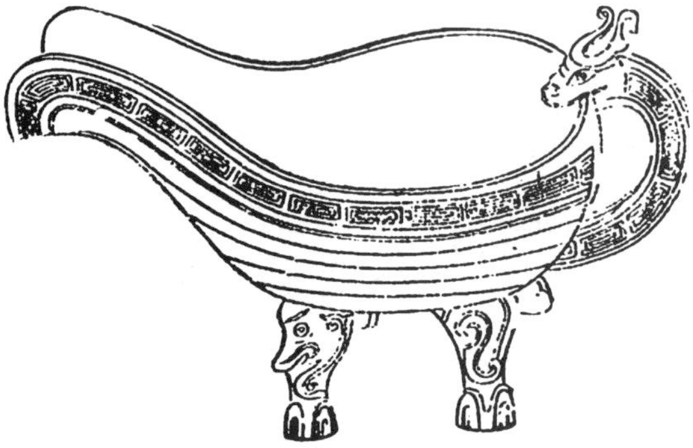

佴伯匜圖像

一九一四　佴仲簠（薛）

佴仲簠摹本

佴仲簠圖像

二〇 訇簋 十行一百三十二字

訇簋拓本

王若曰：「訇，不顯文武受命，則乃且奠周邦。今余令女啻官嗣邑人，先虎臣，後庸：西門尸、㚔尸、京尸、㠱尸，師笭側新□𠂤尸、卑身尸、𠂤人、成周走亞，𢧢人、降人、服尸・易女玄衣黹屯、載市同黃戈蝐戚、歖必彤沙、䜌、旂、攸勒，用事。」訇䭫首，對䚄天子休令，用乍文且乙白同姬䵼毁。訇萬年子子孫永寶用。唯王十又七祀，王在射日宫。旦，王各，益公入右訇。

（作者旁注：與師詢毁同一人。共十七年。文物一九六二）

訇簋圖像

二一 師酉簋 四器

師酉簋一器拓本

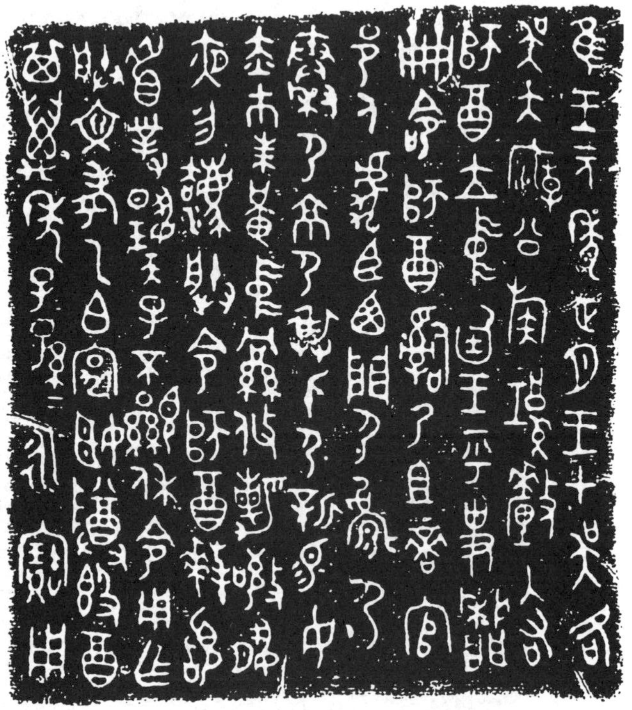

師酉簋一蓋拓本

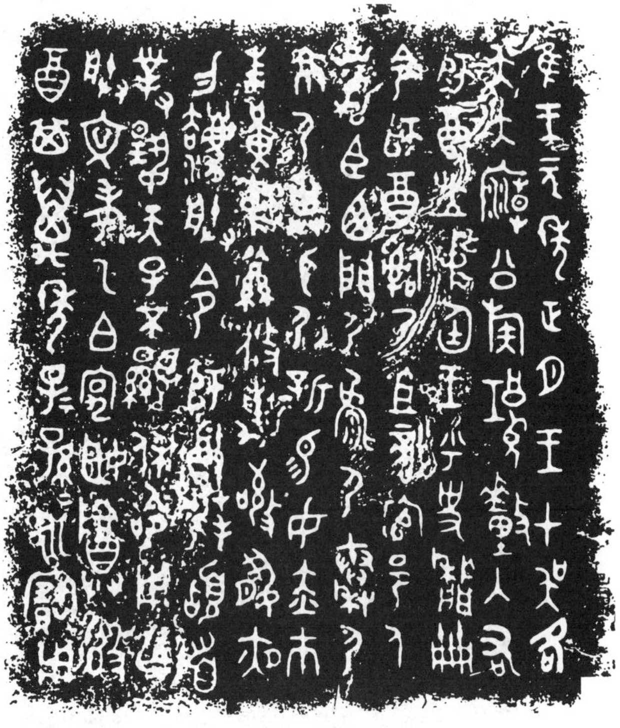

師酉簋二器拓本

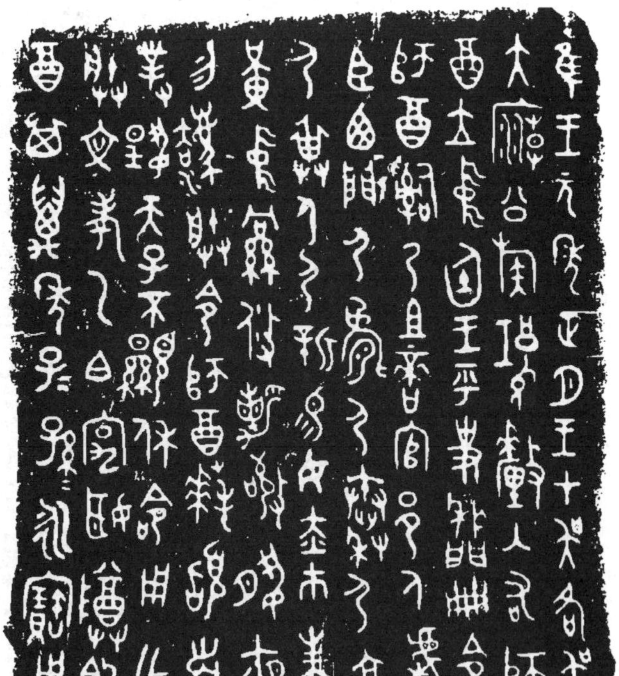

師酉簋二蓋拓本

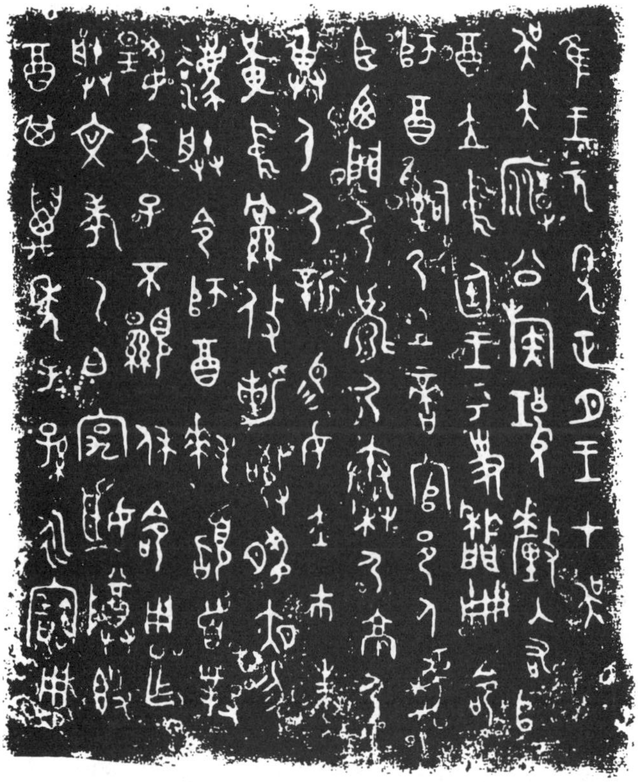
師酉簋三器拓本

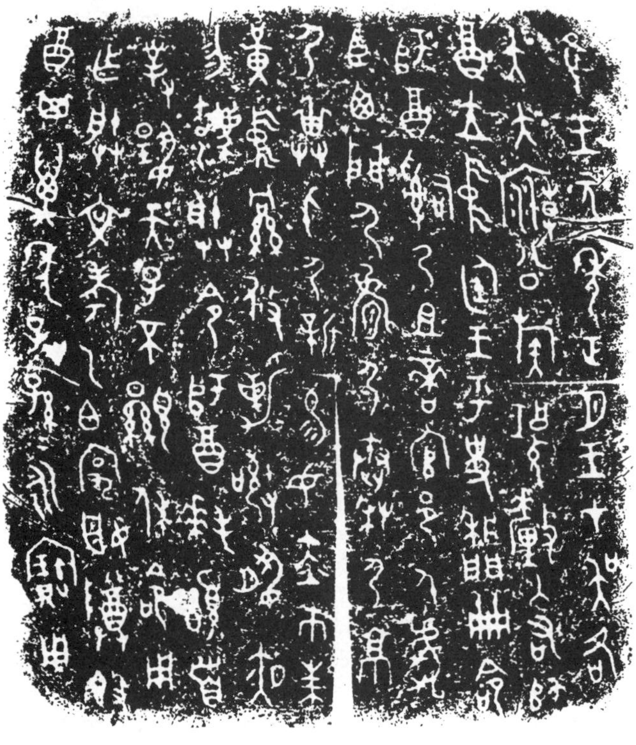
師酉簋三盖拓本

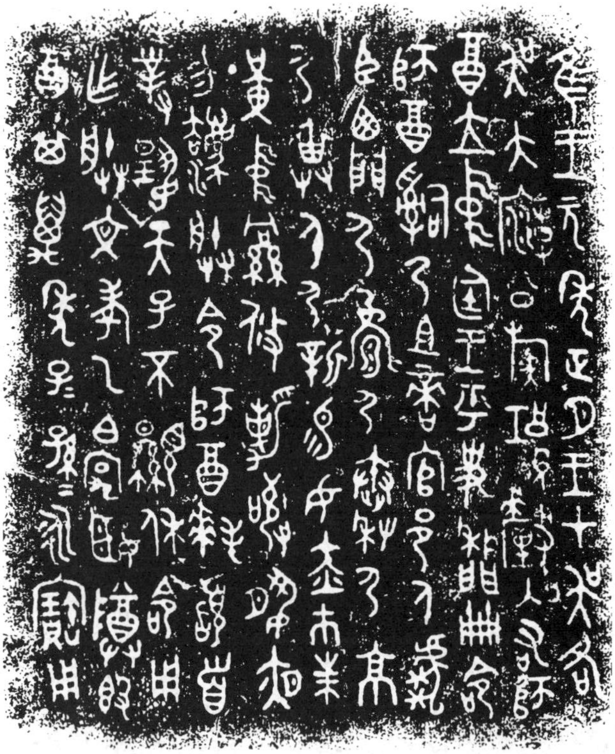

師酉簋四拓本

隹王元年正月，王在吳，各
吳大廟。公族𤔲釐入右
師酉，立中廷。王乎史牆
册令師酉：「嗣乃且啻官
邑人、虎臣，西門尸、𩵦尸、
秦尸、京尸、畀身？尸。新易女
赤市、朱黄、中㬎、攸勒。敬夙
夜勿灋朕令。」師酉拜䭫
首，對揚天子不顯休命，用乍
朕文考乙白宄姬隩毁。酉
其萬年子子孫孫永寶用。

師酉簋一圖像

師酉簋二圖像

師酉簋三圖像

師酉簋四圖像

（作者旁注：乙伯是師酉的文考，是訽的文且，可見師酉是訽的父輩。又注：共王元年。）

二三一　休盤

休盤拓本

隹廿年正月既望甲戌，王在
周康宫。旦，王各太室，即立。益
公右走馬休入門，立中廷、北鄉。王乎作册尹册易休玄衣
黹屯、赤市朱黄、戈琱㦸、彤沙。
䜌必、䜌旂。休拜䭫首，敢對䫉
天子不顯休令，用乍朕文考
日丁䵼般。休其萬年子子孫孫永寶。

休盤圖像

二三　益公鐘

益公鐘拓本

益公爲
楚氏龢鐘。（一、二）

益公鐘圖像

二四　師遽簋

師遽簋拓本

（作者旁注：新宮。）

隹王三祀四月既生
霸辛酉，王在周，客新宮。
王征正師氏。王乎師
朕易師遽貝十朋，遽拜
稽首，敢對䚃天子不
㔻休，用乍文考旄弔
隩毁。世孫子永寶。

師遽簋圖像

一二五　康鼎

康鼎拓本

唯三月初吉甲戌，王才康宫。荣白内右康。王命「死𤔲王家，命女幽黄、鋚革。」康𩒨首，敢對揚天子不顯休。用乍朕文考釐白寶障鼎。子子孫孫其萬年永寶用。奠井。

康鼎圖像

二一六　奠井叔康盨　兩器

奠井叔康盨一拓本

奠井叔康盨二拓本

奠井叔康乍旅盨，子子孫其永寶用。　（一〇、三三）

奠井叔康盨二圖像

二七 奠井叔鐘 兩器

奠井叔鐘一摹本

奠井叔作

「霝龠」（靏）鐘，用妥

賓。

奠井叔鐘二拓本

（作者旁注：鄭井叔蒦父鬲似其後人。）

奠井叔鐘二圖像

二八 同簋 兩器

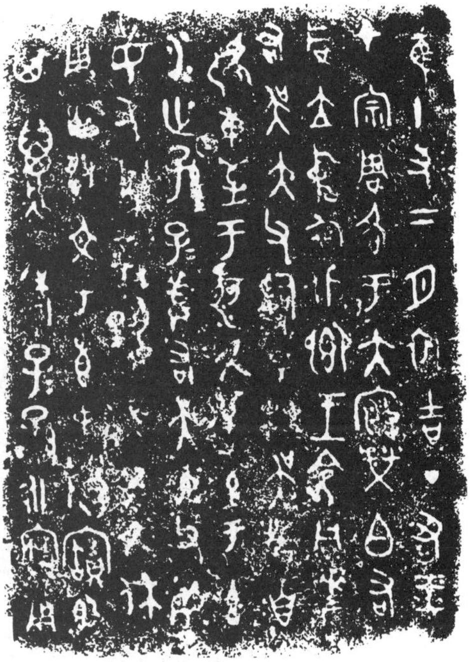
同簋一拓本

同簋二拓本

同簋二圖像

隹十又二月初吉丁丑，王在宗周，各于大廟。焚白右同立中廷，北鄉。王命「同𠂇右吳大父𤔲昜林吳牧，自虒東至于㴉，氏逆至于玄水。世孫孫子𠂇右吳大父，毋女有閑。」對揚天子氏休，用乍朕文考叀中隮寶㲃。其邁年子子孫孫永寶用。（二、一七一八）

附件

二九　卯簋

卯簋拓本

卯簋圖像

隹王十又一月既生霸
丁亥，焚季入右卯立中廷。焚
白乎令卯曰：「䚄乃先且考死𤔲
焚公室。昔乃且亦既令乃父死
𤔲蓻人，不盄，取我家窴，用喪。今
余非敢夢先公又𨑒遂（進退？），余懋爯（爯？）
先公官，今余隹命女死𤔲蓻宫
蓻人，女毋敢不善。易女鬲章三（？）、榖一（？）
宗彝一，將寶。易女馬十匹、牛十。易于乍
一田，易于宦一田，易于隊一田，易于𢦏（截？）一田。」卯拜
手頁手，敢對揚焚白休，用乍寶隫
毁。卯其萬年子子孫孫永寶用。九、三七

三〇 大簋 兩器

大簋一拓本

大簋一圖像

大簋二拓本

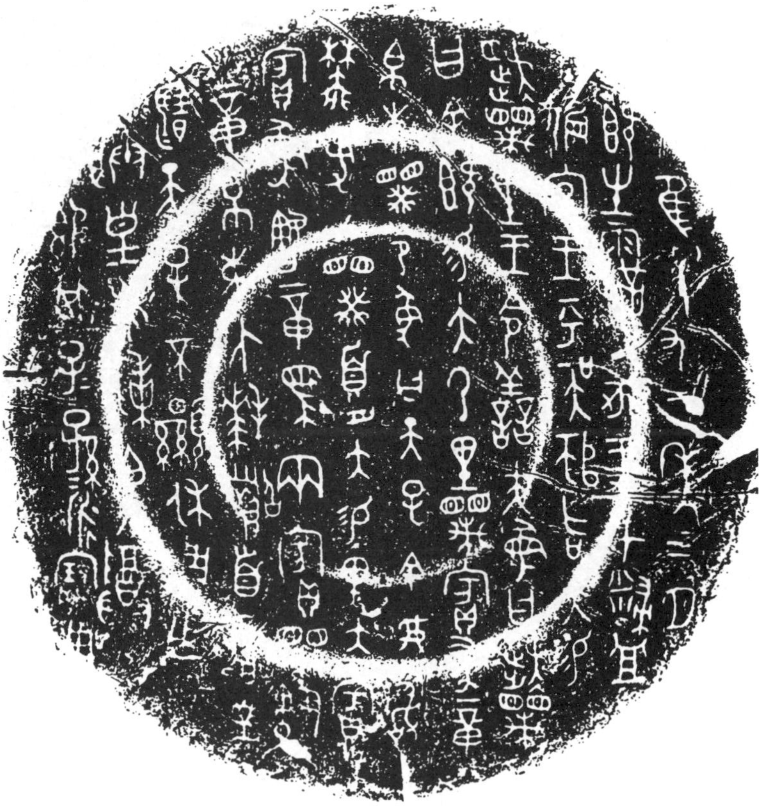

隹十又二年三月既
生霸丁亥，王在𢿅侲宮。王
乎吳師召大，易䞞𥄳（睽）里。王令
善夫豕曰䞞𥄳（睽）曰：「余既易大
乃里。」𥄳賓豕章，帛束。𥄳令豕曰：
「天子，余弗敢𢿃。」豕㠯𥄳頫大易
里，大賓豕訊章、馬兩。賓𥄳訊
章、帛束。大拜𩒨首，敢對揚天
子不顯休，用乍朕皇考剌
白𠤳毁。其子子孫孫永寶用。（九、二五、二六）

（作者旁注：既生霸爲望，與走簋既望庚寅合。）

三二 大鼎 三器

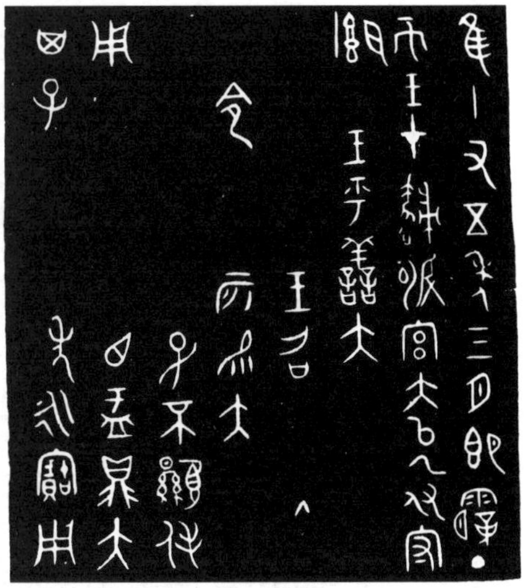

大鼎一拓本

大鼎二拓本

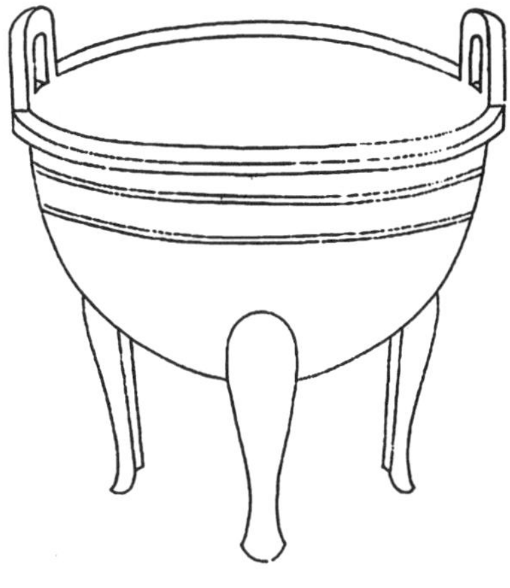

大鼎一圖像

大鼎二圖像

大鼎三拓本

隹十又五年三月既霸丁亥，王在䢅侲宮。大𠫑氏友守。王鄉醴。王乎善夫騣召大𠫑氏友入攼。王召走馬雁令取誰（？）䮾卅二匹易大。大拜䭫首，對揚天子丕顯休，用乍朕刺考己白盂鼎。大其子=孫=萬年永寶用。

（作者旁注：與師湯父鼎宰雁似一人。）

大鼎三圖像

三三一 面季鼎

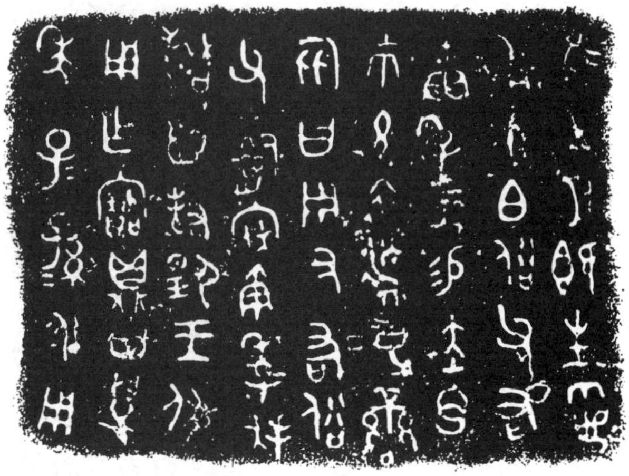

面季鼎拓本

隹五月既生霸
庚午，白俗父右
面季。王易赤8
市、玄衣黹屯、䜌
旂，曰：「用又（ナ？）右俗
父嗣寇。」面季拜
𩒨首，對揚王休，
用作寶鼎。其萬
年子=孫=永用。（四、二四）

面季鼎圖像

三三　尹姞鬲（圖、拓見附件穆王五六）

移此。共初非穆。

三四　公姞鬲

公姞鬲銘文

（作者旁注：天君。天君器可能昭穆。）

隹十又二月既生霸，子中漁大（？）池。天君蔑公姞曆，吏易公姞魚三百。拜䭫首，對揚天君休，用乍䵼鼎。（美帝一二八）

公姞鬲圖像

三五　次尊

次尊拓本

三五—一　次卣

次卣器拓本

次卣蓋拓本

隹三月初吉丁卯，公姞令次嗣田人。次蔑曆。易馬、易裘（裘），對揚公姞休，用乍寶彝。（十一、三五次卣十三、三九）

次尊圖像

次卣圖像

三六　⿱叀彡鼎（圖、拓見附件昭王三一）

內史令典事（吏）

易金一勻，非余。

曰：「內史龏朕。」

天君其萬年，

用爲考寶隫。（四、七）

三七　褸鼎（圖、拓見附件昭王三〇）

丙午，天君鄉

褸酉。在斤，天

君賨氏征

人斤貝，用乍

父丁隫彝。大黽。（四、四）

（作者旁注：天君器可能昭穆。）

三八　⿰黹虘簋

⿰黹虘簋器拓本

⿰黹虘簋蓋拓本

⿰黹虘簋圖像

唯王正月，辰在甲午。
王曰：「⿰黹虘，命女嗣成周
里人、眔諸侯大亞，
訟罰，取遺五寽。易女
尸臣十家，用事。」⿰黹虘捧
䭫首，對揚王休命，用
乍寶毁。其子=孫=寶用。　（九、四）

（作者旁注：姑定共。）

三九 季𩜻簋

季𩜻簋銘文

季𩜻肇乍氏文
考井弔寶障彝。
子=孫=其永寶用。

（作者旁注：井弔之子當是共初，「肇」當是井尗初死。）

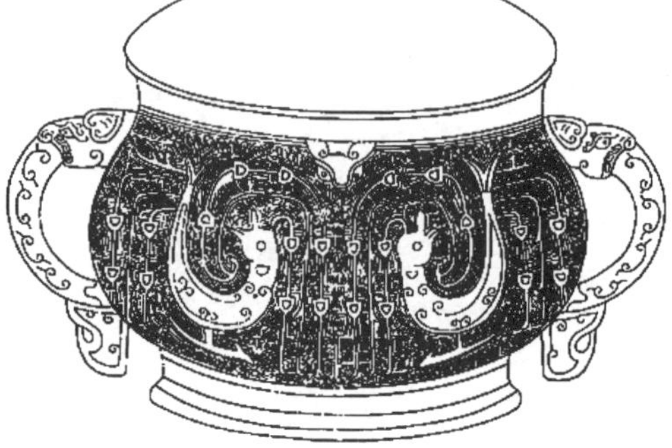

季𩜻簋圖像

四〇　穿鼎

穿鼎銘文

隹王九月既望乙
子，遣中令穿𩰫
𤔲𤰔田。穿𢷎䭫首，
對䚄遣中休，用乍
朕文考釐叔隮
鼎。其孫孫子子其永寶。　（四、二一）

穿鼎圖像

四一　格伯倗生簋　四器

格伯倗生簋一器拓本

格伯倗生簋一蓋拓本

格伯倗生簋二拓本

格伯倗生簋二圖像

格伯倗生簋三器拓本

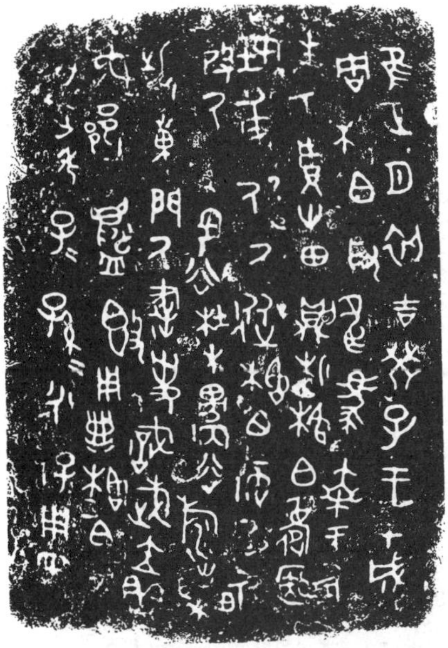

格伯倗生簋三蓋拓本

格伯倗生簋三圖像

格伯倗生簋四拓本

格伯倗生簋四圖像

隹正月初吉癸子，王才成周。格白爰良馬乘于倗生，氏貯卅田，則析。格白邍殹妊彶𠭯。氏從格白厌彶甸殷。氏幼雩（零）谷杜木邍谷旅菜，涉東門。氏書史戠武立盟成壘。鬯保毁，用典格白田。其邁年子=孫=永保用。田。（九、一四——九、一六）

（作者旁注：與望毁倗父是否有關？）

四二 格伯簋

格伯簋拓本

隹三月初吉，格
白乍晉姬寚毁。
子=孫=其永寶。
（八、七）

格伯簋圖像

四三 曩中壺

曩中壺器拓本

曩中壺蓋拓本

曩中乍倗
生歓鼓。匀
三壽，懿
德萬年。
（十二、十三）

曩中壺圖像

四四　趩觶

趩觶拓本

（作者旁注：共王二年。）

隹二月初吉乙卯，王才周，各太室，咸。井弔入右趩，王乎内史册令：「趩，更乃且考服，易趩戠衣、載市、同黄、旂。」趩拜𩒨首，䚄王休對。趩蔑曆，用乍寶隮彝。䊝孫子毋敢彖，永寶。隹王二祀。

趩觶圖像

四五 中枏父鼎（鬲） 八器

中枏父鬲一拓本

中枏父鬲二拓本

中枏父鬲一圖像

中枏父鬲二圖像

中枏父鬲三拓本

中枏父鬲四拓本

中枏父三鬲圖像

中枏父鬲四圖像

中枏父鬲五拓本

中枏父鬲六拓本

中枏父鬲五圖像

中枏父鬲六圖像

中𣝕父鬲七拓本

中𣝕父鬲八拓本

中𣝕父鬲七圖像

中𣝕父鬲八圖像

隹六月初吉，
師湯父有嗣
中𣝕父乍寶
鬲，用敢鄉孝
皇且丂，用旟
𦡶壽。其萬年
子子孫孫其永寶用。（文物六五、一上海）

四五一一　中枏父簋（故宫）

中枏父簋一拓本一

中枏父簋一拓本二

中枏父簋一圖像

中枏父簋二拓本一

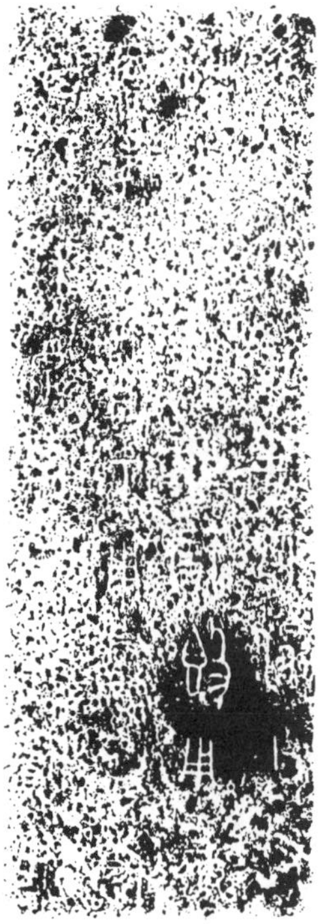

中枏父簋二拓本二

中枏父簋二圖像

四五—二　中枏父匕（文物六四、七）

中枏父匕拓本

中枏父匕圖像

四六　𢦏簋

𢦏簋銘文

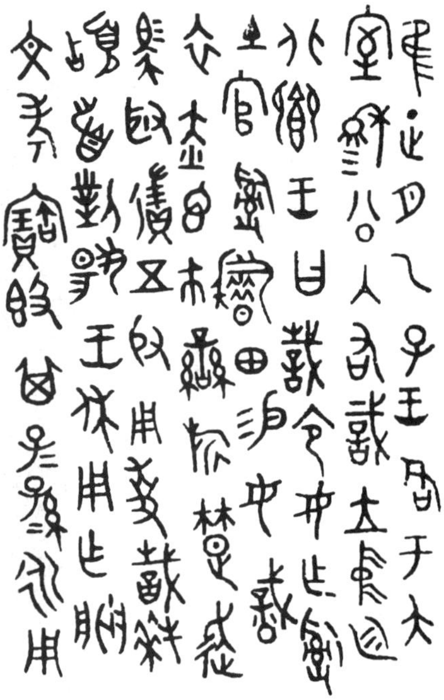

隹正月乙子，王各于太
室。穆公入右𢦏，立中廷，
北鄉。王曰：「𢦏，令女乍𤔲
土，官𤔲耤田。易女戠
衣、赤ꝏ市、䜌旂。楚走
馬，取償五寽，用事。」𢦏捧
䭫首，對揚王休，用乍朕
文考寶毀。其子子孫孫永用。

（作者旁注：穆公與尹姞鬲俱共初。）

附件

𢦏簋圖像

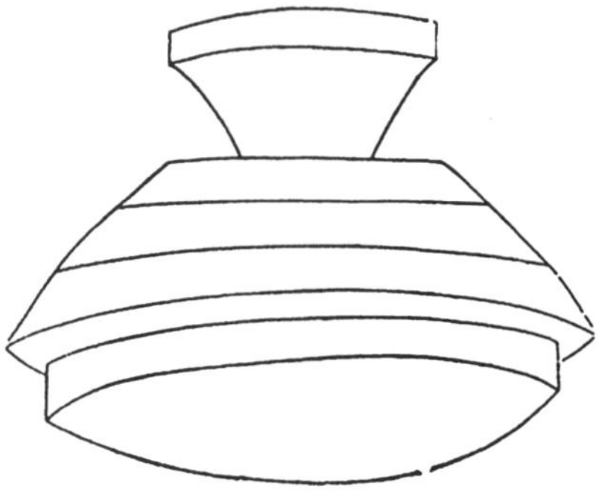

懿王

一　匡卣

匡卣拓本

隹三月初吉甲午，懿王在射盧，乍象歿。匡甫象樂二。王曰休。匡拜手䭫首，對䟫天子不顯休，用乍文考日丁寶彝。其孫孫子子永寶用。

二　師晨鼎

師晨鼎拓本一

師晨鼎拓本二

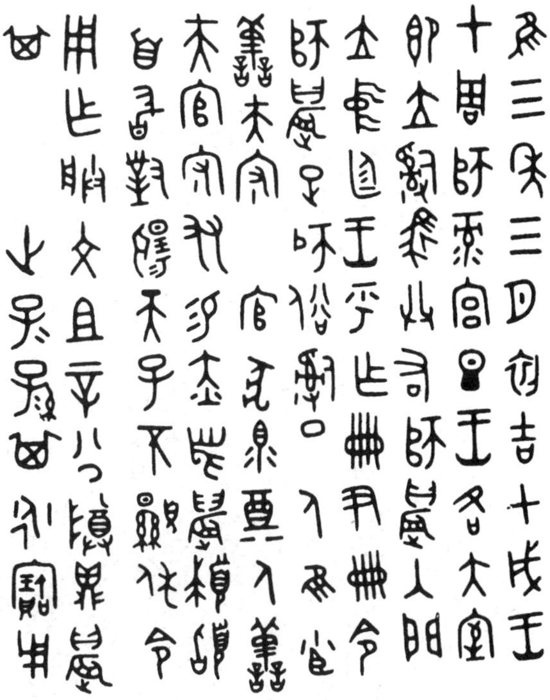

（作者旁注：彔宮與彔伯是否有關？）

隹三年三月初吉甲戌，王在周師彔宮。旦，王各太室，即立。𤔲馬卞右師晨入門立中廷。王乎乍册尹册令師晨，疋師俗𤔲邑人，隹小臣、善夫守□官犬，眔奠人善夫官守友。易赤舄。晨頟䭫首，敢對𣅀天子不顯休令，用乍朕文且辛公隮鼎。晨其□□世子子孫孫其永寶用。

三　師俞簋

師俞簋拓本

隹三年三月初吉甲戌，王
在周師彔宮。旦，王各太室，
即立。𤔲馬下右師俞入門
立中廷。王乎乍册内史册
令師俞䵼𤔲𠈌𠂆，易赤市
朱黄，旂。俞拜䭫首，天子其
萬年，眉壽黄耇，畯在立。俞
其蔑曆，日易魯休。俞敢
䫄天子不顯休，用乍寶
𣪘。其萬年永保臣天子。　（九、一九）

四　諫簋

諫簋器拓本

諫簋蓋拓本

隹五年三月初吉庚寅，王才周師彔宮。旦，王各太室，即立。嗣馬卞右諫入門立中廷。王乎内史先册令諫曰：「先王既命女𩰫嗣王宥，女某不又□（聞），毋敢不善。今余隹或嗣命女。易女攸勒。」諫拜頶首，敢對揚天子不顯休，用乍朕文考叀公𨽍毁。諫其萬年子=孫=永寶用。

諫簋圖像

五　師俞尊

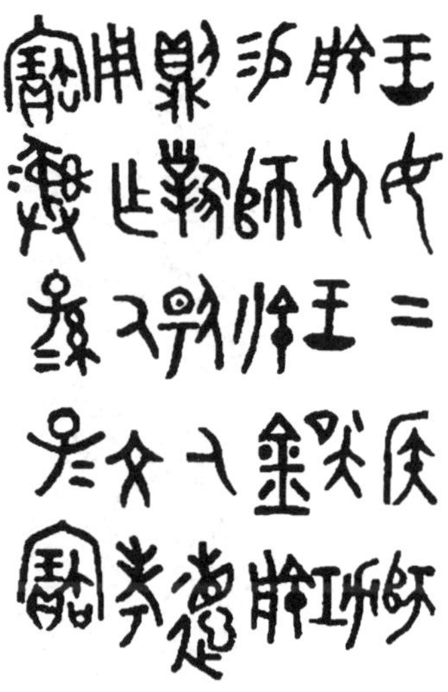

師俞尊銘文

王女（如）上厌，師俞從王，□功，易師俞金。俞則對揚氏德，用乍氏文考寶彝，孫孫子子寶。

（作者旁注：似宋人或清人著録，查。）

師俞尊圖像

六 䎽簋 兩器

䎽簋一拓本

隹王九月既眚（生）霸庚寅，王才周康宮。旦，各大室，即立。𤔲徒單白内右䎽。王乎内史史先册令䎽。王若曰：「䎽，乍𤔲工，官𤔲□田甸（佃），眔𤔲宂、眔𤔲芻、眔𤔲寇、眔𤔲工司（一銘作史）。賜女赤幻（環）市、䜌旂。𦰩訟，取遺五爰。」䎽拜手䭫首，敢對䎽天子不顯休，余用乍朕刺考害白寶毁。子=孫=其萬年永寶用。（九、二四、二五）

䶢簋二拓本

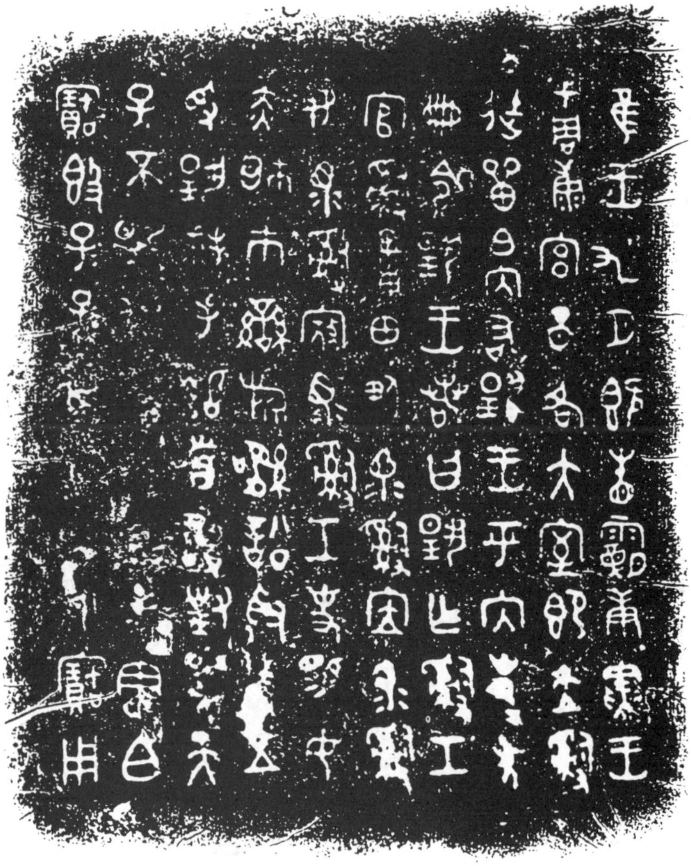

䶢簋二圖像

七　旅簋　（圖、拓見附件共王三）

（作者旁注：單白未必即單白昊生。）

懿元年，王在減㡯，宰曶、史先、諫𣪘、揚𣪘同。

八　太師虘簋　三器

太師虘簋一器拓本

太師虘簋一蓋拓本

太師虘簋一圖像

太師虘簋二器拓本

太師虘簋二蓋拓本

太師虘簋二圖像

太師虘簋三器拓本

太師虘簋三蓋拓本

太師虘簋三圖像

正月既望甲午，王在周師彔宮。旦，王各太室，即立。王乎師晨召太師虘入門立中廷。王乎宰曶易太師虘虎裘。虘拜䭫首，敢對揚天子不顯休，用乍寶毁。虘其萬年永寶用。隹十又二年。（上海、故宮）

（作者旁注：師晨鼎三年，宰曶元年。）

九　太師虘豆

太師虘豆拓本

太師虘乍䕭䵼豆，用卲洛朕文且考，用旂多福，用匄永令。虘其永寶用亯。（十、四七）

一〇 虘鐘 兩器

虘鐘一拓本

隹正月初吉丁亥，
虘乍寶鐘。用追孝于己
白，用享大宗，用濼好賓，
虘眔𠭯姬永寶，用卲大宗。

（一、十七）

虘鐘一圖像

盧鐘二拓本一

盧鐘二拓本二

盧鐘二圖像

一一　戲編鐘

戲編鐘拓本

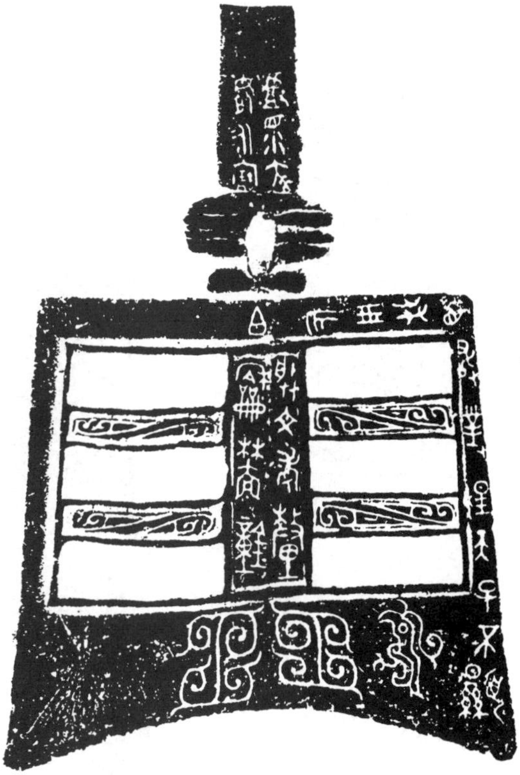

……首敢對揚天子不顯
休，用乍
朕文考釐
白龢薔鐘。
戲眾𠂤
姬永寶。

（作者旁注：文考釐伯與康鼎同。）

戲編鐘圖像

一二 師旋簋一 四器

師旋簋一器拓本

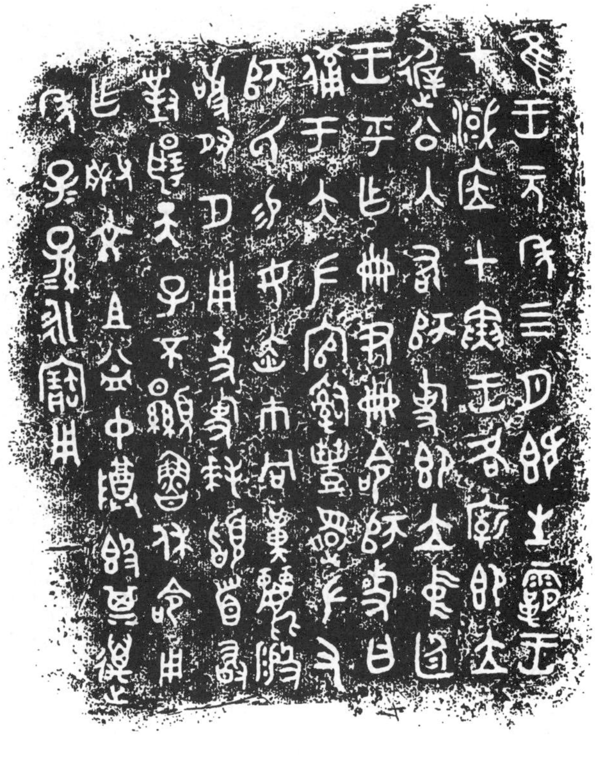

師旋簋一蓋拓本

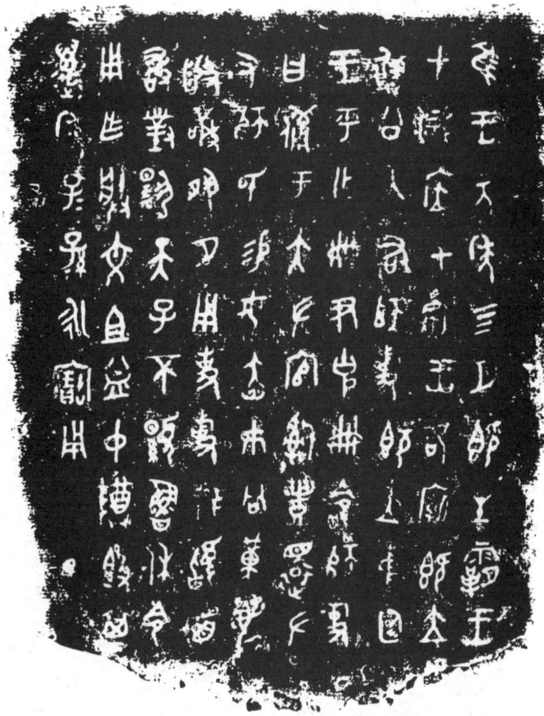
師旋簋二器拓本

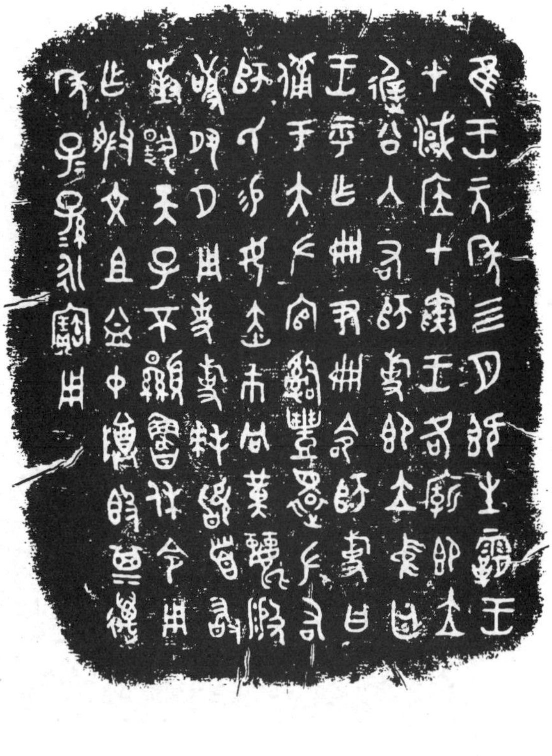
師旋簋二蓋拓本

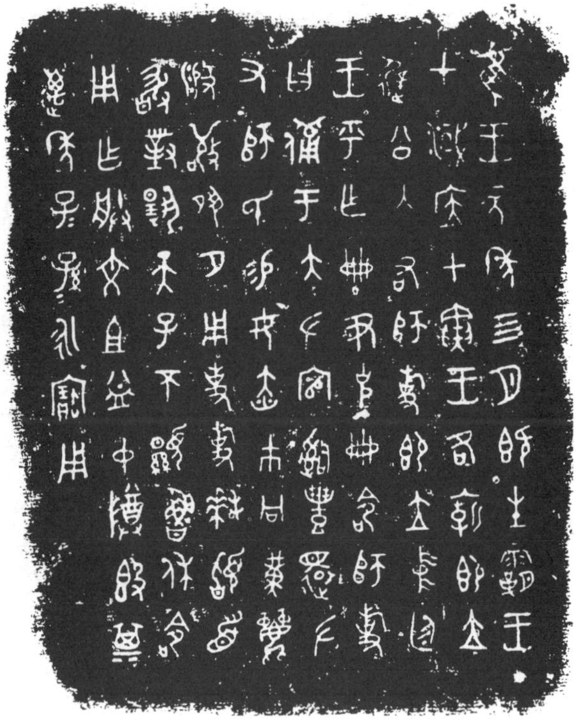

師旋簋三拓本

師旋簋一圖像

師旋簋三圖像

師旋簋二圖像

師旋簋四圖像

師旋簋四器拓本

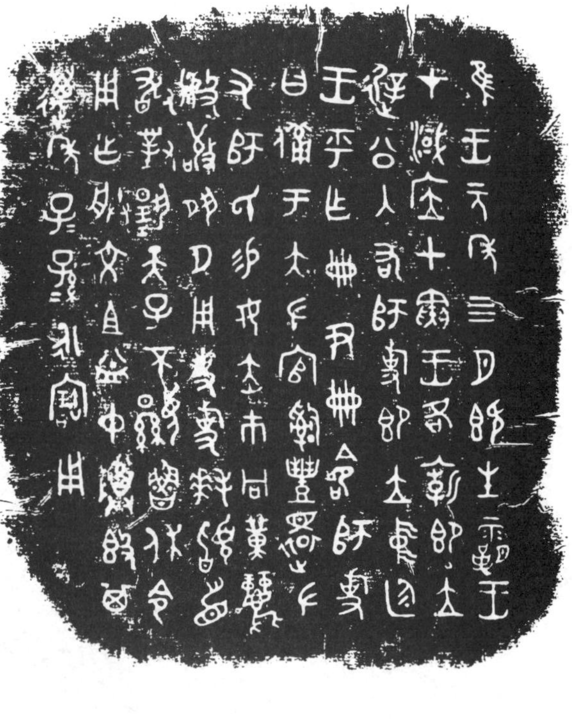

師旋簋四蓋拓本

隹王元年四月既生霸，王
在減𠩺。甲寅，王各廟，即立。
遲公入右師旋即立中廷。
王乎乍册尹克册命師旋
曰：「備于大ナ官嗣豐。還，ナ
又師氏。易女赤市同黄、麗
𣪘（般？），敬夙夕用事。」旋捧頶首，
敢對揚天子不顯魯休令
用乍朕文且益中䧹毁。其
萬年子子孫孫永寶用。　（考古學報六二、一）

（作者旁注：減𠩺疑共王。遲公、益中甲寅與𠂇殷丁亥無迕。）

一三　師旋簋二　三器

師旋簋一器拓本

師旋簋一蓋拓本

師旋簋一圖像

師旋簋二器拓本

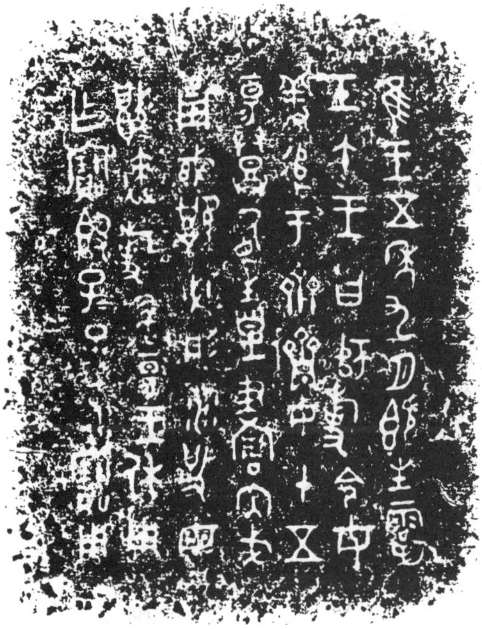
師旋簋二蓋拓本

師旋簋二圖像

師旋簋三拓本

隹王五年九月既生霸，
壬午，王曰：「師旋，令女
羞追于齊，儕女十（干）五
昜登眂（盾？）生皇畫内戈、
禹咸、䎞必、彤沙。敬毋
敗迹。」旋敢昜王休，用
乍寶毀。子子孫孫永寶用。

師旋簋三圖像

一四 敔簋一

敔簋一摹本

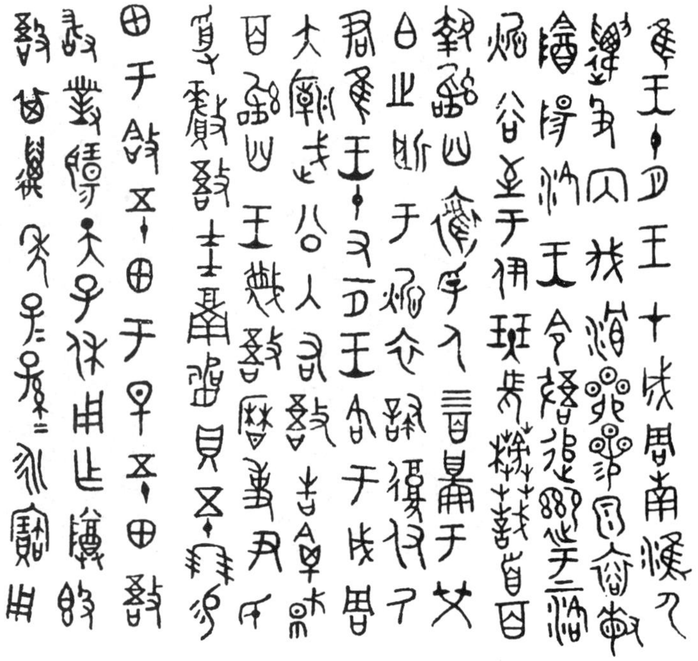

隹王十月，王在成周。南淮尸遷及内伐湹昴參泉裕敏陰陽洛。王令敔追𨘋于上洛烬谷，至于伊班，長榜蔑首百，執㗊卌，奪孚人四百，𩁹于燮白之所。于烬衣，諫復付氏君。隹王十又一月，王各于成周大廟。武公入右敔，告禽，馘百，㗊卌。王蔑敔曆。吏尹氏受贅敔圭瓚𤔲貝五十朋。易田于敆五十田，于早五十田。敔敢對揚天子休，用乍隮毁。敔其萬年子=孫=永寶用。

敔簋一圖像

一五　敔簋二

敔簋二器拓本

敔簋二蓋拓本

隹四月初吉丁亥，王才周，
各于大室。王蔑敔
曆。易玄衣赤表。敔對
昜王休，用乍文考父丙鼒
彝。其萬年寶。（八、四四）

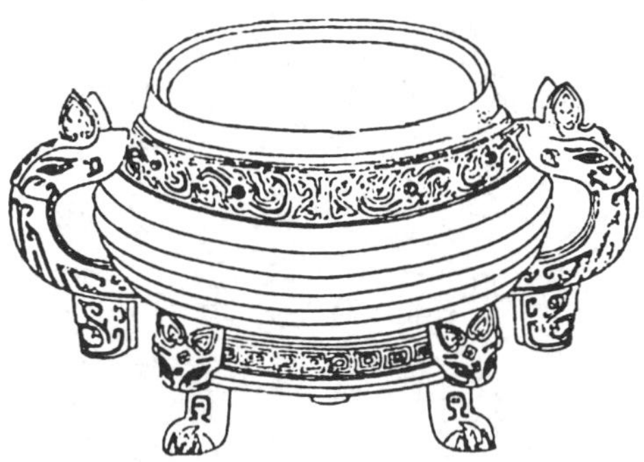

敔簋二圖像

一六　盠方尊　盠方彝

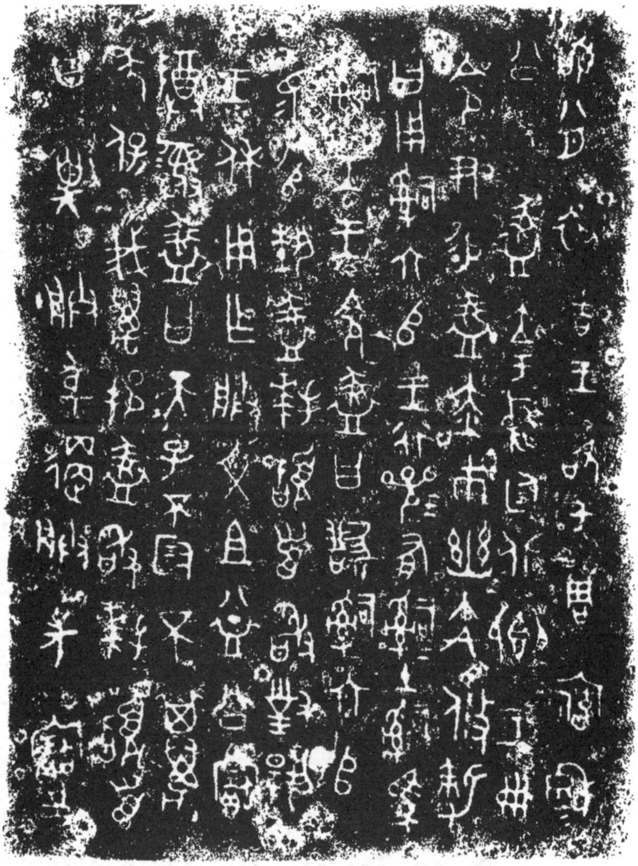

盠方尊拓本

盠方尊圖像

一六一一　盠方彝一

盠方彝一器拓本

隹八月初吉，王各于周廟。穆公右盠立于中廷，北鄉。王册令尹，易盠赤市幽亢，攸勒。曰：「用𤔲六𠂤王行，參有𤔲：𤔲土、𤔲馬、𤔲工。」王令盠曰：「𦔻𤔲六𠂤眔八𠂤埶。」盠拜頴首，敢對揚王休，用乍朕文且益公寶隮彝。盠曰：「天子不叚，不其萬年，保我萬邦。」盠敢拜頴首曰剌朕身遹朕先寶事。

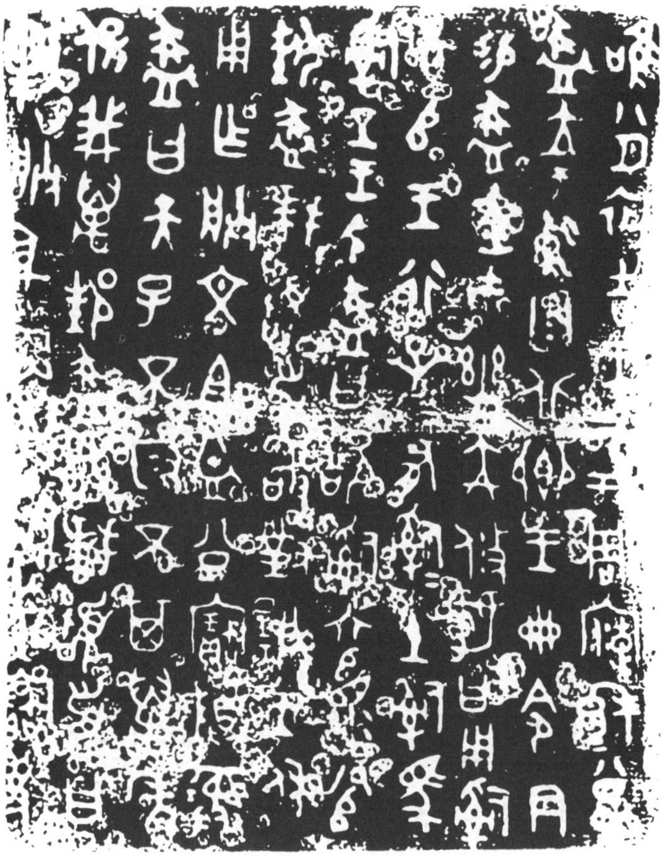

盠方彝一蓋拓本

盠方彝一圖像

盠方彝二圖像

一六一二　盠方彝二

盠方彝二器拓本

盠方彝二蓋拓本

一七　盠駒尊

盠駒尊器拓本

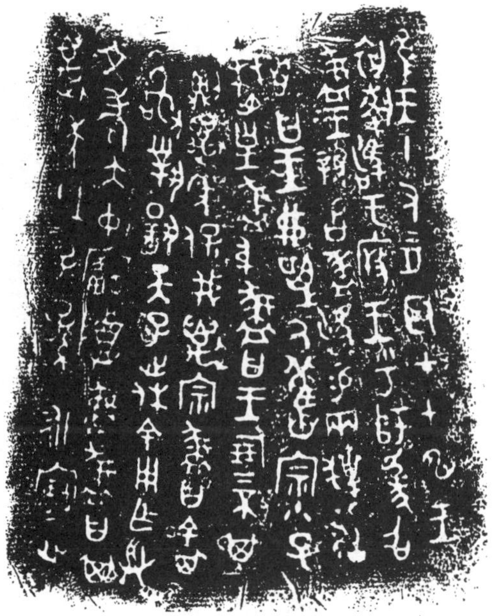

盠駒尊蓋拓本

王𩥅駒𢼸，
易盠駒
𤰈雷騅子。

盠駒尊圖像

隹王十又二月，辰才甲申，王
初執駒于𢼸，王乎師豦召
梦，王親旨盠駒，易兩樸。䭫
首曰：「王弗望氏舊宗小子，
梦皇盠身。」盠曰：「王倗=不其
則萬年保我萬宗。」盠曰：「余其
敢對䫉天子之休。余用乍朕
文考大中寶隩彝。」盠曰：「其
萬年□子=孫=永寶之。」

附件

一八　盠駒尊蓋

盠駒尊蓋拓本

盠駒尊蓋圖像

王𩦎駒𢊁，
易盠
駒𢆶雷。騅子。

（作者旁注：盠爲益公文孫，但能與穆公師虘同時，似應在懿前期。）

孝王

一　師訇簋

師訇簋銘文

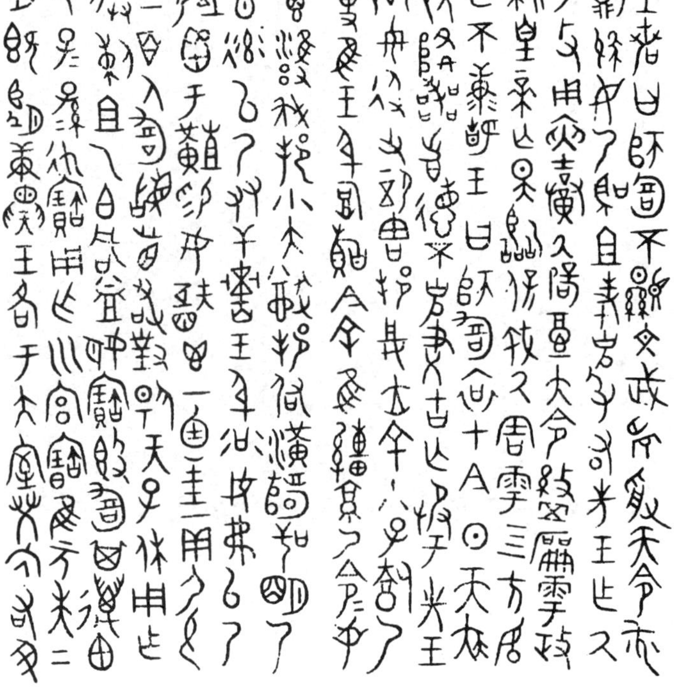

王若曰：「師訇，不顯文武，𢦏（？）受天令，亦則𣪘女乃聖且考克𡖊右先王，乍氏𠂆攴，用夾𩔖氏辟，奠大令。盩𠠱雩政。𩁹皇帝亡旲，臨保我氏周，雩三方民亡不康静。」王曰：「師訇，哀才，今日，天疾畏，降喪，首（頁？）德不克𦘠，古亡承于先王。鄉女彶父卹周邦，妥立余小子，䵼乃事。隹王身厚𩁹。今余隹䌛京乃令，令女𢆶䜌我邦小大猷，邦居（佑）潢辥。敬明乃心，率目乃友，干吾王身。谷女弗目乃辟圅于𩁹。賜女秬鬯一卣、圭瓚、尸𦥑三百人。」訇韻首，敢對𢆶天子休，用乍朕剌且乙伯同益姬寶毁。訇其萬囟（斯）年，子子孫孫永寶，用乍𢑚宮寶。隹元年二月既望庚寅，王各于太室。焚内友及。

（作者旁注：此與卲𦙍毁同時，彼元年三月丙寅，比此遲三十六天。

又：首命詞與詢毁相類。剌且乙伯同益姬與師酉簋文考乙伯宄姬，詢簋文且乙伯同姬有關，詢簋爲共十七年，此最遲爲孝王元年。𤇾與榮伯。）

二 禹鼎

禹鼎拓本

禹曰：「不顯趠趠皇且穆公克夾𤔲先王，奠亖方。肆武公亦弗叚朢朕？則？聖且考幽大弔、懿弔命禹𠈌（允？）朕且考，政于井邦。肆禹亦弗敢惷，賜𢀖朕辟之命。烏虖哀哉！用天降大喪于亖或，亦唯噩厌駿方率南淮尸、東尸廣伐南或、東或，至于歷内（寒？）。」王廼命西六𠂤、殷八𠂤曰：「剹伐噩厌駿方，勿遺壽幼（幼）。」肆𠂤彌宋（宋）匌匡，弗克伐噩。」肆武公廼遣禹逹公戎車百乘、斯駿二百、徒千。曰：「于匡，朕肅慕𫦎西六𠂤、殷八𠂤伐噩厌駿方，勿遺壽幼。」雩禹以武公徒駿至于噩，𦥑伐噩，休，隻氏君（？）駿匕（？）肆禹又成，敢對揚武公不顯耿光，用乍大寶鼎。禹其萬年子=孫=寶用。

禹鼎圖像

（作者旁注：禹能與武公同時，又能伐噩，此似應在孝初爲宜，但是時應年少，至厲時「楀維師氏」則年老矣。楀或是幽王時。

又：噩侯馭方（穆），皇祖穆公（穆共間），武公（懿王）。𣪘文文且卞（懿王）。

三　叔向父簋

叔向父簋拓本

（作者旁注：此似夷厲時了，先文且卞、司馬卞似是懿初。）

弔向父禹曰：「余小子司朕皇考，肈帥井先文且卞明德，秉威義，用䜌圝奠保我邦我家，乍朕皇且幽大弔隣𣪘。其嚴在上降余多福敏𠫑，廣啓禹身，𠢞于永令。禹其邁年永寶用。

叔向父簋圖像

四　叔向父乍婞姛簋

叔向父乍婞姛簋一器拓本

叔向父乍婞姛簋二器拓本

叔向父乍婞姛簋一蓋拓本

叔向父乍婞姛簋二蓋拓本

叔向父乍婞姛簋一圖像

叔向父乍婞娟簋三拓本

叔向父乍婞娟簋四器拓本

叔向父乍婞娟簋四蓋拓本

叔向父乍婞娟簋四圖像

叔向父乍婞姛簋五器拓本

叔向父乍婞姛簋六器拓本

叔向父乍婞姛簋七器拓本

弔向父乍婞姛隮毁，其子子孫孫永寶用。

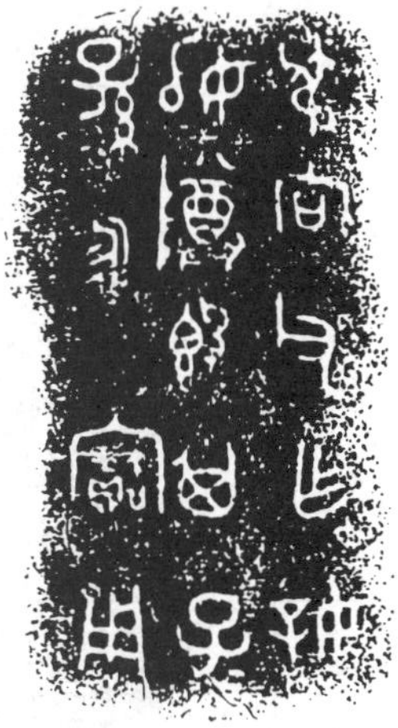

叔向父乍婞姛簋五蓋拓本

叔向父乍婞姛簋六蓋拓本

叔向父乍婞姛簋七蓋拓本

叔向父乍婞姛簋七圖像

五　毛公厝鼎

父厝似即師毛父毁的師毛父，是毛伯班之子，共王稱之爲師毛父，孝王爲共王之弟，所以也稱爲父厝。但共王時厝還只是師，而這時已是尹了。

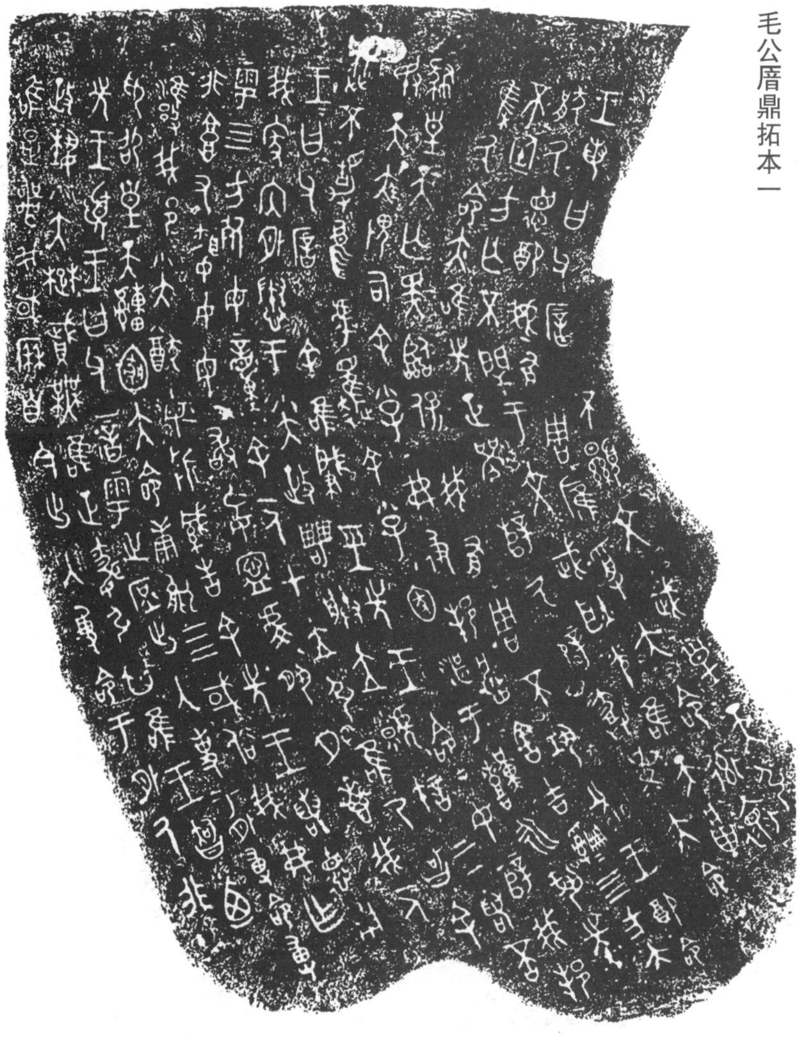

毛公厝鼎拓本一

毛公𢉼鼎拓本二

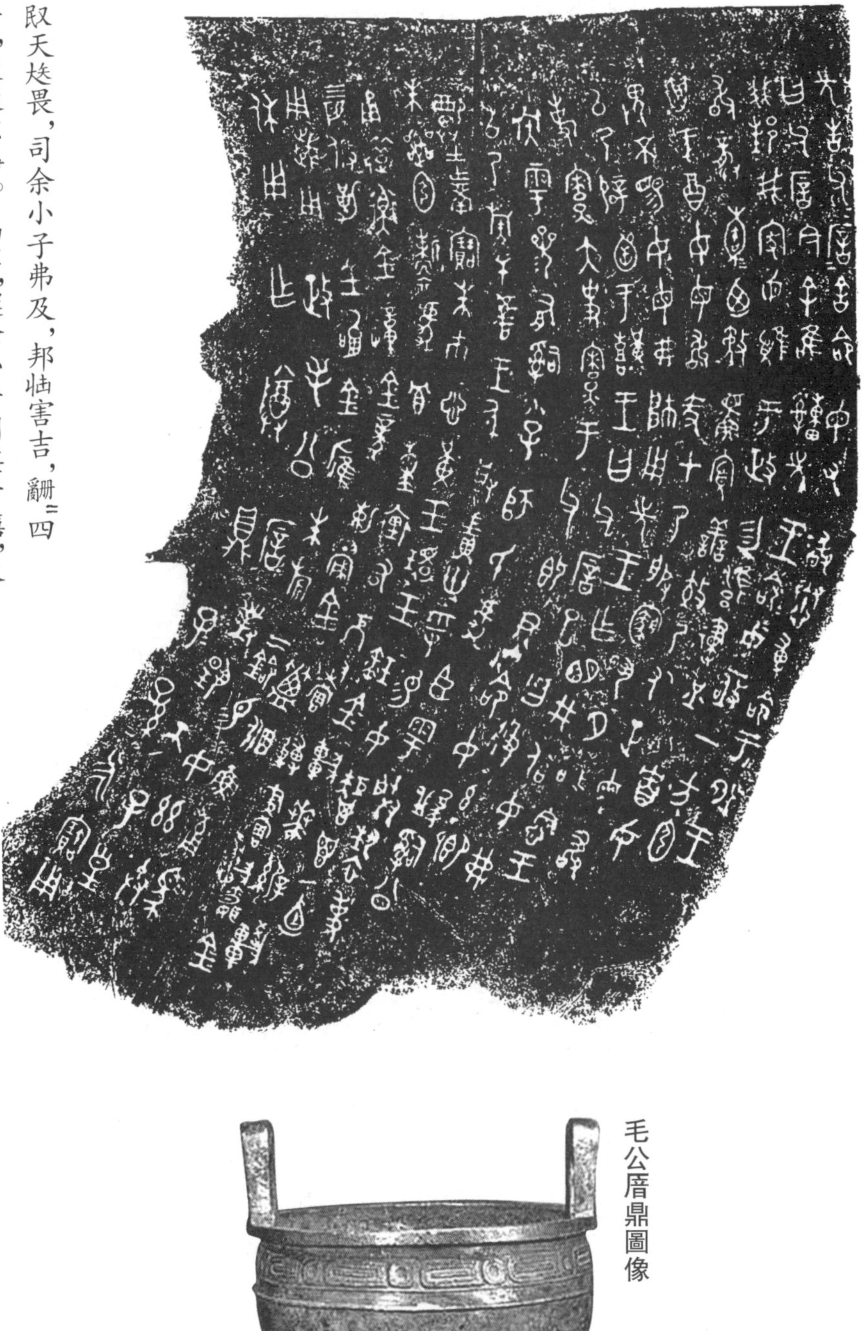

臤天疾畏，司余小子弗及，邦𢢾害吉，龻=四方，大從不静。烏虖，趯余小子圂湛于囏，永巩先王。取賃卅寽。

毛公𢉼鼎圖像

六　盥盨

盥盨銘文

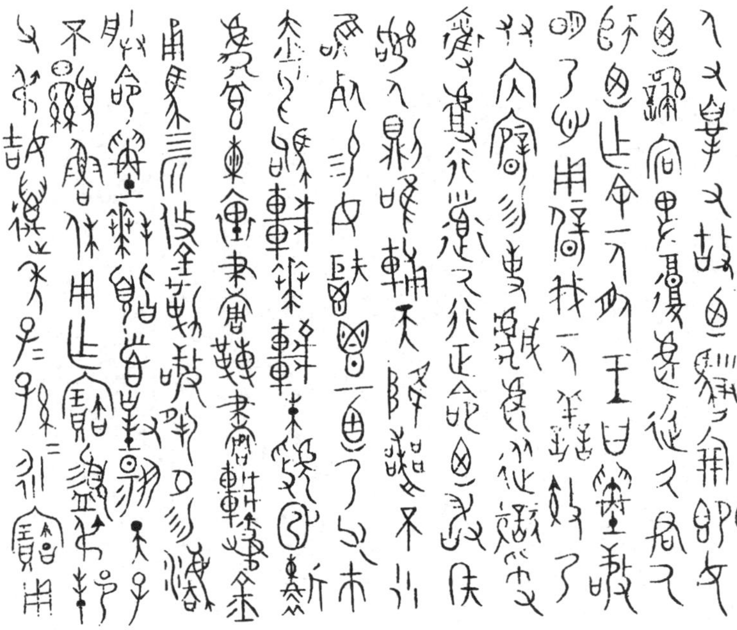

（作者旁注：弔邦父。）

「……
又進復。雩邦人、正人師氏
人又辠又故，迺𩦦倗即女。
迺繇宕，卑復虐逐氏君氏
師，迺乍余一人𠬝。」王曰：「盥，敬
明乃心，用辟我一人，善效乃
友内辟，勿吏𧇊虐從獄，爰
褱𢾍行衜（道）。氏非正命，迺敢疾
𠷎人，則唯輔。天降喪，不𠀠
唯𠬝。易女𩰫鬯一卣、乃父市、
赤舄、駒車、桒較、朱虢𠫤𩊄、
虎冟熏裏、畫轉、畫𨏶、金
甬、馬亖匹、鋚勒。敬夙夕勿灋
朕命。」盥拜䭫首，對揚天子
不顯魯休，用乍寶盨。弔邦
父弔姞邁年子=孫=永寶用。

盥盨圖像

七 番生簋

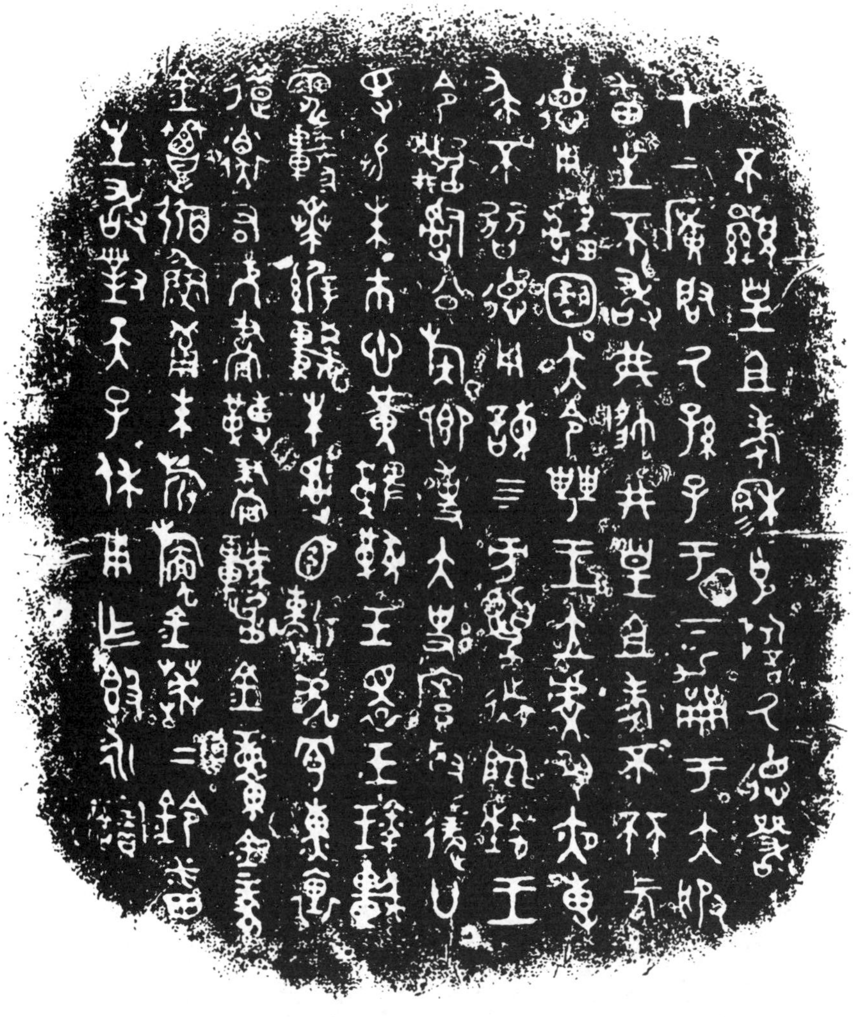

不顯皇且考穆穆克誓氏德、嚴
才上，廣啓氏孫子于下，勵于大服。
番生不敢弗帥井皇且考不杯元
德，用醽圝大令，甹王立，虔夙夜，専
求不朁德，用諫三方，頵遠能𤞷，王
令韈嗣公族、卿事太史寮，取遺廿
爰。易朱市悤黄、鞞鞢、玉睘、玉瑹、車
電軫、幸縪較、朱䴡冟韔、虎冟熏裏、
道衡、右厄、畫轉、畫鞻、金童、金豙、
金簟弼、魚葡、朱旂旜、金莽二鈴。番
生敢對天子休，用乍毁，永寶。

番生簋圖像

（作者旁注：詞與克鼎相類，似比毛公鼎較遲。）

八 畢蓋簋

畢蓋簋拓本

（作者旁注：或夷。）

畢盖乍皇且益公隩毁用旂眉壽

魯休盖其萬年子=孫=永寶用

九　㬎篕

㬎篕銘文

㬎乍皇且益公文公武白皇考龔白鬻彝。㬎其洍洍萬年無彊霝冬霝令其子=孫永寶用于宗室。（嘯五一）

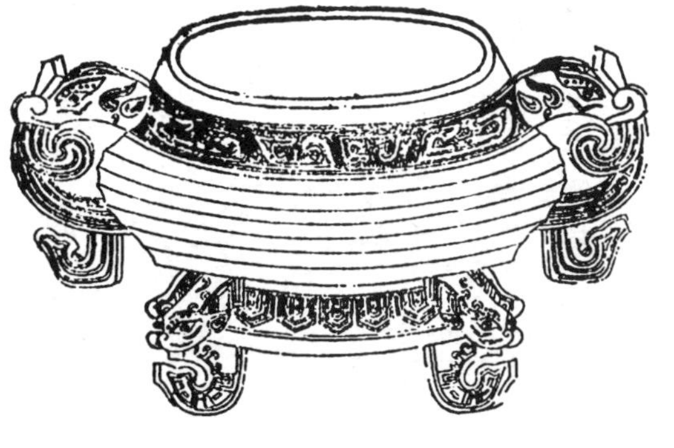

㬎篕圖像

一〇 史頌簋 八器

史頌簋一器拓本

史頌簋一蓋拓本

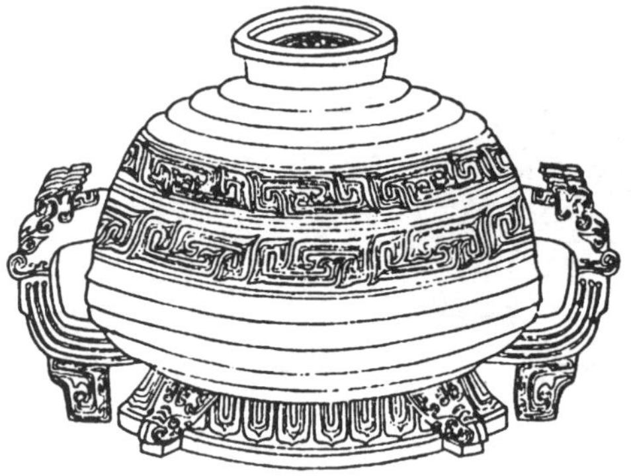

史頌簋一圖像

史頌簋二拓本

史頌簋三拓本

史頌簋三圖像

史頌簋四器拓本

史頌簋四蓋拓本

史頌簋四圖像

史頌簋五拓本

史頌簋六拓本

史頌簋五圖像

史頌簋六圖像

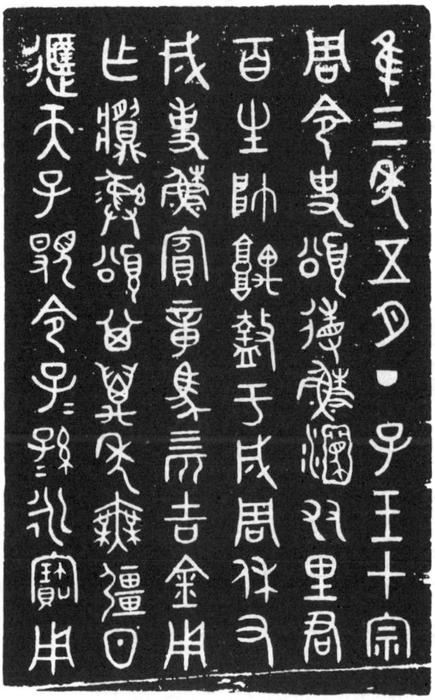

史頌簋七器拓本

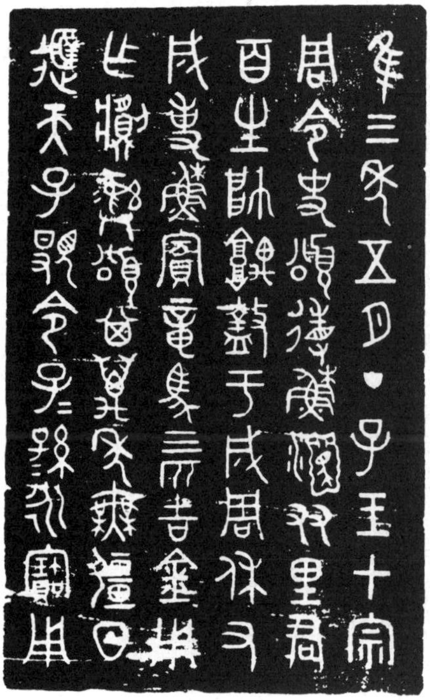

史頌簋七蓋拓本

史頌簋七圖像

史頌簋八器拓本

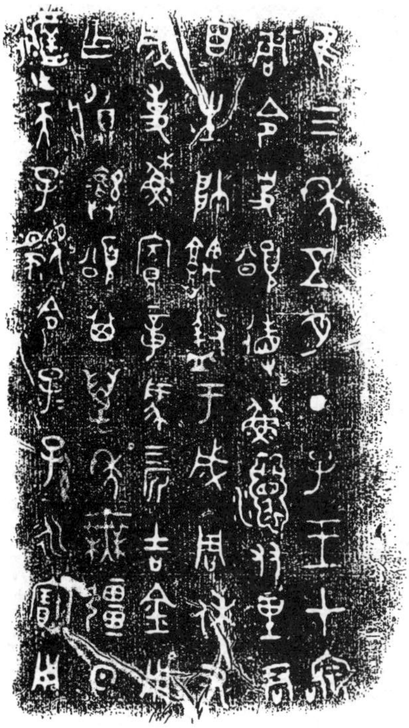
史頌簋八蓋拓本

史頌簋八圖像

隹三年五月丁子，王才宗
周。令史頌𢓊穌灋友里君
百生，帥𩰞盩于成周，休又
成事。穌賓章、馬四（三）匹、吉金，用
乍𩰫彝。頌其萬年無疆，
日運天子𩑁令。子=孫=永寶用。

（作者旁注：此五月丁巳與頌鼎三年□五月既死霸甲戌不能同時。丁巳在甲戌前十七天或在甲戌後四十二天。）

一一　卻胉簋

卻胉簋拓本

隹元年三月丙寅，王各
于太室。康公右卻胉
易戠衣、赤⊘市。曰用
𤔲乃且考事。乍𤔲土。
胉敢對䚄王休，用乍
寶毀。子=孫=其永寶。

（録遺一六五）

卻胉簋圖像

（作者旁注：此與師訇毀同年。）

夷王

一　祝鄭簋　兩器

祝鄭簋一器拓本一

祝鄭簋一圖像

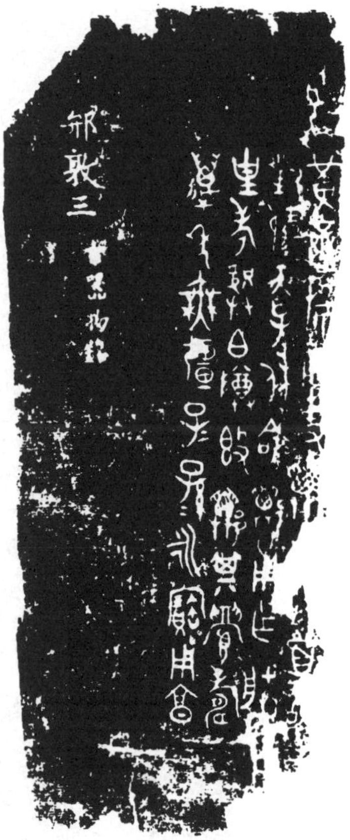

祝鄩簋一器拓本二

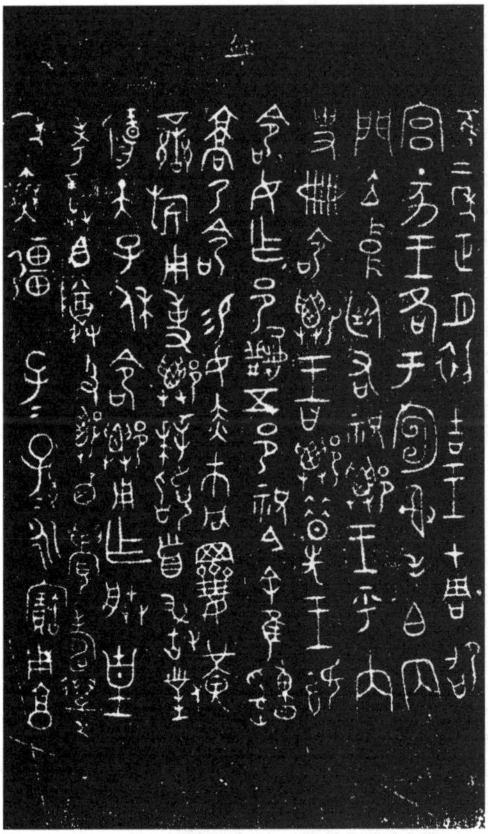

祝鄩簋一蓋拓本一

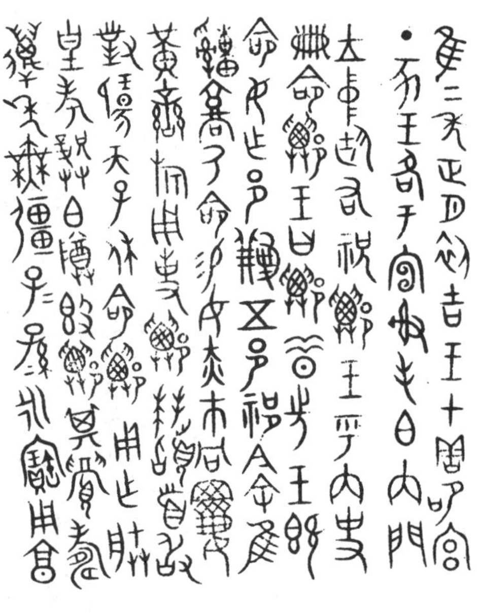

祝鄩簋一器銘文三

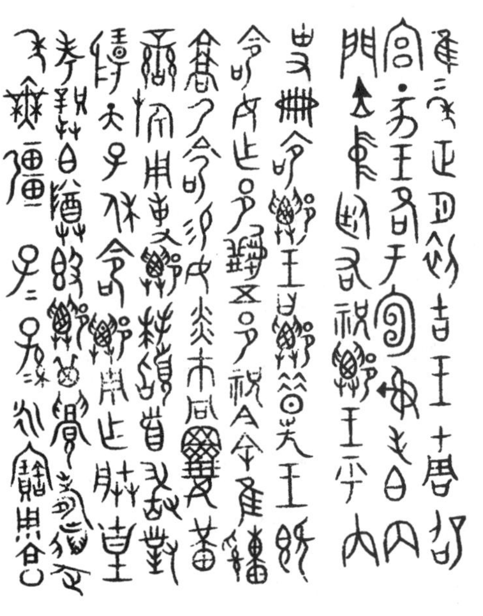

祝鄩簋一蓋銘文二

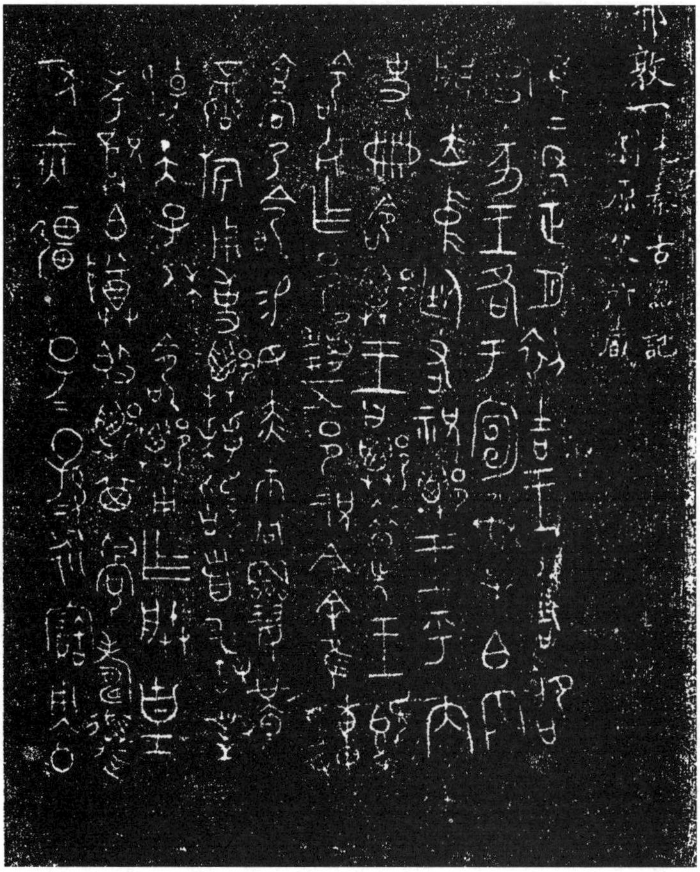

祝鄩簋二拓本一

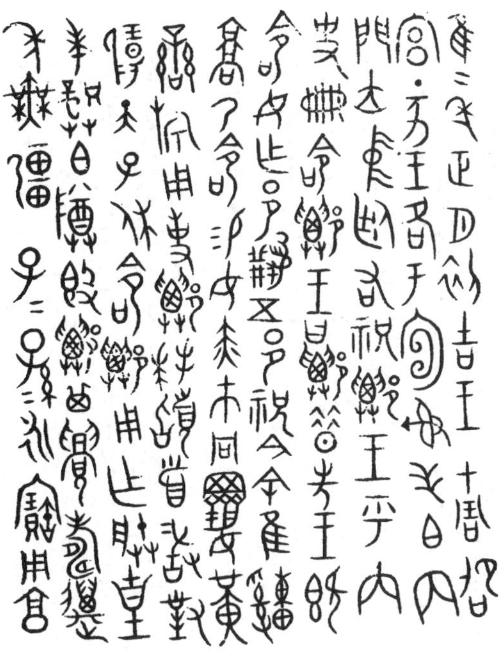

祝鄩簋二銘文二

隹二年正月初吉，王才周卲
宮。丁亥，王各于宣射。毛白内
門立中廷，右祝鄭。王乎内
史册命鄭。王曰：「鄭，昔先王既
命女乍邑，䟽五邑祝。今余隹䜌
𩏩乃命，易女赤市同䙶黄。
䜌旂，用事。」鄭拜䭫首，敢對
䵼天子休命。鄭用作朕皇
考龏白隩毁。鄭其覺壽邁
年無彊，子=孫=永寶用亯。

（作者旁注：毛白可能是毛公之子，此與𤔲毁同是皇考龏白，也是益公孫子輩，但郭説此與師訇毁日辰不合並是。）

二 頌鼎 頌簋 頌壺

二—一 頌鼎 兩器

頌鼎一拓本

頌鼎一圖像

頌鼎二拓本一

頌鼎二拓本二

頌鼎二拓本三

頌鼎二拓本四

頌鼎二圖像

隹三年五月既死霸甲戌，
王才周康卲宫。旦，王各大
室，即立。宰弘右頌入門，立
中廷。尹氏受王令書。王乎
史虢生册令頌。王曰：「頌，令
女官嗣成周，賈廿家。監嗣
新寤賈用宫御。易女玄衣
黹屯、赤市朱黄、䜌旂、攸勒，
用事。」頌拜䭫首，受令册佩
以出，反入堇章。頌敢對䵼
天子不顯魯休，用乍朕皇
考龏弔、皇母龏始寶隫鼎（毁、壺）。
用追孝𪗋匃康𩁹屯右，通
彔永令。頌其萬年眉壽，
畯臣天子，霝冬。子=孫=寶用。

（作者旁注：周康昭宫、周康穆宫似是夷厲時，龏弔可能與龏伯有關。字體也與克器有關。）

二一二 頌簋 八器

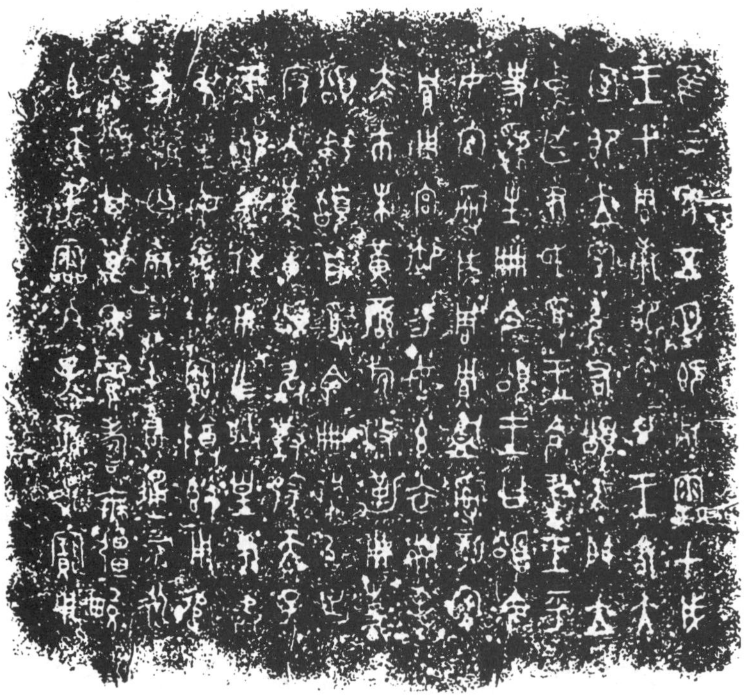

頌簋一器拓本

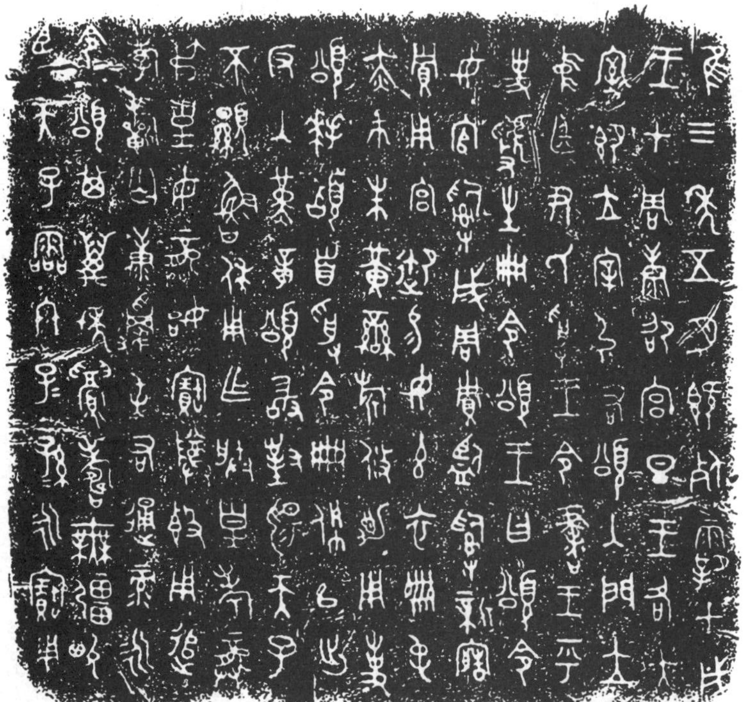

頌簋一蓋拓本

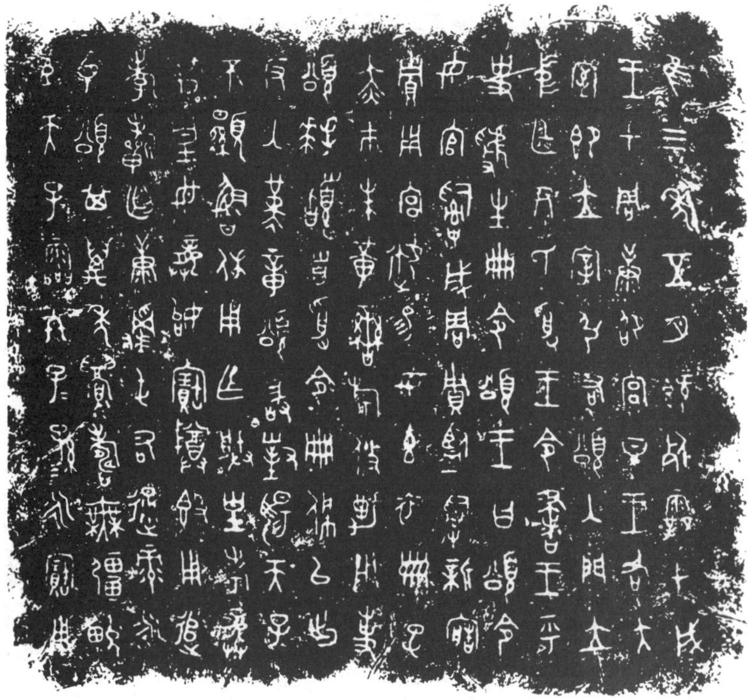
頌簋二器拓本

頌簋二蓋拓本

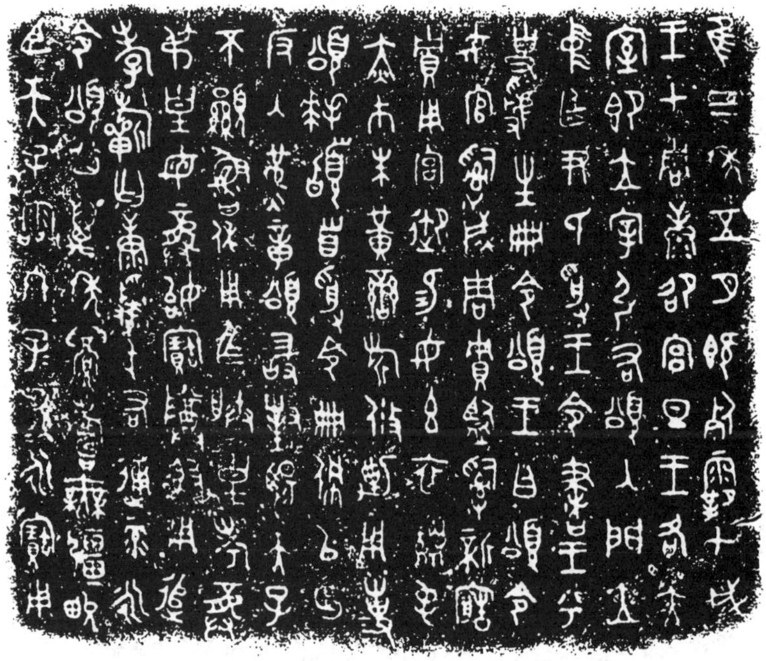

頌簋三拓本

頌簋四拓本

頌簋五拓本

頌簋六拓本

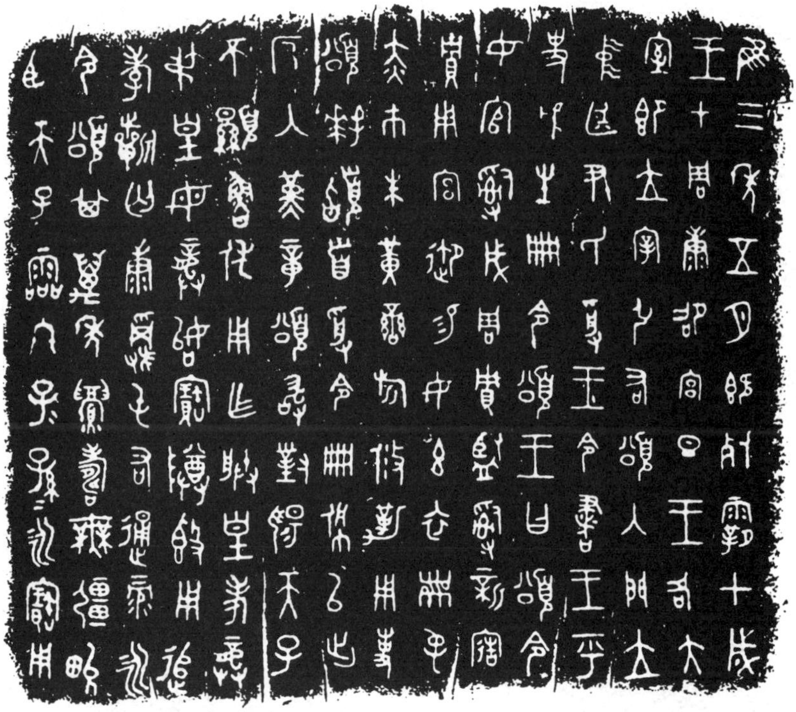

頌簋七拓本

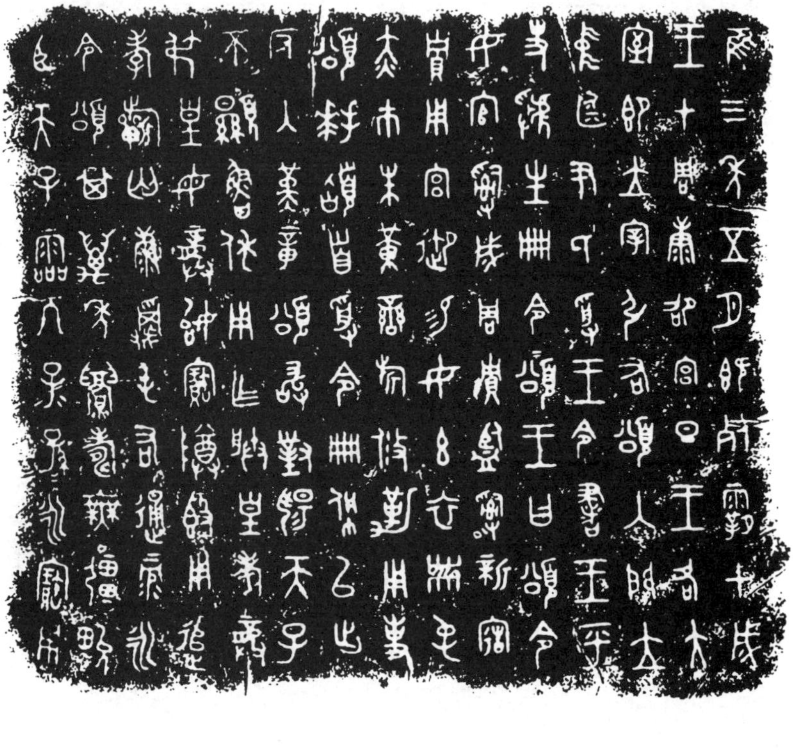

頌簋八拓本

頌簋一圖像

頌簋二圖像

頌簋三圖像

頌簋四圖像

頌簋七圖像

二一三　頌壺　兩器

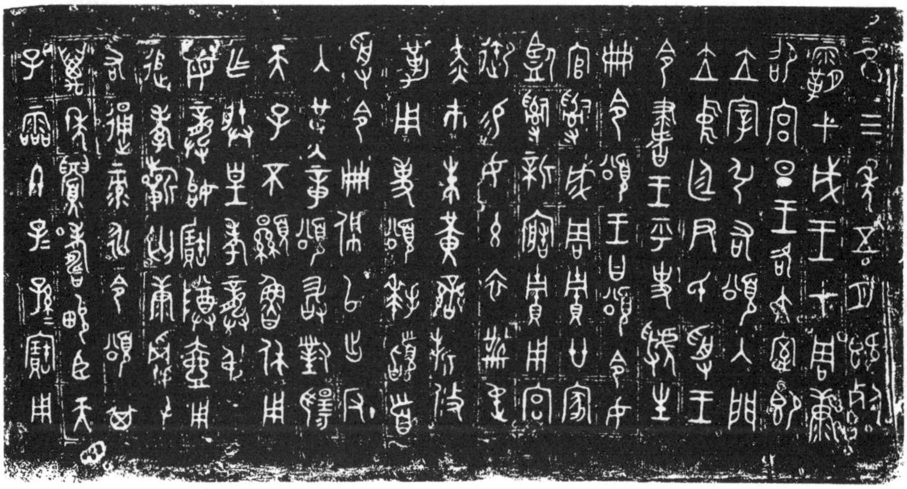

頌壺一器拓本

頌壺一蓋拓本

頌壺一圖像

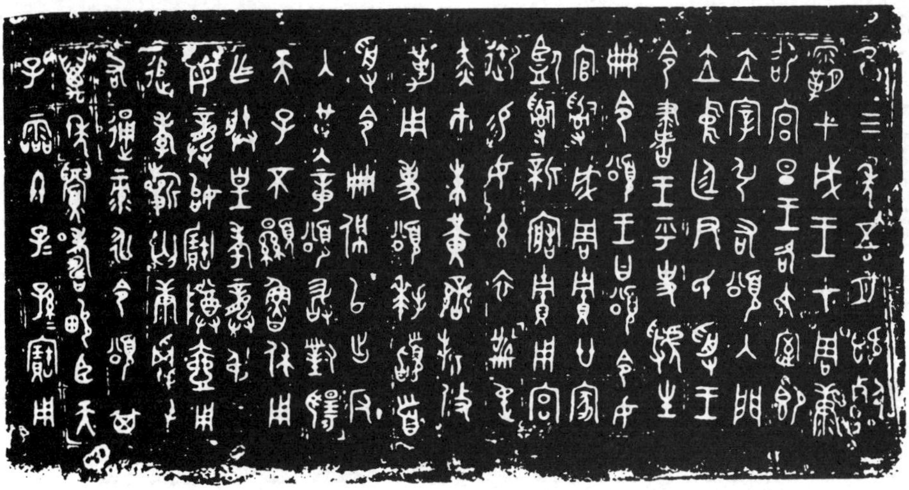

頌壺二器拓本

頌壺二蓋拓本

三　不嬰簋　兩器

不嬰簋一拓本

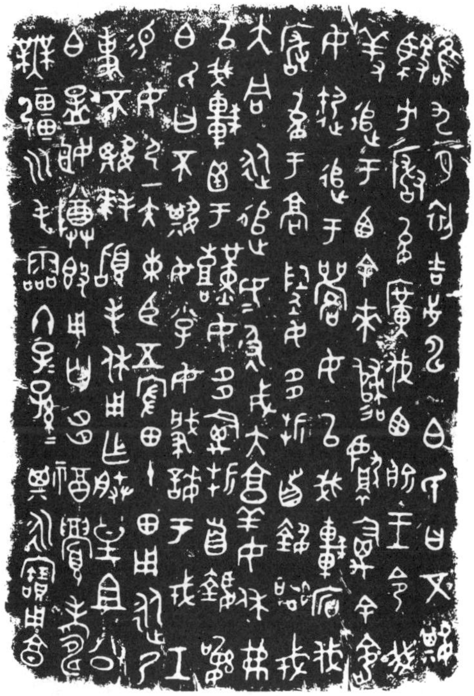

不嬰簋二拓本

隹九月初吉戊申，白氏
曰：「不嬰，駿方厥允廣伐
西俞，王令我羞追于西，余來歸
獻禽。余命女御追于畧。女吕我輚宕
伐竅(厥)允于高陸。女多折首𡠧嚻，戎大
同從追女，女彶戎大𦍒戟。女休，弗
吕我車圅于囏。女多禽，折首𡠧嚻。」
白氏曰：「不嬰，女小子肈誨于戎工。
易女弓一、矢束，臣五家，田十田，用從
乃事。」不嬰拜䭬手，休，用乍朕
皇且公白孟姬隫毁。用匄
多福，瀪壽無彊，永屯
霝冬。子〃孫〃其永寶用亯。

不嬰簋一圖像

不嬰簋二圖像

四　伯克壺

伯克壺銘文

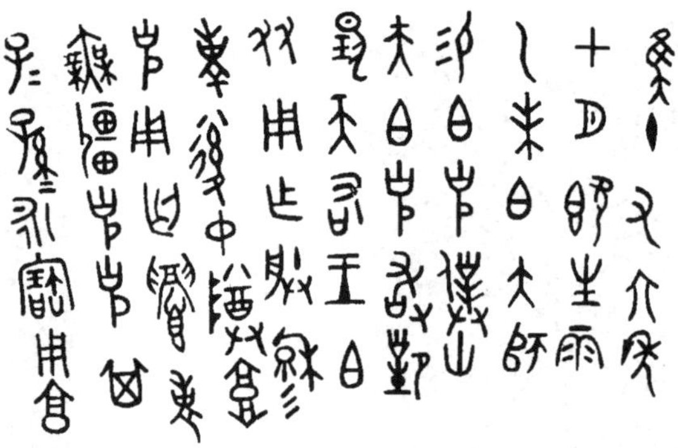

隹十又六年七月既生霸乙未，白大師易白克僕卅夫。白克敢對䍙天右王白友，用乍朕穆考後仲隩亯。克用匄眉壽無彊，克克其子₌孫₌永寶用享。

伯克壺圖像

五　王白姜鬲　四器

王白姜鬲一拓本

王白姜鬲二拓本

王白姜鬲三拓本

王白姜鬲二圖像

王白姜鬲四拓本

王白姜乍隫鬲永寶用。

王白姜乍隫鬲

其萬年永寶用。（五、二四）

王白姜鬲四圖像

（作者旁注：王白疑即不嬰毁的白氏召伯虎毁兩器也都有伯氏。）

整理説明

《西周青銅器銘文分代史徵》手稿係唐蘭先生一部尚未完成的遺稿，撰寫於逝世前三年内（一九七六至一九七八年），現存手稿正文五卷、附件一卷，共九册，鋼筆書寫於四百字稿紙上。第一册爲卷一，共六十頁。首記武王總論，銅器列有利簋與朕簋。次記周公總論，列有周公方鼎等銅器十一件。第二、三兩册爲卷二，共八一頁。首記成王總論，下收銅器有何尊等四一件。第四、五兩册爲卷三，共八三頁。首記康王總論，下收銅器有廿三祀盂鼎、俎侯夨簋等三四件。第六、七兩册爲卷四，共一〇三頁。首記昭王總論，下收銅器五二件。第八册卷五，共八四頁。尚未寫總論，下收穆王世銅器三六件。附件是第九册，共四六頁。爲先生一九七六年所寫，是全書撰寫前準備的提綱，所收銅器由武王至夷王，各器僅作有釋文。

中華書局版《西周青銅器銘文分代史徵》（下文簡稱「書稿」）經唐復年整理編次，於一九八六年十二月出版。書稿與手稿相較，有如下改變：

一、對手稿引文作了校對，有的將引文補全、書名篇章核對補全等，校正了手稿在這方面的一些訛誤，計六五處。

二、在行文中配置銅器銘文拓片，計四七八件。

三、按整理者的理解，增加附注一三一條。

四、於相關銅器條下（如作器者相同等）添加了部分銅器。

五、將個别銅器由手稿附件移入正文，如井季𩰫尊、季𩰫簋。

六、將唐先生在其他論文中曾論及但未在手稿中出現的銅器收進書稿中。

七、輯一各王世器目，作爲附件二。

我們認爲以上一、二兩項是有益的工作，三至七項則是不符合唐先生原意的。本次再整理的基本原則是以唐蘭先生手稿爲底本，參照唐復年的整理稿，以恢復手稿原貌爲務。將手稿與書稿重新核對，凡書稿中唐復年以自己的理解增加的部分，一律去掉。書稿與原手稿細節不合之處，如果原手稿不誤，而只是作者個人的用詞習慣不同，均改從其舊，以存原稿風格。手稿中明顯的訛誤，如引文方面的偏差等，則保留書稿的改正。

此次再整理主要作有如下幾項工作：

（一）參照手稿，對書稿進行全面核對，其中錯字：書稿正文有四四一處，附件五八處，共計四九九處。脱字：正文一五〇處，附件五處，共計一五五處。（書稿甚有脱漏一個段落一四六字的情況）增字：書稿整理者與抄寫者多有摻以己意而增加文字的情況，正文四二七處，附件五八處，共計四八五處。亂序：書稿將手稿的叙述次序變動，共有十二處。變動表達字詞：十五處。重文符號：有手稿未用而書稿中加用的多處。文字附加「口」者，書稿比手稿多八處。另有標點錯誤多處。書稿錯誤及不當之處總計有一三五五處。此次再整理，對書稿的上述問題進行了全面修正。

（二）重新校對手稿與書稿引文。

（三）凡唐復年所作正確的校改而保留的，均增加「復年按」注明，此次再整理作的説明，則以「整理説明」的形式標出。

（四）手稿中的原注，書稿卷一於文中加＊號而將其附在卷末，卷二、三中又以文内夾注形式加括號列於正文中，此次再整理則統一加括號列於正文中。

（五）書稿中唐復年增加的附注，因與正文的關聯不大，且有錯誤，作删除處理。

（六）書稿收入井季㚸尊、季㚸簋於穆王卷正文中，但此兩器只在手稿附件穆王條下列有，且其釋文後注「或共」字樣，説明先生對此組器的時代尚游移未定。今從正文中删除，依舊列入附件。書稿附件一中唐復年所增加的𢦔方鼎一、二、𢦔簋、牆盤、衛簋、衛盉、五祀衛鼎、九年衛鼎、師𩛥鼎、宗周鐘、公臣簋、𠑇匜、此鼎、此簋等也一律删除。於附件中增加手稿原存在的曶鼎、師遽方彝、中爯簋、邙簋等。

（七）書稿附件二中的銅器目，並未見於手稿，非唐先生所作，作删除處理。

（八）按銅器號碼及名稱的次序重新配置較清晰的銘文拓片、器形照片共附圖一九三七幅，以便讀者檢索對照。

（九）全書由手抄本改排録本。

（嚴志斌）

附件整理説明

附件作於一九七六年初，鋼筆寫於四百字稿紙上，共四十六頁，其性質是作者開始譔寫本書前所作的一個提綱。收集武王到夷王有銘銅器二百六十九件，對大部分器作了釋文，但釋文作得比較簡單，有少數器未作斷句，有的對所作斷代及釋文尚有猶疑，旁加問號，以待再考。有一些器附有著録，其中凡不著書名只記頁碼的，是指《三代吉金文存》，寫「遺」或「録遺」的指《商周金文録遺》，「上海」指《上海博物館藏青銅器》，「美帝」指《美帝國主義劫掠的我國殷周青銅器集録》，「薛」指《薛氏鐘鼎彝器款識》，「故宫」指故宫藏器。也有的没寫著録。

附件中穆王及其以前的銅器除少數外，多數重見正文，共王及其以後器則多數不見於正文，對此附件目録中均有注明。

爲呈現作者的寫作思考原狀，整理者對附件全文未加改動加工。